普通高等教育"十一五"国家级规划教材

新世纪工程管理专业系列教材

房地产经济学

（第2版）

主　编　张跃庆　王德起　丁　芸
副主编　谭善勇　邢亚平　张晓峰

中国建材工业出版社

图书在版编目(CIP)数据

房地产经济学/张跃庆,王德起,丁芸主编.—2 版.
北京:中国建材工业出版社,2009.8
(新世纪工程管理专业系列教材)
ISBN 978-7-80227-590-4

Ⅰ.房… Ⅱ.①张…②王…③丁… Ⅲ.房地产经济学—高等学校—教材 Ⅳ.F293.30

中国版本图书馆 CIP 数据核字(2009)第 130675 号

内 容 简 介

本书是在《房地产经济学》(第 1 版)基础上全面修订后完成的。本版教材根据房地产经济运行的内部逻辑和方法论体系,确定了 6 篇、25 章内容。

第 1 篇主要阐明房地产经济学的研究对象与研究方法;第 2 篇论述房地产经济的基础理论原理;第 3 篇主要研究我国当代房地产经济发展的经济基础和体制基础,说明我国房地产经济发展的特殊规律(性);第 4 篇主要论述我国房地产经济运行过程(即生产再生产过程)以及房地产市场体系和各类市场运行过程中的经营管理问题;第 5 篇主要研究房地产经济效益、收益,研究收益分配的理论、依据、形式以及房地产财务管理等问题;第 6 篇探讨房地产经济发展的周期性问题、可持续性发展的问题以及国家对房地产经济发展的调控和管理。

本书可供高校工程管理、房地产、土地管理、城市经济、城市规划、公共管理等专业师生使用,同时也可供城市规划、城市管理、房地产经济、房地产开发经营与管理、住房政策及相关领域的学者和专业人员参考使用。

房地产经济学(第 2 版)
主编 张跃庆 王德起 丁 芸
出版发行:中国建材工业出版社
地　　址:北京市西城区车公庄大街 6 号
邮　　编:100044
经　　销:全国各地新华书店
印　　刷:北京鑫正大印刷有限公司
开　　本:787mm×1092mm 1/16
印　　张:24.25
字　　数:591 千字
版　　次:2009 年 8 月第 2 版
印　　次:2009 年 8 月第 3 次
书　　号:ISBN 978-7-80227-590-4
定　　价:43.50 元

本社网址:www.jccbs.com.cn
本书如出现印装质量问题,由我社发行部负责调换。联系电话:(010)88386906

新世纪工程管理专业系列教材
编 委 会

主　　任：林增杰　中国人民大学
副 主 任：张跃庆　首都经贸大学；刘书瀚　天津商业大学
秘 书 长：白丽华　天津商业大学；马学春　中国建材工业出版社
编　　委：（以汉语拼音为序）
　　　　　　白丽华　天津商业大学
　　　　　　丁　芸　首都经贸大学
　　　　　　傅晓灵　中国地质大学
　　　　　　谷俊青　天津财经大学
　　　　　　姜薪萍　江西财经大学
　　　　　　宁素莹　中南财经政法大学
　　　　　　乔志敏　中央财经大学
　　　　　　陶满德　江西师范大学
　　　　　　武献华　东北财经大学
　　　　　　姚玲珍　上海财经大学
　　　　　　郑润梅　山西财经大学

总 序

为促进我国高等院校工程管理专业下设的房地产经营管理、投资与造价管理、物业管理等方向的教学质量的提高，全国部分财经类高校工程管理专业的负责人经过充分酝酿，决定在本专业各院校的专家和学者的共同努力下，发挥各院校的优势，突出各院校的专业特色，通力合作出版一套《新世纪工程管理专业系列教材》。

专业教材的建设是一个重要的问题，没有高质量的教材，就难以培养素质和能力方面都符合市场经济发展要求的专业人才。21世纪不断发展的科学与技术，快速变化的国际国内市场等新形势，对工程管理专业人才的知识结构和能力素质都提出了更新、更高的要求，在发展变化中求生存，在学习创新中求发展是所有高校专业建设首先要考虑的问题。因此，尽快编写出符合时代要求，符合教育教学规律，与工程管理专业培养目标相吻合的高水平教材就成为当务之急。

《新世纪工程管理专业系列教材》以管理、财经类院校工程管理专业为主，在完全符合教育部专业指导委员会对本专业人才培养目标所设定的"管理、经济、工程技术和法律"四个知识平台基本要求的前提下，突出财经类、管理类院校对工程项目在经营管理、价值评估、可行性研究、项目营销策划、资产的保值增值等方面的专业特色，撰写以管理和经济为主线的系列教材以满足人才培养的需要。

经过所有参编院校的认真讨论，一致同意本系列教材编写的基本原则为：

1. 所编写的教材必须符合建设部高等工程管理学科专业指导委员会对本专业人才培养目标的具体要求；

2. 财经类院校对工程管理专业人才的培养应该偏重在培养经营管理能力方面。在教材编写中，要考虑培养学生对市场经济基本知识的良好运用能力，要体现培养懂工程技术的经营管理人才的教学意图，以培养房地产开发商和经营商人才为主，为工程建设企业培养经营型人才；

3. 新编写的教材要有一定的超前性：要体现出21世纪对人才的要求，考虑到我国加入WTO后对工程管理人才的知识结构和能力的要求，所涉及的内容要争取和国际惯例衔接，面向世界、面向未来；

4. 突出案例教学：力争在教材中体现实用性，在课程内容允许的情况下，以培养学生的实际工作能力为出发点，选取恰当案例作为课程内容的补充和延伸；

5. 在部分教材中争取用国外成熟的原版教材作为参考资料，扩充学习者的知识面；

6. 在新编教材中，考虑运用现代化教学手段，有条件的教材要同步编写电子课件以利于多媒体教学，或同步编写习题集以利于学习者课下练习和自学；

7. 时间和进度要服从质量，保证教材的先进性和适用性。

我们相信，在所有参编院校的共同努力下，本系列教材必定能满足新世纪快速发展和不断创新的工程管理专业的教学需要。

新世纪工程管理专业
系列教材编委会
2002年4月

第 2 版前言

《房地产经济学》自 2004 年出版以来，受到各界的关爱。这次修订，是根据《教育部关于印发普通高等教育"十一五"国家级教材规划选题补充通知》（教高函 [2008] 3 号）的要求进行的。本次修订力求反映我国房地产经济发展的最新实践，总结我国房地产经济发展中的经验教训以探讨我国房地产经济发展的规律，并努力使教材具有理论性、系统性、可操作性、实用性和可读性。

修订主要体现在三个方面：

第一，为了加深读者对房地产经济发展规律的理解，修订本增加了房地产经济基础理论的内容，主要包括产业理论、产权理论、地租理论、区位理论，这些是学习房地产经济必须具备的基础理论知识。

第二，根据我国房地产经济发展的理论和实践，对各章节的内容都进行了修改，增加了新内容，使教材能够更好地反映我国房地产经济发展的实际情况，更加具有实用性、可操作性和可读性。

第三，为了使教材更加具有系统性，这次修订中，对篇章结构作了调整，并把全部内容分为 6 篇。第 1 篇，主要论述房地产经济学研究对象和研究方法；第 2 篇，主要概述房地产经济最基本的基础理论原理；第 3 篇，主要研究我国当代房地产经济发展的经济基础和体制基础，说明我国房地产经济发展的特殊规律（性）；第 4 篇，主要论述我国房地产经济运行过程（即生产再生产过程）、房地产市场体系及各类市场运行过程中的经营管理问题；第 5 篇，主要论述房地产经济效益、收益，收益分配的理论，分配的根据和收益分配的形式，以及房地产财务管理等问题；第 6 篇，主要研究房地产经济发展的周期性问题、可持续发展的问题，以及国家对房地产经济发展的调控和管理等问题。通过对篇章结构的调整和重新安排，系统地说明了房地产经济发展的理论、经济与体制基础、房地产经济运行和市场体系结构、房地产收益分配和国家对房地产经济的调控和管理，力求使这部教材成为系统地研究房地产经济的有益读物。

由于水平所限，这次修订工作肯定会有一些不足的地方，希望读者批评指正。

张跃庆
2009 年 1 月 15 日

目 录

第1篇 房地产经济学研究对象与研究方法

第1章 房地产经济学研究对象与研究方法 (3)
1.1 当代中国房地产是改革开放的产物 (3)
1.2 房地产经济学研究对象和房地产经济学学科性质 (4)
1.3 房地产经济学研究方法与学习方法 (7)
1.4 房地产经济学体系结构 (10)
1.5 房地产经济学在当代中国的发展 (10)

第2篇 房地产经济基础理论

第2章 房地产经济与房地产业 (15)
2.1 房地产与房地产经济 (15)
2.2 房地产业是国民经济支柱产业 (18)
2.3 加强房地产支柱产业的建设 (22)

第3章 产权理论与房地产产权制度 (27)
3.1 产权及产权理论 (27)
3.2 土地制度与土地产权 (31)
3.3 住房制度与住房产权 (35)
3.4 我国不动产产权制度 (36)

第4章 地租理论与房地产经济 (42)
4.1 地租理论是房地产经济的理论基础 (42)
4.2 资产阶级古典经济学地租理论 (42)
4.3 近现代西方地租理论 (44)
4.4 马克思地租理论 (46)
4.5 社会主义地租 (54)
4.6 土地价值与土地价格 (55)

第5章 区位理论与房地产经济 (59)
5.1 区位与区位理论的发展 (59)

5.2　区域经济与主体功能区土地政策 ………………………………………… (64)
5.3　城市空间结构与城市土地利用模式 ………………………………………… (66)
5.4　区位理论与房地产经济 ……………………………………………………… (71)

第3篇　房地产经济发展的经济与体制基础

第6章　城市化与房地产业发展 ………………………………………………… (77)

6.1　城市及城市化 ………………………………………………………………… (77)
6.2　城市经济结构 ………………………………………………………………… (82)
6.3　城市经济增长 ………………………………………………………………… (85)
6.4　城市化与房地产经济发展 …………………………………………………… (87)

第7章　城市土地制度与城市土地使用制度改革 ……………………………… (90)

7.1　城市土地国家所有制的建立 ………………………………………………… (90)
7.2　城市土地使用制度改革和城市土地产权制度建立 ………………………… (92)
7.3　城市土地使用制度结构与城市土地使用权商品化 ………………………… (99)

第8章　城市住宅制度与住房制度改革 ………………………………………… (103)

8.1　住房制度与住房政策 ………………………………………………………… (103)
8.2　住房制度改革与住房商品化 ………………………………………………… (107)
8.3　住房货币分配与配套政策 …………………………………………………… (111)

第9章　房地产投融资体制改革和房地产综合开发制度 ……………………… (116)

9.1　房地产投融资体制改革 ……………………………………………………… (116)
9.2　房地产投资及投资风险管理 ………………………………………………… (118)
9.3　房地产综合开发方式与开发任务 …………………………………………… (123)
9.4　房地产业现代化建设 ………………………………………………………… (126)

第10章　房地产企业与房地产企业经营管理 ………………………………… (130)

10.1　房地产企业种类、组建及资质等级 ……………………………………… (130)
10.2　房地产经营管理企业组织机构和管理制度 ……………………………… (134)
10.3　国有房地产经济与国有房地产企业改革 ………………………………… (137)
10.4　房地产企业管理制度创新，不断提高房地产企业经营管理水平 ……… (139)

第4篇 房地产经济运行与房地产市场体系

第11章 房地产经济运行与房地产市场 ······ (147)
11.1 房地产市场构成要素与房地产市场功能 ······ (147)
11.2 房地产市场结构与房地产市场体系 ······ (151)
11.3 房地产市场的运行模式 ······ (157)

第12章 房地产价值运动与房地产金融市场 ······ (161)
12.1 房地产金融是房地产价值运动的形式 ······ (161)
12.2 房地产金融的发展与房地产金融组织体系 ······ (163)
12.3 房地产金融市场与房地产金融市场体系 ······ (168)

第13章 房地产市场筹资方式与筹资方案选择 ······ (175)
13.1 发行股票筹集房地产资金 ······ (175)
13.2 发行债券筹集房地产资金 ······ (177)
13.3 通过银行信贷筹集房地产资金 ······ (179)
13.4 通过房地产投资信托基金筹集资金 ······ (180)
13.5 房地产筹资方案及其选择 ······ (183)

第14章 房地产开发建设用地使用权的取得与城市土地使用权市场 ······ (189)
14.1 土地所有制结构与土地市场 ······ (189)
14.2 征收农村集体所有权土地的程序及补偿 ······ (190)
14.3 旧城改造与房屋拆迁补偿 ······ (192)
14.4 城市土地使用权市场 ······ (194)
14.5 城市土地价格体系 ······ (199)
14.6 城市土地使用权市场的建设和管理 ······ (201)

第15章 房地产开发建设市场与房地产开发建设工程管理 ······ (204)
15.1 房地产开发建设的主要阶段和基本程序 ······ (204)
15.2 房地产开发建设前期工程与招标投标管理 ······ (215)
15.3 房地产开发建设工程招标投标市场与管理 ······ (217)
15.4 房地产建设工程监理市场与管理 ······ (220)
15.5 房地产建设工程竣工验收管理 ······ (223)

第16章 房地产(房屋)买卖(转让)市场和租赁市场 ······ (228)
16.1 房地产(房屋)买卖和租赁是房地产(房屋)流通的两种基本形式 ······ (228)
16.2 房地产(房屋)买卖市场及其形式 ······ (229)

16.3 房地产（房屋）租赁市场 …………………………………………………… (235)
16.4 发展和完善住房市场 ……………………………………………………… (240)

第17章 房地产价格与房地产价格体系 ……………………………………… (244)
17.1 房地产价格的本质与功能 ………………………………………………… (244)
17.2 决定和影响房地产价格的因素与房地产价格的种类 …………………… (246)
17.3 房地产价格体系 …………………………………………………………… (250)
17.4 房地产价格管理 …………………………………………………………… (253)

第18章 房地产经济中介与房地产中介组织 ………………………………… (258)
18.1 房地产中介是房地产经济的重要组成部分 ……………………………… (258)
18.2 房地产中介组织的经济性质与特点 ……………………………………… (258)
18.3 房地产中介组织设立程序、条件及资质认证制度 ……………………… (260)
18.4 房地产中介人员考试和资格认证制度 …………………………………… (263)
18.5 房地产中介服务价格 ……………………………………………………… (265)
18.6 房地产中介服务规范化 …………………………………………………… (268)

第19章 物业管理市场与物业管理服务 ……………………………………… (271)
19.1 房地产物业管理的性质 …………………………………………………… (271)
19.2 物业管理市场的主体 ……………………………………………………… (271)
19.3 物业管理的基本内容 ……………………………………………………… (274)
19.4 物业管理体制建设 ………………………………………………………… (277)

第5篇 房地产宏观经济效益与房地产收益分配

第20章 房地产综合效益与房地产收益 ……………………………………… (287)
20.1 房地产效益是综合效益 …………………………………………………… (287)
20.2 房地产的经济效益、社会效益和环境效益 ……………………………… (287)
20.3 房地产经济效益与房地产收益 …………………………………………… (295)

第21章 房地产企业财务管理与成本和利润 ………………………………… (300)
21.1 房地产企业收益及资本运行过程 ………………………………………… (300)
21.2 资本金制度与房地产企业资本构成及其来源 …………………………… (300)
21.3 房地产企业资产管理 ……………………………………………………… (302)
21.4 房地产企业成本、费用与利润 …………………………………………… (304)
21.5 房地产企业财务报告体系 ………………………………………………… (306)

第22章　房地产收益分配再分配与房地产租税费体系 …………………………(317)

22.1　房地产收益分配与再分配形式 ………………………………………(317)
22.2　房地产租税费设置和租税费体系 ……………………………………(319)
22.3　完善房地产收益分配关系，规范房地产租税费行为 ………………(321)

第6篇　房地产经济发展周期与房地产调控和管理

第23章　房地产经济运行周期性与房地产"经济泡沫" ……………………(331)

23.1　房地产经济发展具有周期性 …………………………………………(331)
23.2　我国房地产经济发展的周期 …………………………………………(332)
23.3　认真总结经验教训，防止房地产"经济泡沫" ……………………(337)

第24章　住宅与房地产经济可持续发展 ……………………………………(345)

24.1　可持续发展理论与科学发展观为房地产经济可持续发展奠定了理论基础 …(345)
24.2　房地产经济可持续发展 ………………………………………………(345)
24.3　人类居住区可持续发展 ………………………………………………(354)

第25章　房地产经济宏观调控与管理 ………………………………………(358)

25.1　市场经济与房地产经济调控和管理 …………………………………(358)
25.2　房地产经济调控和管理内容及目标 …………………………………(359)
25.3　房地产经济调控和管理手段 …………………………………………(361)
25.4　我国房地产宏观调控的成就与经验 …………………………………(362)
25.5　加强房地产制度建设与完善房地产调控管理体系 …………………(365)
25.6　房地产经济调控和管理机构及其职责 ………………………………(367)

参考文献 ……………………………………………………………………(373)

后　　记 ……………………………………………………………………(375)

第1篇
房地产经济学研究对象与研究方法

中国当代房地产经济是改革开放的产物。中国经济体制改革，特别是房地产经济体制改革的深入进行和体制的完善程度，决定着中国房地产经济发展的广度和深度，以及房地产经济运行规范化的程度。

改革开放以来，中国房地产业已经发展成为国民经济的支柱产业部门。房地产经济发展与运行的规范化程度，对国民经济发展和运行有着极其重大的影响，把握房地产经济发展和运行的规律，对于从事房地产开发经营管理以及调控和管理房地产经济，都有着重要的理论意义和实践价值。

要认识和把握房地产经济发展规律，就必须学习房地产经济学。房地产经济学就是研究房地产经济发展与运行规律的科学。只有研究房地产经济学，才能够懂得房地产生产再生产过程的各种经济关系及其发展运行规律，以及伴随着房地产经济运行发生的房地产的产权关系。

学习房地产经济学，必须掌握房地产经济学的研究方法。房地产经济学研究的根本方法是辩证唯物主义与历史唯物主义，房地产经济学根本方法以及与其相适应的一整套具体方法，共同构成房地产经济学研究和学习方法论体系。在这些具体研究方法中，特别要注重理论联系实际的方法。房地产经济学是一门运用经济学。

本教材根据房地产经济运行的内部逻辑和方法论体系，把房地产经济学分为六大部分，第一部分主要论述房地产经济学的研究对象与研究方法；第二部分论述房地产经济的基础理论原理；第三部分主要论述房地产经济发展的经济与体制基础；第四部分论述房地产经济运行与房地产市场体系；第五部分概述房地产经济效益与收益分配；第六部分论述房地产经济发展的周期性与调控和管理。把握房地产经济学教材结构，有利于从整体掌握房地产经济学的内容以及深刻理解房地产经济发展和运行规律的内部联系。

第1章 房地产经济学研究对象与研究方法

【学习提要】 学习本章，初步了解当代中国房地产经济是改革开放的产物，房地产经济已经发展成为国民经济的支柱产业；重点掌握房地产经济学研究的对象和学科性质，房地产经济学研究和学习的方法，房地产经济学的体系结构；懂得学习房地产经济学的重要性，提高学习房地产经济学的自觉性和兴趣。

【关 键 词】 房地产经济学研究对象　房地产经济学研究方法　房地产经济学体系结构

1.1　当代中国房地产是改革开放的产物

房地产经济，是以房地产为客体形成的人与人之间的经济关系。房地产是为人类生活和生产提供活动空间或场所的产业部门，是人类进行生产和维持生活最基本的条件。

房地产，从某种意义上说，是与人类社会同时出现、同时存在的物质环境。虽然在古代社会，人类为了生存，已经进行了一定意义上的土地开发和房屋建筑，但是在那个时期，还没有严格意义上的房地产业和房地产经济。房地产业和房地产经济作为一个独立的产业部门，是近代经济社会发展的产物，即工业化和城市化的产物。

人类社会，从古代发展到近代，生产力有了巨大的进步。科学技术的飞速发展，极大地促进了社会生产力的提高。社会生产力的发展，加深了社会分工，促进了第二、第三产业的形成和发展。第二、第三产业的发展，一方面，要求产业或经济社会活动向一定地域空间集中，以便获得聚集经济效益，从而促进了城市的产生和城市经济的发展；另一方面，第一产业劳动生产力提高，把大量人口从农村排挤了出来，推向了需要大量人口或劳动力的城市。这就是经济社会发展中城市化的过程，或城市化的现象。城市的产生和城市化的发展，进一步深化了社会的分工，房地产也就从自给自足的自然经济中分离了出来，发展了起来，逐步发展成为一个独立的产业部门。随着房地产业成为独立的产业部门，也就形成了以房地产为客体的人们之间的经济关系，即房地产经济。

社会生产力的发展，城市化的加速进行，以及城市第二、第三产业的迅速发展，促使农村人口进一步向城市转移，城市不仅聚集了大量的人力、物力、财力，而且集中了大量的经济、社会和政治活动，现代城市已经成为国家的经济、政治和精神活动的中心。城市化的进行和城市化水平的提高，对房地产提出了大量的需求，有力地促进了房地产业和房地产经济的发展。在当代发达国家中，房地产经济不仅已经成为国民经济中重要的经济部门，而且成为国民经济的支柱产业部门。

中国社会发展的独特历史进程，决定了中国房地产经济发展的曲折性。建国前，中国房地产经济已经有了一定程度的发展。建国初期，为了适应国民经济的恢复和发展，房地产经济迅速发展。但是，随着计划经济管理体制的形成，房地产业失去了经济制度的基础，虽然还进行着房地产物质产品的生产，但已没有了房地产经济。改革开放后，随着社会主义市场经济体制建立、城市土地使用权商品化改革、城市住房制度改革，以及城市建设管理体制的改革，房地产成为商品，被纳入了市场经济运行的轨道，这为房地产经济发展奠定了体制和制度的基础。

改革开放极大地促进了国民经济的发展。1978~1982年，我国GDP平均年增长率为8.02%；1982~1988年为11.4%；1989~1990年为3.94%；1991~1997年为11.44%；1998~2001年为8.25%；2002~2008年为10.4%。总之，改革开放以来，我国GDP的年均增长达到了8%~10%。国民经济迅速发展，特别是工业化的进行，有力地促进了城市化的发展，使我国城市化进入了加速发展时期。2008年，我国城市化水平已经达到了44%。预计2020年将达到50%，2050年达到60%~70%，即到21世纪中叶，我国将实现城市化。国民经济的迅速发展、城市化的加速进行，为房地产经济发展奠定了广阔的经济基础，即不仅为房地产经济发展提供了广阔的发展空间，同时也向房地产经济发展提出了巨大的需求。房地产业已经发展成为国民经济的支柱产业部门。

随着经济体制改革的深入进行、国民经济的迅速发展、城市化水平的不断的提高，以及房地产市场经济体制的完善，国家对房地产经济调控的水平不断提高，房地产经济运行进一步规范化，房地产经济必将逐步发展成为成熟的国民经济支柱产业部门。房地产在国民经济发展中的作用越来越大，地位越来越重要。

把握我国房地产经济发展规律，深化对房地产经济发展的体制基础和经济基础的认识，对完善房地产市场经济体制建设，规范房地产经济运行，正确处理房地产经济发展与国民经济发展的关系、房地产经济发展与土地制度的关系、房地产经济发展与银行和资本市场的关系、房地产经济发展与解决居民住房问题的关系、房地产市场与政府对房地产市场干预的关系，都有着极其重要的理论意义与实践意义。

1.2 房地产经济学研究对象和房地产经济学学科性质

每一门学科都有其特定的研究对象。只有科学地界定学科的研究对象，才能深入地探讨和掌握学科研究的对象以及学科研究对象的特有发展规律。

1.2.1 房地产经济学研究对象

房地产经济学是研究房地产经济发展规律的科学。从一般意义上说，房地产经济是人们围绕着房地产生产、分配、交换和消费形成的生产关系或经济关系。与其他经济部门相比，房地产业和房地产经济有着一系列的特殊运动规律，研究这些特殊的运动规律，就构成了房地产经济学研究的对象。

毛泽东在他著名的哲学论著《矛盾论》中，从哲学的高度上，对学科研究对象作出了经典的说明："科学研究的区分，就是根据科学对象所具有的特殊的矛盾性。因此，对于某一现象的领域所特有的某一种矛盾的研究，就构成某一门科学的对象。"因为，"人的认识物质，就是认识物质的运动形式，因为除了运动的物质以外，世界上什么也没有，而物质的运动则必取一定的形式。对于物质的每一种形式，必须注意它和其他运动形式的共同点。但是，尤其重要的，成为我们认识事物基础的东西，则必须注意它的特殊点，就是说，注意它和其他运动形式的质的区别。只有注意了这一点，才有可能区别事物。任何运动形式，其内部都包含着本身特殊的矛盾。这种特殊的矛盾，就构成一事物区别于他事物的特殊的本质。

这就是世上诸种事物所以有千差万别的内在的原因，或者叫做根据①"。房地产经济学，就是研究房地产经济特有运行规律的科学。

房地产经济的根本特性在于它的基础性和先导性、稀缺性和有限性、位置的不动性等。基础性与先导性，决定它是任何生产都必需的生产要素及人们生活最必需的生存条件和生活资料；稀缺性和有限性，决定它的经营垄断性；位置的不可移动性，即不动性，不仅决定了在房地产交换过程中，变动的或交换的只是它的权利证书，而且决定了供求的地域性以及在地区之间的不可调剂性，也就是根据这一特点，所以在经济学上才把房地产经济叫做不动产经济。这就是说，在房地产生产再生产过程中，伴随着房地产物质运行的，不仅有着相应的经济关系变化，而且还发生着产权关系的变动。由此进一步说，房地产经济学是研究房地产生产再生产过程，以及与其相适应的经济关系和产权关系的发展和变化规律。

1.2.2 房地产经济学的学科性质

房地产经济学的学科性质，是由房地产经济学研究的对象、房地产经济学在经济学科体系中的地位，以及它和其他经济学科的关系决定的。房地产经济学在经济学科体系中属于应用经济学；在应用经济学的学科体系中，属于部门经济学或产业经济学。这就是说，房地产经济学属于应用经济学和部门经济学，同时房地产经济学又是房地产经济学科体系中其他学科的基础学科。

1.2.3 房地产经济学与其他经济学科的关系

房地产经济学的学科性质决定了它在经济学学科中的地位、作用以及它和其他学科的关系。

1. 房地产经济学与政治经济学或经济学的关系

政治经济学或经济学属于理论经济学，而房地产经济学属于应用经济学或部门经济学。政治经济学或经济学与房地产经济学的关系，是理论经济学与应用经济学或部门经济学（产业经济学）的关系。

理论经济学或经济学是研究人类社会经济发展规律的科学，即研究人类社会生产、分配、交换、消费发展和运行规律的科学。马克思主义经济理论是马克思主义理论体系的重要组成部分。在《资本论》中，马克思全面地论述了政治经济学或经济学研究的对象、研究的方法论体系，以及经济学的体系结构；系统地研究了资本主义经济发生、发展和运动的规律。由于资本主义经济是市场经济，所以对资本主义经济运动规律的系统研究，也就是对市场经济发展和运行规律的研究。《资本论》不仅是马克思主义经济学的巨著，为经济学发展和研究奠定了理论和方法论基础，而且也是一部市场经济理论巨著。近百年来的西方经济学重点研究了当代市场经济运行中的理论与实践问题。理论经济学或政治经济学为应用经济学或部门经济学提供了理论基础，而应用经济学或部门经济学是应用理论经济学的理论对具体问题或部门经济问题作出的说明。

政治经济学，特别是马克思主义政治经济学，不仅为房地产经济学提供了最一般的理论和方法论基础以及市场经济基本理论原理，而且政治经济学中的地租理论，特别是马克思的地租理论，是房地产经济学重要的理论基础和理论构成部分。房地问题，实际上就是人与地

---

① 《毛泽东选集》第1卷，第308~309页。

的问题。房地产经济的一系列特性，主要是由土地特性决定或引起的。不懂得地租理论，特别是马克思的地租理论，就不可能懂得房地产经济理论。

总的来说，研究和学习房地产经济学，必须以政治经济学或经济学为理论基础。同时，房地产经济学又是经济学理论在房地产经济领域的具体应用和对经济学理论在某些方面的进一步发展和深化。

2. 房地产经济学与城市经济学的关系

城市经济学是以城市经济为对象，研究城市经济产生、发展和运行规律的科学。房地产经济学是以房地产为对象，研究房地产经济产生、发展和运行规律的科学。城市经济的发展包括了房地产经济的发展，并且为房地产经济发展提供了经济基础和经济条件；房地产经济是城市经济的有机组成部分。

只有懂得城市的产生、发展，特别是城市化理论，才能懂得房地产经济产生和发展的经济基础以及房地产经济发展的前提条件。因为，房地产业和房地产经济是工业化和城市化的产物。

城市经济发展的规律、规模和速度，城市各产业部门和各类设施结构以及它们在空间上的布局，决定着房地产经济的发展规模、速度和在城市地理空间（位置）上的布局。

房地产经济是城市经济的重要构成部分。只有懂得房地产经济理论，才能提高城市土地经济效益，解决好城市各类功能的空间布局、促进城市聚集经济效益的发展，提高城市整体经济发展水平。

城市经济与房地产经济之间的关系，决定了城市经济学与房地产经济学之间的关系。一方面，城市经济学为房地产经济学提供了理论和方法论基础；另一方面，房地产经济学深化了城市经济学某些方面的研究。总之，它们是一种相互依赖、相互促进的关系。

3. 房地产经济学与土地经济学的关系

土地经济学是以土地为客体，研究人们在土地开发、利用、经营、管理中形成的人与人之间的关系。土地经济虽然是房地产经济学研究的重要内容，但是房地产经济学与土地经济学对土地经济研究的重点和范围是不同的。

土地经济学主要研究土地的经济与自然属性、土地利用制度、土地经济制度与土地产权制度、地租和地价等理论问题与实践问题。这些问题不仅是房地产经济学研究的重要内容，而且土地利用规律、土地经济制度和土地产权理论，特别是地租理论和地价理论，还是房地产经济学的理论基础。

总的来说，土地经济学与房地产经济学虽然都研究土地经济问题，但是研究的重点和研究的目的都是不同的。土地经济关系是土地经济学研究的全部内容，但只是房地产经济学的构成部分。而且，土地经济作为房地产经济学研究的内容（对象），不是以单独的土地经济形态出现的，而是以地产与房产共同构成房地产时，才成为房地产经济学研究的对象（内容）。当然，房地产经济学的发展也会加深和发展对土地经济学的研究，特别是关于土地的开发和利用等理论。总体上说，房地产经济学与土地经济学都是部门经济学，由于它们在研究的物质客体上存在着交叉或重叠的关系，它们在理论研究和学科建设上也就存在着相互促进与相互补充的关系。

4. 房地产经济学与住宅经济学的关系

住宅经济学是以住宅为客体，研究住宅生产与再生产过程中形成的人们之间的经济关系的科学。住宅是人类最必需的生存资料，是与人类同时产生和发展的。但是住宅作为一种产业，住宅经济发展成为一门独立的住宅经济学，是伴随着工业化和城市化的发展而发展起来的。大体来说，住宅经济学主要研究住宅投资和生产的规模和结构、住宅分配制度和政策、住宅供给制度和政策、住宅消费制度和政策、住宅产权结构，以及国家对住宅经济的调控和管理等问题。

住宅或住房是房地产经济学研究客体的重要构成部分，而且在城市房地产构成中，住宅大约占到房屋总量的70%。所以，住宅经济运动规律是房地产经济学的重要组成部分，但是它们研究的重点是不同的。住宅经济学主要是研究住宅经济的发展和运行规律，而房地产经济学虽然涉及住宅经济，但它不是就住宅研究住宅，而是研究包括住宅经济在内的整个房地产经济发展和运行的规律。

由此可见，住宅经济，特别是住宅经济学中的住宅经济制度，住宅产权制度，住宅生产、交换、分配和消费关系，构成了房地产经济学研究的基础和前提，但是房地产经济学并不单独研究住宅经济，只有当住宅经济与土地经济结合成一个整体时，才能作为房地产经济学研究的对象。住宅经济学与房地产经济学都研究住宅经济，尽管研究的对象和重点不同，但是它们之间的关系是十分密切的。住宅经济学为房地产经济学研究提供了理论基础和前提条件，补充和丰富了房地产经济学；房地产经济学研究深化了住宅经济学理论和运行规律的研究。在市场经济条件下，住宅的开发建设、流通、分配和消费，主要是通过房地产综合开发建设、房地产市场和物业管理实现的。总之，房地产经济学与住宅经济学都是部门经济学，由于它们在研究对象上的交叉和重叠，所以这两门经济学是相互促进、共同发展的。

另外，由于地理位置在房地产经济学中具有极端的重要性，房地产经济是资金密集的产业部门，房地产经济具有投资大、风险大的特点，房地产经济与房地产金融在经济上的相互促进关系，产权是房地产经济的核心内容，房地产经济的特性决定了国家必须对房地产经济进行干预等，这些都决定了房地产经济学与区域经济学，投资经济学，货币、银行金融学，产权经济学，制度经济学，政府经济学等也都有着十分密切的关系。了解和掌握这些经济学科的理论和方法，对于学习和掌握房地产经济学的理论和方法，都有着重要的理论和实践意义。

1.3 房地产经济学研究方法与学习方法

房地产经济学虽然属于部门经济学、应用经济学，但由于房地产经济涉及的领域多、范围广，因此在学习和研究房地产经济学时，必须有科学方法论作指导，才能把握房地产经济学的基本理论、基本原理，掌握房地产经济发展的客观规律。

1.3.1 辩证唯物主义与历史唯物主义是研究和学习房地产经济学的根本方法

辩证唯物主义与历史唯物主义是马克思主义世界观和方法论，是唯一科学的世界观和方法论。辩证唯物主义揭示了世界的普遍发展规律，说明了事物的矛盾运动是事物发展的根本动力。历史唯物主义是把辩证唯物主义的基本原理运用到人类社会，揭示了人类社会发展是由两个基本矛盾运动（即生产力与生产关系的矛盾运动、经济基础与上层建筑的矛盾运动）推动的，说明了人类社会发展的客观规律，为研究人类社会发展提供了理论和方法论根本指导思想。所以，辩证唯物主义与历史唯物主义是研究和学习房地产经济学的根本方法。

1.3.2 理论联系实际是学习和研究房地产经济学的主要方法

学习的目的是为了运用。把学习到的理论和方法，用于研究和解决实际问题，是学习各种理论知识的根本任务。房地产经济学作为部门经济学、应用经济学，即房地产经济学的学科性质，更加要求坚持理论联系实际的研究和学习方法。

理论联系实际方法，首先要求认真学习理论，掌握基本理论原理。因此在学习房地产经济学时，应当特别注意掌握房地产经济产生和发展的条件、房地产经济产生和发展的经济和体制基础、房地产制度和产权结构、房地产开发建设的理论、房地产市场理论、房地产价格理论、房地产中介市场理论、房地产物业管理理论、房地产金融理论、完善和规范房地产收益分配理论、房地产经济发展周期性理论、房地产可持续发展理论，以及房地产管理和调控理论。

其次，就是把学习到的理论，应用于研究和解决我国房地产经济发展中的实际问题。比如，怎样进一步完善房地产经济发展的制度和房地产产权；房地产经济发展的规模和结构怎样才能与经济社会发展的需求相适应；房地产市场运行规范化和房地产价格合理化问题；房地产中介服务市场建设和房地产中介服务规范化问题；提高房地产物业管理和服务水平问题；房地产金融制度创新和防范房地产金融风险问题；如何防范房地产泡沫经济出现，以及如何解决房地产经济泡沫；如何才能使房地产经济实现可持续发展；怎样才能建立健全房地产经济调控体系等问题。

再次，通过理论联系实际，进一步发现问题，研究新情况和新问题，提出新理论和新观点。在理论联系实际不断反复的过程中，进一步完善和提高房地产经济学理论和政策水平，然后再用它去指导房地产经济发展的实践，更好地满足经济社会发展的需要。

1.3.3 学习和研究房地产经济学的具体方法

房地产经济学是部门经济学和应用经济学，涉及的范围很广，相关学科又很多，研究的问题也比较具体和实际，所以学习和研究的具体方法也很多。下面简单地介绍几种具体学习和研究的方法。

1. 系统论的研究和学习方法

系统论与系统分析方法，就是把事物作为一个整体，着重分析整体与部分、部分与部分，以及整体与外部环境之间的相互作用和相互联系，从而把握事物的内部联系和发展的规律。

房地产经济是一个巨大的产业与经济体系，在其发展和运行中涉及许多部门和关系，只有采用系统理论和系统方法进行研究，才能把握房地产经济的运行和发展规律。

第一，在房地产经济发展和运行中，首先涉及的就是土地问题。土地是自然资源，是不可再生的，因而是有限的。但是，随着人类经济社会的发展，对土地的需求越来越大，因此形成了人与地之间的矛盾。土地又是生态环境的基础要素，承载着地球生命支持系统的各种因子。因此，土地利用状况关系和决定着人类社会能否可持续发展的问题，特别是城市土地利用，关系着城市可持续发展的问题。这就要求，必须把房地产经济研究放到人口、资源、环境、经济、社会这个涉及可持续发展的大前提下进行研究。

第二，房地产业与房地产经济，是为社会生产和居民生活提供各类活动空间和场所的，与国民经济各个方面、各个部门以及国民经济发展和运行的状况,特别是国民经济发展的周期性,有着极其密切的关系。只有根据系统理论与方法,正确地认识和处理房地产经济与国民经济整体的发展和运行关系,才能理解房地产经济发展规律,才能促进房地产经济与国民经济的协调发展。

第三,房地产经济本身也是一个巨大结构体系,这是由房地产本身的性质和特有的生产和再生产过程决定的。在房地产生产和再生产的各个环节之间,存在着极其密切的联系,只有把握房地产整体运行规律,才能正确把握房地产生产和再生产各个环节之间的关系。

2. 定性与定量研究与学习方法

任何事物都是质与量的统一体。所以研究事物,既要研究事物的质(即定性研究),又要研究事物的量(即定量研究)。所谓定性研究,就是确定事物的质的规定性,亦即确定一事物与其他事物不同的规定性,从而把事物区别开来。通过定性研究,就可以把握事物的本质及其内部矛盾(规定性),揭示事物发展的规律。所谓量的研究,就是确定事物的大小、范围、多少。没有量,也就没有事物,即没有事物的质。在事物性质不变的前提下,事物的发展就是量的扩张。事物之间的比例关系,就是事物量与量之间的发展关系。

应用定性与定量方法研究与学习房地产经济学,可以科学地确定房地产经济与国民经济,以及房地产经济与各个部门经济发展之间的关系,确定房地产经济内部各类物业、房地产业发展和运行中的各个环节之间的结构和数量关系,使房地产经济的供给结构与需求结构、供给数量与需求数量相适应,从而促进房地产经济以及与相关的经济健康、持续地发展。

科学技术发展到现在,数量的研究越来越引起各方面的重视,从而成为房地产经济研究和学习的热门话题。特别是计算机技术、网络技术的发展及其广泛的运用,成为处理房地产大量的资料和信息的主要手段。随着数字技术的进一步发展,房地产数字化在房地产经济中的作用越来越重要。

3. 静态与动态研究与学习方法

静态与动态,是事物存在和发展的两种形态。房地产经济也是经常处于静态与动态的两种运动状态中。所以,静态与动态研究与学习方法,也就成为研究与学习房地产经济学的一种重要方法。所谓静态研究与学习方法,就是假定事物在某一时点上,处于不发展、不变动的情况(或状态)下,研究它的性质,以及它与其他事物之间的关系。这种研究,对于把握事物的性质,以及一事物与他事物之间稳定的关系,是非常重要的。但是,任何事物始终处于变化和发展过程中,所以,要能够真正把握事物的运动及变化规律,还必须从动态的过程中研究和考察事物。就房地产经济来说,在一定的情况下,或在某一时点,房地产市场上的供求关系是一定的;如果根据房地产市场现在的需求状况,确定房地产未来的供给,就可能出问题。因为房地产生产有一个周期,当开发商把房地产品推向市场的时候,市场状况已经发生了变化。另外,国民经济发展周期对房地产经济影响很大,不了解国民经济发展的周期性,就不能很好把握房地产经济发展和运行规律。所以,在学习和研究房地产经济学时,必须熟练地运用静态与动态研究与学习方法,才能学好房地产经济学。

1.4 房地产经济学体系结构

房地产经济学研究的对象、房地产经济学的性质和特点，以及房地产经济学研究的方法，决定了房地产经济学的体系结构。房地产经济学结构是以房地产为客体形成的人与人之间的关系为总线索，以房地产经济和产权关系为基础，以房地产生产与再生产为中心内容，以房地产满足经济社会发展的需要和房地产可持续发展为目标确立的房地产经济学的体系结构框架。根据这一思想，本书体系结构大体分为6大部分，即6篇。

第1篇，也就是第1章，即房地产经济学研究的对象与方法。主要指出，房地产经济学研究的是房地产经济发展与运行的规律。它不仅要研究房地产生产再生产过程中的经济关系及其发展运行规律，而且还要研究伴随着房地产经济运行发生的房地产的产权变动关系。这是房地产经济学作为不动产经济学的最大特点。房地产经济学研究的根本方法是辩证唯物主义与历史唯物主义，房地产经济学研究的具体方法主要是理论联系实际等方法。

第2篇，房地产经济基础理论，由第2章～第5章构成。主要说明房地产经济的性质与特征、房地产经济在国民经济中的地位与作用，并说明产权理论、地租理论及区位理论与房地产经济的关系。通过这一部分的学习，可以为学习房地产经济学奠定坚实的理论基础。

第3篇，房地产经济发展的经济与体制基础，由第6章～第10章构成。主要说明工业化和城市化，为中国房地产经济发展提供了广阔的经济基础，并论述了我国房地产经济发展的体制基础与产权制度基础。

第4篇，房地产经济运行与房地产市场体系，由第11章～第19章构成。顺序研究了房地产经济生产再生产过程、房地产市场体系，以及相应的房地产经济关系的变化和产权关系的变更。

第5篇，房地产宏观经济效益与房地产收益分配，由第20章～第22章构成。主要研究房地产综合效益与房地产收益的关系，房地产企业财务管理与成本、利润，以及房地产收益分配再分配的形式与房地产租税费体系。

第6篇，房地产经济发展周期与房地产调控和管理，由第23章～第25章构成。主要研究房地产周期波动的原因和传导机制，如何加强对房地产经济发展周期性的调控，防止房地产"经济泡沫"问题，以及房地产经济可持续发展问题和房地产经济宏观调控与管理问题。

房地产经济学的这六个部分是一个有机的整体。设想通过这个整体，力求反映我国房地产经济发展的状况和发展的规律，同时也是想通过这个整体更好地掌握房地产经济学的主要内容，以及各部分之间的内部联系。

1.5 房地产经济学在当代中国的发展

理论来源于实践。在计划经济体制下，由于没有房地产经济，也就没有房地产经济理论和房地产经济学。我国当代房地产经济是改革开放的产物。随着经济体制改革的深入进行，特别是城市土地使用制度、城市住房制度和城市建设管理体制的改革，房地产业与房地产经济才逐步发展起来。

为了适应房地产业和房地产经济发展的需要，1992年由（当时）国家教委批准，在国内的5所高等院校（中国人民大学、首都经济贸易大学、上海复旦大学、同济大学、上海城建学院）首批设立了房地产经营管理专业。接着，其他院校也相继设立了房地产经营管理专业。1998年，根据国家教育部关于高等学校专业调整的精神，一些高等院校根据经济发展的需要，以不同的方式保留了房地产经营管理专业方向。为了教学的需要，高校的一些教师在总结我国房地产业与房地产经济发展实践经验和借鉴国外房地产经济理论优秀成果的基础上，编写出版了一批房地产经济理论专著和教材。这些专著和教材，不仅对于发展我国房地产经济学科教学、培养房地产经营管理方面的人才起了重要的作用，而且对房地产业和房地产经济的发展也有重要的指导意义。

我国房地产业和房地产经济发展的时间还不长，还处于发展的过程中。不成熟的理论是与不成熟的实践相适应的。所以，目前出版的房地产经济专著和教材，不同程度地存在着一些局限性，都有待进一步提高。但是，不管这些专著和教材存在着怎样的不足和缺陷，毕竟是改革开放以来我国在房地产经济领域理论研究的阶段性重要成果，是我国房地产经济理论和房地产经济专业教材建设进一步发展的基础。

---------- 本章小结 ----------

中国当代房地产经济是改革开放的产物。房地产业已经发展成为国民经济的支柱产业。房地产经济发展的规律（或特有的规律）构成了房地产经济学研究的对象。房地产经济学属于部门经济学，同时又是其他房地产学科的基础。研究房地产经济必须以辩证唯物主义和历史唯物主义为指导，同时理论联系实际，采用由定量研究与定性研究等构成的一个方法论研究和学习体系。我们这本《房地产经济学》的体系结构是由六个部分构成的，第一部分论述了房地产经济学研究的对象与方法；第二部分论述了房地产经济学基本理论；第三部分论述了房地产经济发展的经济与体制基础；第四部分论述了房地产经济发展和运行基本规律和基本过程；第五部分论述了房地产经济发展的经济效益、社会效益和环境效益，房地产经济收益和利润，以及房地产收益分配与再分配和房地产租税费体系；第六部分论述了房地产经济发展的周期性、可持续发展和房地产宏观经济调控和管理。了解这个结构，对于掌握房地产经济学的内容及其发展规律，有着重要的意义。

复习思考题

1. 如何理解当代中国房地产是改革开放的产物？
2. 试述房地产经济学的研究对象。
3. 试述房地产经济学研究方法论体系。
4. 简述房地产经济学与其他经济学科的关系。
5. 简述房地产经济学体系结构。

第2篇 房地产经济基础理论

房地产经济是以经济学中的产业经济理论、产权经济理论、土地经济理论，尤其是地租理论以及空间经济或区位经济理论为基础的，进一步说，也就是以产业经济学、产权经济学、土地经济学、区位经济学为理论基础的。

房地产经济是以房地产为客体形成的人与人之间的关系。房地产经济的先导性和基础性，以及关联度广、带动性强、贡献率大，使它成为国民经济的支柱产业。房地产经济在国民经济发展和运行中具有重要的意义和作用。

房地产的不动性、使用上的外部性、所有权与使用权在市场经济条件下的分离性以及财产权利运行的特性等，决定了房地产产权关系，即不动产的财产权关系，在房地产经济运行中的极端重要性。只有明晰房地产产权关系，才能促进房地产经济发展，规范房地产经济运行。

土地不仅是房地产经济的主要构成部分，而且还决定着房地产经济的基本特性。地租是土地所有权在经济上实现的形式。土地经济理论，特别是地租理论，是房地产经济的理论基础和核心内容。

房地产经济是不动产经济。位置即区位，对于房地产经济具有极端的重要性。而且，房地产区位还决定着城市的各种功能在空间上的分布（即空间布局与空间结构）。城市空间结构或空间经济是城市经济效益的重要决定因素。

学习房地产经济必须懂得房地产经济的基础理论原理。这一篇各章分别对房地产业经济理论、产权经济理论、土地和地租经济理论以及区位经济理论做了概括的说明。

第 2 章 房地产经济与房地产业

【学习提要】 学习本章，必须切实掌握房地产、房地产业、房地产经济等概念，了解房地产业的性质和房地产经济的特性，深刻了解我国房地产业成为国民经济支柱产业的条件和原因，明确加强房地产支柱产业建设的体制和政策措施。

【关 键 词】 房地产　房地产业　房地产经济　房地产是第三产业　房地产是支柱产业　房地产业政策

2.1　房地产与房地产经济

2.1.1　房地产

房地产，从物质上说，是由土地以及土地上的建筑物和构筑物构成的。或者说，房地产是地产和房产的总称。

土地是自然生成物。土地是由土壤、植被、岩石、水等物质构成的。土地是人类生存和发展的承载体、资源和条件。经过人类开发的土地，或者说投入了土地资本，就形成了土地资产。土地资产是以土地物质为客体形成的人与人之间的经济关系或财产关系。

房屋是以土地为载体，通过开发建设形成的各种供人类生产经营和生活居住的建筑物、构筑物和各类配套设施。房屋可以分为居住性用房、经营性用房、工厂和仓库用房、办公用房、其他用房等类型。

房地产在经济学上也叫不动产，这是由于它的位置的固定性或不动性决定的。土地的位置是固定的，是不可移动的。房屋是建筑在土地上的。由于土地位置的固定性或不动性，决定了土地上的房屋等建筑物和其他附着物位置的不可移动性。

房地产也叫物业。物业是单元性的房地产。一个住宅单位是一个物业，一个工厂也是一个物业，物业可大可小。

房地产、不动产、物业等这些概念，虽然是在不同的场合使用的，在内涵和外延方面也有一些差别，但总体来说，它们是房地产三种不同的称呼，也可以说是同一事物的不同名称。

根据房地产的上述特性，无论是在现实经济运行中，还是在经济理论上，以及在法律规定上，可以把房地产定义为：房地产是由土地、土地上的建筑物和构筑物，以及在它们上面形成的各种权利关系构成的经济综合体。或者说，房地产是房地产物质以及在房地产物质上形成的各种权利关系的总和。

2.1.2　房地产业及其性质

房地产业是从事房地产开发、经营、管理和服务活动的行业和部门的总称。房地产商品（产品），以及为房地产商品（产品）生产再生产运行过程提供的各种服务，就是房地产业部门生产和经营的对象。

房地产作为产业部门,与国民经济中的其他产业部门一样,在其生产和再生产过程中也要经过四个环节,即生产、分配、交换、消费。房地产生产就是对土地进行开发和再开发,对房屋进行开发、建设、维修和养护等生产性活动。房地产分配,就是依据国家经济制度和经济体制确定的分配原则和分配方式,把房地产产品分配到国民经济各个部门和居民之间。房地产流通,就是房地产产品在市场上形成的各种交易活动,即对房地产产品出售、租赁和抵押等经营活动,通过房地产市场,实现房地产资源优化配置和房地产价格和价值,满足居民生产和生活的需求。在房地产消费过程中,房地产经营管理部门,还要为消费者提供房屋维修、管理和消费过程中的其他服务,也就是我们现在所说的物业管理活动。从事房地产开发、建设、经营、维修、服务和管理的企业,就是房地产企业。

根据国家有关文件规定,以及我国房地产经济发展的具体情况,房地产业或房地产经济主要包括以下内容:

(1) 土地开发和再开发;
(2) 房屋开发和建设;
(3) 地产经营,包括土地使用权的出让、转让、租赁和抵押;
(4) 房地产经营,包括房产(含土地使用权)买卖、租赁、抵押等;
(5) 房地产中介服务,包括信息、咨询、估价、测量、律师、经纪和公证等;
(6) 房地产物业管理服务,包括家居服务、房屋及配套设施和公共场所的维修养护、保安、绿化、卫生、转租、代收代付等;
(7) 房地产金融,包括信贷、保险和房地产金融资产投资等。

房地产作为独立的产业部门,是由房地产开发、建设、经营、管理、消费、服务等各个环节或过程的经济活动,各类房地产经济组织和经纪人,以及各类房地产技术人员构成的巨大的产业体系。根据房地产经济活动以及国家关于国民经济产业划分的标准,房地产业属于第三产业。

2.1.3 房地产经济及其特性

房地产经济是以房地产为客体,在房地产开发、经营和管理、消费活动中,即房地产生产和再生产过程中形成的人与人之间的经济关系。

房地产商品、房地产业的特性,决定了房地产经济的特性。具体来说,有以下几点:

1. 房地产资源的稀缺性、数量的有限性和经营的垄断性

房地产在物质上是由土地和房屋构成的,房屋是坐落在土地上的。土地的稀缺性、土地数量的有限性和土地经营的垄断性决定了房地产资源的稀缺性、数量的有限性和经营的垄断性。房地产的这些特性,或者说,房地产资源的稀缺性和数量的有限性决定了房地产市场供求的不平衡性。房地产经营的垄断性决定了房地产市场不是完全自由竞争市场,而是垄断竞争市场,房地产价格具有垄断性。

2. 房地产位置的不可移动性

房屋是建设在土地上的,土地位置的不可移动性决定了房地产商品和房地产的生产、流通(物质)、消费位置的固定性或不可移动性。房地产生产,无论是土地开发,还是房屋建设,总是在固定的土地上进行的。房地产在流通过程中,流通的不是房地产物质,因为房地产是不可移动的,流通的或能够流动的是房地产的权利证书。房地产消费,不管是生产性消

费,还是居民家庭住房生活消费,都是随着房地产位置的变化而变动的,即是由房地产位置决定的。房地产商品与房地产业的不动性,决定了房地产生产、流通、消费、市场、价格的区域性和不可在全国范围的调剂性。

3. 房地产开发投资经营管理的风险性

房地产开发投资经营管理,无论是进行土地开发,还是房屋建设,工程量都很大,生产周期一般都较长,由此决定了房地产开发经营管理需要投入的资金量大、资金周转时间长、资金周转慢。房地产业是资金密集的产业部门。房地产开发经营管理一般都需要通过银行等金融部门获得资金上的支持,这决定了房地产部门与银行金融部门存在着密切的关系。

当经济迅速发展或经济处于高涨时期,房地产供给不能满足经济社会发展的需求,要求房地产业率先与超前发展;当国民经济进入萧条时期,由于房地产业生产和供给的滞后性、退出的困难性,造成房地产供过于求,甚至引起房地产企业破产和倒闭,形成房地产经营管理的风险。在市场经济条件下,高风险与高利润基本上是成正比的。在当代,国家虽然加大了对经济运行的宏观调控,在经济发展和经济运行中"大起大落"的状况有所改变,房地产业的风险也在减弱。但是,国民经济发展中的波动状况始终是存在的,房地产经营风险是不会消失的。

4. 房地产具有保值性和增值性

房地产产品价值大,价格高。一幢几十或上百平方米的房屋,价值或价格达到几十万、上百万元。高档或具有特殊性的房地产,即大型的、高档的以及具有某种特性的房地产,价格会更高。土地具有永久使用的性质,而房屋根据其结构、建筑材料,使用期限也往往长达几十年、上百年。由于社会经济不断发展,城市基础设施和市政设施不断完善,土地投资不断增长,社会对房地产的需求也不断增长,在土地或房地产数量有限性的作用下,房地产价值或价格就可能上涨,从而使房地产具有保值和增值的功能。由于房地产保值、增值的决定性因素是土地,所以,严格地说,只有对土地所有者,房地产才具有这种功能。

5. 房地产对市场经济运行的敏感性

市场经济发达的国家,都把房地产经济叫做"市场经济的寒暑表"或者"社会经济的寒暑表"。房地产业对经济发展的周期性不仅灵敏度高,而且准确性也很高。这是因为房地产是国民经济发展和运行的先导产业,经济高涨,各个产业部门都要求扩大经营场所,首先对房地产提出了需求;经济衰退,各个产业部门缩小经营范围,让出多余的经营场所,增加了房地产市场的供给。房地产业的这个特点,决定了房地产市场、房地产供求和房地产价格对国民经济运行状况都具有十分明显的先导性和敏感性。

6. 房地产经济运行对国家政策和法律具有很大的依赖性

房地产是一种特殊商品,房地产业是一种特殊行业。或者说,房地产市场是垄断竞争市场;房地产价格具有垄断性;居民住房具有公共产品与准公共产品的性质等特性,造成了房地产市场失灵。房地产市场失灵,要求国家进行弥补或干预。这决定了国家必须对房地产经济进行宏观调控和管理,因而房地产经济对国家法律、法规和政策有极大的依赖性,即国家计划、投资、财政、金融政策,决定和影响着房地产经济的发展和运行。

2.2 房地产业是国民经济支柱产业

2.2.1 支柱产业必须具备的条件

在国民经济发展中,并不是任何经济或产业都可以发展成为支柱产业部门。根据罗斯托等人关于经济成长的理论,"经济增长点"或"支柱产业部门"是在经济发展的一定阶段,不仅自身发展速度快,而且能够带动国民经济持续发展的(某个)产业或产业群。也就是说,要成为支柱产业(或支柱产业群),必须是感应度系数和影响力系数较大的产业。所谓感应度系数,是指一个产业受其他产业影响的程度,而影响力系数是指一个产业影响其他产业的程度。具体地说,要成为支柱产业,必须具备以下条件:

(1) 科技含量高,能有效吸收新技术。
(2) 本身具有较高的增长率,其产值在 GNP 或 GDP 中占有一定的比重。
(3) 产业关联度强,能带动其他相关产业的发展。在国民经济体系中处于十分重要的地位。
(4) 经济效益好,回笼货币能力强,有利于增加国家财政收入。

我国是发展中国家,又是一个大国,在经济增长与经济发展方面具有一系列特殊性。根据我国经济现阶段的发展状况和我国国情,某个产业要成为国民经济的支柱产业,还需符合以下条件:

(1) 该产业必须与现阶段经济体制由计划经济体制向市场经济体制转变,以及经济增长方式由粗放型经营向集约化经营转变的要求相一致;
(2) 该产业必须与现阶段产业结构升级要求相一致,与支柱产业具有较高的关联度;
(3) 该产业的产品要满足市场需求,并与居民消费需求结构的变动趋势相一致,对市场平衡有很强的影响力。

根据国民经济支柱产业或经济增长点的一般条件及我国具体情况,房地产业已经具备了成为我国国民经济支柱产业的条件。

2.2.2 房地产业成为国民经济支柱产业的原因

房地产业成为国民经济支柱产业,是由于房地产业本身的经济性质及发展符合国民经济起飞阶段的规律,符合产业结构高度化规律,符合居民消费发展变化规律等决定的。

1. 房地产经济是国民经济的基础产业和先导产业

空间是世界上一切事物存在和发展的条件。无论是生产经营部门从事生产经营活动,还是行政办公、文化教育、体育卫生、科研信息等部门开展的研究和服务活动,以及居民生存和发展所需要的居住条件等,都需要占用一定的空间,即需要相应的生产生活用房和必要的设施。而空间和设施,都是由房地产经济部门提供的。没有房地产经济,就不可能为这些部门提供最必需的活动空间和场所。没有这些空间,社会生产和生活就不可能进行。这就决定了房地产业是国民经济基础产业(部门)。

房地产经济或房地产业不仅是国民经济的基础产业部门,而且还是国民经济的先导产业部门。任何社会生产与生活，首先需要的是场所和空间。能够提供这些场所和空间的，只有房地产经济或房地产业。所以，房地产经济或房地产业是国民经济的先导产业部门。

房地产经济或房地产业的基础性与先导性，还使房地产经济成为国民经济周期性发展的"晴雨表"。当国民经济运行处于高涨时期，随着各部门经营的扩张和居民收入水平的提高，首先提出对经营空间和场所以及住房的需要；当国民经济运行处于收缩时期，各部门的经营规模开始缩小、居民收入水平降低，则首先减少对经营空间和场所以及住房的需求。因此，这就使得房地产经济具有了国民经济周期性发展"晴雨表"的功能。

2. 房地产经济发展符合经济成长阶段规律

美国经济学家毕尔特·惠特曼·罗斯托把人类社会的发展划分为6个经济成长阶段：传统社会、为"起飞"创造前提阶段、"起飞"阶段、成熟阶段、群众高额消费阶段、追求生活质量阶段。

罗斯托认为，由传统社会向工业化社会转变，就构成了经济起飞阶段。经济起飞，就是要突破旧的传统停滞经济社会状态；起飞就像飞机起飞一样，起飞以后就可以自由飞行了。罗斯托认为"起飞"的主要条件是：①有较高的积累比例，使积累率占国民收入的10%以上；②要建立起"起飞"的主导部门，这个主导部门发展较快，它能带动其他部门的发展，本身又能赚取外汇，以便引进技术，购买国外产品；③要有制度上的改革，即建立一种能保证"起飞"的制度。

罗斯托认为，在"起飞"阶段需要有主导部门的带动。当工业化达到一定水平或程度，国民经济发展到持续成长阶段时，也要依靠新的主导部门不断代替旧的主导部门，才能实现经济的进一步发展。关于主导产业，罗斯托认为主要是关于在现代经济增长过程中，那些本身具有较高的经济增长率，而且还能带动其他部门实现增长的产业部门。同时，主导产业同受其影响而增长的各个相关产业，一起构成主导产业的综合体系。

按照罗斯托经济成长阶段理论，我国正处于经济发展的起飞阶段，结合我国经济发展的实践，房地产业由于其基础性、先导性和带动性，自然也就成为我国经济起飞的主导产业部门或支柱产业部门。

3. 房地产经济发展符合产业结构高度化规律

产业结构是生产要素在各产业部门之间的比例以及它们之间相互依存、相互制约的关系，或者说是一个国家或地区的资金、人力资源和各种自然资源与物质资料在国民经济各部门之间的配置状况，以及其相互制约的方式。产业结构包括三次产业之间的比例关系，以及工业、农业、建筑业、交通运输业、商业、服务业等各产业内部各部门之间的比例关系。一般是用产业增加值在GDP中的比重，以及产业就业人数在总就业人数中的比重来表示。当代各国经济发展的实践表明，人均GNP在300美元以下，经济发展处于农业和初步工业化阶段，产业结构重点是农业和轻工业。当人均GNP在300~2500美元时，经济发展处于工业化阶段，其中：当人均GNP在300~600美元时，产业结构重点为轻工业、重工业、基础工业；当人均GNP在600~2500美元时，产业结构重点为轻工业、重工业、基础工业、重加工、建筑业。而当人均GNP在2500美元以上时，经济发展处于服务业发展阶段，产业结构重点为咨询等现代工商服务业。

我国目前人均GNP处于1000~3000美元之间，从人均GNP的发展水平与产业重点选择的关系来看，当前正处于发展建筑业，特别是住宅业与房地产业的时期。

4. 房地产经济发展符合消费结构变化规律

在市场经济条件下，任何产业发展的首要前提就是看有没有市场以及市场容量的大小。在城市化加速进行的条件下，房地产市场是国民经济中一个巨大的市场体系，它不仅是生产要素市场重要的构成部分，而且是巨大的消费品市场，在居民消费支出中占的比重最大。居民住宅在房地产构成中占到70%，住宅市场是房地产业中的主要市场，而且是长远的、永远发展的市场。

随着居民收入的增加，居民住房消费在恩格尔系数中的比重将会逐步增长。住房成为潜在的巨大消费市场，这是由以下因素决定的：①改革开放以来，居民住房条件虽然有了很大改善，但与发达国家相比还有很大的差距。②我国住宅资产总量落后于GDP总量的增长。世界银行经济学家认为，一国住宅资产应当等值于GDP，即达到1∶1的比例，我国二者的比仅为0.5∶1。③我国正处于城市化加速发展时期，根据主管部门的预测，到2050年，我国人口将增加到16亿，城市化水平提高到60%，城镇人口将达到9.6亿，约3亿个家庭，到时住宅总量将达到300亿平方米，约3亿套住宅，平均每年需要建设6亿平方米住宅。④按照社会经济和产业发展的一般规律，当一个国家的人均国民生产总值达到300～1000美元时，就进入了住宅消费增长的关键时期。目前，我国人均GDP已经达到了3000美元，住房消费已经成为我国居民消费的重点领域。

当然，房地产市场的容量不是由住房潜在需求决定的，而取决于居民对住房的有效需求。住房有效需求则取决于住房市场的发展程度。住房市场的发展程度可以用三个标准来测定：住宅市场化程度、住宅市场满足程度和居民对住房价格的承受程度。住宅的市场化程度，主要是住房体制、机制转换的程度；住宅市场满足程度，主要是住宅市场饱和的程度；居民对住房价格的承受程度，主要是居民对住宅市场价格的承受能力。

在我国现阶段，住房市场化进程是由住房制度改革深化的程度决定的。有些学者用住房私有率、住房消费支出比重、房价收入比、房地产金融深化度、投资多样化、土地出让市场化、住宅价格市场7个指标综合确定房地产市场化程度。根据有关资料推算，目前我国平均住宅市场化程度达到50%～60%。但是，纵观当今世界各国，还没有哪个国家或地区的住宅市场化程度达到100%。有些市场经济很发达的国家，住宅的市场化程度也只有70%～80%。这是因为，居民住房不能完全依靠住房市场来解决。与完善住房市场相适应，还必须加强住房保障制度的建设。

住宅市场满足程度的重要标志就是住房市场需求的强度。随着社会经济的发展和居民收入水平的提高，人们对住宅的需求不断增长，在数量和质量上也呈现出不同的发展层次。居民对住房的需求大体上可分为三个层次，即生存需求、发展需求和享受需求。后两个需求，也可以叫做改善性需求。由于人们对住房的需求有不同的层次和不同的组合，因而使住房市场呈现不同的发展阶段。一般来说，有三个发展阶段：第一阶段是以生存需求为主，改善需求为辅。在这一阶段住宅业发展速度最快，延续时间也最长。第二阶段是生存需求和改善需求并重，住宅业发展速度仍较快。第三阶段是以改善需求为主，生存需求为辅。进入这一阶段，住宅市场已进入常规运行发展时期，意味着一个国家或城市的住房问题基本解决。总的来说，我国目前还处于生存需求为主、改善需求为辅，或数量需求为主、质量需求为辅的阶段。但是改善需求或质量需求明显增长，这说明我国住宅市场的容量仍很大，需求强度很高。

居民对住房价格的承受能力是住房市场有效需求的决定性因素。衡量居民对住宅市场价格承受能力的大小，是由房价与居民家庭收入比确定的。世界银行把房价与居民家庭年收入比确定为1:(3~6)。目前，我国的房价收入比大体为1:(8~10)，有的城市或地区则更高，大大高于国际标准。但是，随着住房制度货币化改革方案的落实、居民收入水平的提高、住房价格的合理化，居民对住房价格的承受能力会相应提高。

5. 房地产经济效益好，是国家财政收入的重要来源

房地产业是国民财富的主要构成部门。据联合国统计，从1976年以来，世界各国用于建造房屋的投资占国民生产总值的比重约为6%~12%，由此形成的固定资产占同期形成的固定资产总值的50%以上，其中住宅建设投资约占国民生产总值的3%~8%，占固定资产形成总值的20%~30%。我国房地产增加值在GNP中所占的比重越来越大。1998年，房地产占GNP的比重已经超过5%，对国民经济增长每年的贡献约为12%~13%。目前，我国城市建设用地约1.5万平方公里，加上建制镇，城镇存量土地已达约3万平方公里，如果每平方公里建设用地的价格以4亿元计算，则我国城镇存量土地的价值约12万亿元。如果再加上100多亿平方米的房产，房地产价值巨大，是我国国民财富的主要构成部分。

2.2.3 房地产业成为国民经济支柱产业的条件

房地产业的经济与产业性质，决定了它在国民经济发展中具有关联度广、带动性强、贡献率大等作用，从而使它具备了成为国民经济支柱产业的条件。

1. 房地产业关联度广

房地产业是一个巨大的产业体系，与国民经济许多部门有着极其密切的联系。在房地产业生产与再生产的各个环节中，不仅与建筑业、建材业、冶金业、纺织业、化工业、机械业、仪表业、林业等50多个生产部门或行业有着十分密切的关系，同时还直接影响到家电、家具、装饰、装修，以及金融业、旅游业、园林业、运输业、流通业、服务业等的发展。

2. 房地产业带动作用强

房地产业的发展能够带动国民经济许多部门的发展。房地产开发建设中所需要的建筑材料总计约23大类、1500多个品种，涉及建材、冶金等许多部门的产品。根据主管部门统计，住宅建设消耗的建材分别占全国钢材总量的14%、木材总量的20%、水泥总量的47%、玻璃总量的40%。

房地产业的发展促进了金融业的发展。房地产投资数量大，占用资金时间长，资金周转慢，必须借助银行金融业，是金融业的最大客户。房地产是不动产，土地是稀缺的资源，具有保值和增值的性质。住房投资回报率高，是理想的投资领域。房地产或不动产的信托、抵押是现代信用的基础，是最安全可靠的投资。1985年，我国香港地区的银行贷款总额中约有30.4%是建造及物业发展贷款和购买楼房贷款。

根据有关统计数字表明：房地产业的影响力系数（对其他产业的影响）、感应度系数（受其他产业影响）在国民经济各产业部门中都处于平均数以上。房地产业的产值每增加"1"，带动相关产业的产值增加"1.5~2"。根据我国有关部门测算，住房建设每投入100元，可以创造相关产业的170~220元的需求，带动系数为1.95。

3. 房地产业对国民经济的贡献率大

房地产业对世界各国国民经济的贡献率都是比较大的。在日本，住宅建设对 GDP 增长的贡献率即使在低的年份，也高达 20%，在高的年份甚至达到了 150%。房地产和建筑业是美国四大支柱产业的构成部分，其增加值约占 GDP 的 15% 以上；房地产业影响到美国 10% 以上的经济活动。我国香港地区的房地产增加值约占 GDP 的 25%，与金融、贸易、航运、旅游共同成为香港的支柱产业。改革开放以来，我国内地的房地产增加值占 GNP 的比重越来越大，对国民经济增长每年的贡献率约为 12%~13%。

我国房地产业对国民经济的带动作用也十分明显。根据国家统计局有关专家估算，以 2000 年来说，房地产业的增加值约为 5400 亿元，约占 GDP 的 6%，超过了钢铁、能源、化工、电子、汽车、纺织等产业；住宅与房地产业完成的投资增长占固定资产投资增长额的 30%，拉动 GDP 增长约 1 个百分点；带动建筑业、制造业、采掘业等几个相关产业的产出增加约 2700 亿元。据测算，北京市住宅投资增长 1 个单位，可以带动建筑业净产值增加 1.28 个单位，建材业净产值增加 0.88 个单位。在固定资产投资中，住宅建设投资约占 20%，拉动国民生产总值增长 1 个百分点。

2.3 加强房地产支柱产业的建设

房地产业虽然已成为我国国民经济的支柱产业，但是其作为支柱产业的体制还存在不完善的地方，运行还不太规范，产业化与产业科技含量还不高，有些制度还不健全，必须加强对房地产支柱产业的建设。

2.3.1 进一步完善房地产市场经济体制建设

根据中央关于建立和完善社会主义市场经济体制的战略部署，到 21 世纪初，中国共产党成立 100 周年，基本建立社会主义市场经济体制；到 21 世纪中期，即 2050 年中华人民共和国成立 100 周年，建立起完善的社会主义市场经济体制。所以，21 世纪前半期，是我国经济体制改革的关键时期，也是房地产经济建立社会主义市场经济体制的关键时期。

建立与社会主义市场经济体制相适应的房地产市场经济体制，包括两个方面的任务，即建立与社会主义市场经济体制相适应的房地产经济与产权制度；建立与房地产市场经济体制相适应的市场体系与运行制度。

房地产是一种特殊的商品，房地产业是一种特殊的行业，在房地产商品交换过程中不仅发生经济关系的变化，而且还要发生一系列产权关系的变更，所以建立与社会主义市场经济体制相适应的房地产产权制度，是房地产市场经济发展的经济和体制基础。房地产产权制度主要是由两大部分构成的，即土地产权制度和住房（房屋）产权制度。建立与社会主义市场经济体制相适应的土地产权制度，就是把土地纳入市场经济运行轨道。在我国具体条件下，就是在坚持城市土地的国家所有制的前提下，实行土地所有权和使用权分离，使土地使用权商品化，建立土地使用权市场，按照市场方式配置土地资源，提高城市土地的经济效益、环境效益和社会效益。住房产权制度是通过住房制度改革逐步建立起来的。住房改革的目标模式，就是使住房商品化和社会化。要使住宅商品化和社会性化，首先必须明确住宅是商品；要明确住宅是商品，就必须明确住宅的产权关系。只有明确了住宅的产权关系，才能使住宅成为商品，进入市场。1998年，全国第四次住房制度改革会议通过的《国务院关于进一步深化城镇住房制度改革加快住房建设的通知》，明确提出了停止住房实物分配，实行住房分配货币化，在住房制度改革问题上迈出了决定性的一步。在21世纪，要进一步落实住房货币分配的各种方针政策，明晰住房产权关系，为房地产市场的发展奠定坚实的产权制度基础。

只有建立产权明晰的房地产产权制度，房地产市场经济体系才能建立和发展起来。房地产市场经济运行体系是由三个部分构成的：房地产市场运行的主体；房地产市场结构和房地产市场运行机制；国家对房地产市场的调控和管理体系。

房地产业是一个巨大的体系，构成房地产市场运行主体的主要是房地产的主要要素——城市土地的所有者（即国家或政府）、房地产开发经营者（即各类房地产企业）和房地产消费者。加强房地产市场主体建设，主要是规范房地产市场各类主体的市场行为。

建立健全房地产市场体系，就是要建立健全房地产开发建设市场、房地产交易和中介服务市场、房地产物业管理市场、房地产金融等市场；规范各类房地产市场运行，特别是要规范土地出让和转让市场、房地产开发建设市场、房地产各类交易市场的行为；规范房地产价格的构成和运行，特别是要控制一些大城市中的过高的住房价格，使其逐步接近房地产价值和居民的收入水平。

当代市场经济，都是在国家宏观调控或国家干预下进行的。我国房地产业是国家主导下的产业部门，这是由房地产本身的特殊性决定的。土地是一种稀缺资源，具有经营垄断性，而居民的收入水平存在着差异，对低收入居民，国家必须实行一定的住房保障，这就要求国家对房地产经济进行干预和管理。

2.3.2 完善房地产支柱产业政策法规建设

市场经济是法制经济，只有完善房地产法律、法规，才能规范房地产业各种经济活动。我国房地产业的法律、法规虽然逐步完善，但是房地产业中的一些主要法律现在还没有出台，如土地法、住宅法等。要使房地产业发展成为完善的国民经济支柱产业，除了完善法律法规体系外，还应当制订正确的产业政策。

产业政策是政府为了实施某种经济和社会目标而制定的特定产业指向政策的总和。房地产经济的特殊性决定了我国房地产是国家主导的产业部门。现阶段，我国房地产业政策主要是促进宏观经济增长，为地区和城市经济、社会提供更有效率的物质载体与发展空间，以及为居民提供住房而制定的对房地产业的保护、扶植、调整、发展和完善等一系列政策。房地产业政策主要包括以下内容。

1. 房地产业发展目标政策

房地产业发展目标政策包括房地产发展的规模与结构目标，房地产业本身发展目标，以及为房地产业发展和改革配套的目标政策。

（1）房地产发展规模与结构目标。在市场经济条件下，产业发展的前提和基础是房地产市场规模以及产品需求的结构。房地产业发展的目标首先是满足国民经济发展对房地产业提出的需求规模和结构。这种需求是由国民经济发展规模、速度，居民收入水平，以及国民经济部门结构和居民收入水平差距形成的结构决定的。房地产业发展规模与结构目标，实际上就是房地产业与国民经济各部门协调发展的关系。根据房地产业与国民经济发展的关系，大体来说，房地产业的投资规模应当占到固定资产投资的 15%～20%，房地产增加价值应当占 GNP 的 7%～10%。

（2）房地产业自身发展的目标。包括房地产业发展的水平和房地产业发展的产业结构。房地产业发展的水平，就是要使房地产业不断地提高劳动生产率和现代化水平，不断地提高房地产业的科技含量。

（3）房地产业发展结构目标。由于广义的房地产业已经超越了土地开发、房屋建设和房地产流通等内容，而涉及到城市规划、资源管理、产权管理等诸多方面。所以，房地产业发展的结构目标，必须处理好以下几个方面的关系：土地开发与房屋建设的协调；房屋建设、维修与管理之间的协调；房地产流通形式，如买卖、租赁、抵押之间的协调；各类房地产市场之间的协调等。

2. 房地产业组织政策

目前我国的房地产业组织结构具有以下一些特点：①房地产开发企业户数多，全国约 4 万多家；②总体上，房地产企业的规模普遍偏小，有关资料表明，房地产开发企业平均每户的资产只有几千万元，资产负债率平均高达 70% 左右；③按照所有制划分，我国房地产开发企业分为国有房地产开发公司、集体所有制房地产开发公司、中外合营的房地产开发公司、外商独资的房地产开发公司。国有房地产开发企业在房地产开发企业中占的比重最大。但是，国有房地产业在企业组织上存在的主要问题是：不同程度地存在着政企不分、产权不明晰、垄断经营、规模不经济、技术落后、观念陈旧等问题。作为市场运行的基础和主体，这种产业组织降低了整个产业的运作效率，阻碍了产业化进程，必须根据市场经济的要求，制定相应的产业组织政策，完善产业组织制度的建设。

（1）引入资产经营概念，扩大产业经营规模。房地产企业资产经营和资产运作应当从以下几个方面入手：①通过资产联合、强强联合，实行资产集中，扩大公司的抗风险功能；②建立专门的房地产资产经营公司，专营房地资产运作和产权重组，努力盘活现有的闲置存量；③鼓励有实力的企业展开跨行业、跨地区、跨所有制的收购和兼并等资产营运活动。

（2）加快房地产企业现代企业制度建设的步伐。特别是应当根据中央有关文件，加大对国有房地产开发企业改革、改造和改制的步伐，通过控股和参股等方式，推进和组建大型的房地产企业集团，提高房地产经营管理水平。

（3）加快房地产资产经营的步伐。积极推进房地产资本化、证券化，增进房地资产的流动性；努力盘活存量房地产资产；规范房地产资产经营市场。

3. 房地产业技术政策

房地产业技术政策就是以改进开发技术、降低原材料消耗、提高产品附加值和加快新技术成果转化为目标，制定各项优惠政策，鼓励大中型房地产企业和企业集团建立技术开发中心，进行自主的技术开发活动；实行积极引进国外先进技术的政策，同时注重消化吸收，加大国产化的步伐；积极推广房地产业生态技术政策：①设计符合我国现阶段国情的房地产业生态技术指标体系，包括建筑安全性指标、建材污染指标、建材回收系数、耐火性能、抗震耐风化系数、毒性指标、水污染指标、绿化面积等；②建立健全地区性的产业生态评价与监测系统；③建立产业生态科技基金，奖励新生态技术研究和开发活动；④随时更新并充实标准的建筑生态技术规范。

4. 房地产业产品结构和产业结构政策

房地产结构政策包括房地产产品结构和房地产业结构政策两个部分。房地产产品结构包括房地产供给和需求的总量结构以及产品结构。需求总量是由国民经济发展对房地产需求的总价值量决定的；需求结构是由各部门对房地产特殊需求（即居民对住宅的需求，第三产业对经营性房地产的需求，工业等对厂房的需求，以及行政部门对办公用房的需求等）决定的。供给总量决定于房地产的投资规模，即资金、土地、劳动等。供给结构则决定于房地产业对各类房屋投资和供给的规模。房地产业内部结构调整政策主要是为满足市场需求和优化配置资源，重新整合行业结构和市场结构的措施。

5. 房地产业区域政策

房地产商品，特别是商品性住房属于收入敏感性商品。在我国东、中、西部地区经济发展水平和居民收入存在巨大差距的前提下，制定完全统一的政策，势必带来制约发达地区的经济与房地产业发展，或引起欠发达地区的投资失控，加剧地区间经济的不平衡。因此，房地产业的地区政策必须在中央统一政策的指导下，因地制宜和有所侧重，才能真正促进房地产业的发展。

6. 完善房地产配套政策目标

为了实施房地产业政策，还必须制定一系列辅助性政策，其中主要是住房制度、土地制度、财税制度、金融制度、法律制度以及人才使用制度等。住房制度与土地制度改革，是政策目标制度的基础；财税制度改革和金融制度改革，是平衡房地产市场供求力量的机制；法律制度和人才制度改革，是房地产业持续发展的保障。

2.3.3 提高房地产经营管理水平和科技含量

为了满足城市化发展、城市经济发展，以及城镇居民生活水平不断提高对房地产提出的需求，必须不断地提高房地产经营管理水平，加大房地产经济中的科技含量。

在市场经济条件下，提高房地产经营管理水平，就是要实现房地产开发建设市场化和高科技化。开发建设市场化就是把开发建设纳入市场经济运行的轨道；开发建设高科技化就是提高房地产产品的科技含量和房地产产品的质量。

为了提高房地产的科技含量，特别是住宅的科技含量，必须依靠科技进步和创新提高住宅产业的集约化程度，建立住宅产业的技术体系；以技术集成为主线形成标准化、通用化、工业化的住宅建筑体系；建立住宅部品生产体系，实行系列化开发、集约化生产、配套供应；并运用现代信息技术，在全行业有效地推广和实施。

提高房地产经营管理水平和科技的含量，必须大力利用现代科技手段，特别是先进的信息技术，加快信息化进程。在房地产业领域推广信息技术，有利于提高政府管理部门的管理水平，规范管理程序，增加管理透明度；有利于使企业的经营活动接受社会监督，从而达到规范企业经营行为的作用；有利于广大消费者及时地了解政策法规、了解市场信息；有利于提升住宅这一传统产业的科技含量。

目前，应当抓紧建立全国的政府房地产信息网。政府房地产信息网的主要任务是：第一，实现开发建设交易程序规范化；第二，实现房地产开发经营管理各种规范程序软件化；第三，软件的推广和运用普及化；第四，全国房地产信息网络化。

推进信息化工程的一项重点，就是建立科学的数据库，即建立科学规范的统计指标体系和确保统计数据准确以及数据运输渠道的畅通。国家房地产主管部门应当进一步修订房地产统计指标，统一房地产各种数据标准，确保统计的口径一致，及时、准确。只有这样才能更好地进行量化研究，更好地为决策和管理部门提供可靠的数据。

2.3.4 大力培养房地产经营管理专业人才

提高房地产开发建设和经营管理水平的关键是人才。特别是在知识经济时代，更是如此。我国房地产业专业人才严重不足，加强对房地产专业人才的培养，是把房地产业培育成为支柱产业的关键环节。

---------------------- 本章小结 ----------------------

房地产是房地产物质以及在其上面形成的权利关系。房地产业是以房地产为经营对象的产业部门；房地产业是一个巨大体系，包括土地和房屋开发建设，房地产市场出售和出租经营，房地产物业管理，以及为房地产生产、交换、分配、消费提供各类服务的部门和机构等。房地产是第三产业。房地产经济是以房地产客体形成的人们之间的经济关系。房地产主要由于其关联度广、带动性强、贡献率大而成为国民经济支柱产业。加强房地产支柱产业的建设，必须正确认识房地产业的性质，进一步完善房地产市场经济制度建设，制定科学的产业政策，不断地提高房地产经营管理水平，大力培养房地产专门人才，才能使我国房地产业发展成为成熟的支柱产业。

复习思考题

（一）名词解释

房地产　房地产业　房地产经济　支柱产业

（二）简答题

1. 为什么说房地产是第三产业？
2. 房地产经济有哪些特性？
3. 国民经济支柱产业必须具备哪些条件？

（三）论述题

4. 试述房地产支柱产业。
5. 如何加强房地产支柱产业建设？

第3章 产权理论与房地产产权制度

【学习提要】 学习本章,主要理解产权的特征和用马克思主义原理阐释的产权理论,熟悉不同国家和地区在一定土地制度与住房制度下的土地产权、住房产权的构成,掌握《中华人民共和国物权法》等主要法律确定的不动产产权体系与制度。

【关 键 词】 产权 土地产权 住房产权 物权法

3.1 产权及产权理论

3.1.1 产权及其起源

产权在经济社会发展中具有极其重要的意义,对于房地产经济就更加重要。从某一方面说,不懂房地产产权,就不会懂得房地产经济。

简单地说,产权就是财产权或对财产的权利。马克思依据历史唯物主义理论,从生产力与生产关系、经济基础与上层建筑的相互作用和相互关系中,对生产资料所有制和所有权,以及所有权与使用权等关系,作出了经典的说明。马克思认为,生产力决定生产关系;生产资料所有制是生产关系的基础。所有权是所有制的法律形态或法律范畴。产权关系是生产关系或所有制关系的意志或法律形态,是所有制实现的形式。

对此,各个学派,有关法律、法规,以及各类百科全书和词典中,有不同的说法。在《中华人民共和国民法通则》中,产权就是对财产享有的权利,且财产权被分为三类,即财产所有权和与财产所有权有关的财产权、债权、知识产权。

《中国大百科全书》(法学卷)认为,财产是人身权的对称,即民事权利主体所享受的具有经济利益的权利。财产权包括以所有权为主的物权、准物权、债权、继承权以及知识产权等。财产权是一定社会的物质资料占有、支配、流通和分配关系的法律表现。[1]《日本百科全书》中则认为:财产权是与财产有关的权利。主要的产权有所有权,抵押权,存在于物和契约及工业财产中的权利、版权、无形财产权等。[2]《布莱克法律辞典》认为,财产是关于一切类型具体财产,即包含动产、不动产、有形财产、无形财产的权利通用术语。《牛津法律大辞典》指出:最好不要把财产视作单一的权利,而应当把它视作若干独立权利的集合体,其中的一些,甚至其中的很多独立权利可以在不丧失所有权的情况下予以让与。[3]

当代西方一些经济学家们的说法也不完全一样。德姆塞茨认为:"所谓产权,意指使自己或他人受益或受损的权利。"即在市场上两组物品进行交换,交换的物品或劳务的价值却是由产权的价值决定的。阿尔钦则认为:"产权是一个社会所强制实施的选择一种经济物品的使用权利。"

---

[1] 《中国大百科全书》(法学卷),1984年。
[2] 《日本百科全书》第6卷,1983年。
[3] 《牛津法律大辞典》,光明日报出版社,1988年。

以上对产权的定义和说法虽有不同，但就实质来说，在主要方面是基本一致的：第一，产权是人们在资源稀缺条件下，由法律确定的使用资源的规则；第二，产权具有强制性和排他性；第三，产权不是单项权利，产权是对某种经济物品多种用途选择的一组权利，包括财产的所有权和由所有权派生的占有权、使用权、支配权、收益权等权能；第四，产权反映的不是人与物的关系，而是人们之间的一组被相互认可的行为性关系，即行为权利。

历史与理论表明，产权的产生，主要是由资源的稀缺性、行为的外部性和权利的交易性决定的。即，产权是解决人们争夺或占有某种稀缺资源的规则，也是规范人们在利用自己财产时所造成的相应后果（外部性）的规则，同时，产权也是为了保障产权作为商品能够进行交易，并在交易中遵守合法、自愿和等价原则。

3.1.2 产权的基本特征

根据世界各国在市场经济运行中的实践，对产权问题理论研究的发展，以及对产权的法律规定等方面来看，产权具有以下一些特征：

（1）产权是人与物的关系，是人对物的权利。产权不包括人身的权利或自由，它与人身是相对称的。

（2）产权具有排他性，即产权的边界必须是清楚的或清晰的。产权可以是单独的个人所有，也可以是某些人共同所有，但是必须同时排除所有其他人对财产的权利，即必须是排他性地占有。这也表明，产权只有在存在两个或两个以上争相拥有或使用某一东西的人时，需要在他们之间分清、确认各自的权利，由此也可以说，产权是肯定或否定在同一物上人们之间的权利关系。

（3）产权的客体必须是有价值的与可占用的。作为产权的客体，可以是有形的物体，也可以是无形的东西，如专利权、版权、待业信誉权、电视播放频道权等。不论这些物质形态如何，作为产权客体，它们必须是能够被占用的；同时是能够给它的所有者带来利益的，即是有价值的东西。大自然中的空气，有使用价值，但是它不能被垄断地占有，也没有价值，所以不能成为产权客体。

（4）产权要经过国家最高权力机构确认，要给予保护，所有者或占有者对产权客体才具有法律效力。在任何社会制度下，房地产产权的取得，都必须经过房地产主管部门产权产籍的登记，才能得到法律上的承认和保护，才能有法律效力，否则不构成现实生活中的产权。

（5）产权具有排他性，但不是绝对的权利。产权虽具有排他性，但产权不是一种绝对的权利，要受到社会和国家的限制、约束和调控。在房地产产权上，特别是在土地产权上表现得尤为突出。在生产资料私有制的国家里，土地所有权具有最完整的意义，但是，就是在这些国家里，土地所有权也受到了一定的限制和约束。如在美国的某些州设置了土地开发权，限制地主改变城市郊区耕地的用途。

3.1.3 马克思产权理论

产权问题或产权理论，不仅是经济理论中一个主要问题，也是土地经济学和房地产经济学中一个极其重要的问题。

马克思、恩格斯虽然没有关于产权理论的专门论著，但是在他们的《黑格尔法哲学批判》、《德意志意识形态》、《哲学的贫困》、《共产党宣言》、《政治经济学批判》、《资本论》、《哥达纲领批判》、《反杜林论》、《家庭、私有制和国家的起源》等著作中，对产权的一些基本问题都作出了经典的说明。

(1) 关于产权起源理论。马克思依据生产力决定生产关系的理论，详尽地说明了人类历史上最初形成的公有产权和私有产权的问题。马克思指出，由于原始状态下的人们生产力非常低下，只能共同占有以土地等自然物构成的财产。这就是原始状态下的生产资料公有制。由于生产力的发展，逐步形成了私有制。土地占有是私有财产的基础；地产是私有财产的第一个形式。

(2) 关于产权本质理论。马克思在论述商品交换关系中形成的产权关系时指出：这种具有契约形式的法权关系，即不管这种契约是不是用法律固定下来的，是一种反映经济关系的意志关系，它的内容是由这种经济关系本身的内容决定的。现实的所有制关系，是先于所有权而存在的本源和经济基础；所有权是所有制的法律形态或法律范畴。

(3) 关于产权结构理论。马克思在论述资本主义或市场经济运行时，对产权结构进行了深入的研究，这里涉及所有权、占有权、支配权、使用权、处置权、收益权等权能。在马克思看来，所有权是产权的基础，产权中其他权利是从所有权中分离出来的。产权及其具体结构是由生产力发展水平与生产关系或经济制度决定的。

(4) 关于产权与市场的关系。社会分工是市场经济产生的条件或基础。马克思指出，在市场交易中，为了使物作为商品彼此发生关系，商品监护人必须让自己的意志体现在这些物中，即只有通过双方共同一致的意志行为，才能在让渡自己产品时，占有别人的产品。因而，产权即对商品的所有权是市场交易的前提条件。

(5) 关于产权的公有形式或关于未来社会产权问题。马克思在论述到未来新社会产权性质与形式问题时，明确地指出，共产主义的特征并不是要废除一般的所有制，而是要废除资产阶级所有制。

有人否认马克思的产权理论，这是不对和不客观的。马克思对产权理论作出的贡献是巨大的，资产阶级经济学也给予了高度的评价。佩乔维奇说："马克思是第一位有产权理论的社会科学者。"当代产权理论学家诺斯也说："这里的一个例外是卡尔·马克思的著作，他企图将技术变迁与制度变迁结合起来。马克思最早阐述的生产力（它常常被马克思用来指技术状态）与生产关系（常意指人类组织和具体的产权方面）的相互关系，是将技术限制与制约同人类组织的局限性结合起来所作的先驱性努力。"[①] 所以，应当深入研究马克思产权理论，以便更好地指导社会主义市场经济体制建设。

3.1.4 西方经济学产权理论及其发展

在近代经济发展过程，特别是第二次世界大战以后，由于经济社会迅速发展，极大地推动了对产权问题的研究，并且把产权的研究推向了生态、资源和社会其他领域。纵观当代产权经济理论的发展，大体上经历了三个阶段。

1. 第一阶段：交易费用理论提出

从20世纪30年代开始，约翰·康芒斯和罗纳德·科斯，把交易费用和产权概念引入了

---

① 诺斯，《经济史上结构和变迁》，商务印书馆，1992年，第61~62页。

经济学的分析中。

约翰·康芒斯是第一个把财产权利引入经济学研究的人。康芒斯在他的著作《制度经济学》中，通过揭示经济活动中当事人之间的冲突与和谐，提出了界定产权的必要性。在康芒斯的理论中，"生产"活动是人对自然界的活动；"交易"则是人与人的关系，交易分为三种类型：买卖交易（即市场交易）、管理交易（即上下级之间命令与服从的关系）、限额交易（即政府对个人之间的关系）。这三种交易覆盖了人与人之间的全部关系。不同经济制度只是这三种交易的不同组合。市场经济以买卖交易为主，计划经济以制度交易为主。

1937年，罗纳德·科斯在伦敦经济学院的学报《经济学家》杂志上发表了《企业性质》一文。在这篇论文中，科斯继承地发展了康芒斯等人关于产权的思想，第一次提出了"交易费用"或"交易成本"的概念，奠定了现代产权理论的基础，对于产权发展具有划时代的意义。

传统经济理论认为，经济运行和资源配置都是受价格机制支配的。科斯通过对企业的研究提出了一种新的理论观念。资源配置不一定受价格支配，比如，"如果一个工人从部门Y流向部门X，他这样做并不是因为相对价格的变化，而是因为他被命令这样做"，因此，"在企业之外，价格变动决定生产，在企业之内，市场交易被取消，企业家指挥生产"[①]。于是，企业成了价格机制的代替物，是节约交易成本的组织。

2. 第二阶段：产权理论确立

20世纪60年代前后，"交易费用"的概念进一步完善，"外部性"的问题被引入经济学，这样，交易费用和产权理论被连接起来，由此确立了产权经济学的基本框架。

20世纪50年代末，科斯把交易费用与外部性问题联系了起来，并提出在外部性问题上，产权界定不清就会造成混乱和降低资源配置的效率，产权界定明确，外部性问题才能得到解决。

1960年，科斯发表了《社会成本问题》，进一步把社会成本理论化，即把交易费用、外部性和产权关系联系了起来，从而建立了"科斯定理"理论大厦。科斯定理的核心，就是对产权界定、交易费用和市场安排、资源配置效率的相互关系，作出详细的说明。

3. 第三阶段：产权理论进一步发展

20世纪60年代以后，由于对科斯理论理解的不同，发展形成不同的产权学派。其中有代表性的主要是以下三个学派。

（1）以威廉姆森为代表的交易成本经济学派。交易成本经济学派认为，市场运行及资源配置是否有效的关键，一是看交易自由度的大小，二是看交易费用的高低。从这种观点出发，科斯的定理可以定义为：交易成本的大小是考察市场运行状态的基本条件。

（2）以道格拉斯·诺斯、本杰明·德和哈罗德·德姆塞茨等为代表的产权结构经济学派。产权结构经济学家认为，产权的功能是使那些有效或有害的外部性问题通过内部化，通过契约、合同等产权界定、交易成本等市场机制来解决。因此，产权经济学的任务，主要就是研究产权功能、如何界定稀缺资源的产权、如何制定产权交换的原则、不同产权结构制度效率为什么不同等问题。

---

① 科斯，《企业、市场和法律》，上海三联书店，1990年，第3页。

(3) 以詹姆斯·布坎南 (1962) 和舒尔茨等人为代表的产权经济学派中的公共选择学派。交易成本作为微观经济学的基础，沟通了政治学和经济学的关系，将经济所有范式应用在公共选择的分析上。传统经济理论认为，市场是自私的，国家是公利的。市场缺陷导致某些外部不经济，因此需要政府干预。产权学派不同意这些观点。由布坎南发展的公共选择学派认为，国家也是人类的一种组织，政府决策者或领导人也是"经济人"，他们总是通过扩大公共预算，强化自己的形象和地位。市场逐利的结果刺激了生产的发展而政治逐利的结果（政治市场）则损害了社会的利益。公共选择理论的出现，从根本上动摇了国家干预的神话。

产权理论是研究房地产经济的重要理论基础。房地产经济运行的重要特征，就是产权关系必须是清楚明晰的。但是，在研究房地产产权时，必须以马克思的产权理论为指导，吸收西方产权理论有价值的部分，建立健全与社会主义市场经济体制相适应的房地产产权制度，才能规范房地产经济的运行。

3.2 土地制度与土地产权

3.2.1 土地制度及其性质

土地制度就是以土地所有制为基础建立的经济关系和管理体制。土地制度或土地经济关系的核心，是土地所有制，即土地归谁所有。土地所有制有各种形态，大体可以分为土地公有制、土地私有制、土地共有或集体所有制。但是，如果就土地所有制经济的社会性质来看，当代土地所有制基本上可以分为土地社会主义公有制和土地资本主义私有制。

3.2.2 各国土地产权概况

土地是人类生活和生产最重要的条件和要素。在世界各国，对土地产权都有完整的法律和制度规定。在土地产权结构和大的制度方面各国基本上是相同的，但在具体规定方面则存在着许多差异。例如在德国，所有权是指所有人有"按自己的意愿处分财产并排除他人的任何干涉"的权利；在法国，所有权是用绝对的、但合法的手段使用和处分物的权利；在意大利，所有权是所有权人在遵守法律规定的条件下，在国内享有对物的完全的和绝对的使用权和处分权；在英国和美国，关于土地所有权的概念是，土地产权是由一束权利组成的，这束权利可以以不同的方式分配给不同的当事人。

关于在土地上设立的其他权利，在不同的国家和地区，也是各不相同的。这种不同，主要表现在以下几个方面：首先，在土地上设立的权利名称不一样；其次，土地上各种权利的内容和含义不一样；再次，在土地上设置的权利多少不相等。

为了深入了解土地产权，下面简单介绍几个国家或地区土地产权的情况。

3.2.3 罗马法中的土地产权

土地在人类社会发展中占有极其重要的地位。人们在土地利用和土地经济关系方面的权利，随着经济社会的发展，得到了很大的发展和完善。在各国的法律体系中都得到了充分的反映。

罗马法体系是一部比较完整的法律体系，土地产权在这里得到了比较充分的反映。罗马法在体系结构上可以分为三大部分：人法、物法和诉讼法，土地权利的设置包括在物法中。物法又称为物权法，它是罗马私法的核心。罗马法中对土地权利的设置可以用图3-1来表示。

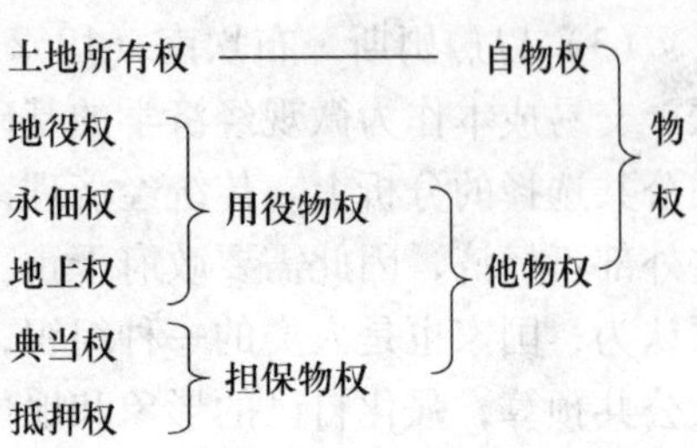

图3-1 罗马法设置的土地权利及其性质示意图

1. 土地所有权

（1）土地所有权的含义。罗马物权法中的所有权，是关于所有人依法对于所有物行使的最完全最绝对的权利。所有权有两个最基本的特征：一是所有人对其所有物有行使各种行为的权利，包括占有、使用、收益、处分等权利；二是有禁止他人对所有物任何行为的权利。罗马法对所有权人提供了充分的法律保护，但对土地的完全所有权有不同程度的限制。

（2）土地所有权的限制。第一，关于保护相邻权受到的限制。土地所有权人在行使土地所有权时，不得侵犯他人的权利。比如土地所有权人在耕种土地或在土地上建造房屋时，必须在与他人地界接触的地方留下一定的空间等。第二，关于保护债权受到的限制。在债权关系中，为了保证债权的履行，将物权交给债权人作为担保物品。这种担保物最普通的形式，就是抵押权。第三，关于为了保护社会的公共利益对土地所有权的限制。这方面的限制主要是：地役权的限制，对不动产所有人消极行为的限制，对不动产所有人积极行为的限制，采矿权的限制，以及对私人土地的限制等。

（3）土地所有权的取得。罗马法中关于土地取得的方式多种多样，依据不同的标准，可以划分为不同的方法。依据权源来划分，可以分为原始取得和传来取得；依据程序的繁简，可分为要式取得和略式取得；依据是否支付代价，可以分为有偿取得和无偿取得；依据法律效力的范围，可以分为市民法的取得和万民法的取得；依据当事人意愿，可以分为协议取得和非协议取得等。

（4）土地所有权的保护。罗马法中保护土地所有权的方法也是多种多样的。其中主要的是占有令状保护和诉权保护，这些保护方法都有重要的法律效力。

2. 土地地役权

（1）地役权的含义

地役权是为了使用自己土地便利而在他人土地上所设定的权利。为他人提供便利的土地称为供役地；利用和享有便利的土地称为需役地；地役权关系的当事人分别称为供地役人和需地役人。需地役所有人享有在供役地上地役权所赋予的权利；供役地所有人负有在供役地上地役权所加的限制的义务。

（2）设定地役权的基本原则

这些原则包括以下几个方面：第一，需役地和供役地所有人变更时，不影响地役权的存在。第二，供役地所提供的便利，应为需地役可以直接利用的便利，而不是直接供役地人利用的便利。第三，需役地与供役地应为邻近的土地，以两者距离得以实现地役权为标准。第四，地役权具有"永久性"，临时存在的权利不是地役权。地役权不得附加期限和条件。第五，提供供役地的义务和享有需役地的权利的地役权具有不可分割的性质。第六，供役地所有人无积极行为的负担。

（3）地役权分类

罗马法根据不同的标准，把地役权划分为：表见地役和不表见地役；继续地役和不继续地役；城市地役和田野地役三类。其中田野地役和城市地役最为重要。这种权利是以物权的行使的目的作为标准划分的。

1）田野地役。田野地役即田野地役权，分为以下三大类：通行类地役权、用水类地役权、开发富源的地役权。

2）城市地役。城市地役即城市地役权，为地上之物权，是提供建筑物的便利的权利。城市地役权可以分为积极地役权和消极地役权两种。积极地役权主要是提供进行建筑便利的权利、利用阳光的权利、承受上下水的权利、出烟的权利等。消极地役权，一是限制建筑物的役权；二是禁止妨碍采光和视线的役权。

3. 土地永佃权

（1）永佃权的含义。永佃权是按年向土地所有人交付租金，长期或永久地使用、收益其不动产的权利。永佃权又称永租权或永借权，是罗马法重要的物权之一。这是一种特殊的物权关系。

（2）永佃人的权利。永佃人的权利和所有人的权利几乎重合，是物权中除所有权外权利范围和效力最大的一种权利。其权利主要是：永佃人有长期和永久使用、收益的权利，甚至有在不改变标的物的情况下，变更物的用途的权利；孳息与土地分离时，永佃人即为所有人，归永佃人所有；永佃人有转移其权利给继承人的权利；永佃人有任意处分的权利；永佃人对永佃地有权设立地役权等其他物权；永佃人受诉讼权的保护。

（3）永佃人的义务。永佃人的义务主要包括：使用、收益永佃地，要加强管理不得减少其价值；按期向所有人支付租金；永佃人负有管理、修缮、缴纳赋税的义务；转让永佃权时要缴纳一定的手续费给所有人；出让永佃权时，应通知所有人，否则丧失权利。

（4）永佃权的设立和消灭。永佃权的设立方法主要有：契约的设立、遗赠或遗嘱、分配裁判、让渡等。永佃权消灭的主要原因是：永佃人的人格消灭、标的物的灭失、所有权的丧失、期限届满、当事人同意、永佃人死亡时无遗嘱、永佃人权利被依法剥夺、永佃人在相当长的时期内不行使其权利等。

4. 土地地上权

地上权是以支付租金为代价，在他人土地上建筑房屋的权利，达到利用他人土地的目的。地上权人的权利与义务，大体上与永佃人的权利与义务相同。地上权人对其建筑物可以有占有、使用、收益和部分处分的权能；可以出租、典当、设立地役权；土地所有者除要求按期缴纳租金外，在地上权存续期间所有权的大部分权能已基本丧失；对于地上权人的自由处分行为，土地所有权人不得加以干涉。

5. 土地典当权

典当权又叫做信托质权，是罗马法中物权的担保制度。它是当事人依照民法的方式，将其物的所有权转移给债权人，债权人在同一方式中附带约定在债务偿清时返还原物。这种做法属于信托性质，所以称做"信托质权"。

6. 土地抵押权

抵押权又叫契约质权，是债权人对于债务人或第三人提供的担保物享有的物权，但不转移该物的占有。在债务人给付迟延时，债权人则变卖抵押物以抵偿债务。

3.2.4 日本的土地产权

在日本，土地所有权具有全面、持久的特点，是财产权的中心。它有使用、收益、处分等几项基本内容，其行使与运用要受到限制。

在土地所有权之外，日本根据现代生活发展的要求，还设置了与土地利用直接有关的权利，如地上权、借地权、赁借权、借家权、地役权等。在这些土地权利中，与土地利用的关系最密切、最有代表性的是地上权和赁借权。地上权与赁借权都属于借地权，都是关于土地的用益权。日本关于土地权利的设置如图3-2所示。

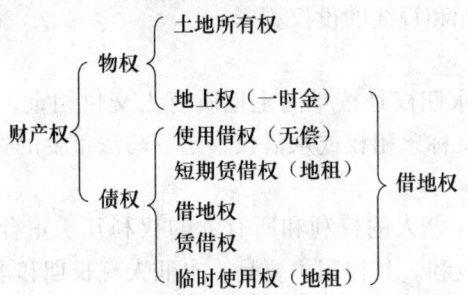

图3-2 日本的土地权利示意图

注："一时金"是租地者一次付给出租者的费用。一时金包括权利金、占地金、建设协力金、更费金、条件变更承诺费、增改建承诺费等。

3.2.5 中国台湾地区的土地产权

中国台湾地区把在土地上设立的权利分为土地所有权和土地他项权利。土地他项权利包括地上权、永佃权、地役权、抵押权、典权、耕作权、租赁权七种。土地所有权是土地的基本权利，土地的他项权利是土地所有权的负担。中国台湾地区设置的土地权利与性质如图3-3所示。

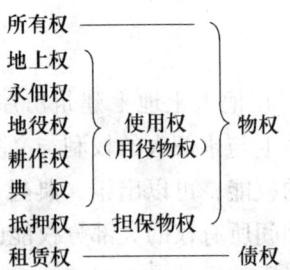

图3-3 中国台湾地区的土地权利示意图

根据土地制度与土地产权理论，可以看出这样几个问题：第一，土地制度是房地产经济中的主要制度，土地制度的核心是土地所有权的问题；第二，土地所有权是通过土地产权运行的和在经济上实现的；第三，土地产权是土地所有权中的各项权能独立化和组合化的结果；第四，构成土地产权的主要是土地的所有权、使用权、支配权、处分权、收益权等，从权利的性质上也可以分为物权和债权，物权又可以区分为自物权和他物权。

3.3 住房制度与住房产权

3.3.1 住房制度

住房制度是各个国家根据本国的经济社会性质、经济社会发展水平以及住房的社会经济性质确立的住房所有制结构、国家实行的住房政策以及国家对住房管理制度和住房体制的总称。住房产权是住房制度的重要构成部分。

3.3.2 房屋所有权和使用权

1. 房屋所有权的含义

房屋所有权是住房产权制度中最主要的制度。房屋所有权人在法律上享有对房屋的占有、使用、收益、处分等权利。

2. 房屋所有权的性质

房屋所有权人对房屋所有的权利，就是房屋所有权。房屋所有权具有排他性。房屋所有权人对房屋拥有所有、占有、使用、支配、处分和收益等项权利。房屋所有权的义务主体是不特定的人，即除了所有权人以外的其他任何人，义务主体要承担不侵犯所有权的义务。

3. 房屋所有权的取得

房屋所有权是物权。所以，房屋的取得与丧失，需要经过一定法律规定的程序，即要遵照一定的法律、法规，办理相应的手续。

房屋所有权取得的方式，大体可以分为两种，即原始取得和继受取得。所谓原始取得，就是在房屋建成时就成了房屋的所有权人，或者说是在房地产开发商手中，或建房人手中第一个取得房屋所有权的人。所谓继受取得，就是依合法的手续从原房屋所有权人手中有偿（如买卖）或无偿（如赠与和继承）取得的房屋。

4. 房屋所有权的丧失

房屋所有权丧失可以有不同的方式，主要是房屋客体的丧失、主体的丧失和所有权的转让。其中，房屋客体丧失是房屋因自然灾害或拆除而导致的物质客体的消失；房屋所有权主体消失，主要是房屋所有权人死亡或法人解散等情况引起的；房屋所有权转让导致的所有权消失，是房屋所有权人行为的结果。

5. 房屋使用权

房屋使用权就是房屋使用人通过租赁等方式，从房屋所有权人手中取得房屋一定时期的使用权。

3.3.3 房屋所有权的类型

我国处于由计划经济体制向市场经济体制转型的过程中，同时由于我国社会主义社会初级阶段的社会性质（即多种所有制经济结构的形态），所以形成了多种房屋所有权结构。其中主要有：居民个人或私人所有权的房屋，国家或全民所有权的房屋，集体所有权的房屋，外国政府、企业、社团、个人所有权的房屋，合资或股份经济单位所有权的房屋等。

3.3.4 房屋（房地产）产权的类型

由于土地产权制度不同、我国住房制度改革的渐进方式，以及逐步形成的与社会主义市场经济体制相适应的住房制度（即住房保障制度的建立和发展）使住房形成了不同的产权结构。

1. 广义的与狭义的房屋所有权

房屋所有权有两种含义，即广义的房屋所有权与狭义的房屋所有权。广义的房屋所有权，就是包括土地产权在内的房屋所有权，即房地产产权。狭义的房屋所有权就是房屋建筑物所有权，即不包括土地的房屋所有权。

广义的房屋所有权或房地产所有权，一种是房屋所有权与土地所有权相结合的房地产所有权；另一种是房屋所有权与土地使用权相结合的房地产所有权。前者是土地私有制国家的房地产所有权存在的普遍形态；后者是土地国家所有制条件下房地产所有权存在的普遍形态。

我国是社会主义国家，城市土地属于国家所有，房屋所有者在取得房屋所有权时，只能取得城市土地使用权。所以，在我国，房屋或房地产所有权是房屋所有权与土地使用权相结合的所有权形态。

2. 市场经济体制中的住房产权结构

与我国的住房供应方式相适应，目前我国已形成了不同的住房产权结构，主要由三种类型构成：①向最低收入家庭供应廉租房，实行国家补贴，廉租房产权属于国家或城市政府，住户仅有使用权；②向中低收入家庭供应经济适用住房，实行国家指导价，经济适用房所有者拥有房屋所有权和划拨土地使用权；③向高收入家庭供应商品房，实行市场价，享有完全的产权。

3.4 我国不动产产权制度

按照我国《物权法》第2条规定，我国现行不动产产权包括不动产所有权、不动产用益物权和不动产担保物权。

3.4.1 不动产所有权

我国《物权法》第45条规定，不动产所有权指所有权人依照法律规定对其所有的不动产享有的占有、使用、收益和处分的权利。

1. 土地所有权

土地所有权是土地所有者在法律规定范围内享有的对土地的占有、使用、收益、处分的权利。

土地所有者是行使土地所有权的主体，土地所有权由土地占有、使用、收益和处分四项权能构成。土地占有权指土地所有者依法对土地实行掌握和控制的权利；土地使用权指土地所有者依法对土地进行实际使用的权利；土地收益权指土地所有者依法收取土地所产生的自然或法定孳息和利益的权利；土地处分权指土地所有者依法处置土地的权利，包括出让、出租、赠送、遗赠、抵押等。

土地所有权是土地所有制的法律体现。《中华人民共和国宪法》（以下简称《宪法》）规定，我国土地所有制为公有制，有两种具体形式，即国家所有和集体所有。相应地，我国土地所有权分为国家土地所有权和集体土地所有权。矿藏、水流、海域和城市土地等属于国家所有；森林、山岭、草原、荒地、滩涂、农村和城市郊区的土地等，除法律规定国家所有外，均属于集体所有。国家土地所有权由国务院代表国家行使所有权；集体土地所有权的行使：①属于村民集体所有的，由村集体经济组织或者村民委员会代表集体行使所有权；②分别属于村内两个以上农民集体所有的，由村内各集体经济组织或者村民小组代表集体行使所有权；③属于乡（镇）农民集体所有的，由乡（镇）集体经济组织代表集体行使所有权。

2. 建筑物区分所有权

（1）建筑物区分所有权的含义

建筑物区分所有权是一种复合性的权利。这种权利主要包括两个部分，即专有部分所有权与共用部分所有权。

建筑物专有所有权，又叫"专有权"或"特别所有权"。建筑物区分中的专有所有权，是所有权人享有使用权、收益权和处分权等权利。这种权利属于一种空间权。

建筑物专有所有权的专有部分，是指在构造上能够明确区分，具有排他性，可以独立使用的建筑物的部分。确立的标准就是是否具有构造上的独立性和利用上的独立性，能否单独使用。

建筑物区分共有部分所有权，也叫"共有部分持有权"，是建筑物区分权利中的一种重要的权利。

建筑物区分共有部分的所有权，属于共有所有权人。共有所有权人有以下权利和义务：第一，享有共有部分的使用权；第二，享有共有部分的收益权；第三，建筑物共有部分的所有权人，负有维护建筑物共有部分的义务。

总的来说，数人（或许多人）把一个建筑物（整体）区分为各个专有部分，以及把除专有部分以外的共有部分按照其专有部分比例享有所有权，就是建筑物区分所有权。

区分所有权人，对其专有部分享有自由使用、收益、支配、处分，以及排他性的权利。专有部分不得与建筑物共有部分的应有部分以及基地使用权的应有部分相分离。区分所有权人对专有部分的利用，也不得妨碍建筑物正常使用，或违反区分所有权人的共同利益。

（2）我国建筑物区分所有权的法律规定

《物权法》规定，业主对建筑物内的住宅、商业用房等专有部分享有所有权，对专有部分以外的共有部分享有共有和共同管理的权利。

建筑区划内的绿地、道路以及物业管理用房，属于业主共有，但属于市政建设的除外。会所、车库的归属，有约定的，按照约定；没有约定或者约定不明确的，除建设单位等能够证明其享有所有权外，属于业主共有。

业主对其建筑物专有部分享有占有、使用、收益和处分的权利，但不得危及建筑物的安全，不得损害其他业主的合法权益。

业主转让其建筑物专有部分所有权的，其对建筑物共有部分享有的共有和共同管理的权利视为一并转让。

3.4.2 不动产用益物权

不动产用益物权指用益物权人在法律规定范围内，对他人所有的不动产享有占有、使用和收益的权利。依据《物权法》规定，我国不动产用益物权主要包括建设用地使用权、地役权和居住权等。

1. 建设用地使用权

建设用地使用权指建设用地使用权人依法享有对国家所有的土地占有、使用和收益的权利。建设用地使用权人有权自主利用该土地建造并经营建筑物、构筑物及其附属设施。在使用期限内，建设用地使用权人有权将建设用地使用权转让、互换、出资、赠与或者抵押。

（1）建设用地使用权的设立

1）设立范围。首先，应在国家所有的土地上设立[①]；其次，可以在土地的地表、地上或者地下分别设立。但新设立的建设用地使用权，不得损害已设立的用益物权人的权利。

2）设立方式。设立建设用地使用权，可以采取出让或者划拨等方式。

（2）建设用地使用权的限制

1）设立与取得方式限制。严格限制以划拨方式设立建设用地使用权，采取划拨方式的，应当遵守法律、行政法规关于土地用途的规定。特别是对于经营性用地如商业用地，应当采取拍卖、招标的方式出让。

2）用途限制。国家严格限制农用地转为建设用地，控制建设用地总量，对耕地实行特殊保护。禁止违反法律规定的权限和程序出让土地。建设用地使用权人应当合理利用土地，不得改变土地用途；需要改变土地用途的，应当依法经有关行政主管部门批准。

3）流转限制。建设用地使用权人有权将建设用地使用权转让、互换、出资、赠与或者抵押，但在流转时，建设用地使用权与附着于该土地上的建筑物、构筑物及其附属设施应一并处分，二者不能分离。

4）期限限制。建设用地使用权人应按照建设用地使用权出让合同规定的使用期限使用土地。若建设用地使用权与附着于该土地上的建筑物、构筑物及其附属设施转让时，转让合同的最长期限不得超过原建设用地使用权出让合同的剩余期限。

（3）建设用地使用权登记

建设用地使用权出让合同订立或者建设用地使用权转让、互换、出资或者赠与的，应当向登记机构申请建设用地使用权登记或变更登记。

（4）建设用地使用权期满与续期

建设用地使用权的期间届满，建设用地使用权消灭。建设用地使用权期间届满，但建设用地使用权人需要继续使用土地的，应当在期间届满前一年申请续期，除因公共利益需要收回该土地的外，出让人应当同意。

2. 地役权

地役权指利用他人的不动产以提高自己的不动产的效益的权利。"他人的不动产"为"供役地"，"自己的不动产"为"需役地"。

[①] 因设立乡（镇）、村企业或者乡村公共设施、公益事业建设等需要使用集体所有的土地的，依照有关法律规定取得建设用地使用权；法律没有规定的，参照《物权法》建设用地使用权的规定。

（1）地役权与土地承包经营权、建设用地使用权、宅基地使用权等物权的关系。地役权是依附于土地承包经营权、建设用地使用权、宅基地使用权等物权的一种权利，不能独立存在。

（2）地役权的设立。设立地役权，当事人应当采取书面形式订立地役权合同。

（3）地役权的限制。地役权依附于其他物权存在，因此，地役权有很多限制性：①土地上已设立土地承包经营权、建设用地使用权、宅基地使用权等权利的，未经上述用益物权人同意，土地所有权人不得设立地役权；②地役权不得单独转让；③地役权不得抵押；土地承包经营权、建设用地使用权等依法抵押的，在实现抵押权时，地役权一并转让；④地役权期限由当事人约定，但不得超过土地承包经营权、建设用地使用权等用益物权剩余的期限。

（4）地役权的消灭。地役权人有下列情形之一的，供役地的权利人有权解除地役权关系，地役权消灭：①违反法律规定或者合同约定，滥用地役权的；②有偿利用供役地，约定的付款期间届满后在合理期限内经两次催告未支付费用的。

3. 居住权

居住权指居住权人对他人享有所有权的住房及其附属设施享有占有、使用的权利。

（1）居住权的设立与保障。居住权的设立可以根据遗嘱或者遗赠，也可以按照合同约定，并向登记机构申请居住权登记。住房所有权人应当保障居住权人对住房及其附属设施占有、使用的权利。居住权人对部分住房享有居住权的，可以使用该住房的共用部分。居住权设立后，住房所有权人变更的，不影响居住权。

（2）居住权的限制。①居住权不得转让和继承。②居住权人不得将居住的房屋出租，但遗嘱、遗赠另有表示或者合同另有约定的除外。③期限限制。居住权的期限根据遗嘱、遗赠或者合同确定；无法确定的，成年居住权人的居住权期限至其死亡时止，未成年居住权人的居住权期限至其独立生活时止。

（3）居住权的消灭与补偿。有下列情形之一的，居住权消灭：①居住权人放弃居住权；②居住权期间届满；③解除居住权关系的条件成立；④因居住权人故意侵害住房所有权人及其亲属的人身权或者对其财产造成重大损害的或危及住房安全等严重影响住房所有权人或者他人合法权益而致使居住权被撤销的；⑤住房被征收；⑥住房灭失。居住权消灭的，住房所有权人应当及时办理注销登记。因住房灭失，住房所有权人获得赔偿金的，应当给予居住权人适当补偿；没有独立生活能力的居住权人，也可以放弃补偿，要求适当安置，但因居住权人故意或者重大过失致使住房灭失的除外。

3.4.3 不动产担保物权

我国《物权法》中将担保物权分为抵押权、质权和留置权三种，但质权和留置权是在动产上设立，因此，不动产担保物权指不动产抵押权。不动产抵押是指拥有不动产的单位、个人，作为债务人将不动产作为财产保证提供给债权人的行为。其中，债务人或者第三人为抵押人，债权人为抵押权人，提供担保的财产为抵押财产。

1. 抵押标的物的确定

（1）可以抵押的不动产。主要包括：①建筑物和其他土地附着物；②建设用地使用权；③抵押人依法承包并经发包方同意抵押的荒山、荒沟、荒丘、荒滩等荒地的土地使用权；④正在建造的建筑物。

(2) 不可以抵押的不动产。主要包括：①土地所有权；②耕地、宅基地、自留地、自留山等集体所有的土地使用权，但法律规定可以抵押的除外；③学校、幼儿园、医院等以公益为目的的事业单位、社会团体的教育设施、医疗卫生设施和其他社会公益设施；④所有权、使用权不明或者有争议的不动产；⑤依法被查封、扣押、监管的不动产；⑥法律、行政法规规定不得抵押的其他不动产。

2. 不动产抵押权的设立

抵押权的设立应由抵押人和抵押权人采取书面形式订立抵押合同，并应当办理抵押登记，抵押权自登记时发生效力。

3. 不动产抵押的条件与限制

(1) 不动产抵押时，房地应合一。以建筑物抵押的，该建筑物占用范围内的建设用地使用权一并抵押。以建设用地使用权抵押的，该土地上的建筑物一并抵押。乡（镇）、村企业的土地使用权不得单独抵押。以乡（镇）、村企业的厂房等建筑物抵押的，其占用范围内的土地使用权一并抵押。

(2) 抵押权与集体土地所有权。抵押人依法承包并经发包方同意抵押的荒山、荒沟、荒丘、荒滩等荒地的土地使用权或者以乡（镇）、村企业的厂房等建筑物占用范围内的土地使用权，实现抵押权后，未经法定程序不得改变土地集体所有的性质和土地用途。

(3) 抵押与租赁。订立抵押合同前抵押财产已出租的，抵押人应当将出租的事实书面告知抵押权人，原租赁关系不受该抵押权的影响。抵押权设立后抵押财产出租的，已登记的抵押权不受该租赁关系的影响。

(4) 抵押与转让。抵押期间，抵押人经抵押权人同意转让抵押财产的，应当将转让所得的价款向抵押权人提前清偿债权或者提存。转让的价款超过债权数额的部分归抵押人所有，不足部分由债务人清偿。抵押期间，抵押人未经抵押权人同意转让抵押财产的行为无效。

(5) 抵押权的依附性。抵押权不得与债权分离而单独转让或者作为其他债权的担保。债权转让的，担保该债权的抵押权一并转让，但法律另有规定或者当事人另有约定的除外。

4. 抵押物的处置

债务履行期届满，债权未受清偿的，抵押权人可以与抵押人通过协议以抵押财产折价或者以拍卖、变卖该抵押财产所得的价款优先受偿；协议损害其他债权人利益的，其他债权人可以请求人民法院撤销该协议。抵押权人与抵押人达不成协议的，抵押权人可以请求人民法院拍卖、变卖抵押财产。

------------------------------ 本章小结 ------------------------------

本章主要内容为产权理论的基本内容与特征、在一定土地制度与住房制度下的土地产权、住房产权的构成以及我国《物权法》等主要法律确定的不动产产权体系与制度。

产权就是财产权或人对财产的权利。产权的基本特征有：是人对物的权利；产权具有排他性；产权的客体必须是有价值的与可占用的；产权要经过国家最高权力机构确认才具有法律效力；产权具有排他性，但不是绝对的权利，要受到社会和国家的限制。

按照马克思主义原理，产权本质上是生产关系或所有制关系的意志或法律形态，是所有制实现的形式。

土地制度就是以土地所有制为基础建立的经济关系和管理体制。土地制度或土地经济关系的核心是土地所有制，土地产权是土地所有制的法律体现。在不同国家和不同地区，土地上设立的土地产权各不相同。主要表现在：首先，在土地上设立的权利名称不一样；其次，土地上各种权利的内容和含义不一样；再次，在土地上设置的权利多少不相等。

住房制度是各个国家根据本国的经济社会性质、经济社会发展水平以及住房的社会经济性质确立的住房所有制结构、国家实行的住房政策以及国家对住房管理制度和住房体制的总称。住房产权是住房制度的重要构成部分，主要有房屋所有权和房屋使用权等。

按照我国《物权法》规定，我国现行不动产产权包括不动产所有权、不动产用益物权和不动产担保物权。

不动产所有权指所有权人依照法律规定对其所有的不动产享有的占有、使用、收益和处分的权利。包括土地所有权和建筑物区分所有权，土地所有权分为国家土地所有权和集体土地所有权；建筑物区分所有权分为专有部分所有权与共用部分所有权。

不动产用益物权是指用益物权人在法律规定范围内，对他人所有的不动产享有占有、使用和收益的权利。我国不动产用益物权主要包括建设用地使用权、地役权和居住权等。

不动产担保物权主要指不动产抵押权，即债务人将不动产作为财产保证提供给债权人而产生的经济关系。

复习思考题

（一）名词解释

产权 房屋所有权 土地所有权 居住权 建设用地使用权

（二）简答题

1. 产权有哪些基本特征？
2. 简述罗马法土地产权的构成体系。

（三）论述题

3. 按照马克思主义原理，阐述土地制度与土地产权的相互关系。
4. 以《物权法》为依据，阐述我国不动产产权体系及各种产权的设立与限制。

第4章 地租理论与房地产经济

【学习提要】 学习本章，要求懂得地租理论是房地产经济的理论基础；通过对西方经济学、马克思主义经济学等关于地租理论的对比学习，加深对地租理论的理解；以马克思地租理论为指导，深入了解社会主义地租产生的原因、表现形式及其分配，以及土地价值与价格。

【关 键 词】 地租理论　马克思地租理论　社会主义地租　土地价值与价格

4.1　地租理论是房地产经济的理论基础

土地是人类社会发展中须臾不可或缺的生产和生活资料，也是房地产经济极其重要的构成部分。不理解土地及土地经济理论，就不可能很好地理解房地产经济。地租理论，是土地经济理论最重要的构成部分。为了加深对房地产经济的理解，这里对地租理论发展及其主要内容作一些概括性的说明。

4.2　资产阶级古典经济学地租理论

4.2.1　英国古典经济学家配第的地租理论

在资产阶级古典经济学中，英国威廉·配第（1623～1687）是最早论述地租理论的经济学家。配第在地租理论中的主要贡献，是他力图将地租理论建立在劳动价值理论基础之上。

配第认为：第一，由于谷物的价值是由生产谷物所耗费的劳动时间决定的，地租是谷物价值超过工资和种籽的价值的余额，因而在劳动生产率下，以及由它决定的人物价值和价格不变的情况下，工资的变化就会引起地租相反的变化；第二，在其他条件相等的情况下，地租量决定于工人的数量。也就是说，如果土地的肥沃程度、气候、劳动生产率等情况不变，工人的数量越多，生产的地租也就越多。

同时，配第提出了级差地租的概念，并初步论述了级差地租的两种形式，即级差地租的第一种形式和级差地租的第二种形式。关于级差地租的第一种形式，配第指出是由土地的肥力和位置决定的；级差地租的第二种形式是由于等量投资引起的生产力的差别决定的。所以，马克思说："配第比亚当·斯密更好地阐明了级差地租。"[①]

当然，在配第的地租理论中，还存在许多问题，其中主要是：没有把产品使用价值和价值、利润和地租区分开来，并且还认为地租是土地的恩赐，而不是工人劳动的产物，也就是说，在一定的情况下，又离开了劳动价值理论。

[①] 《马克思恩格斯全集》，人民出版社，1974年11月第一版，第26卷1册，第385页。

4.2.2 法国古典经济学重农学派地租理论

重农学派是法国古典经济学的重要代表学派,也是资产阶级古典经济学中的一个重要流派。重农学派认为,农业是唯一的生产部门。因此他们特别重视对农业和农产品的研究,农产品和地租也是他们研究的中心。

重农学派的地租理论是建立在他们的"纯产品"理论基础之上的。他们认为,如果从土地产品中扣除了农产品生产中的一切费用,剩下的产品就是"纯产品"。"纯产品"构成"国民收入每年创造的财富","纯产品"也就是地租。重农学派还指出,在小农经济中是不存在"纯产品"和地租的,"纯产品"和地租,只存在于资本主义经济中。这说明,重农学派研究的是资本主义地租。虽然重农学派在地租理论研究方面有所进步,但是,有时他们又把资本主义地租与前资本主义地租相混淆。

4.2.3 英国古典经济学主要代表人物的地租理论

亚当·斯密是英国古典经济学的主要代表人物,在经济学史上占有极其重要的地位。他依据劳动价值理论,第一个比较系统地阐述了地租理论。但由于斯密的价值理论存在许多缺陷和不彻底性,他的地租理论也因此存在着许多问题。斯密在地租理论上的主要贡献,表现在以下几个方面。

(1) 地租为使用土地支付的价格。亚当·斯密在地租理论研究中指出:地租是为了使用土地而支付的价格。这是具有重大意义的创见性的观点。

(2) 地租是土地所有权和农产品垄断的结果。斯密指出,地租是土地所有权决定的农产品垄断价格的结果。

(3) 关于级差地租的说明。斯密虽然没有级差地租的概念,但是,不能说斯密没有级差地租的思想。斯密在其论述地租的思想中涉及了一些级差地租的问题。他曾指出:"不问土地的生产物如何,其地租随土地肥沃程度的不同而不相同;不问其肥沃程度如何,地租又随土地的位置不同而不同。都市附近的土地,比僻远地带同样肥沃的土地能提供更多的地租。"[①] 他还指出,后来才提供地租的土地,"其价值中相当于地租的部分,亦来自生产食物的劳动生产力的增进,而劳动生产力的这样的增进,是土地改良和耕作的结果"。[②] 这些论述清楚地表明,斯密的理论不仅涉及级差地租的第一形式,而且还涉及级差地租的第二形式。

(4) 关于农业部门以外的地租。斯密在论述地租问题时,明确地指出,凡是涉及土地关系的,都存在着地租。这表明,斯密并没有把地租局限于农业经济,而是把地租与土地紧紧地联系在一起。不仅如此,斯密还指出,其他领域中的地租是由农业地租决定的。

亚当·斯密虽然在地租理论方面有重大的贡献,但由于他在劳动价值理论方面存有一些错误,因而在他的地租理论中,也就存在着许多混乱的,甚至错误的地方。特别要指出的是,斯密认为:地租是土地的"自然报酬",是商品价值的基本源泉;地租是"自然力的产物";地租是"垄断价格"的结果,这就是从流通领域来说明地租了。脱离生产领域,而从

---

① 《国民财富的性质和原因的研究》(上册),商务印书馆,1972年,第140页。
② 《国民财富的性质和原因的研究》(上册),商务印书馆,1972年,第158页。

流通领域分析地租，这是斯密在地租理论上的重大倒退。

4.2.4 古典经济学完成者李嘉图的地租理论

李嘉图是古典经济学的主要代表人物，也是古典经济学的最后完成者。李嘉图进一步发展斯密等的地租理论，在资产阶级古典经济学的范围内，对地租理论作了最好的说明，对地租理论作出了重大的贡献。

1. 李嘉图奠定了科学地租理论基础

李嘉图是完全根据劳动价值理论来说明地租的，从而把地租理论建立在科学的基础之上，或者说，为地租理论建立了科学的基础。

2. 关于土地所有者在经济中的作用

李嘉图指出，地租是为了使用土地而支付给土地所有者的那一部分产品，这就清楚地表明，李嘉图看到了土地所有者在经济中的作用。

3. 关于级差地租问题

李嘉图虽然也没有提出级差地租的概念，但是，他的地租理论主要是关于级差地租的理论，并且对级差地租以及级差地租的两种形式，作了比较全面的说明。李嘉图在论述地租问题时指出，由于土地的有限性，以及土地在肥沃程度上和位置上的差别性，人们为了生存必须耕种劣等地。由土地自然力的差别形成的地租，就是地租的第一形式；由追加投资引起的生产力的差别形成的地租，就是级差地租第二种形式。

李嘉图的地租理论与前人的理论相比，是比较完整、比较系统的。但是，李嘉图的地租理论中也存在许多缺点和问题，主要在于：

（1）李嘉图的级差地租第一形态的理论是建立在土地耕作顺序，从优等地到劣等地的基础之上的。

（2）李嘉图的级差地租第二形态理论是建立在土地肥力递减的基础之上的。

（3）李嘉图没有绝对地租理论，这主要是由于，一方面，他否认土地所有权的存在，也就是否认，只要存在土地所有权，就必须缴纳地租，否则就是对土地所有权的废除；另外，在理论上，他把价值与生产价格相混淆。他为了维护劳动价值理论，而否认了绝对地租的存在。

4.3 近现代西方地租理论

西方土地经济市场学派是一个具有重要代表性的土地经济学派。这个学派是在亚当·斯密、大卫·李嘉图等资产阶级古典经济学的地租理论，以及以马歇尔为代表的庸俗经济学地租理论基础上发展起来的。它们把地租理论从农业经济领域推广到城市经济领域，形成了比较系统的城市土地经济理论。

4.3.1 马歇尔地租理论

在西方近代经济学理论中，马歇尔地租具有代表性。

马歇尔的地租理论，是建立在边际生产力和土地报酬递减规律基础之上的。马歇尔认为，由于土地不是人们生产出来的，所以没有生产成本，也没有供给价格，因而，地租由需求价格决定。土地的需求价格，就是租佃土地者愿意支付的价格。这个价格是由土地的边际生产力决定的。他指出，由于"土地报酬递减律"的作用，在同一块土地连续投资，达到一定程度时，投资收益就会下降。投资收益下降到一定程度就形成了边际生产力。在边际生产力决定的边际投资中，是不产生地租的。因此，只有在比较肥沃的土地上进行投资，从而使投资收益超过边际收益，这个超过额就成为生产者的剩余。这个生产者剩余，就是地租。由此可见，马歇尔的地租实际上是级差地租。

在马歇尔的地租理论中，还提出了"准地租"问题。马歇尔认为，地租是由自然物质所获得的收入，不包括改良土地投入的资本报酬。但是，在现实的经济运行中，土地的收入不都是由纯地租构成的，其中包括一部分土地投资的报酬。这一部分报酬，既与地租不同，又具有地租的性质，有时可以称为租金。马歇尔认为把它称为"准地租"最为确当。

马歇尔的准地租概念，包括或运用的范围比较广泛。比如他把工资中的一部分叫做"准地租"。他说在工资中，特别是高级技术人员以及企业经理等的收入中，就存在一个超过正常工资的额外收入，这个收入是特殊才能的报酬，所以这部分收入就可以叫做"准地租"。马歇尔也把利润与准地租联系了起来。虽然他认为，利润有一个正常的比率，这是与企业家能力的供给（即教育、训练等）费用相联系的，但最终是以企业家特异的天赋、才能决定的。由此马歇尔认为，企业家利润中有一个较大的部分是由"准地租"构成的。

4.3.2 现代西方市场学派地租理论

现代西方土地经济理论"大部分内容是同地租的决定联系在一起的"。市场经济学派关于地租理论的主要内容，大体上可以分为以下几个部分。

1. 地租的种类

市场经济学派认为，地租大体上可以分为三类。

（1）地租或保有的场地地租。即关于使用土地的租金或土地的使用费，类似绝对地租。

（2）经济地租或经济租金。是超过维持土地利用现状所支付的费用，类似级差地租。

（3）竞标地租或竞标租金。是人们愿意对不同位置的土地支付的最大费用，类似垄断地租或城市市场地租。

2. 经济地租的决定

西方市场经济学派认为，决定经济地租的有多种方法，但是归纳起来主要有两种方法。

（1）分析决定经济地租的各种因素，如土地位置、土地使用能力等。影响农业地租的因素主要是土地的肥力和土地的位置，影响城市地租的主要是土地的位置。

（2）把经济地租作为一种经济上的剩余。所谓经济剩余，就是扣除了工资和利润以后的余额。这种余额是作为生产要素的土地的收入。土地边际生产力就是资本和劳动投入的最大限度，也就是利润的最大化；土地产品的市场价格决定土地的边际收益。（单位）经济地租等于（单位）产品市场价格与生产成本的差额，即边际收益（或边际成本）与平均成本之间的差额（即社会生产价格和个别生产价格之间的差额）。

3. 竞标地租

竞标地租是以经济地租为基础的；是在土地市场的竞争过程中形成的；竞标地租是现实的地租。

4.3.3 现代西方制度学派土地经济理论

现代西方制度学派与市场学派不同，它们主要是从社会、政治和心理因素决定的社会制度方面，说明土地经济运行规律的。西方制度学派主要代表人物是深受德国历史学派影响的伊利。1924年，伊利和莫尔豪森合作出版了《土地经济学原理》。1928年，赫伯特、杜劳等人合著出版了《城市土地经济学》。这两本著作奠定了从制度角度研究土地经济和城市土地经济问题的理论基础。之后，经济学派的拉特克利夫等人进一步发展，形成了有一定影响力的城市土地经济学制度学派。

制度学派认为，由于土地的特殊性，土地利用的根本目标就是改善社会生活条件。具体地讲就是：财富生产与分配的平衡、自然资源的保护、增加有利于土地利用的生活乐趣。他们认为，土地经济市场学派的理论本身就存在着许多缺陷，市场经济分析是属于微观的、静止的，市场经济理论的基本理论前提是否认政府在经济发展中的作用，市场经济本身的这些缺陷，只有通过政府干预才能克服。

4.4 马克思地租理论

马克思地租理论继承和吸收了资产阶级古典经济学地租理论中的有价值部分，是以劳动价值理论为基础建立起来的，对地租或土地经济经济问题作出了最科学的说明，是研究土地经济与房地产经济的理论基础。

4.4.1 地租是土地所有权在经济上实现的形式

任何形式的地租都是以土地所有权存在为前提的。地租是土地所有权在经济上实现的形式。地租的性质是由土地所有权的性质决定的。

马克思指出，为了科学地分析地租、正确地了解地租概念和性质，必须在纯粹形态上研究地租，排除一切歪曲地租本质的现象。

第一，土地资本利息和地租是不同的。租地农场主为经营土地而投入土地的资本，称为土地资本。为投入土地的资本以及作为生产工具的土地由此得到的改良而支付的利息，可能形成租地农场主支付给土地所有者地租的一部分，但是它不构成真正的地租，真正的地租是为使用土地本身而支付的。

第二，地租和租金也有区别。租金是租地农场主为获得土地经营权而向土地所有者支付的一切，形式上也表现为地租。但地租只是租金的一部分，租金中还可能包含投入土地的资本的利息、一部分平均利润和工资。

第三，地租也不等同于一般剩余产品。有的资产阶级经济学家把剩余产品看作地租，显然是错误的。资本主义地租是剩余产品的一种特殊形式，它在质与量上都和一般剩余产品不同。在量上，地租是剩余产品的一部分；在质上，它是超额利润的转化形式，是超过平均利润的余额。

第四，在考察地租的表现形式时，必须把没有价值的土地在特殊情况下产生的垄断价格，并以租金形式被土地所有者占有，同真正的地租加以区别。

马克思还指出了有可能妨碍对地租进行正确研究的三个主要错误：

第一，不要只看见不同地租形式的共同性，而忽略了其中的区别，不能把资本主义地租同前资本主义地租混为一谈，即把不同社会形态下的地租混为一谈。

第二，不能用对剩余价值和利润的一般分析方法代替对地租的分析。一切地租都是剩余价值，都是剩余劳动的产物。但是，不能反过来说，凡是剩余价值就都是地租。

第三，不要把资本主义商品生产基础上的共有现象当做地租特征来理解。马克思指出："地租的特征是：随着农产品发展为价值（商品）的条件和它们的价值借以实现的条件的发展，土地所有权的权力也就发展起来，使它可以从这个不费一点气力就创造出来的价值中占有一个日益增大的部分，剩余价值中一个日益增大的部分也就转化为地租。"①

总之，马克思在说明地租研究对象时，严格地规定了地租只是为了使用土地所支付的一笔货币额。这笔货币从农业资本家手中转到土地所有者手中时，就是地租。所以，地租是土地所有权在经济上实现的形式。

4.4.2 级差地租

1. 级差地租形成的条件和原因

由于土地的自然条件或经济条件不同，在商品经济条件下，地租总是具有级差的性质。就是说，不同等级的土地所缴纳的地租数量总是不同的。这种由于土地等级的不同（因土地肥力差异及地理位置的优劣引起）而引起的数量不等的地租，就是级差地租。

在商品经济条件下，同一种商品在同一市场上，其市场价格总是相同的。即是说，无论是优等地，还是劣等地生产出来的产品，其价格都具有同一性。另外，土地产品的价格和工业产品的价格，其构成也必须是相同的。假定它们都是按照生产价格，即部门成本加平均利润所构成的，那么不管是经营土地，还是经营其他产业，等量投资都可以获得等量利润（平均利润）。因此，在这种情况下，土地使用者交给土地所有者的地租，就只能是土地的使用者或经营者取得的一种超过平均利润的超额利润。这种超额利润，只能是土地产品的社会生产价格高于土地产品的个别生产价格的结果。

使用或租种优等地和中等地的企业，之所以能够使它们产品的个别生产价格低于社会生产价格，是由于优等地和中等地的生产条件较好，由此决定的劳动生产率较高，从而使这些企业能够在平均利润之外还可以获得一部分超额利润。这部分超额利润作为产品的个别生产价格低于产品的社会生产价格的差额，同其他产业部门中的超额利润的形成方式是相同的。但是，经营土地的超额利润同其他产业中的超额利润相比又是有区别的。这种区别主要表现在以下两个方面：

第一，其他产业，例如工业中的超额利润，只是一种暂时的、不稳定的现象，而经营土地或土地产品的超额利润则是一种经常的、稳定的现象。这种差别的形成，主要是因为工业企业之间的竞争能够比较顺利地进行。工业企业中的超额利润的获得是某些企业采用先进技术从而提高劳动生产率的结果。当该部门中大部分企业都采用了先进技术以后，整个部门的劳动生产率就会普遍地提高，从而产品的价值或社会生产价格就会下降，作为社会生产价格和个别生产价格差额的超额利润就会消失。在这种情况下，如果哪个企业还想取得超额利润，就必须采用更为先进的生产技术。可见，由于工业中企业之间的竞争能够顺利进行，无

---

① 《马克思恩格斯全集》第25卷，第720页。

论哪个企业都不能长期垄断先进技术，因而个别企业获得超额利润就只能是一种暂时的现象。

与工业部门和其他产业相比，经营土地或土地产品的超额利润，从本质上说虽然也是提高劳动生产率的结果，但劳动生产率的提高是由优等地和中等地的较优的自然条件决定的。由于土地是一种特殊的生产资料，它的数量是有限的，而具有某种优越自然条件的土地就更为有限，因此，取得了这些优等地和中等地的使用权者，也就等于垄断了这些好地的经营权，这种对土地经营的垄断，由于排斥了人们在土地上的竞争，因而就使得那些取得了优等地和中等地的经营者，能够长期地、稳定地获得超额利润。

第二，其他产业，例如工业中的超额利润，只有少数先进企业才能得到，而经营土地或土地产品的超额利润，除了经营劣等地的经营者不能取得外，经营优等地和中等地的经营者都能得到。这是因为土地产品的社会生产价格决定于劣等地的生产条件。土地产品的社会生产价格所以由劣等地的生产条件决定，是因为，如果土地产品的价格决定于优等地或中等地的生产条件，经营劣等地的企业便无法取得平均利润，从而劣等地就会退出经营。由于土地数量的有限性，特别是优等地和中等地的数量更为有限，在劣等地退出经营的条件下，土地产品就会供不应求，价格就会上涨。当土地产品的价格上涨到经营劣等地也能获得平均利润，从而使劣等地重新加入经营之后，这种价格上涨才会终止。所以，土地产品的社会生产价格最终还得决定于劣等地的生产条件，这是对土地经营垄断的必然结果。由于土地产品的价格决定于劣等地的生产条件，因而垄断了优等地和中等地的那些企业，就可以经常地获得超额利润。

上述分析表明，土地的好坏优劣是形成级差地租的自然条件，由土地的有限性所决定的土地经营的垄断则是产生级差地租的原因。级差地租的源泉，并不是来自土地本身，而是来源于经营土地的劳动者具有较高生产率的劳动。

2. 级差地租第一形式（级差地租Ⅰ）

根据级差地租产生的条件的不同，级差地租可以分为两种形式，即级差地租Ⅰ和级差地租Ⅱ。马克思把在不同地块上进行等量投资，但由于土地的肥力和土地位置的优劣不同而形成的级差地租，称为级差地租第一形式；把在同一块土地上由于连续追加投资所形成的级差地租，叫做级差地租第二形式。

马克思指出，等量资本在等面积的各级土地上使用时，会产生不同的结果。这些不同的结果，是由下面两个和资本无关的一般原因造成的：一是土地的肥力，二是土地的位置。

土地的自然肥力是指"表层土壤的化学结构的差别"或"表层土壤所含植物养分的差别"。一定地块的自然肥力是客观存在的，但土地肥力的变化，可以由"新耕作方法的应用"引起，也可以由"各种机械手段的应用"引起，还可以由其他原因引起。

级差地租的大小，就实物地租来说，是由土地自然肥力差异决定的；就货币地租来说，是由最劣等地市场价格决定的。

3. 级差地租第二形式（级差地租Ⅱ）

级差地租Ⅱ是资本连续投在同一块土地上，具有不同劳动生产率的结果；而级差地租Ⅰ是资本同时投在不同地块上，具有不同生产率的结果。由于它们都是"投在土地上的等量资本所具有的不同生产力的结果"，从这个意义上说，级差地租Ⅰ和级差地租Ⅱ是没有区别的。级差地租Ⅱ只不过是级差地租Ⅰ的不同表现，实质上二者是一致的。

但是，级差地租Ⅰ和级差地租Ⅱ之间毕竟还是有差别的，这种差别主要是由超额利润向级差地租的转换引起的。

超额利润转化为级差地租Ⅰ，是没有任何困难的。通常情况下，这在双方订立租约时就已经确定了下来。但是，在级差地租第二种形式上，从超额利润到地租的转化，却会遇到一些困难。因为，"地租是在土地出租时确定的，地租确定后，在租约有效期间，由连续投资所产生的超额利润，便流入租地农场主的腰包。正因为这样，租地农场主总是力争签订长期租约；但另一方面，由于地主的力量占优势，每年更换租约的现象却增加了。"①

级差地租Ⅱ和级差地租Ⅰ之间的关系是极其密切的，主要表现在以下几个方面：

(1) 级差地租Ⅰ是级差地租Ⅱ的基础和出发点。从历史上看，在资本主义生产方式建立的初期，由于资本积累有限，已耕地同未耕地相比，只占较小的面积，因此对农产品的需求，主要是采用扩大耕地面积和粗放经营的方法获得满足。与此联系的地租形式主要是级差地租Ⅰ。资本主义生产力发展，人口增加，对农产品的需求日益扩大，以及资本积累的增长和农业科学的进步，为提高农产品的产量提供了物质技术条件。于是，农业生产就逐步从主要靠扩大耕种土地面积过渡到主要靠实行集约经营的方法来提高农产品产量，与此相联系的地租形式就是级差地租Ⅱ。

(2) 在级差地租第二形式上，除了肥力的差别，还有资本（以及获得使用的能力）在租地农场主之间的分配上的差别。在工业中只有那些握有"大于平均资本量的资本会提供额外利润，而小于平均资本量的资本就得不到平均利润"②。在农业中则不同，因为农产品的社会生产价格是由劣等地的个别生产价格决定的，因此，在农业中，不论是占优势的大资本，还是占比重很大的小资本，都可能获得超额利润和级差地租Ⅱ。

4.4.3 绝对地租

1. 绝对地租产生的原因

绝对地租理论是马克思科学地租理论中的重要组成部分。马克思在给恩格斯的信中说："我必须从理论上证明的唯一的一点，是绝对地租在不违反价值规律的情况下的可能性。"③

在分析级差地租时，是从最坏的土地不支付地租这一前提出发的。级差地租本身的规律和这个前提的正确与否完全无关。现在如果我们假定，A级土地地租等于零，因而产品的价格只等于生产价格，那么这个前提是错误的。相反，A级土地也会提供地租。这样就会得出两点结论：

(1) 在绝对地租存在的场合，如果农产品价格还是按照生产费用加平均利润的生产价格出售，租地农场主就没有可能支付绝对地租。因此，在绝对地租存在的情况下，对农产品价格起调节作用的不是由成本价格加平均利润构成的生产价格决定的，而是由生产价格加地租（即成本价格＋平均利润＋地租）构成的市场价格来调节的。这样，在绝对地租存在的情况下，农产品不是按社会生产价格出售，而是按高于社会生产价格的市场价格出售的。

(2) 在这种情况下，虽然土地产品的一般价格会发生本质的变化，但级差地租的规律

---

① 《马克思恩格斯全集》第25卷，第760页。
② 《马克思恩格斯全集》第25卷，第762页。
③ 《马克思恩格斯全集》第30卷，第276页。

不会因此而失去作用。绝对地租和级差地租各有其独立的运动规律。社会生产价格与个别生产价格之间的差额，是由级差地租的规律决定的；农产品按高于生产价格的市场价格出售，即按生产价格加地租的价格出售农产品，是由绝对地租的规律决定的。

在土地所有权（私有权）存在的条件下，不支付地租是不可能的。因为，土地所有权的存在是对投资的一种限制：租种土地就必须支付地租。

当然，把资本投在土地上而不支付地租的情况，也是有的。马克思曾经指出以下三种情况：

（1）当土地所有者自己就是资本家的时候，土地所有权不构成对投资的限制。但这是一种偶然情况，因为资本主义土地所有权的特征是以"执行职能的资本和土地所有权的分离作为前提的"。

（2）在一整片租地中间，可能会有一些个别的地块，它们按照当前市场价格水平不能支付地租，因此实际上是无偿出租的。

（3）在已支付过地租的土地上追加投资，可以在不支付地租的情况下把资本投入土地。

一般情况下，租种耕地都必须缴纳地租。但是，要提供绝对地租，只有在 A 地既提供平均利润，又提供地租的条件下，才有可能。要做到这一点，只有当 A 地的市场价格超过其生产价格时才能做到。因此，在这种情况下，"A 级土地的地租都不是谷物价格上涨的简单的结果，相反地，最坏土地必须提供地租才会让人耕种这一事实，却是谷物价格所以会上涨到使这个条件得以实现的原因"①。

由此可见，土地所有权对级差地租和绝对地租的作用是不一样的。在级差地租的形成过程中，土地所有权只是商品价格中相当于地租的部分从土地经营者手中转移到土地所有者手中的原因。而在绝对地租的形成过程中，土地所有权是引起产品价格上涨的原因，所以土地所有权本身已经产生地租。

当然，单纯法律上的所有权，不会为土地所有权创造任何地租。只有把土地出租，才能获得地租。这是土地所有权在经济上真正的价值。因此，土地所有权的垄断，是绝对地租产生的原因。

2. 绝对地租形成的条件

既然租种各级土地，都必须缴纳绝对地租，那么，租种劣等地的农业资本家，怎样才能在平均利润以外，取得一个价值余额，用于缴付绝对地租呢？如果农产品的市场价格经常高于生产价格，是否意味着违反价值规律呢？是不是说绝对地租只能是农产品的单纯的加价呢？不是这样的。马克思明确指出，在研究绝对地租时，也要和研究级差地租一样，必须严格遵守价值规律。绝对地租不是来源于农产品价值以上的加价，而必须是农产品价值的一个构成部分，因此，要在价值规律基础上说明绝对地租，首先就必须说明农产品价值高于生产价格的可能性。为了解决这个问题，必须从分析农业中的资本有机构成入手。

马克思的地租理论是以平均利润和生产价格理论为基础的。马克思曾经指出："如果一个生产部门中的资本的构成低于社会平均资本的构成，也就是说，如果该资本中投在工资上的可变部分和投在物质劳动条件上的不变部分的比率大于社会平均资本中可变部分和不变部

---

① 《马克思恩格斯全集》第 255 卷，第 851 页。

分的比率，那么，它的产品的价值就必然会高于它的生产价格。"① 这就是说，资本有机构成低的部门，它的产品的价值大于它的生产价格。在社会生产发展的一定阶段上，农业生产技术的装备落后于工业，农业部门的资本有机构成低于工业部门，在这种情况下，农产品在生产价格以上按价值出售是完全可能的，是不违背价值规律的。当农产品按照价值而不是按照生产价格出卖时，在价值和生产价格之间，就会产生一个差额，这个差额，就构成了绝对地租。

现在的问题是，农产品为什么能够按照它的价值出售？或者说，农业中的超额利润为什么能够保持在本部门，而不参加社会的利润平均化过程呢？这是因为在农业中存在着土地私有权（或土地所有权）的垄断。土地私有权或所有权成为其他部门向农业部门转移资本的障碍。这种障碍表明，如果不向土地所有者缴纳地租，资本就不能投向农业部门，即使是最劣等的土地，也必须缴纳地租。

3. 绝对地租的本质

由于农业在生产力方面落后于工业、农业资本有机构成低于工业，在剩余价值率不变的情况下，同量农业资本与同量的工业资本相比，将创造更多的剩余价值。这个由农产品价值高于生产价格而形成的超额利润，因土地所有权的阻碍不参加利润平均化，而转化为绝对地租，落入土地所有者手中。所以，绝对地租是由于土地所有权垄断所形成的那部分超额利润的转化形式。

4. 绝对地租量的变动规律

由于绝对地租是由土地产品的价值与其生产价格之间的差额决定的，因此，绝对地租量的变化取决于这两个因素以及决定这两个因素的其他因素之间的变化。

（1）绝对地租的量，首先取决于农产品的价值和农产品社会生产价格之间的差额。如果农产品的价值大大高于农产品的生产价格，绝对地租的量就大；反之则小。

（2）由于农产品的价值和农产品的生产价格之间的差额大小是由农业资本的有机构成和社会资本的平均构成决定的，因此，绝对地租数量的变动，最终是由农业资本有机构成的高低决定的。如果社会资本平均有机构成不变，农业有机构成提高，则农产品价值就会降低，农产品价值和生产价格的差额也会缩小，绝对地租就会减少；反之，如果农业中的有机构成降低，农产品的价值就会提高，价值和生产价格的差额就会扩大，绝对地租就会提高。

（3）绝对地租的量，还取决于市场状况。如果由于社会发展和人口增长引起对农产品需求的增加，以至供不应求，农产品的市场价格就会高于它的价值；如果农产品的产量增加，以至供过于求，农产品的市场价格就会跌到它的价值以下。但是，只要农产品的价值还在生产价格以上，就仍然存在着一个差额，还可以提供一部分绝对地租。当然，这时的绝对地租只能是农产品的价值和它的生产价格的差额的一部分了。所以，马克思说："这个地租……就是价值超过生产价格的余额或这个余额中的一部分。地租究竟是等于价值和生产价格之间的全部差额，还是仅仅等于这个差额的一个或大或小的部分，这完全取决于供求状况和新耕种的土地面积。"②

---

① 《马克思恩格斯全集》第25卷，第855页。
② 《马克思恩格斯全集》第25卷，第859页。

(4）绝对地租的量，还依赖于农业投资的总量。如果农业有机构成和农产品市场价格不变，就面积相同的各个地块来说，投入的资本越多，提供的绝对地租量也就越多，地主阶级所获得的寄生性收入也就越多。这表明，绝对地租的存在阻碍了资本主义生产力的发展。

4.4.4 垄断地租

在地租形式上，除了级差地租和绝对地租以外，还有一种地租形式，即垄断地租。垄断地租是由垄断价格带来的垄断超额利润构成的。这种垄断价格不是由产品的社会生产价格和价值决定的，它是"由购买者的购买欲和支付能力决定的"[①]。这种垄断价格超过价值的部分所形成的垄断利润，转到土地所有者手中，就成为垄断地租。

4.4.5 非农业地租

凡是存在土地所有权的地方，以及在土地所有权与土地使用权相分离的地方，都会存在地租。

1. 矿山地租

矿山地租既不像农业地租那样是为了取得生产要素而支付的，也不像建筑地段地租那样是为生产场所而支付的，它是为一种物质财富的贮藏而支付的。

关于矿山地租，马克思曾经指出："真正的矿山地租的决定方法和农业地租是完全一样的。"这就是说，矿山既要支付级差地租，也要支付绝对地租，甚至有些地块还要支付垄断地租。而且这些地租的决定方法和农业地租的决定方法也是完全一样的。

2. 建筑地段地租

建筑地段就是用作各种建筑的土地，如工厂、商店、银行、住宅等的建筑地基。作为建筑地段的土地，在商品经济或市场经济基础中，在土地的使用权和所有权相分离的情况下，也必然存在着地租。建筑地段的地租，既包括级差地租，也包括绝对地租，同时也有垄断地租。这些地租和农业中的地租一样，受着相同规律的支配。

但是，建筑地段的土地和农业的土地还是有差别的。这些差别决定着建筑地段的地租有着不同于农业地租的特点。这些特征主要是：

（1）土地位置的差别对建筑地段的地租有着决定性的意义。农业中的级差地租 I 是由土地的肥力和地理位置的差别决定的。对于建筑地段的地租来说，土地的肥力对它没有多大的影响，甚至根本没有影响，而土地位置的好坏却起着决定性的作用。土地越是靠近城市，越是在城市中心或车站、码头附近，其有限性就越是突出，由此而节约的运输费用和其他费用就越多，由此而增加的营业额也会越高，企业获得的超额利润就越多，地租也就越高。

（2）建筑地段的地租对周围环境和基础设施具有很强的依赖性。建筑地段的地租，特别是它的级差地租的第二形式，不仅依赖于它在同一块土地上的连续投资具有不同的生产力，而且只要在这块土地周围投资或连续投资，也会提高它的生产力，从而取得更多的超额利润。

---

①，② 《马克思恩格斯全集》第 25 卷，第 873 页。

（3）建筑地段的生产力和地租具有积累的性质。随着在建筑地段上投资的增加以及城市基础设施的建设，建筑地段的生产力水平或经济效益就会越高，建筑地段的地租也就越大。

（4）建筑地段地租和建筑地段的土地价格呈现一种逐步提高的趋势。随着建筑地段本身投资的增加以及城市基础设施建设和投资的增加，建筑地段的地租也逐步增加。建筑地段地租的增加自然会引起这些土地价格的增加。建筑地段土地价格增加的另一原因是由于城市建筑地段供不应求而引起的。

（5）在建筑地段地租中，垄断地租占有显著优势。随着社会经济的迅速发展和城市人口的急剧增长，城市土地的有限性愈益突出，特别是位置较好的土地就更加有限，从而使城市建筑用地的矛盾愈益尖锐，而那些拥有城市土地的土地所有者就会趁机抬高地租，以垄断地租的形式向社会征收大量贡赋。

3. 城市地租

马克思虽然主要讲的是农业地租，但是，无论是农业用地还是城市用地，在土地所有权存在的情况下，只要土地所有权和使用权是分离的，就必然存在着地租。

按照马克思主义地租原理，第一，凡有地租存在的地方，都存在级差地租。进一步说，凡有地租存在的地方，既包括级差地租，也包括绝对地租；第二，一切地租，都是由于自然力被垄断地占有与垄断经营而产生的；第三，一切地租的实体都是超额利润；第四，一切非农业地租的基础和农业地租都是一样的，并且是由农业地租调节的。所以，马克思对农业地租的说明包含了对城市地租一般运动规律的说明。

4.4.6 未来社会地租

马克思主义经典作家对未来社会的地租问题也作出了有价值的说明。

马克思指出，在未来的社会主义和共产主义社会将消灭土地私有制，建立土地公有制。"从一个较高级的社会经济形态的角度来看，个别人对土地的私有权，和一个人对另一个人的私有权一样，是十分荒谬的。甚至整个社会，一个民族，以至一切同时存在的社会加在一起，都不是土地的所有者。他们只是土地的占有者，土地的利用者，并且他们必须像好家长那样，把土地改良后传给后代。"①

当然，马克思也认为，在未来社会中由于消灭了土地私有权，所以由土地私有制决定的绝对地租将会消失。同时，他认为在社会主义高级阶段，即共产主义社会，由于消灭了商品经济，所以级差地租也将随之消失。

但是，马克思还认为，在从资本主义向共产主义过渡时期，由于还必须保留土地所有权（即土地的公有制），所以地租还必须存在。

社会主义国家的实践，特别是社会主义国家经济体制改革、建立社会主义市场经济体制的实践，不仅证实了马克思主义经典作家论述的正确性，而且马克思主义经典作家关于地租问题的论述，还是社会主义国家土地制度改革的理论指南。

---

① 《马克思恩格斯全集》第 25 卷，第 875 页。

4.5 社会主义地租

4.5.1 社会主义地租存在的必然性

1. 土地公有制及土地所有权的存在，是地租存在的根本原因

按照马克思主义原理，地租是土地所有权的经济体现，我国社会主义目前存在土地所有权，因此必然存在地租。《宪法》及《中华人民共和国土地管理法》（以下简称《土地管理法》）等主要法律规定，我国土地实行社会主义单一公有制，包括国家所有制和集体所有制两种具体形式，土地所有权分别归国家所有和集体所有。无论国家土地所有权还是集体土地所有权，客观上都需要在经济上得以体现，其主要形式为社会主义地租。

2. 土地所有权和土地使用权相分离，地租必然存在

按照马克思主义原理，在土地所有权存在的情况下，只要土地所有权和使用权是分离的，就必然存在着地租。

在国家所有的土地上，土地所有权由国家垄断，并由各级政府委托土地管理部门行使土地所有权，对土地进行管理。然而，国家和各级政府不可能直接经营土地，土地的使用权只能出让给有相对独立经济利益的企事业单位，并由企事业单位支付土地使用权出让金，出让金的本质就是地租。

3. 地租是社会主义市场经济发展的必然要求

在社会主义市场经济条件下，土地作为一种稀缺资源可以在市场上流转和交易。从本质上讲，土地流转指的是土地权属移转，每一种权属都具有排他性。因此，在土地流转中，应在经济上保障各个权利拥有者的土地所有权、土地使用权等合法权益，这种经济保障的实质是地租。

4.5.2 社会主义地租的形式

按照马克思主义原理，社会主义地租同样有绝对地租、级差地租和垄断地租的不同形式。

在社会主义制度下，由于仍然存在土地所有权的垄断，并要求在经济上得以实现，因此，客观上存在绝对地租。

在社会主义制度下，也存在级差地租。由于土地等级（土地肥沃程度、位置差异）的不同，使级差地租的客观物质条件仍然存在。同时，在土地公有制下，土地使用者是各个相对独立的商品生产者和商品经营者，有各自相对独立的经济利益，当有限的土地资源分别由他们经营使用时，就必然形成经营上的垄断。当这种经营垄断与土地的差异结合在一起时，级差收入就必然转化为级差地租。

在某些位置非常优越的有限土地上，因其极度稀缺而使这类土地存在垄断地租。

4.5.3 社会主义地租的分配

在社会主义土地公有制条件下，地租反映的是土地经济收益在国家、企业和个人等不同主体之间的分配关系，其根本利益相一致，不存在剥削关系。再者，级差地租是形成不同地区、不同部门和不同单位之间经济发展水平差异的重要因素之一。因此，合理分配地租对于正确处理国家、企业和个人之间的经济利益关系，发展社会主义市场经济具有十分重要的意义。

从原则上讲，社会主义地租应主要归土地所有者所有，但由于地租，特别是级差地租形成的影响因素较多，因而地租的分配应处理好各种利益关系。

在土地国有制条件下，国家是土地所有者，绝对地租、级差地租Ⅰ应全部归于国家，而级差地租Ⅱ在出让期内应归土地使用者，即企业或个人。但如果在级差地租Ⅱ形成过程中，国家进行了投资和建设，比如基础设施建设，那么国家也应得到一部分收益。

在土地集体所有制条件下，绝对地租和级差地租Ⅰ主要归集体经济组织所有，而级差地租Ⅱ，因其是实行土地集约经营、追加投资而形成的，应由土地经营者即承包农户所得。但是，不论级差地租Ⅰ还是级差地租Ⅱ，在其形成过程中若国家给予了一定的投资、建设和土地改良，则应把级差地租的一部分归于国家。

4.5.4　社会主义地租理论的实践指导意义

（1）社会主义地租理论是社会主义制度下实行土地有偿使用的理论依据。我国目前通过出让和转让等途径实行土地的有偿使用，这对于人多地少、人地矛盾突出的中国意义重大。

（2）地租是加强土地管理的重要经济手段。土地出让金制度作为一种重要的经济措施对于强化土地宏观调控、实现土地高效使用十分重要，是行政手段和法律手段的重要补充。

（3）地租是制定土地价格的基础。按照马克思主义原理，土地价格的实质是地租的资本化，土地价格是地租的购买价格，有了准确的地租量，就可以合理地为土地权属移转和进行土地经济补偿制定标准。

4.6　土地价值与土地价格

马克思指出，物品作为商品是由商品自身矛盾规定性决定的。商品自身矛盾，就是商品使用价值和价值的矛盾。物品本身一旦成为使用价值和价值的对立统一物，它就从一般物品，变成了商品。土地虽然是一种特殊的商品，但土地只要作为商品，也必须具有使用价值和价值规定性。

4.6.1　土地的价值和价格

马克思在他的许多著作中，特别是他的毕生巨著《资本论》中，对于土地价值和价格问题，作过许多精辟的论述。

（1）在马克思看来，土地是自然产物，不是由劳动生产出来的。按照这个观点，土地是没有价值的，所以也没有以货币形式表现出来的价格。马克思明确地指出："土地没有价值，因为没有人类劳动物化在里面。"[①]

（2）把人类劳动投在土地上，土地就有了价值。严格地说，土地的这种价值，实际是

---

① 《马克思恩格斯全集》第23卷，第121页。

土地资本。马克思说，在土地上合理投资，"会和一般的单纯耕作一样……会改良土地，增加土地产量，并使土地由单纯的物质变为土地资本。一块已耕土地，和一块具有同样自然性质的未耕土地相比，有较大的价值"①。

（3）马克思有时把土地价值与土地价格作为同一概念使用，在这种情况下土地价值有时是指地租，有时是指土地的价格。马克思指出，"资本化的地租表现为土地价格或土地价值。"②

（4）马克思认为，土地价格就是资本化的地租。马克思指出，"资本化的地租形成土地的购买价格或价值"③，因此"这个购买价格不是土地的购买价格，而是土地所提供的地租的购买价格"④。

（5）马克思认为，土地价格是一个不合理的范畴。马克思在说到土地价格时指出："一看就知道，它（土地价格）和劳动的价格完全一样，是一个不合理的范畴，因为土地不是劳动的产品，从而没有任何价值。"⑤

从马克思《资本论》的这些引文中，可以清楚地看出，马克思认为，土地不是人类劳动产品，所以土地没有价值；马克思有时也说到土地的价值，但是当马克思说土地价值的时候，大体总是指这样三种情况：一是指在土地上的投资，即土地资本；二是指土地价格；三是指地租。土地没有由价值决定的价格，土地价格就是地租的资本化，但是，土地价格是一个不合理的范畴。

4.6.2 土地价格

如果只是形式地理解马克思的劳动价值理论，即商品的价值是由劳动形成的，不是劳动的产品，就不会有价值；土地不是劳动的产品，所以土地没有价值，这种形而上学的推论是不符合马克思主义的。马克思是始终坚持他的劳动价值理论的，马克思严格地依据商品经济和市场经济规律以及商品经济或市场经济的实践，在劳动价值理论的基础上，科学地阐明土地价格的问题。

在马克思看来，土地是一种特殊的商品，因此它的价格以及它的价格的确定，都有着特殊的性质和方法。在说到价值与价格的关系问题时，他指出："价格形式不仅可能引起价值量和价格之间（即价值量和它的货币表现之间）的量的不一致，而且能够包藏一个质的矛盾，以致货币虽然只是商品的价值形式，但价格可以完全不是价值的表现。有些东西本身并不是商品，例如良心、名誉等等，但是也可以被他们的所有者出卖以换取金钱，并通过它们的价格，取得商品形式。因此，没有价值的东西在形式上可以具有价格。在这里，价格表现是虚幻的，就像数学中的某些数量一样。另一方面，虚幻的价格形式——如未开垦的土地的价格，这种土地没有价值，因为没有人类劳动物化在里面——又能掩盖实在价值关系或由此派生的关系。"⑥ 这就是说，没有价值的东西是可以有价格的，这样就产生一个矛盾，即价

---

① 《马克思恩格斯全集》第25卷，第702页。
② 《马克思恩格斯全集》第25卷，第704页。
③ 《马克思恩格斯全集》第25卷，第702页。
④ 《马克思恩格斯全集》第25卷，第703页。
⑤ 《马克思恩格斯全集》第25卷．第702页。
⑥ 《马克思恩格斯全集》第23卷，第120~121页。

值与价格关系上的一个质上的矛盾。

没有价值的东西有价格，如何理解这个矛盾呢？马克思指出："在这个不合理的形式背后，却隐藏着一种现实的生产关系。"① 马克思在批判"劳动的价值"这个不合理的用语时，更加深刻地指出："在'劳动的价值'这个用语中，价值概念不但完全消失，而且转化为它的反面。这是一个虚幻的用语，就像说土地的价值一样，但是这类虚幻的用语是从生产关系本身中产生的。它们是本质关系的现实形式的范畴。"② 这就是说，土地的价格虽然是虚幻的，但它是从现实生产关系中产生的，是现实生产关系的表现形式或范畴。

马克思把土地价格归结为土地地租的资本化，是通过平均利润、生产价格和利息这样一些中间环节，从而把土地价值和土地价格建立在劳动价值理论的基础之上了。

马克思关于土地价值和土地价格的理论不仅有重大的理论意义和实际意义，而且有重大的方法论意义，它为解决社会主义土地问题提供了强大的思想和理论武器。

土地价值和土地价格理论是以地租理论为基础为前提的。研究土地价值和价格的学派和学科虽然很多，但是在理论上影响比较大的、具有重要理论意义的还是经济学的各种理论学派。马克思主义经济学认为：土地不是劳动产品，没有价值；土地本身虽然没有价值，但是土地有价格。马克思根据劳动价值理论、价格理论以及借贷资本和利息理论，说明土地价格是地租的资本化（或者说地租资本化就是土地的价格），建立了科学的土地价值和价格理论。

西方经济学关于土地价值和价格的理论，大体分为两大学派，即市场学派和国家干预学派。市场学派认为，由于土地的有限性和不动性，一般来说土地价格是由土地需求决定的，但是，在现实经济运行中，由于土地使用方向或使用性质是可以调剂的，土地供给在一定条件下或一定范围内，也是有弹性的。在这种情况下，土地价格就是由土地市场上土地供给和土地需求关系决定的。国家干预学派认为，由于土地资源的稀缺性、土地的有限性、土地经营的垄断性等，土地市场存在着"市场失灵"的问题。为了弥补"市场失灵"，主张国家或政府对土地价值和价格形成进行干预。

―――――――――――――――― 本章小结 ――――――――――――――――

本章主要阐述西方经济学和马克思主义等不同学派关于地租的本质、地租的分类及其产生原因等重要内容的地租理论，以及以马克思主义原理为理论依据分析的社会主义地租和土地价值与土地价格。

马克思地租理论是研究土地经济与房地产经济的理论基础。马克思主义认为，地租的本质是土地所有权在经济上的实现形式。地租可以分为绝对地租、级差地租和垄断地租，级差地租又可分为级差地租Ⅰ和级差地租Ⅱ。由于土地的肥力和土地位置的优劣不同而形成的级差地租，称为级差地租Ⅰ；把在同一块土地上由于连续追加投资所形成的级差地租，叫做级差地租Ⅱ。

土地所有权的垄断是绝对地租产生的原因。土地经营权的垄断是级差地租产生的社会经

---

① 《马克思恩格斯全集》第25卷，第702页
② 《马克思恩格斯全集》第25卷，第587~588页。

济原因。

按照马克思主义原理，地租是土地所有权的经济体现，社会主义制度下存在土地所有权，因此必然存在地租。社会主义地租同样有绝对地租、级差地租和垄断地租的不同形式。

在社会主义制度下，由于仍然存在土地所有权的垄断，并要求在经济上得以实现，因此，客观上存在绝对地租。另外，在社会主义制度下，由于土地等级（土地肥沃程度、位置差异）的不同，使级差地租的客观物质条件仍然存在。

马克思主义认为：一方面，土地是物质的，是自然产物，土地没有价值，因为没有人类劳动物化在里面，但是，土地可以有价格，这种价格是虚幻的；另一方面，当土地上投入了人类劳动，土地就有了价值，土地的这种价值，实际是土地资本，由此所表现出来的价格为土地资本价格。马克思根据劳动价值理论、价格理论以及借贷资本和利息理论，说明土地价格的本质是地租的资本化。

复习思考题

（一）名词解释

绝对地租　级差地租　垄断地租　土地价格

（二）简答题

1. 地租的本质是什么？
2. 简述地租和土地资本、租金的区别。
3. 简述绝对地租、级差地租产生和形成的原因。

（三）论述题

4. 运用马克思主义原理阐述社会主义地租体系。
5. 运用马克思主义原理解释土地价值与土地价格。

第5章 区位理论与房地产经济

【学习提要】 本章主要学习区位产生的原因、影响区位发展的各项因素以及主流区位理论的基本内容。在此基础上,进一步学习区域经济对主体功能区的生存和发展的影响、主体功能区对城市土地利用模式的约束,研究城市空间结构与城市土地利用模式的相互关系,并探讨它们对房地产行业发展的影响。

【关 键 词】 区位　主体功能区　城市空间结构　区域规划　城市土地利用

5.1　区位与区位理论的发展

5.1.1　区位及其产生

"区位"(location)一词源于德语"standort",是指某一空间的几何位置,是自然地理要素与人类经济社会活动生活相互联系、相互作用在空间位置上的反映。

对于区域,不同的学科有不同含义,也各有自己的侧重。地理学中的区域是指在地球表面具有相对一致性的地域单元。在经济学中,区域指经济行动相对独立、内部联系紧密而相对完整、具备特定功能的地域空间和经济上相对完整的经济单元。在政治学中,区域是指国家实施行政管理的行政单元。在社会学中,区域是指具有相同语言、相同信仰和民族特征的人类社会聚落体。区域经济学所研究的"区域"为狭义的区域概念,专指"经济区域"(economy region)。国际经济学领域影响最广的"区域"定义是艾德加·M. 胡佛(E. M. Hoover)所提出的:"区域是基于描述、分析、管理或计划制定政策等目的而作为一个应用性整体加以考察的一片地区,它可以按照内部的同质性或功能一体化原则划分。"[①]

5.1.2　影响区位的因素

影响区位的因素很多,其中主要有五个方面:一是自然地理与环境方面的因素;二是经济社会和人口聚集的因素;三是城市基础设施和市政设施建设和发展的状况;四是城市社会设施发展的程度;五是历史、社会和文化传统方面的因素。以上因素可概括地分为两类,即自然地理因素和经济社会因素。自然地理因素是区位发展的自然条件;经济社会因素是区位发展的根本原因或决定性的因素。

5.1.3　区位理论的发展

经济区位理论发源于19世纪20年代,形成于20世纪40年代,主要研究区位的形成条件,区位在经济社会发展中的意义、作用以及区位的发展规律。180多年的时间发展跨度被划分为古典、近代和现代三个阶段。19世纪30年代到20世纪初,是古典区位理论发展时

---

① Regional and urban Economics, E. M. HOOVER, Richardson Hw, London. Penguin Books.

期，其代表人物是德国农业经济和农业地理学家屠能（Johan Heinrich von Thünen，1783～1850）和工业区位论创立者韦伯（Alfred Weber，1868～1958）。1826年，屠能出版了《孤立国同农业和国民经济的关系》（The Isolated State），标志着区域经济理论的诞生。1909年，德国人韦伯集前人之大成，并加以系统化和发展，出版了《工业区位论：区位的纯理论》，论述了工业生产活动的区位选择原理。该理论认为，影响区位的因素有区域因素和聚集因素，并提出了在现代交通运输的前提下，在原材料和消费中心一定的情况下，工业企业的最佳分布点理论。韦伯被誉为工业区位理论的奠基人。

19世纪末20世纪初，古典区位理论发展到近代区位论。古典区位论和近代区位论的主要区别是：古典区位论的主要理论基础是成本学说，而近代区位论的理论基础则是市场学派的理论，研究对象也从单个企业或工厂发展到城市和地区，从探讨成本、运输的费用，发展到追求市场的扩大或市场的占有率。近代区位论的主要代表者是费特尔、俄林、克里斯塔勒、廖什。美国普林斯顿大学的弗兰克·费特尔（Fetter Frank）在1924年发表了《市场区域的经济规律》一文，根据成本和费用的不同假定，提出了两个生产地贸易区分界线的抽象理论，即贸易区的区位边界理论，开创了区位论的市场理论先河。1933年，瑞典经济学家俄林（Bertil Ohlin）推出了他在国际贸易理论方面的开山之作《区际贸易与国际贸易》（Interregional and International Trade），提出了区位一般均衡理论。在20世纪30年代，德国经济地理学家沃尔德·克里斯塔勒（Walter Christaller）出版了一本《德国南部中心地原理》，通过对德国南部地区经济社会空间上的发展研究，提出了中心地理论，他将地理学的空间观点和经济学的价值观点结合起来，探索城市的数量、规模和分布的规律性。德国经济学家奥古斯特·廖什（August Losch）在1940年出版了他的《经济空间秩序：经济财货与地理间的关系》[①]，创立了市场区位理论。该区位理论第一个引入了需求作为主要的空间变量，廖什认为，企业必须以最大经济利益为原则，因为最小成本区位方法并不能带来最大利润，引入需求和成本两个空间变量才能有助于找出最大利润所在。

现代区位理论与以前的区位理论相比，有了很大的不同。用"空间经济学"来表示现代区位经济理论更为恰当。现代区位理论主要有以下五大学派[②]：①成本—市场学派是研究成本与市场的相互依存关系。②普雷德（Pred A.）在《行为与区位》（1967）一书中阐述了行为因素对区位决策的影响作用，构建了行为学派区位理论体系。③社会学派的主要理论是政府干预区域经济的发展，认为政府政策制定、国防和军事原则、人口迁移、市场因素、居民储蓄能力等因素都在不同程度地影响区位配置，而且社会经济因素成为最重要的影响因素。也就是说，政府通过财政税收等手段，对影响和调节区域经济的发展具有十分重要的意义。④历史学派是空间区位发展的极端，他们认为区域经济的发展是以一定时期生产力发展水平为基础的，分析论证了社会经济各个发展阶段的空间结构的一般特征。⑤计量学派的主要理论是定量研究的可能性和准确性。

5.1.4 区位主要理论内容

对区位理论发展影响比较大的理论主要是农业区位理论、工业区位理论、城市区位理论

---

① 奥古斯特·廖什，《经济空间秩序：经济财货与地理间的关系》，王守礼译，商务印书馆，1995年。
② 宋家泰等，《城市总体规划》，商务印书馆，1985年。

和市场区位理论。

1. 农业区位理论

德国农业经济和农业地理学家屠能在其著作《孤立国同农业和国民经济的关系》（1826）中，系统地阐述了农业用地区位问题，建立了农业区位的理论。该理论是最低成本学派最具有代表性的区位理论之一。

在《孤立国同农业和国民经济的关系》中，为了论证农业区位问题，屠能首先做了如下假设：

（1）孤立国建立在一个面积相当大的区域内，其土地面积是一定的，而且全部作为农业用地，经营以获得尽可能高的纯收益为目的；

（2）孤立国实行自给自足，只有一个城市，位于其中心，也是全国农产品消费中心；

（3）孤立国周围是荒地，城市与郊区只有陆上道路相通，交通手段是马车；

（4）所有土地的肥力、气候条件、农业技术条件和农业经营者能力是相等的；

（5）市场谷价、工资、利息也是相等的；

（6）运输费用与农产品的重量以及从生产地到消费市场的距离成正比。

在这样的假设条件下，生产某种农产品的总成本除运输费用一项外，其他都是相等的或一样的，因此它们的市场销售价格也是一样的。越靠近市场即靠近城市的企业，其总成本就越小，纯收益也就越大；反之，距离城市或市场越远，其总成本就越大，纯收益也就越小。在这种情况下，什么样的农作物，种在什么地方，完全决定于利润大小。利润是由农业生产成本 C、农产品的市场价格 P 以及把农产品运输到市场上的运费 T 三个因素决定的。

由此，屠能提出了农业区位的理论模式，用公式表示就是：

利润＝农产品销售价格－农业生产成本－农产品运输费用

如果 P、C 不变，T 直接决定利润的大小。这就是屠能以单一因素（即运输费用）决定利润，以及由此决定在什么地方种植什么农作物的区位理论。这种由空间距离（即运输费用）造成的农产品价格的差别，决定了土地利用的不同类型，是以城市为中心向外呈同心圆状分布的农业耕作地带，如图 5-1①所示。

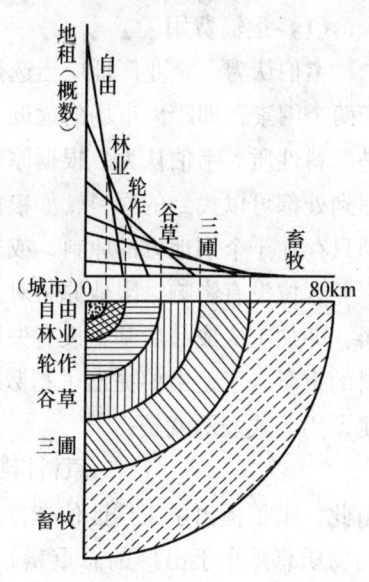

图 5-1　屠能农业区位图

在图 5-1 中，第一圈为自由农作物地带，距离市场最近。生产容易腐败、不适宜长途运输或运输重量大、单位重量价格低、需要及时消费的农产品，如牛奶、蔬菜、花卉等，其集约度和收益最高；第二圈为林业地带，其单位产量体积大、重量大、运输费用高，主要供应城市所需的燃料；第三圈为轮作农业带，以集约方式种植农作物，实行两年轮作；第四圈为谷草式农业带，种植粮食、牧草、放牧，以及荒地等；第五圈为三圃式农业带，实行粗放的

---

① 资料来源：约翰·冯·屠能，《孤立国同农业和国民经济的关系》，商务印书馆，1997年。

三年轮作，并有33%的荒地；第六圈为畜牧业带，主要放牧，还可以实行粗放型种植业；第六圈以外是荒地，由于距离市场太远，所以用于狩猎业。

由此可见，屠能的农业区位理论的中心内容是：农业土地利用类型以及农业经营集约化程度除取决于土地的天然特性以外，主要是取决于生产力发展水平和经济发展状况，特别是农业生产用地距离市场（即农产品消费中心）的远近。

由于在屠能所处的时代，农业生产占主要地位，这决定了他研究的重点只能局限于农业，并且提出的理论模式也比较简单，只考虑了单一的区位决定因素，即距离和运输费用的问题。但屠能的农业区位理论，对区位理论的发展有着重要的意义。其后的区位理论研究者，都有把距离和运输费用作为区位选择的重要因素。

2. 工业区位理论

德国经济学家韦伯于1909年出版了《工业区位论：区位的纯理论》，他运用工厂区位因子分析的方法，对当时的鲁尔工业区进行了研究，奠定了现代工业区位的理论基础。

韦伯的工业区位理论建立在原料基地、消费基地和劳动力基地三个基本假定条件基础上。是以现代运输方式为前提，在原料和消费中心一定的情况下，探讨工业企业在地理上的最佳分布。韦伯在其区位理论中，提出了"区位因素"的概念。所谓"区位因素"，就是在一个地理点上，能对工业起积极作用和吸引作用的因素。根据区位因素的特性，可以把区位因素分为：自然技术方面的区位因素和社会文化方面的区位因素。韦伯认为在研究区位理论时，只考虑原材料、劳动力、运费和聚集因素就可以了。因为原材料费用及其区位差异，可以纳入运输费用中，价格高的原材料，可以看作是运输的距离远些，这样工业区位选择主要涉及三个因素：运输费用、劳动成本和聚集因素。

（1）运输费用

韦伯认为，企业厂址应当选择在运输成本最低的地区。运输费用或运输成本，主要决定于两个因素，即距离市场的远近、原料的性质。运输费用与距离成正比这一点好理解，关键是原料性质。韦伯认为，根据原料基本特性，大体上可以分为两大类：一类是广布的原料，即到处都可以找到的原料，如粮食、水、土、空气等；另一类是限地性的原料或稀有原料，即只存在于个别地方的原料，或只有个别才有的原料，如煤、铁、稀有金属等。广布原料对工业区位没有影响，限地原料对工业区位影响重大。稀有原料也可以分为两种：一种是纯原料，即加工成成品后基本没有失重；另一种是失重原料，即加工以后，成品重量明显小于原料的重量。于是韦伯提出了指数的概念，即运进工厂的原料重量与运出工厂的产品重量之比，用公式表示就是：

$$原料指数 = 稀有性原料总重/制成品总重量$$

由此，韦伯提出了工厂区位选择的理论：第一，当原料指数小于1时（即稀有的纯原料进厂的物质总重小于出厂的总重量），为了节约运输费用，工厂应当建立在消费中心地区；第二，当原料指数大于1时（即进厂的物质总重量大于出厂时的物质总重量），为了节约运输费用，工厂应当建设在原料产地附近；第三，当原料指数等于1时（即进厂的物质总重量与出厂的物质总重量相等时），工厂可以建立在原料产地，也可以建立在消费中心任务地区，还可以建立在原料产地与消费中心地区的任何一个地点上。

（2）工资成本

工资成本对区位的影响，应当进行运输费用与工资成本之间的比较（图5-2）。等运费线是从运费最小点（P）移动而产生的运费增加额相同点的连线，以 P 为中心有无数条等运费线。总的来说，如果在某一地点，运输成本大于工资成本，应当以运输成本为主，选择工厂区位 L_2；如果在某一地点 L_1，运输成本小于工资成本，应当以工资成本作为选择工厂区位的主要因素。

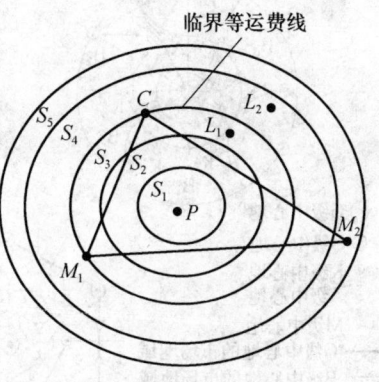

图5-2　劳动力成本指向论

（3）聚集因素

韦伯认为，聚集可以带来经济效益，首先，由于企业规模扩大，可以带来大生产的经济效益或节约成本；其次，聚集可以带来专业化效益；再次，聚集可以带来外部效益。因此，如果聚集或者分散，能够带来的利益或节约的成本超过运输成本最小或者工资成本最低地区，工厂选择区位时，应当由聚集因素决定。

3. 城市区位理论

德国地理学家克里斯塔勒于1933年出版了《德国南部中心地原理》，提出了中心地理论，即城市区位理论。该理论开创了城市地理学发展的一个新时代，克里斯塔勒将地理学的空间观点和经济学的价值观点结合起来，探索城市的数量、规模和分布的规律性。

克里斯塔勒提出，任何一个中心地区，它所生产的某种产品或提供的某种劳务，大都有大致确定的经济距离，或者能够达到的范围。中心地区的规模以及它能够影响的区域的大小、人口规模，基本上是通过对产品和劳务需求的这个市场环节建立起来的。交通是城市经济发展中的重要因素，通过这个"中间介质"的作用，实现了物质在空间上的交换。交通运输在克服空间距离时，需要付出一定的代价，因此它在很大程度上影响着货物在空间上移动的范围，从而影响到城市的规模、居民点之间的距离以及居民点在空间上的分布等问题。此外，行政管理、行政机构的设置，也是影响甚至决定城市在地域分布的重要因素。

克里斯塔勒从货物供应、交通运输和行政管理等方面，分析了城市等级的形成。中心地等级体系最基本的分为三类（图5-3）：市场原则、交通原则、行政原则。市场原则构成的中心地体系，每个低级中心地为三个高级中心地所分享。这样，每一个高级中心地实际上只辖有自身及其他两个完整的低级中心地。交通原则构成的中心地体系，每个低级中心都位于两个高级中心连线的中点，故一个低级中心地从属于两个高级中心地，因而一个高级中心地只连有包括自身在内的四个完整的低级中心地。行政和管理原则构成的中心地体系，一个高级中心地为包括其自身的七个中心地服务。克里斯泰勒还运用数学方法推导出，在正常情况下，城市应当位于正六角形服务区域的中心，这就是他的六边形城市空间分布模型。

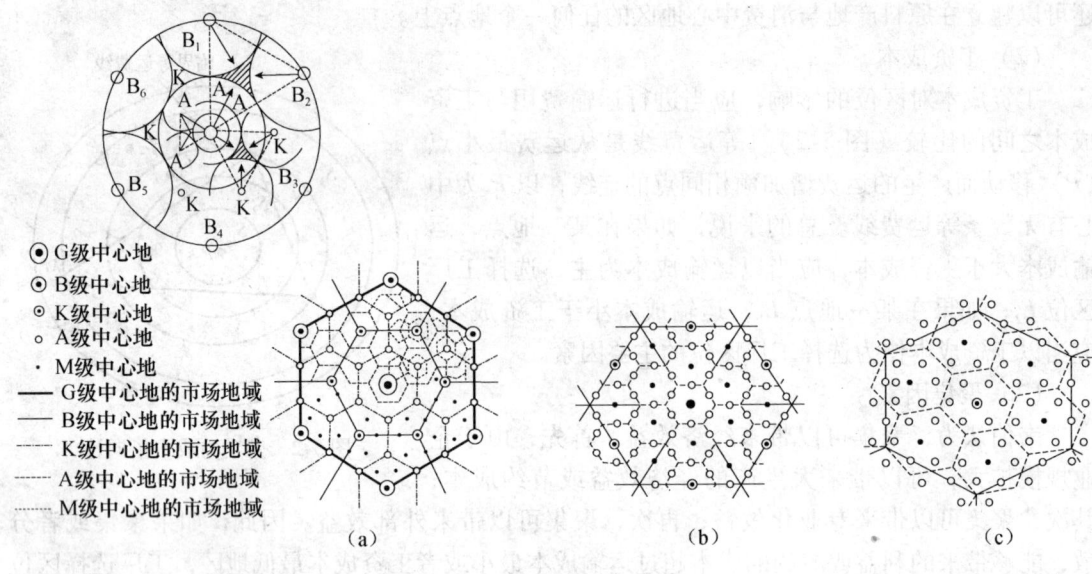

图 5-3 中心地系统示意图①
(a) 基于市场原则形成的中心地系统；(b) 基于交通原则形成的中心地系统；(c) 基于行政原则形成的中心地系统

英国学者斯梅尔斯是第一个对中心地学说进行论证的人。他在 1944 年广泛研究了英格兰和威尔士的 900 多个聚落，根据这些大小不同的聚落数目及职能，确定其是否属于城市和主要城镇。

4. 市场区位理论

德国经济学家奥古斯特·廖什于 1940 年出版了《经济空间秩序：经济财货与地理间的关系》，提出了市场区位理论。

廖什在论述他的市场区位理论时，把生产区位与市场区位结合了起来，把利润原则与产品的销售范围，即市场区位联系了起来，提出了以利润判断企业区位选择的理论。

廖什从利润最大化的原则出发，对市场价格、人口分布等多种因素进行分析，提出了"市场圈"的概念。他在分析区域聚集和点聚集的问题时，提出了市场圈扩大、运输费用增加，价格就会提高，从而导致销售量下降。他还提出以垄断代替自由竞争，以最大的利润代替最低成本。他假设在运输条件相同、人口均衡分布、居民购物相同的条件下，分析了市场区、市场网，指出通过不同区位生产费用以及不同区位控制市场范围的大小，以获得最大限度的利润。这样，他就以市场为对象，以利润为中心，从理论上研究了经济区形成的内部机制，建立了市场区位理论。

5.2 区域经济与主体功能区土地政策

5.2.1 区域规划与区域经济发展

区域规划是指在一个特定的地区范围内，根据国民经济和社会发展长远和区域的自然条

---

① 沃尔德·克里斯塔勒，《德国南部中心地原理》，商务印书馆，1998 年，第 75、83 页。

件及社会经济条件，对区域的工业、农业、第三产业、城镇居民点以及其他各项建设事业和重要工程设施进行全面的发展规划，并做出合理的空间配置。区域规划是发展区域经济，加强区域协调发展的重要手段。

我国区域规划可分为三大类：①按建设地区的经济地理特征来划分，包括：城市地区的区域规划、工矿地区的区域规划、农业地区的区域规划、风景及修疗养地区的区域规划、河流综合开发利用的区域规划；②按各级行政管理的区域来划分，包括：省域规划、市域规划、县域规划；③按跨行政区域规划，基本上可以分为三个层次，即跨省、市、区的规划，省内跨市规划，市内跨县规划。我国由于实行市管县的体制，市对县与县之间的基础设施建设、流域治理、资源开发、空间布局等往往具有较强的协调能力，市内跨县规划地位较低，编制的必要性不大。因此我国区域规划主要是国内跨省规划和省内跨市规划。

区域规划的内容不仅包含空间规划内容，而且还包含部分发展规划内容。区域规划是空间规划和发展规划中最重要、最长远、可逆性差的内容通过规划形式，落实到地域空间。区域规划内容大体上包括以下内容：①主要功能区划分。我国"十一五"规划纲要明确提出，"根据资源环境承载能力、现有开发密度和发展潜力，统筹考虑未来我国人口分布、经济布局、国土利用和城镇化格局，将国土空间划分为优化开发、重点开发、限制开发和禁止开发四类主体功能区，按照主体功能定位调整和完善区域政策及绩效评价，规范空间开发秩序，形成合理的空间开发结构"；②空间布局框架与城镇体系建设。明确区域空间开发结构。区域空间的一切开发活动都是以不同等级的城镇为中心来组织的，因此，概言之是"一化二系三结构"[①]，即预测各发展阶段区域城市化水平，规划交通、通讯、供水、供电以及社会公共服务设施系统和区域生态环境系统，研究各城镇的人口规模等级结构、各城镇在体系中的职能结构以及城镇的布局空间结构；③区域内资源合理利用和产业发展方向与布局；④基础设施布局。明确区域内公路、铁路、水运、航空、电网、管道等主要基础设施走向、节点、等级、数量等；⑤大流域治理。主要是指流域内防洪、排涝、减灾等的统筹安排，实现流域水资源及相关资源开发的合理利用；⑥生态环境保护。要从整个区域的角度，合理进行生态建设；⑦人口与城市化。主要是大致预测人口的分布及其变化趋势；⑧区域内外经济合作。良好的区域合作关系，可以降低区域之间的交易成本，促进地域之间合理的劳动地域分工，提高整体经济发展水平。

5.2.2 主体功能区土地分类政策

国务院在2007年7月提出了编制全国主体功能区规划的意见。为促进主体功能区的发展，研究制定不同主体功能区的土地政策，是完善主体功能区的政策体系的重要内容。

（1）主体功能区的土地政策应当以空间合理布局为引导，实现主体功能区土地利用结构的调整。我国国土空间划分为优化开发、重点开发、限制开发和禁止开发四类主体功能区，其中优化开发区域是指国土开发密度已经较高、资源环境承载能力开始减弱的区域；重点开发区域是指资源环境承载能力较强、经济和人口集聚条件较好的区域；限制开发区域是

---

① 李德华，《城市规划原理》（第三版），中国建筑工业出版社，2001年。

指资源承载能力较弱、大规模集聚经济和人口条件不够好并关系到全国或较大区域范围生态安全的区域；禁止开发区域是指依法设立的各类自然保护区域。要依据法律法规和相关的规划实行强制性保护，控制人为因素对自然生态的干扰，严禁不符合主体功能定位的开发活动。我国主体功能区规划草案中明确规定，禁止开发区域共包括243个国家级自然保护区、31处世界文化自然遗产、187个国家重点风景名胜区、565个国家森林公园、138个国家地质公园。

(2) 主体功能区土地政策应当重点从功能区内部协调各类用地关系。我国政府要求主体功能区的土地政策[①]要依据土地利用总体规划，实行差别化的土地利用政策，确保18亿亩耕地数量不减少、质量不下降。

(3) 合理确定不同功能区的土地开发强度。按照国家对各类主体功能区的不同要求，进一步研究和制定各类，甚至是各个不同的功能区的土地开发利用强度标准。

(4) 建设用地指标要与吸纳人口数量相结合。在编制功能区土地利用总体规划时，实施建设用地指标的增加与吸纳人口数量相结合，必须按照土地统一管理的要求，主体功能区要突出主要功能和主导作用，同时不排斥其他辅助或附属功能。

5.3 城市空间结构与城市土地利用模式

城市的形成和发展在一定意义上是源自经济活动的聚集效益（agglomeration），即生产力和各项物质要素在空间上的高度聚集、相互作用而产生各自的外部经济效益。依据聚集效益规律，城市相关要素在城市某一地区的聚集，就形成了城市空间布局；城市内部不同区域的划分，就形成了城市空间结构。

5.3.1 城市空间结构模式

城市空间结构是随着城市经济社会发展以及城市的性质、城市各类产业关联关系，根据城市特有的地理环境条件，在城市地域上相对集中和集聚形成的城市空间布局。城市空间结构状态决定了城市土地利用模式。城市空间结构模式或城市土地利用模式，基本上分为两大类，即单核心模式和多核心模式。

1. 城市空间单核心结构模式

城市空间结构单核心模式就是城市围绕一个中心地区逐步向外扩张的发展方式。单核心城市发展模式大体上分为四种类型。

(1) 单核心连片密集发展模式。这种城市发展模式，一般是以城市的一个中心为核心，然后围绕这个核心地区向外扩张，即"摊大饼"式地向外扩张。最有名的城市土地使用模型是B. W. 伯吉斯（B. W. Burgess）提出的同心圆模式。这类城市以不同用途土地围绕单一核心，有规则地向外扩展成圆形区域为特征（图5-4），核心为商务中心，围绕商务中心通常是低/中/高收入阶层的环形居住区。

[①]《国务院关于编制全国主体功能区规划的意见》，国发〔2007〕21号文件。

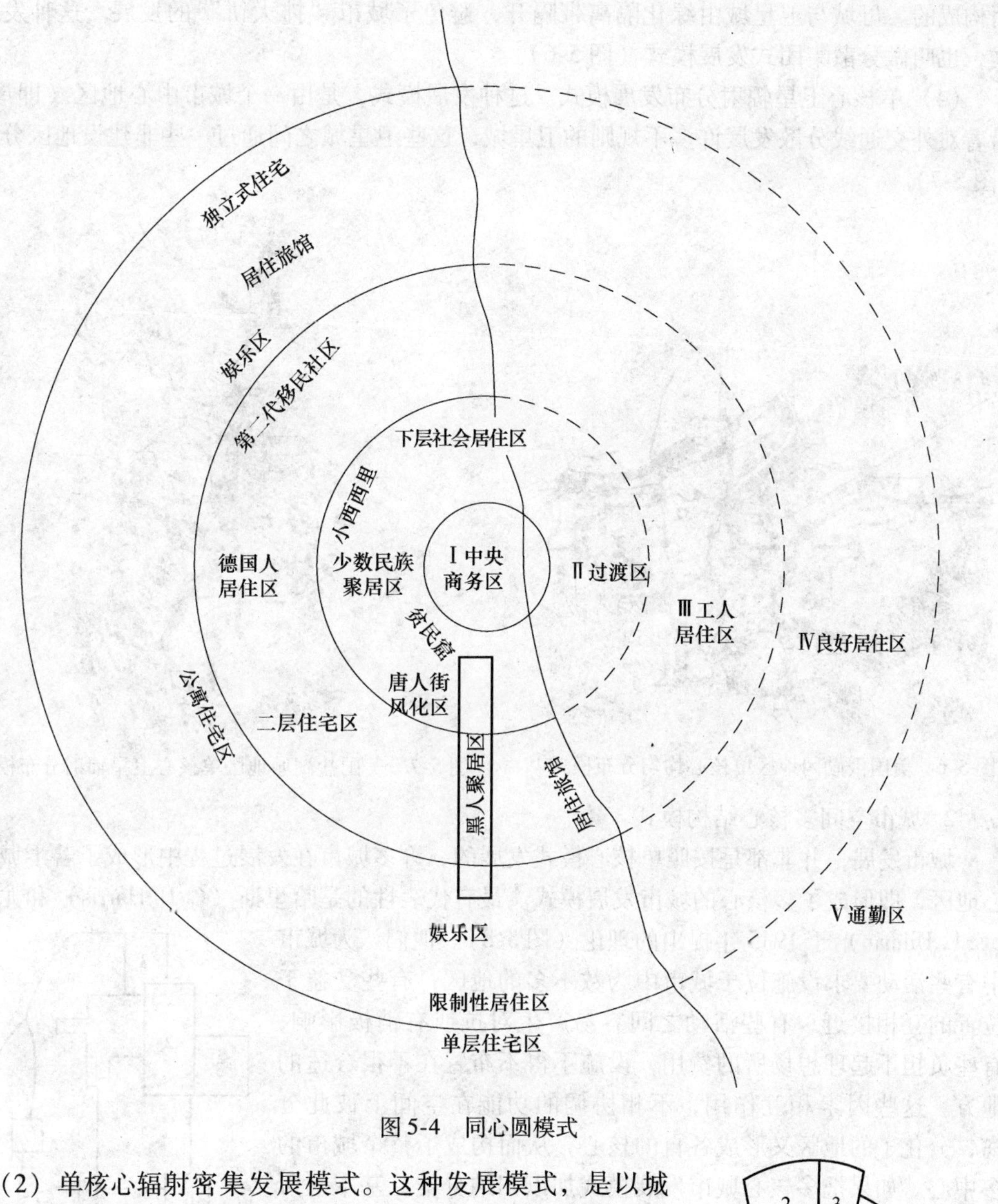

图 5-4 同心圆模式

(2) 单核心辐射密集发展模式。这种发展模式，是以城市的一个地区为中心，由城市中心地区为核心，沿着城市对外交通线的两侧向外发展，最有代表性的是 H. 霍伊特（H. Hoyt）在同心圆模型基础上发展产生的放射扇形模式（图 5-5）。霍伊特认为，城市的核心只有一个，交通线路由市中心向外作放射状分布，随着城市人口的增加，城市将沿交通线路向外扩大，同一使用方式的土地从市中心附近开始逐渐向周围移动，由轴状延伸而形成整体的扇形。

(3) 单核心卫星式均匀分布发展模式。这种发展模式，是以一个中心城市为母城，在母城周围均匀地分布许多卫星

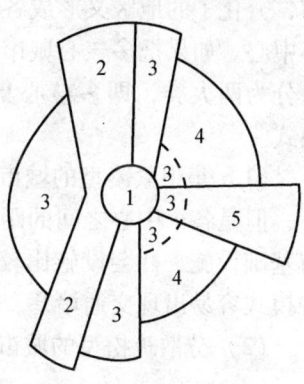

图 5-5 放射扇形模式

而构成的。母城与卫星城由绿化隔离带隔开，避免了城市"摊大饼"的发展。这种发展模式，也叫做分散集团式发展模式（图5-6）。

（4）单核心卫星辐射分布发展模式。这种发展模式，是由一个城市中心地区（即母城）沿着对外交通线分散发展许多不规则的卫星城，这些卫星城之间通过一些非建设地区分隔开（图5-7）。

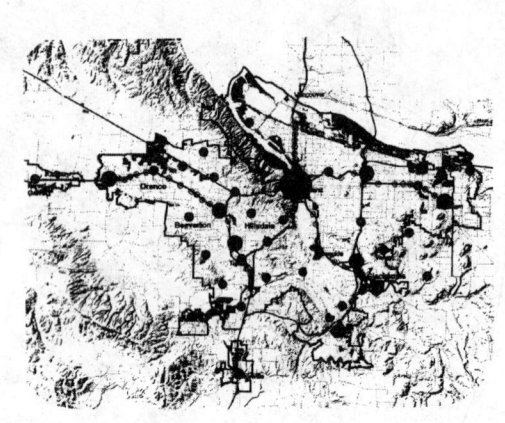
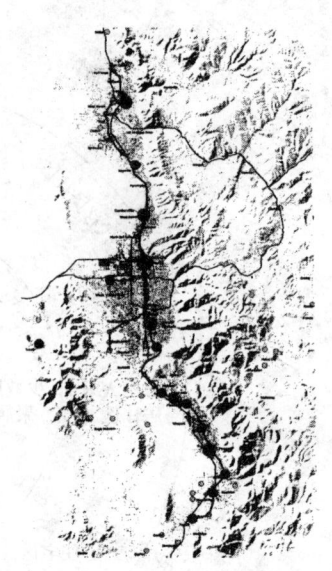

图5-6 美国俄勒冈地区单核心均匀分布模式① 　　图5-7 美国盐湖城地区单核心卫星辐射分布模式②

2. 城市空间多核心结构模式

城市发展，并非都是按照单核心模式发展的，许多城市在发展过程中形成了若干城市中心地区，即形成了多核心的城市发展模式。最有代表性的是哈里斯（C. D. Harris）和尤尔曼（E. L. Ullman）于1945年提出的理论（图5-8）。他们认为城市中有些活动要求设施位于城市中为数不多的地区，有些受益于位置的互相接近；有些活动之间容易产生对抗或有消极影响；有些负担不起理想场所的费用，设施不得不布置在不很合适的地方。这些因素相互作用，不相协调的功能在空间上彼此分离，分化了的地区又形成各自的核心，从而构成了整个城市的多中心。如果把多核心城市发展模式加以归纳分类，基本上可以分为两大类，即多核心集中紧凑发展模式和分散疏松发展模式。

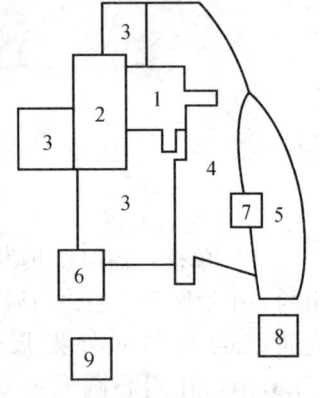

图5-8 城市空间多核心布局模式

（1）集中紧凑型的城市发展模式。虽然一个城市有许多中心，但是各个中心之间的距离较近，中心之间的联系紧密，城市基础设施、社会设施比较完善，生产、生活比较方便。但这种模式容易出现交通堵塞、环境污染等问题。

（2）分散疏松型的城市发展模式。城市核心之间距离较远，联系不太方便，但不易形

---

①，② Peter Calthorpe，William Fulton，《区域城市——终结蔓延的规划》，中国建筑工业出版社，2007年。

成交通堵塞、环境污染等状况,而且便于就近组织生产、安置生活,从而形成了城市分散布局的发展格局。

5.3.2 城市空间结构与城市土地利用结构

城市空间结构与土地利用结构模式,就是根据城市的性质与规模,将城市各个组成部分按照其不同的功能和用地的要求进行有机的组合,使城市形成科学、合理和经济的空间布局或城市土地利用模式,从而形成城市空间结构(布局)形态。

城市内部区域是由城市职能结构决定的。根据城市职能结构的不同要求以及城市各种建筑物和设施的不同用途,职能结构分布在城市的不同区域。总体来说,中国现代城市内部一般可以分为工业区、居住区、商业区、行政区、文教区和旅游区等。一般来说,中国城市空间结构中最重要的是工业区、居住区和中心区,它们之间的组合关系决定了城市的空间结构特征[①](图5-9)。

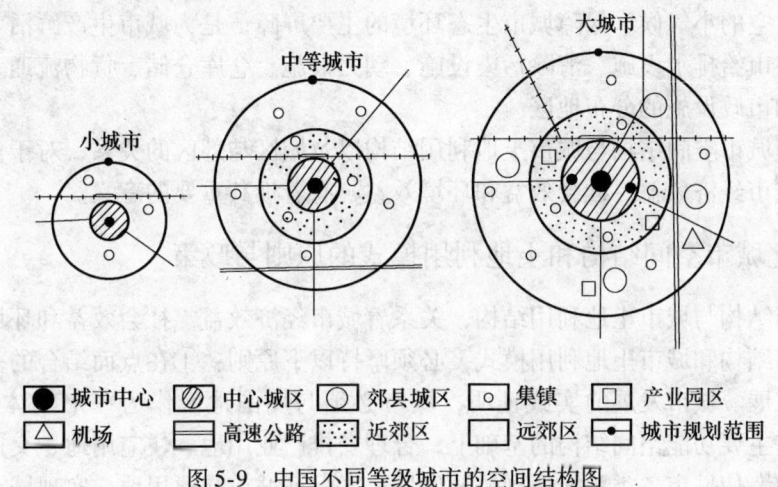

图5-9 中国不同等级城市的空间结构图

1. 城市中心区

城市中心区位于城市中心地带,是城市居民社会生活集中的地方。城市中心区大体集中着城市两类实体。第一类实体是国家、省、市一级的党政机关以及经济管理部门。统计资料显示,70%以上的行政、事业和经济管理部门集中在市中心地区。第二类实体是商业、金融业以及信息等服务部门。

城市中心区是城市经济社会活动的中心地区,人流、物流、价值流、信息流集中,各类建筑物和构筑物密集,城市基础设施和市政设施十分发达,土地利用率和利用效益很高,是城市的心脏地区。

2. 城市工业区

城市工业区是城市产业聚集地区。大部分工业企业、仓库运输以及城市公用设施项目等,基本集中在这里。在工业区,也集中了经济管理机构,科学研究单位,高等、中等专业学校等。城市工业用地在城市建设用地中占有一定的比重,一般以占城市建设用地的15%~25%为宜;拥有大中型工业企业的中小工矿城市,其工业用地占城市建设用地

---

① 李德华,《城市规划原理》(第三版),中国建筑工业出版社,2001年,第85页。

的比例可大于25%[①]。

3. 城市居住区

"居住是城市的第一活动"[②]，居住活动是维持城市规模和城市机能运转的基本城市活动内容。城市居住区是城市空间结构与城市土地利用结构的主要构成部分，占用城市空间和土地数量较多，按照国家标准《城市用地分类与规划建设用地标准》（GBJ 137—90）的规定，居住用地占城市建设用地的比例为20%~32%，对城市布局影响较大。

4. 城市郊区

城市中心区、城市工业区和城市居住区是城市本身的空间结构和城市土地利用结构。与城区空间结构密切联系的还有城市郊区。不少西方城市地理学家从城市地域结构的角度出发，指出了城市郊区是城乡之间存在的一个中间带或过渡带（又称为城市边缘带）。城市边缘区在土地利用结构上既有城市用地，也有农业用地；在建筑景观上，城市型、半城市型、农村型建筑并存。边缘区整个社会经济的体制和运行机制都以为城市服务为主。如城市郊区是改善城市上空的小气候，保障城市生态环境的主要屏障；是为城市生产鲜活农副产品的主要基地；是城市给排水设施、清除污染设施、动力设施、仓库仓储、货物流通，飞机场等城市基础设施和市政设施的分布地区。

正确处理城市空间结构与城市土地利用结构以及城区与郊区的关系，对于优化城市空间布局，提高城市经济效益、社会效益和环境效益，有着极其重要的意义。

5.3.3 优化城市空间结构和土地利用模式的原则与政策

城市空间结构与城市土地利用结构，关系着城市经济效益、社会效益和环境效益。为了优化城市空间结构和城市土地利用模式，必须坚持以下原则：①在点面结合的基础上，统筹城郊、城乡发展。城市发展的实践证明，城市必须与周围地区作为一个整体来分析研究；②在保证城市主要功能空间结构的基础上，合理安排产业用地、住宅用地、交通运输用地和其他公共用地，使城市各类职能得到协调发展；③保证城市交通用地，实现城市各类功能在空间上的有机连接，加强城市各个功能区之间的联系；④城市空间结构和土地利用布局必须具备长远观点和具有科学预见性。

我国虽然长期实行计划经济体制，但是在土地资源的利用和管理上，在1987年以前，没有一个完整的土地利用计划。系统地开展有关土地规划是从1986年颁布《土地管理法》为起点。1987年，我国开始编制全国土地利用总体规划纲要，正式编制并下达了全国第一个土地利用计划，即全国非农业建设占用耕地的年度计划。1988年进一步完善了《建设用地计划》，并且在全国范围内开展了土地利用总体规划工作。1989年，形成《土地利用计划》。1991年，原国家土地管理局发布了《土地利用总体规划编制审批暂行办法》。1996年，原国家计委和原国家土地管理局联合发布了《建设用地计划管理办法》，并开始了第二次全国范围内的土地利用总体规划工作。1997年，原国家土地管理局颁布了《土地利用总体规划编制审批规定》、《县级土地利用总体规划编制规程（试行）》和《全国土地利用总体规划纲要（1997—2010年）》，实施以来，土地用途管制制度逐步得到落实，控制和引导

---

① 李德华，《城市规划原理》（第三版），中国建筑工业出版社，2001年，第112页。
② 1933年国际现代建筑学会，《雅典宪章》。

土地利用的成效日益显现。2008年10月23日，国务院颁布了《全国土地利用总体规划纲要（2006—2020年）》（以下简称《纲要》），加强土地的规划利用。《纲要》阐明规划期内国家土地利用战略，明确政府土地利用管理的主要目标、任务和政策，引导全社会保护和合理利用土地资源。

5.4 区位理论与房地产经济

5.4.1 区位选择与空间结构的形成

每一个国家的区位，大体上可以分为三部分：宏观区位、中观区位和微观区位。宏观区位是一个国家的经济、社会、文化、人口在国土上的分布，或在空间上的分布，形成了一个国家的区域结构。城市土地的中观区位是指城市内部不同地段土地的相对应位置及其相互关系，是一个城市内部的功能分区，即城市内部空间结构。微观区位，即城市的内部空间，集中在城市土地利用模式上，主要包括城市用地分异过程、各功能要素的区位分析和土地利用模式，是各类用地者或每个社会单位对区位选择的基础。

区位类型划分主要是由对区位需求的不同因素决定的。大体来说，宏观区位主要是由产业选址要求决定；中观区位主要是由城市功能区，即对城市用地要求的不同情况决定；微观区位主要是由单位对区位因素的要求决定。

不同类型的社会主体根据其本身的性质和功能，形成了对空间的不同需求。对空间的需求，就是对土地以及各类房屋的需求。房屋是建筑在土地上的。因此满足社会各类主体对空间的需求的，只能是房地产经济。房地产经济或房地产业，通过对土地和房屋的开发建设，或者说通过对房地产的生产与再生产，满足了社会各类主体对房地产（即空间）的需求。

5.4.2 宏观区位与产业在全国的布局

宏观区位一般只涉及产业部门，特别是工业部门（即工业用房地产）的选址。工业用房地产是由全国范围内产业或工业（项目）的宏观空间布局决定的。所以，产业宏观空间布局确定了，工业用房地产的宏观区位选择也就确定了。因此，研究宏观产业或工业区位选择，也就是研究工业用房地产的宏观区位选择。

前面说过，影响区位的主要因素是资源条件、环境条件、交通通讯条件、科学技术和劳动力供应条件，以及市场条件等。但是，不同类型的产业或工业，对区位选择的要求也是不同的。例如，制造业区位选择考虑的主要因素是：接近高速公路、较低的房地产价格、能与行政管理主管部门保持较好的联系、熟练工人的供给等条件；批发仓储业区位选择考虑的主要因素是：接近高速公路，接近消费者，较低的房地产价格，熟练工人的供应，合理、稳定的设施收费率等；地区总部区位选择考虑的主要因素是：较低的房地产价格、熟练工人供应、接近消费者和顾客、接近飞机场、能够与政府官员保持较好的联系等；销售办事处区位选择考虑的主要因素是：接近消费者和顾客、熟练工人供应、较低的房地产价格、接近飞机场、较低的营业税等；研究与开发区位选择区位考虑的主要因素是：临近大学与研究机构、位于工业园区、熟练工人供应、较低的房地产价格、能与政府官员保持较好的联系等。由此可见，影响或决定区位因素是多种多样的，不同类型的产业或工业对区位选择的条件也是不同的。为了实现区位最优，就必须进行比较选择。通常把进行这种选择比较的方法，叫做工业部门的布局指向。工业布局指向主要分为原料指向、能源指向、市场指向、原料与市场双指向、科技指向。所谓指向，就是说，这些因素在选择区位时占有较大的权重。

产业或工业宏观区位的选择还要考虑全国生产力布局的平衡问题，以及政治、军事、战略等方面的因素。所以产业或工业宏观区位选择，实际上是产业或工业与社会生产力在全国范围内的分布。这种分布或布局，也就是一个国家区域的划分和城市在区域的分布。因此，工业用房地产的宏观区位选择也就是房地产进行的城市开发建设。

5.4.3 中观区位选择与城市空间结构

中观区位选择，就是在一个城市的内部，各单位选择区位或选址以及进行房地产开发建设的问题。由于城市中各单位的性质不同，对区位的要求和承受能力也不同，因此在城市内部形成了不同的功能区，即形成了城市空间结构。大体来说，城市产业主要是以工业或制造业为主的第二产业部门，以商业、服务业为主的第三产业部门，以及城市居民构成的。由此决定了城市功能主要是由商业区、工业区以及居民的住宅区等构成的。

城市商业区主要分布在城市的中心、交通路口、繁华街道两侧、大型公共设施周围等地区。大城市与特大城市的商业区，又分为市、区、街道等不同规模和不同层次的商业区。市中心的商业区往往发展成为中央商务区。中央商务区集中了全市、全国甚至全世界的大银行、大保险公司、大财务公司、大信托公司、大工业公司、大商业公司的总部、总机构、管理部、代表处，以及各类信息、咨询、服务公司等等。

根据各类工业的性质、对环境的污染状况、占用土地的面积等不同的情况和特点，工业区分为内圈工业区、外圈工业区和郊区工业区等。内圈工业区主要分布的是那些面向本市消费市场、占地少的食品、服装、印刷品、精密仪器等工业。外圈工业区主要分布的是占地面积较大、污染较小、以本地市场为主的耐用消费品，如冰箱、洗衣机、空调等工业。郊区工业区主要分布的是占地面积大、污染比较严重的制造、重型化工等工业。

居民住宅区一般要求分布在内圈工业区和外圈工业区之间。居住区要求的条件主要是：交通便利，环境优良，治安较好，教育文化设施齐备，购物方便，人们之间交往方便，等等。

城市空间结构分布决定了房地产开发区位的选择。进行不同性质的房地产开发，应当选择不同的区位。比如进行商业房地产开发，就必须选择城市中心地区；进行工业房地产开发，就要选择适合于工业项目的区位；进行居住房地产开发，就要选宜居区位。

5.4.4 微观区位选择与房地产项目选址

城市房地产微观区位主要是指每一个具体单位，即每一个商业企业、工业企业、行政机关、事业单位、居民家庭等，选择自己所用的房地产区位。微观区位选择，大体上说是由两个因素决定的：一是自己的需要，即能够满足自己各种要求的区位，这种区位可能有许多可供选择；二是自己的承受能力。因为区位不同，房地产价格是不同的，所以区位的选择还取决于自己经济承受能力的大小以及愿意支付的情况。

对于房地产开发企业来说，微观房地产区位选择，就是要针对客户群，确定房地产项目开发的具体区位或房地产项目的宗地区位。

------------------------ 本章小结 ------------------------

区位是指某一空间的几何位置，是自然地理要素与人类经济社会活动生活相互联系、相互作用在空间位置上的反映。

区位是经济社会发展的结果。经济、社会人口在空间上聚集和空间上分布，就形成了空间结构或空间经济。空间理论或区位理论，是研究区位的形成、区位在经济社会发展中的作用以及区位的发展规律。迄今为止，区位理论大体上经过了三个发展阶段，即古典区位理论、近代区位理论、现代区位理论。

随着工业化和城市化的发展，区域在经济社会发展中的作用越来越重要。国家指导区域经济发展，是通过区域规划进行的。区域规划是国家或政府主管部门以规划的形式，对区域内的难转移的要素约束布局和对易转移的要素引导性的布局，以及对这些要素相关权利的设置，作出的长远谋划或安排。区域规划的内容，就是把空间规划与发展规划中最重要、最长远、可逆性差的内容，通过规划形式，落实到地域空间。区域规划的主要任务，就是根据生产要素聚集和扩散规律，结合区域发展条件，对生产要素在区域之间的配置进行合理安排，提高资源配置的空间效益。

城市是地域分工的产物，是经济社会关系在地域空间上的高度聚集。同时，经济社会相关要素在城市某一地域空间聚集，就形成了城市空间布局，把城市区分为不同的区域，即城市内部空间结构。城市空间结构状态，决定了城市土地利用模式。城市空间结构模式或城市土地利用模式，基本上可以分为两类，即单核心模式和多核心模式。为了提高城市经济效益，必须优化城市空间结构与城市土地利用结构。

每一个国家，都可以把区位基本上分为三大类型，即宏观区位、中观区位和微观区位。房地产经济发展可以满足各类区位对空间的需求。同时，区位的状况也是房地产经济效益的决定性因素。

复习思考题

（一）名词解释

工业区位　区域规划　微观区位

（二）简答题

1. 区位理论不同发展阶段的主要内容是什么？
2. 区域规划的主要内容是什么？
3. 城市空间结构有哪些主要分类模式？

（三）论述题

4. 论述不同区位选择对房地产行业的影响因素分析。

第3篇
房地产经济发展的经济与体制基础

房地产经济是工业化和城市化的产物。工业化和城市化为中国房地产经济发展提供了广阔的经济基础。

房地产经济发展的基础与规模和速度，不仅取决于国民经济和城市化发展的规模和速度，而且还取决于城市土地和住宅产权制度的完善及发展的程度。按照所有权和经营权分离的理论，我国在坚持土地公有制的基础上，建立了与社会主义市场经济体制相适应的土地产权制度，使土地使用权成为商品，建立了土地使用权市场，使城市土地使用权成为房地产经营的对象。通过住房制度改革，停止了住房实物分配，实行了住房货币分配，把住房纳入了市场经济运行的轨道，实现了住房制度根本性的变革，使城市房地产成为房地产经营的对象。随着城市管理体制改革的深入进行以及城市与房地产综合开发方式的形成和发展，逐步建立了与市场经济体制相适应的城市与房地产投融资体制，房地产投融资制度和开发建设方式逐步完善。城市土地产权制度、住房制度（住房产权制度）以及城市建设管理体制和房地产综合开发制度的建立，为房地产经济（或房地产业）的发展建立了深厚的体制基础。

房地产开发经营管理是由房地产企业完成的。房地产各类企业是房地产市场的主体。国有房地产企业是房地产企业的主要构成部分。深化国有房地产企业改革、建立现代企业制度,是国有房地产企业建设的重要任务。提高整个房地产企业经营管理水平不仅关系着房地产经营管理的效益,而且是规范房地产经济运行的主要内容。加强房地产开发经营管理,提高房地产开发经营管理水平,规范房地产开发经营管理行为,对于发展房地产经济(或房地产业)具有极其重要的意义。

第6章　城市化与房地产业发展

【学习提要】　本章主要说明了城市化向房地产业提出了需求，也向其发展提供了经济基础，而房地产经济的发展又促进了城市化的进行。所以，学习本章时，首先要懂得城市、城市的产生和发展、城市化的基本理论，以及城市的性质和城市的职能；其次，了解城市经济结构和城市经济增长的理论；第三，深刻理解城市化为房地产经济的发展提供了经济基础，房地产经济的发展促进了城市化的发展。房地产业是城市重要的产业部门。

【关 键 词】　城市　城市化　城市经济结构　城市经济增长　城市与房地产经济

6.1　城市及城市化

城市，一个相对永久性的、高度组织起来的人口集中的地方[①]，是人类赖以生存和发展的重要介质，是人类经济社会发展到一定阶段的产物。城市的发展经历了不同阶段。城市化是城市劳动分工和工业专业化发展到一定阶段的产物。我国目前正处于加速城市化的过程中，因此了解城市的产生、发展和城市化的规律，对于遵循城市化的规律，指导城市化的发展有着极其重要的意义。

6.1.1　城市

关于什么是城市？古今中外的学者众说不一，不同学科都有各自的表述方法和定义。从语言学角度考证，古代中国在三千多年前就有了"城市"二字。"城市"这一概念或名词是从中国产生的，是由汉语中的"城"和"市"两个词或部分组成。"城"在古代是指在一定地域上为了防卫而筑起的墙垣；"市"则是指商贾集市，是货物与人流的集散场所。"城市"二字反映了早期城市的兼有防御和进行交易的两种基本功能。从经济学的角度看，"城"是资源、财富的分配以及经济利益集团的对立在地理空间特征上的体现；"市"则是市场作为基础的经济要素和经济行为在地理空间上的集中和确立。现代城市，已不是"城"与"市"的简单结合，它的内容和形式已经发生了很大变化，不仅极其复杂化，而且也很多样化。城市包括了地理的、行政的、经济的、文化的、社会的种种现象，城市是一个复杂物质的、经济的和社会的实体。

古今中外的学者们对城市的研究见仁见智。芒福德先生认为"城市的主要功能是化力为形，化能量为文化，化死的东西为活的艺术形象，化生物的繁衍为社会创造"[②]；马克思认为"城市本身表明了人口、生产、工具、资本、享乐和需求的集中；而在乡村里所看到的却是完全相反的情况，孤立和分散"；列宁认为"城市是经济、政治和人民精神生活的中心，是前进的主要动力"。根据马克思主义经典学者的论述，可以说，城市是居民集中居住的地域，其中绝大多数居民主要从事工业、商业、服务业以及其他非农业的行业，一般是

[①] 联合国建议所有国家的人口普查和官方统计，均以居民在2万人以上的集中地区作为城市。
[②] 刘易斯·芒福德，《城市发展史——起源、演变和前景》，中国建筑工业出版社，2005年。

周围地区的行政中心和文化中心。

总之,城市是一个极其复杂的经济、社会和政治的综合体,是一个巨大的社会生产与生活的体系,其本质特征主要有10个方面[①]:大型居住区,财富集中,大规模公共建筑,出版物,表演艺术,科学知识,对外贸易,从事非生产劳动的专业人员,阶级社会,以居住区而不是以亲属关系为基础的政治组织。就城市的本质特征来说,城市是在一定地域范围内,聚集了大量的人口、经济和社会的高度的聚集体,是经济的空间组织形态。或者说,城市是以一定的空间为界限,以非农业人口为主体,集约人口、集约经济的一个极其复杂的经济社会综合体。城市是人类的一种聚居形式,因此它是居民点或居民聚居地。聚集是城市最本源、最主要的特征,这种特征体现在两个方面:一是它的生产类型是非农业生产,二是人口类型是非农业人口。

6.1.2 城市化及我国城市化道路

城市化是18世纪产业革命以后,世界各国先后开始的从以农为主的乡村社会转向以工业和服务业为主的现代城市社会的现象。城市化是乡村转变为城市的一种复杂过程。对这一过程的理解,不同学科有不同的角度,归纳起来包含以下几个方面:社会学家认为,城市化是一个城市生活方式的变化过程。人口学家认为,城市化是乡村人口向城市转化和集中的过程,其表现为人口集中场所数量的增加或是每个城市人口规模的不断增加。经济学家认为,城市化是由于工业革命之后,产业结构调整和技术进步,第二、第三产业的比重不断提高,人们离开农业经济向非农业经济转移并产生空间积聚的过程。地理学家认为,城市化是人口和经济活动的空间转移的过程,也就是人口集中到城市或城市地区的过程;这一过程包括在农业区和未开发区形成新城市,以及已有城市向外扩张的过程。综上所述,城市化的含义是十分丰富的,既是农业人口转化为非农业人口,又是农村地域转化为城市地域、农业产业转化为非农产业以及社区结构和空间形态转化的过程,同时也是城市文化和生活方式在农村的扩散过程。

城市化是城市加速发展和城市发展趋于成熟的一个阶段,是当今世界各国经济社会发展中的一个共同的现象,也是各国面临的一个重大的经济社会问题。城市化是一个相当复杂的经济社会问题,涉及经济、政治和社会生活各个方面。如果单就城市化本身进行考察,城市化的内容包括城市化本质、城市化原因、城市化形式、城市化政策等方面的问题。

1. 城市化的本质

"城市化"是从英文"urbanization"翻译过来的,它是指城市(包括它所具有的物质属性与社会属性)对其他非城市地区的同化与扩张的过程,是城市异常迅速发展的一个阶段。世界范围的城市化进程大致经历了三个阶段:1760~1851年间是世界城市化兴起、验证和示范阶段;1851~1950年间是城市化在欧洲和北美等发达国家推广、普及和基本实现阶段;1950年至今,是城市化在全世界范围内推广、普及和加快的阶段。这三个阶段反映出的城市化的本质特征,就是依靠科学技术和大工业,改造传统的农村生产方式和生活方式,把农村的生产方式和生活方式提高到城市化的水平上。所以,城市化的核心问题,就是关于城扩散、乡之间发展的关系问题。马克思说,"一切发达的,以商品交换为媒介的分工的基础,

---

① 澳大利亚考古学家 V. G. 蔡尔德(Vere Gordon Childe, 1892~1957)的理论体系。

都是城乡的分离。可以说，社会的全部经济史，都概括为这种对立的运动"①，"现代的历史是乡村城市化，而不像在古代那样，是城市乡村化"②。列宁也说："人口城市化是生产力发展和社会进步的标志"③。城市化在当代各国发展的共同规律，是社会生活现代化的重要标志。

2. 城市化的原因

随着工业化的进行而出现的城市化，是有其深刻的原因的，或者说，是有着它自身发展规律的。纵观城市的产生和发展以及城市化，主要是受以下一些经济规律决定的：

（1）城市工业革命和现代化。城市的发展和进步，使劳动分工更为专业化，人口规模越大，劳动分工越细，机器替代了手工劳动，城市社会生产力得到了提高。社会生产力的发展引起了社会三次大分工，而三次大分工的发展又促进了三次产业的发展，产业高度化发展，使产业比重呈现为三、二、一的格局，社会各种资源向第二、第三产业集中，而第二、第三产业主要集中在城市，这种产业结构变动的规律也促进了城市的集结。

（2）马克思认为资本有机构成的规律促进了城市化发展。资本有机构成规律认为劳动生产力提高，在生产要素构成上就表现为劳动力数量减少和劳动资料数量的增加，并从两个方面促进了城市的发展和城市化的进行：一方面，由于土地的有限性，农业劳动生产率提高，就会把一部分农业劳动者从土地上排挤出来，只能进入城市从事第二和第三产业；另一方面，农业劳动生产力的提高，表明一个农业劳动者可以生产出更多的农产品。农业剩余劳动和剩余农产品，是全部社会发展的基础，也是城市发展和城市化的基础。

（3）聚集经济效益和相邻经济效益。城市的形成和发展在一定意义上是源于经济活动的聚集效益，即生产力和各项物质要素在空间上高度聚集、相互作用而产生的外部经济效果。许多企业集中在一起，就可以产生经济效益，这就是聚集经济效益。企业聚集所以产生经济效益，是由于它们聚集在一起不仅便于分工协作，而且由于交通运输、邮电通讯、城市基础设施和社会设施的完善，社会服务体系的形成和完善等，大大地降低了企业的生产成本，从而提高了企业的劳动生产率，由此形成了聚集经济效益和相邻经济效益。也就是说，聚集经济效益和相邻经济效益决定了企业进入城市，或决定了企业集中到一起，从而促进了城市化的加速发展。

3. 城市化的形式

城市化是一个复杂的社会经济发展过程，其形式也很复杂，主要表现为：农业人口向城市聚集，人离开农业经济向非农业经济转移，生活方式的变化过程出现城市生活方式的强化，农业区甚至未开发区形成新的城市。城市化发展初期，其城市布局形式主要是按照以下两种方式反映在地表上：一是城市范围的扩大；二是城市数目的增多。前者是以现有城市为原点的近域扩散，后者是广泛区域里的城市发生过程。世界发达地区的城市化在1925年前后达到高峰。

随着城市化的深入进行，城市化的形式也在不断地发生变化。大体来说，迄今为止，城市化大体上有三种形式，即集中型城市化、分散城市化或逆城市化、城市群和城市带。在

---

① 《马克思恩格斯全集》第23卷，第390页。
② 《马克思恩格斯全集》（上册）第46卷，第480页。
③ 《列宁全集》第1卷，第163页。

20世纪60年代以后，前联邦德国的主要工业集中地区出现了城市病"集结"（agglomeration）现象。大城市不断向外蔓延，城市边缘地区开发活动频繁，城市与城市迅速连成一片，这类集中型城市化也导致了一系列"城市病"：城市中心区和老城区衰落，城内老化的基础设施得不到维护更新，市区内的公用设施被严重浪费等。20世纪70年代在英国首先出现逆城市化现象。从城市化进程来看，逆城市化并不是城市在衰退，恰恰相反，这是城市化扩张的一种新形式，城市化正普遍向农村地域推进，并以中小城市的分散发展为主。目前世界上现有的城市带有六个：美国东北部海滨城市带；美国五大湖沿岸城市带；日本太平洋沿岸东京至横滨、大阪城市带；英格兰城市带；欧洲大陆城市带；中国以上海为中心的长江三角洲城市带。

4. 我国城市化道路及政策

进入21世纪，我国经济社会发展处于一个关键的时期。为了促进我国经济社会进一步发展，必须提高城市化水平。目前我国城市化水平达到了44%，进入城市化加速发展时期。在21世纪里，必须加快城市化的步伐。目前各方面大体上认可的城市化发展的目标是：2010年城市化水平应当达到45%；2020年城市化水平应当达到50%；2050年城市化水平应当达到60%～70%[①]（2008年年底我国城市化水平实际已达到45.7%），才能适应我国经济社会发展的要求。我国正经历着城市化初级阶段，大部分城市还处于生长期。但是，有些老城市已经出现大规模的城市更新，进入了新开发和再开发并重的时期。

为了实现城市化发展的目标，必须进一步总结我国城市化的经验教训，科学地确立城市化的道路和方针政策。1989年，全国人大通过的《中华人民共和国城市规划法》（以下简称《城市规划法》）把"国家实行严格控制大城市规模、合理发展中等城市和小城市的方针"概括为城市化道路。我国城市化的实践表明，大城市并没有得到控制，结果是特大城市越发展越大，许多大城市发展成为特大城市，许多中等城市发展成为大城市。进入21世纪，必须根据我国人口众多、二元经济结构严重、东西部差距不断扩大、特别是我国乡镇经济发展以及城市化处于加速发展时期的具体情况，调整城市化的道路和方针，从而严格控制大城市的规模，走发展城市群和城市带的道路，把发展和完善城市体系以及城市群和城市带，作为我国城市化的道路和方针。

城镇体系的发展也就是城市化的发展。城镇体系指的是在一个相对完整的区域中，由不同职能分工、不同等级规模的，并且联系密切、互相依存的城镇形成的城镇集合。它以一个区域内的城镇群体为研究对象，而不是把一座城市当作一个区域系统来研究。城镇体系规划在我国推行的时间还不长，它是20世纪80年代被提出的。城镇体系的组织结构是指组成城镇体系的各城镇的规模、空间分布、相互作用以及体系内的生长点（指发展最快的城镇）的位置。

我国城镇体系是由特大城市和大城市—中等城市—小城市—小城镇（县城镇或中心镇—乡镇—集镇）构成的一个宝塔形的体系。实际上，我国目前已经形成了若干城市群和城市带或城市体系。截至2007年底，全国共有设市城市655个，建制镇约2万个，城镇人口5.94亿人，城镇化水平44.9%，比1982年的21.1%提高23.8个百分点，25年间年均增长

---

① 李德华，《城市规划原理》（第三版），中国建筑工业出版社，2001年，第12页。

0.95个百分点。预计未来10~15年，我国城镇化仍将保持年均0.8~1个百分点的增长速度[①]。城镇体系是一个整体，它不是把各类城市割裂开来，而是把它们紧密地联系了起来，其显著特点是：①区域中心城市和以中心城市为核心的都市区、都市连绵区加速成长，能充分发挥它们在区域中的辐射作用，成为我国对外参与经济全球化和国际竞争、对内引领经济社会发展的重要支撑；②通过各类城市在功能上的互补，形成城市化的网络体系，实现大、中、小城市和城镇的有机结合、城乡结合、工农结合；③通过城镇体系发展区域经济，进一步推动农村工业化、乡村城市化、农业现代化以及城市现代化。长三角、京津冀、珠三角三大城镇密集地区，以不足3%的国土面积，聚集了全国14%的人口，创造了42%的国内生产总值，吸引了79%的外来投资，在辐射带动城乡和区域发展中发挥了重要作用[②]。把城镇体系和城市群、城市带作为我国城市化的道路和方针，必须调整相关政策，注意做好三个方面的工作。

（1）提高大城市在国民经济和区域经济发展中的地位，充分发挥大城市在国民经济和区域经济中的作用。大城市是国民经济发展的主导力量和区域经济增长的中心，对国民经济和区域经济的发展，以及推进城市化有着极其重要的作用：①大城市对周围地区有强大的聚集作用和吸引作用。大城市的发展把周围地区的人、财、物吸引和聚集到城市，不仅发展了城市经济，而且为城市周围地区的人、财、物提供了广阔的市场。②大城市对周围地区有强大的辐射和支援作用。大城市科技先进，人才荟萃，资金雄厚，生产力水平高，可以源源不断地向周围地区输送科技、人才、资金、各类商品，带动和支援国民经济和地区经济的发展。③大城市对国民经济和周围地区具有强大的中介作用和调节作用。大城市始终是国家或地区的经济社会信息的中心，在国家或地区中担负着交通、流通、信息等的媒介、中转和信息交流的功能，以及调节的功能。所以，充分发挥大城市的作用，是推进我国城市化和发展城镇体系的核心问题。

（2）大力发展小城镇是推进城镇化和发展城镇体系的关键，小城市是大城市与农村的桥梁。我国对小城镇在国民经济中的地位和作用的认识，经历了由"小城镇，大问题"到"小城镇，大战略"的过程。小城镇以劳动密集型为主的产业结构创造了大量就业岗位，吸纳了广大农村的富余劳动力就近、就地转移，在统筹城乡区域协调发展等方面的功能优势突出。发展小城镇，不仅是打破二元经济结构，从根本上解决农业、农村和农民问题的重要举措，而且是推进中国城市化的重要途径和关键环节。

（3）调整相关政策，其中主要是改革户籍制度，建立和健全社会保障体制，转变政府职能。传统户籍制度实际上是隔离城乡的一道制度屏障。改革户籍制度的关键是赋予农民自由迁居和择业的权利，同时还应降低农民进入各类城市的门槛。现在的问题是，一方面，农民进城落户受到传统户籍制度的限制；另一方面，有些农民也不愿意在城市落户，主要是因为小城镇社会保障制度没有建立或者是制度不健全。所以，加快建立和健全小城镇社会保障体系就成为小城镇发展中的一个极其重要的问题。

《中华人民共和国城乡规划法》的施行突破了传统的城乡二元规划管理体制，统筹城镇化发展，降低了"进城门槛"，可使亿万农民享有均等化的公共服务和同质化的生活条件。通过镇、乡和村庄的统一规划，加强了农民最急需、最基本的道路、给排水、环卫、通信、

---

①，② 中央电视台2008年11月4日CCTV城市频道公布数据。

电力等基础设施和医疗卫生、教育文化等基本公共服务设施的建设，可使广大乡村居民共享改革开放的成果。

统筹城乡规划建设，优化城乡结构和布局，引导城镇化健康、有序发展还须不断完善法律、法规和各种技术规范，促进城乡规划向公共政策转变，突出专家领衔、部门合作和公众参与的规划过程。《全国城镇体系规划（2006～2020）》的编制完成，全国27个省、自治区的城镇体系规划的制定和实施，城镇群规划编制工作的相继展开，都将加强对国家重点城镇密集地区的规划引导。

实践表明，只有确立以大城市为骨干，以中小城市为主体，以广大小城镇为基础的城镇体系，走以城市群和城市带发展的道路，才能加速我国城市化的进程。

6.2　城市经济结构

城市经济结构是城市经济系统各种要素之间的内在联系和比例关系。城市经济结构决定着城市经济活动的特征，反映着城市的发展运行状况。城市经济系统是一个极其复杂的有机综合体，包含着许多经济部门，每一个经济部门又包含着许多经济要素的子系统。所以，不同学科、不同学说提出了不同的经济结构划分体系以及相应的理论与方法。其中，具有代表性的是：生产力结构体系、生产关系结构体系、基础产业与非基础产业体系、城市设施产业体系等。

6.2.1　城市生产力结构

根据生产力要素种类和生产力要素关联的关系，生产力可以划分为多种结构。其中主要是产业结构，劳动结构，产品结构，组织结构等。城市产业结构，是指城市经济体系中国民经济各部门长期占有产品和资源的比重。城市产业结构是根据城市各项经济活动的劳动对象、要素需求强度、产品关联度等来划分经济类型的。它不仅反映城市经济系统内各行业部门之间的结合方式和数量比例关系，而且也通过这一比例关系，确定城市的主导产业，为城市的经济和空间发展战略提供依据。城市产业结构也有多种划分方式，其中主要有三种：一是按照行业部门分类。这是传统产业结构的分类方法，主要按照国民经济行业部门来划分的[①]。二是按照要素需求强度分类。按照不同部门对资金、劳动和技术三大要素的需求强度，可以把城市产业划分为资金密集型、劳动密集型和技术密集型三种产业类型。资金密集型产业，资本有机构成高，主要包括煤炭、电力、冶金、化学等能源、原材料工业；劳动密集型产业，资金和技术装备程度都比较低，需要投入的劳动多，如纺织、食品、服装等；技术密集型产业，又叫做知识密集型产业。这种产业在生产过程中的技术研究和开发投入比较大，对员工的知识层次和专业水平要求高，如生化工程、电子、航天航空、机械等加工组装

---

① 《国民经济行业分类》(GB/T 4754—2002)，按国家统计局现行统计行业类型如下：(1) 农、林、牧、渔、水利业；(2) 工业；(3) 地质普查和勘探业；(4) 建筑业；(5) 交通运输、邮电通讯业；(6) 商业、公共饮食业、物资供销和仓储业；(7) 房地产管理、公用事业、居民服务和咨询服务业；(8) 卫生、体育和社会福利事业；(9) 教育、文化艺术和广播电视事业；(10) 科学研究和综合技术服务事业；(11) 金融、保险业；(12) 国家机关、党政机关和社会团体；(13) 其他。根据这种划分方法，把城市产业结构分为五类，即农业产业、工业产业、建筑业产业、交通通讯产业、商业饮食服务业。

工业。城市经济发展过程中，城市经济产业结构的变迁表现为由原材料工业为重心的结构向以加工、组装工业为重心的结构发展，也就是由资金密集型工业发展阶段发展为技术密集型发展阶段，产业结构的变化表现出所谓的"高加工度化"。三是按照各行业对劳动对象的加工顺序划分的三次产业。按照产业次序划分，就是三次产业[①]。

劳动结构是以在城市各行业就业的人口数量和其在城市总人口中所占的比重为基础划分的。就业结构反映不同行业的就业容量、就业情况和职业特征，也反映了城市的性质、经济结构、现代化水平、城市设施社会化程度、社会结构的合理协调程度。我国未来的社会劳动结构将面临两次深刻的转变：首先是实现就业结构的工业化，也就是工业劳动力比重超过农业劳动力比重；然后，知识性职业结构超过生产性职业结构，实现职业结构的知识化。由于我国当前劳动力规模庞大，地区差别大，因此劳动结构水平较低，实现劳动结构转变的难度大。唯有加速社会的知识化和信息化，积极推动新型工业化、社会知识化和社会信息化战略，才能提高劳动结构的水平，实现我国现代化的发展目标。

城市产品结构是由初级产品、中级产品和最终产品构成的。按照产品所隐含的劳动或价值，产品可以分为低值产品、低附加值产品、高附加值产品三类。调整城市产品结构、提高城市产品加工深度和精度，是转变城市经济增长方式、提高城市经济效益的重要途径。

城市经济组织规模结构是城市经济活动中的大、中、小单位规模等级的数量以及它们之间的比例关系。工业企业规模结构是城市经济组织规模结构中最重要的结构。

6.2.2 城市生产关系结构

城市生产关系结构主要是由所有制结构，分配结构，消费结构，投资结构和流通结构构成的。城市所有制结构是城市经济中各种经济成分在城市经济中所占的比例和所形成的关系。目前，我国的城市经济所有制结构，是以公有制为主体、多种所有制经济共同发展的经济结构。"公有制为主体，多种所有制经济共同发展，是我国社会主义初级阶段一项基本的经济制度。这一制度的确立，是由社会主义性质和初级阶段国情确定的：第一，我国是社会主义国家，必须坚持公有制作为社会主义经济制度的基础；第二，我国处在社会主义初级阶段，需要在公有制为主体的条件下发展多种所有制经济；第三，一切符合'三个有利于'的所有制形式都可以而且应该用来为社会主义服务。"[②]

分配结构主要是关于收入状况或收入水平、收入来源、各种收入水平的居民在居民总数中所占的比重。消费结构主要是关于居民对收入支配和使用问题，特别是居民收入消费部分中购买各种消费品所占支出的比例。分配结构和消费结构之间有着密切的关系。在整个城市经济结构中，以商贸流通业为主要部分的第三产业和与商贸流通业相关的服务业是城市产业的主要部分。

6.2.3 城市基础产业和非基础产业或城市输出产业与地方产业结构

所有城市都存在两种类型产业，即城市基础产业和非基础产业。城市基础产业是指对国

---

① 中国自1985年起开始采用三次分类法，在2002年颁行的国家标准《国民经济行业分类》（GB/T 4754—2002）中对三次行业作了详细分类。
② 中共中央关于经济体制改革的决定，1984年10月20日。

民经济和社会发展具有支撑和承载作用的产业，是城市经济系统运行和发展的基础，城市的经济和社会发展的规模、水平、速度都受到基础产业的制约，其中表现尤为突出的是能源、交通运输业的制约作用，这些产业必须要有一定的超前发展。由于这类产业是以满足城市以外地区（区域、全国以至国际的）的需要为对象，即输出产品的产业，因此，又被称之为"城市输出产业"。任何一个城市也存在着围绕基础产业而发展的协作配套产业和服务性产业，这类产业被称为非基础产业，其中大部分是些城市服务产业部门，是为城市生产和居民日常生活、公共福利和社会文化需要服务的市政事业部门所组成的。

6.2.4 城市设施结构

城市是由各类设施构成的，不仅包括各类建筑物、市政基础管线等各类物质设施，也包括了为满足城市生产和生活需要所设立的机构、系统和组织等各类非物质设施。也就是说，我们这里所说的城市设施，包括了城市中的各类企业组织、政府组织和公共的或非营利组织等各类社会组织、机构，这些组织与机构的管理体制和运行机制，以及这些组织开展各类活动所需要的物质设施条件等。

根据各类设施在城市发展与运行中的职能和作用，城市设施可以划分为城市主体设施、城市基础设施和城市社会设施。城市主体设施是社会分工发展的结果，是城市产生和发展的决定性的因素。城市主体设施是开放性的系统，主要是为城市外部服务的，即主要是执行对外功能的。城市主体设施在城市空间地域的分布，决定了城市的布局，如工商业城市，城市的中心地区一般是以商业为中心，工业大体分布在城市边缘等。由于城市主体设施在不同的城市是各不相同的，所以形成了各类不同的城市，如工商业城市、矿业城市、旅游城市、政治城市、文化城市等。

城市基础设施，也叫城市基础结构[①]，是既为物质生产又为人民生活提供一般条件的公共设施，是城市赖以生存和发展的基础。目前，国际和国内的多数专家学者，把国民经济基础设施分为两大类：生产性基础设施和社会性基础设施。生产性基础设施是指为工农业生产和居民生活服务的交通运输、动力、通讯、给水排水和城市公用事业等必不可少的各项设施。它是经济发展的基础和基本条件。社会性基础设施一般指商业服务业、教育、科研、文化、体育、卫生等设施。城市基础设施的经营在经济意义上与一般商品或商业化服务相比具有很多特殊性，具体讲，它具有服务的公共性与社会性、效益的内部性与外部性以及需求的周期性与供给的连续性；整体运转的系统性和网络协调的综合性；配套建设的超前性和形成的同步性；城市基础设施经营管理的多样性和垄断性，以及经济效率的直接性与间接性。

城市社会设施是为了提高居民素质，满足居民对文化和精神生活的需要，并为居民提供保健和健康服务，以及保障城市居民的最低生活水平。城市社会设施主要是由城市教育部门、科学技术部门、各类文化部门、卫生部门、体育部门，以及社会保障部门、城市社区等部门构成的。城市社会设施不仅是经济社会发展的结果，而且对促进城市经济社会的发展具有极其重要的意义。随着城市现代化的发展，城市居民对城市社会设施的需求越来越大。

[①] 1985年7月，我国原国家城乡建设环境保护部在北京召开了大型的"城市基础设施学术讨论会"，经过与会的专家学者和中央与各省、市的实际工作部门领导认真讨论，为"城市基础设施"确立了一个各方都认同的定义。

6.3 城市经济增长

城市经济增长指的是一个国家或一个城市的收入和产出的扩大,它可以用国民生产总值GNP或国民收入的变动来衡量。

6.3.1 城市经济增长理论及其模型

在经济学史上,对经济增长问题的研究已有很长历史了。从早期的重商主义者的贵金属储存与贸易出超理论,重农学派的农业收成理论到古典经济学的国民财富性质、原因与其增长理论等,都涉及到对经济增长过程的描述与分析。

1. 新古典区域经济增长模型

城市经济作为国民经济的重要组成部分,它与国民经济的增长过程基本上是一致的,主要表现为实物、价格、人口的增长三个方面。所以,关于一般经济增长过程的理论与方法,对城市经济也是完全适用的。经济增长机制主要包括需求指向和供给基础两个方面的理论。索洛(Robert M. Solow,1956)新古典经济增长模型侧重从供给的角度阐述了经济增长的基本机制和长期增长的动因,成为供给基础的代表模型。输出基础理论则以凯恩斯主义理论为基础,从输出角度阐述了区域经济增长动因。美国经济学家诺斯(Douglas C. North)的经济增长分析理论是需求指向的经典理论。

20世纪30年代后期,哈罗德与多马提出了经济增长模型,即$G = S/C$(G代表经济增长率,S代表储蓄率,C代表资本产出率)。这个模型的直接结论是:经济增长的根源,在于本期的储蓄率足以吸收前期产量增加所引起的投资或储蓄,因而经济增长只与投资相关。这样,在哈罗德与多马的增长模型中,技术进步对经济增长的贡献就被排斥在外了。这种增长理论与方法离现实也就越来越远了。

进入20世纪50年代中期以后,以索洛为首的经济学家创立了新古典经济增长理论,提出"综合要素生产率"概念,认为经济增长取决于资本、劳动力和技术进步,克服了哈罗德-多马理论模型的缺点。

新古典经济增长模型为:

$$G = \alpha(\Delta K/K) + \beta(\Delta L/L) + \Delta A/A$$

其中:$\Delta K/K$,$\Delta L/L$,$\Delta A/A$分别代表资本增长率、劳动增长率、"综合要素生产率"增长率。他们的结论是:经济的增长是资本、劳动与"综合要素生产率"共同作用的结果。应当说,新古典学派把引起经济增长的因素从资本、劳动等一般投入扩大到技术进步等"综合要素"上来,是对经济增长理论发展的一个重大贡献。但是,由于索洛新古典派的经济增长理论忽视了"市场效率"对经济增长的重要作用等原因,也不断地遭到来自多方面的批评。

2. 需求指向理论增长模型

进入20世纪90年代以后,技术进步日新月异,信息产业迅猛发展,世界市场日益扩大,市场机制更加完善,市场在资源配置、扩大需求方面的作用不断加强,与此同时,市场的需求变化对经济增长的影响,也更加突出,这一切说明经济增长的动力发生了新的变化。不少学者开始重新研究新的经济增长理论。

凯恩斯主义强调有效需求是决定社会总产出和经济增长的重要因素。美国经济学家诺斯从美国经济史分析的角度,指出区域经济增长的动力来自于外部需求的拉动[1]。蒂伯特(Charles M. Tiebout)[2] 完善了诺斯的理论,从基础部门和非基础部门两大部门建立了区域经济增长动力的输出基础理论。该理论将城市经济部门划分为两大部门:一是基础部门,即指所有的区域外部需求导向的产业活动;另一个部门是非基础部门,包括了所有的区域内部需求导向的产业活动。经济关系等式[3]如下:

$$E = D + X$$
$$Y = D + M \quad 或 \quad D = Y - M$$
$$M = mY(m < 1)$$

其中,E 为区域内总支出;Y 为区域内总收入;D、M、X 分别为区域内需求(由非基础部门提供)、进口和出口(由基础部门提供);m 则为边际进口倾向。在市场均衡条件下,可以得到:

$$Y = E \quad 且 \quad M = X$$

通过替代得到:

$$Y = (1/m)X$$

输出乘数为:

$$dY/dX = 1/m$$

该理论强调一个区域经济的增长取决于输出导向型基础部门的增长,区域外部需求的扩大是区域经济增长的基本动力。

诺斯和蒂伯特的需求指向理论是指城市经济增长的动力来自外部市场对城市产品的需求,这种需求促使城市基础产业部门的建立和发展,从而带动非基础产业部门也得到相应的发展。

3. 保罗·克鲁格曼等通过研究产业结构与城市集中之间的关系分析城市经济增长[4]

被定义为产业 1 在地区 i 所雇佣的劳动力的份额,表示地 1 中的人口在总人口中所占的份额。于是得到:

$$L_1^1 = \lambda\theta_1, \quad L_1^2 = \lambda(1-\theta_1)$$
$$L_2^1 = (1-\lambda)\theta_2, \quad L_2^2 = (1-\lambda)(1-\theta_2)$$

劳动力在各地区的两个产业进行流动的动态变化,由下列微分方程组表示:

$$\mathring{\theta}_1 = \gamma_\theta(\omega_1^1 - \overline{\omega}_1)\theta_1$$
$$\mathring{\theta}_2 = \gamma_\theta(\omega_1^2 - \overline{\omega}_2)\theta_2$$

其中,γ_θ 是调节速度,而 $\overline{\omega}_i$ 是地区 i 的平均水平,且有:

$$\overline{\omega}_i \equiv \theta_i\omega_i^1 + (1-\theta_i)\omega_i^2$$

劳动力在两个地区之间进行流动的动态变化,由下式表示:

---

[1] NORTH D. C, Location theory and regional economic growth [J], JOURNAL OF POLITICAL ECONOMY, 1955, 63 (3):243-258 页。

[2] Charles M. Tiebout, Exportsand regional economic growth [J], JOURNAL OF POLITICAL ECONOMY, 1956, 64 (2):160-164 页。

[3] 吴传清,《区域经济学原理》,武汉大学出版社,2008 年。

[4] 藤田昌久、保罗·克鲁格曼,《空间经济学:城市、区域与国际贸易》,中国人民大学出版社,2005 年。

$$\lambda = \gamma_\lambda(\omega_1 - \overline{\omega})\lambda$$

其中，γ_λ 是调节速度，$\overline{\omega}_1$ 和 $\overline{\omega}_2$ 分别是每个地区的实际工资的平均水平，而 $\overline{\omega}$ 是整个经济体的实际工资的平均水平，有

$$\omega_1 \equiv \overline{\omega}_1 (G_1^1 G_1^2)^{-0.5}(1-\lambda)^\delta$$

$$\omega_2 \equiv \overline{\omega}_2 (G_2^1 G_2^2)^{-0.5}\lambda^\delta$$

$$\overline{\omega} \equiv \lambda\omega_1 + (1-\lambda)\omega_2$$

通过该模型，说明一个地区若拥有经济体中的绝大部分人口，该地区的两种产值也占到了整个经济体的产值的绝大部分，相对而言人口少的地区，则只有一个产业。因而可以认为，人口较多的地区拥有两个产业，与之共存的人口较少的地区则专门从事一个产业。可见，工业化促进了人口的积聚；反之，人口的积聚促进了产业的积聚，带动城市经济的增长。

6.3.2 城市经济增长方式转变与城市经济增长点培育

城市经济增长的方式包括粗放型的经济增长方式和集约型的经济增长方式。现在多把通过生产要素的有机构成和最佳组合来提高全要素效率和效益的经济增长方式称为集约型（intensive），而把单纯或主要依靠要素的大量投入和扩张的经济增长方式称为粗放型（extensive）。在我国，最早指出传统的经济增长方式（粗放型）弊病的是我国经济理论的开创者孙冶方。加快我国城市经济增长的关键，是转变城市经济增长方式，即由粗放型向集约型增长方式转变。效益是集约型经济增长方式的核心，城市经济从粗放型增长向集约型增长的转变，实质上就是要实现经济的效益性增长。集约型经济增长的原因与根据，也就是在现代市场经济条件下，集约型经济增长方式必然要代替粗放型经济增长方式的原因与根据。在经济增长路径方面，采用集约型增长方式，使经济高度聚集，实现规模经济效益，从而带动产业形态从资本密集型转向技术密集型，从而完成由资本推动向创新推动的经济增长方式转变。

在转变城市经济增长方式的基础上，城市经济发展还有赖于不断选择和培育新的经济增长点。选择和培育城市新的经济增长点应从各个城市的实际情况出发，因为各个城市的资源、产业基础、市场需求等方面都有很大差异。所以，各个城市应寻找自己经济增长的优势产业，培育出若干个在国内外市场上具有较高占有率的名牌产品，防止不同城市产业结构趋同化倾向的出现。综合分析目前我国城市经济的发展状况，城镇居民住宅与房地产业、电子信息和各种知识产业、各种城市基础产业等有可能成为新的经济增长点，从而带动整个城市经济的振兴。

6.4 城市化与房地产经济发展

21世纪是中国经济社会发展的关键时期。但是，无论就目前经济社会发展状况来看，还是从长远经济社会发展趋势来看，城乡二元经济结构及其矛盾的存在，无疑是制约中国整个经济社会发展和现代化水平提高的深层次原因之一。

城市化水平不高，不仅影响了农村的发展，同时也影响了城市本身的发展，最终影响了整个国民经济和社会的发展。恩格斯早在《共产主义原理》中就指出，在未来社会中"城市和乡村之间的对立也将消失……乡村农业人口的分散和大城市工业人口的集中，只是工农

业发展水平还不够高的表现，它是进一步发展的阻碍，这种阻碍在目前已经深深地感到了"[1]。中国目前经济社会发展中的问题，如生存环境恶化、交通堵塞、民工潮等完全印证了恩格斯这个论断的正确性。

当代各国经济社会演进的规律表明，人类从农业社会发展到工业社会，即工业化的进行，必然伴随着城市化的发展。城市化程度是一个国家经济发展与文明发达的标志之一。城市化的本质就是变传统落后的农业社会为现代化的、先进的工业社会的过程。城市化是通过农村的推力与城市的拉力实现的，农村的推力就是农村社会生产力的发展，城市的拉力就是城市对农村的带动作用和辐射作用。农业生产力的发展和农业资本（生产力）有机构成的提高，使农业劳动力推动的生产资料的数量不断地增大，由于土地的有限性，形成了农村大量的剩余劳动力。城市经济主要是由第二和第三产业构成的，它们的生产资料是可以生产和再生产出来的，而且随着国民经济的发展，第二和第三产业在国民经济中所占的比重也越来越高，需要的劳动力也越来越多，这就是农村推力和城市拉力形成的根本原因。在这两种力量的作用下，城市化的过程就明显地表现为农村人口向城市转移。

中国城市化走过了曲折的道路。1949年建国初期，城市化水平在10%左右波动[2]，农村人口约90%，城镇人口约10%。经过将近30年的发展，到1978年，农村人口占全国总人口的82.1%，城镇人口17.9%[3]，城市化过程十分缓慢。改革开放以来，随着国民经济的发展，城市化水平不断提高。2007年，城市人口达到了44%。但在2000年时，世界城市人口平均已经达到了50%，我国与世界城市化的平均水平还有一定的差距。目前，社会各界对我国城市化发展目标的基本看法是：2010年城市化水平应当达到45%；2020年城市化水平应当达到50%；2050年城市化水平应当达到60%~70%[4]（2008年年底我国城市化水平实际已达到45.7%），才能够与我国工业化和经济社会的发展相适应。

大力提高城市化的水平，努力解决我国经济社会发展中深层次的矛盾，是中国当前经济社会发展的关键环节。房地产经济（业）是推进城市化和提高城市现代化水平的重要产业部门和经济力量。

（1）城市与农村的重要区别，首先表现为高度的聚集，即首先表现为经济、社会、人口在一定的空间范围内或一定地域范围内的聚集。城市经济、社会和人口的高度聚集，产生了聚集效益。这是城市拉力和辐射力的根本原因。但是城市聚集是要以一定的物质条件为基础、为前提的。这些物质条件主要是由城市各类基础设施和市政设施以及各类社会设施构成的。没有这些设施，城市就不成其为城市。但是，这些设施，都是通过房地产开发建设提供的。新建城市要靠房地产开发建设为城市发展提供各类基础设施、市政设施和社会设施。城市现代化水平主要表现在城市基础设施、市政设施和社会设施现代化水平上，而城市基础设施、市政设施和社会设施现代化建设，也要靠房地产经济部门开发建设才能实现。不仅开发建设要靠房地产经济部门，而且经营、维修和改造也要依靠房地产经济部门。

（2）城市经济、人口和社会的高度聚集主要表现为经济单位、居民和社会活动的集中，这些众多的经济单位、居民和社会活动都需要大量的和一定的活动空间或场所（基地），这

---

[1] 《马克思恩格斯全集》第4卷，人民出版社，1995年，第370页。
[2] 高毅存，《城市规划与城市化》，机械工业出版社，2004年，第137页。
[3] 高毅存，《城市规划与城市化》，机械工业出版社，2004年，第142页。
[4] 李德华，《城市规划原理》（第三版），中国建筑工业出版社，2001年，第12页。

些众多的各式各样的空间和基地,即经营、办公和服务所需要的各类房屋和设施,也必须依靠房地产经济部门来开发建设。不仅开发建设需要房地产经济部门,而且经营、维修和改造也要依靠房地产经济部门。

(3) 城市建设特别是城市基础设施建设和市政设施建设需要大量的资金。在市场经济条件下,房地产业是城市建设重要的资金来源渠道,一方面,房地产业通过对土地的开发建设,提高了土地的价值,并且通过土地的出让,取得了土地出让金,为城市建设提供了大量的资金;另一方面,房地产业是第三产业的重要产业部门,也是高附加值的产业部门,国家通过房地产税费集中了大量的财政收入,这些财政收入也成为城市建设重要的资金来源。

总之,房地产业和房地产经济不仅是城市化的产物(因为城市化为房地产业和房地产经济的发展提出了巨大的需求和发展的空间),而且房地产业和房地产经济的发展为城市现代化和城市居民、城市各类产业提供了各类城市基础设施、市政设施,以及各类用房或生产与生活的空间,成为推进城市化发展和提高城市现代化水平的重要产业部门和经济力量。

---------------------------- 本章小结 ----------------------------

城市是人类经济社会发展到一定阶段的产物。城市发展经历了不同的发展阶段,大体可以分为古代城市发展阶段、近代城市发展阶段、现代城市发展阶段。城市化是城市发展的一个特定阶段,这个阶段最明显的特点就是城市处于加速发展时期。通过城市化,城市在经济社会发展中成为占统治地位的生活方式,社会生活实现了现代化。

城市经济是一个有机的系统体系。构成城市经济体系的部门很多,也可以按照不同的标准区分为不同的子系统或结构。对城市经济发展有着决定性作用的主要是城市生产力结构和生产关系结构,城市输出产业结构和城市地方产业结构,以及城市设施结构等。城市经济增长(发展)是城市经济发展的核心。实现城市经济增长(发展)的主要手段是优化城市经济结构,转变增长或发展方式,科学地选择经济增长点等。

房地产经济是工业化和城市化的产物。工业化和城市化不仅向房地产经济发展提出了需求,而且为其提供了发展的经济基础。同时,房地产经济发展又为工业化和城市化提供了发展的空间和条件。房地产经济是城市经济重要的产业部门。

复习思考题

(一) 名词解释

城市化　经济增长　生产力结构

(二) 简答题

1. 我国城市化应当坚持什么样的发展道路?
2. 城市经济增长的主要理论是什么?
3. 城市经济发展的基本模型是怎样的?
4. 城市集约式经济增长方式有什么特点和意义?

(三) 论述题

5. 试述房地产业是城市化和城市现代化建设的主要产业部门。

第7章 城市土地制度与城市土地使用制度改革

【学习提要】 学习本章,主要了解城市土地制度(即城市土地国家所有制和城市土地使用制度);了解和熟悉我国城市土地国家所有制和城市土地有偿使用制度建立的必要性和建立过程;掌握我国现行城市土地有偿使用制度的基本内容和格局(即对土地使用权的出让、转让、出租、抵押等各种经济关系的规范);比较城市土地使用权划拨与出让、转让的区别。

【关 键 词】 城市土地 土地国家所有制 土地使用制度改革

7.1 城市土地国家所有制的建立

7.1.1 土地所有制及其基本特征

土地所有制问题就是土地归谁所有的问题。土地所有制是土地经济关系的核心,也是全部土地经济问题的基础。

土地所有制在法律上的表现,就是土地所有权。土地所有制是土地所有权的经济基础,土地所有权是土地所有制的法律规定或在法律上的实现,它们之间的关系主要表现在以下几个方面。

(1) 土地所有制决定土地所有权的性质和变化。有什么样性质的土地所有制就有什么样性质的土地所有权;随着土地所有制的变化,土地所有权也会发生相应的变化。

(2) 土地所有权对于土地所有制有着巨大的反作用。完善的或健全的土地所有权,对于确认、维护、发展土地所有制有着重要的意义。

(3) 名义上的土地所有制和实际上的土地所有制。名义上的土地所有权和实际上的土地所有权,以及土地所有制和土地所有权在一定条件下,都可能发生背离和不一致的情形。一旦土地所有制和土地所有权发生背离和不一致,就会影响到土地所有权在经济上的实现,以及土地在经济上的有效利用。

国家在土地经济管理方面的一个重要任务,就是根据经济发展的状况,不断地协调土地所有制和土地所有权之间的关系,努力地提高土地利用效益,实现土地可持续发展的目的。

土地所有权是全部土地产权制度的基础。土地所有权具有以下一些特征。

1. 土地所有权占有的排他性

土地所有权的排他性,就是土地所有权的垄断性。马克思在《资本论》中明确地指出:"土地所有权的前提是,一些人垄断一定量的土地,把它作为排斥其他一切人、只服从自己个人意志的领域。"[①]

2. 土地所有权行使的绝对性

在国家法律规定的范围内,或在国家法律允许的前提下,土地所有者可以不受其他限制,绝对地行使自己土地所有者的权利。

---

① 《马克思恩格斯全集》第25卷,第695页。

3. 土地所有权是一种全能的权利或最充分的权利

在土地产权构成中，即在土地占有权、土地使用权、土地收益权、土地处分权等权利中的每一种权利，都只是土地产权中的一种权利，而不是土地产权中的全部权利。只有统一的土地所有权（即没有分割的土地所有权），才具有土地最完整与最充分的权利。

4. 土地所有权中包含的各项权利，具有可分性和复归性

完全的土地所有权，包含着土地所有权、土地占有权、土地使用权、土地收益权和土地处分权等权能，这些权利是可以分离出来的，也是可以进行重新组合的；根据组合的不同结构，就形成了不同的土地产权。在一定的条件下，还可以把分离出去的各种土地产权重新组合起来，再形成完整的土地所有权。

现代世界各国的土地制度，都是各国历史发展的结果。由于当代各国的历史背景、经济发展水平以及社会经济制度的不同，使土地所有制呈现出十分复杂的状态。尽管如此，但是只就土地所有制的社会形态来说，大体上可以分为两种类型，即土地公有制和土地私有制；如果就土地所有制的性质来说，即使是土地公有制，也可以区分为社会主义土地公有制和资本主义土地公有制。在这种情况下，土地所有制的性质决定于国家的社会性质。在社会主义社会国家中，土地只能采取公有制的形式。

7.1.2 城市土地性质要求建立国家所有制

马克思在研究资本主义经济关系时，特别注意对土地经济关系问题的研究；在研究土地经济关系时，则非常注意对土地所有权问题的研究。在马克思看来，土地私有制不仅是资本主义生产方式的历史前提，而且是资本主义和一切剥削制度的基础。在土地私有制的条件下，土地所有者凭借对土地所有权的垄断，以地租的形式无偿地占有社会一部分财富，而且随着社会生产力的发展，地租在剩余价值中占的比重也越来越大。土地所有者不仅凭借土地所有权获得地租，同时还通过到期的土地租约无偿地占有经营者在土地上的投资。同时，土地私有制还造成了对土地人为的分割，妨碍了土地规模经营的发展。总之，土地私有制是社会进步和社会生产力发展的巨大障碍。马克思主义的这些论断，为消灭土地私有制提供了强大的理论依据。

关于未来社会土地所有权问题，马克思主义经典作家曾经断言："社会运动将决定：土地只能是国家的财产。"也就是实行土地国有化。

为了彻底消灭城市土地私有制，建立与社会主义生产资料相适应的城市土地公有制，必须对城市土地私有制进行社会主义改造。

7.1.3 城市土地国家所有制建立的方式

新中国成立后，依据马克思主义基本原理和中国的具体情况，特别是中国城市土地不同的经济性质，即不同的所有权形态，分别采取了接管、没收、赎买和宣布城市土地国家所有等方式，把城市的各种私有土地变成了全民所有的社会主义公有的土地，即国有土地。

（1）通过接管和没收的方式，把帝国主义、官僚资本和反革命分子占有的城市土地变为社会主义国家所有的土地。

（2）通过赎买等改造方式，把民族资本主义工商业、私营房地产公司和私有房地产业主的城市土地，变为社会主义国家所有制的公有土地。

(3) 通过《宪法》宣布城市中的一切土地属于国家所有。

1982年，第五届全国人民代表大会第五次会议通过了《中华人民共和国宪法》，宣布"城市的土地属于国家所有"。这就是说，国家通过《宪法》实现了把城市其他非国家所有的土地也变成了国家所有。

通过以上各种方法，把城市中的各种土地所有制形式变成了单一的，即无产阶级社会主义国家所有的土地，即国家土地所有制的形式。

7.2 城市土地使用制度改革和城市土地产权制度建立

7.2.1 传统城市土地使用制度弊端及改革的必要性

在传统体制下，城市土地属于国家所有，但国家无法直接使用土地，土地是由城市中的各个具体单位使用的。这就是说，在传统体制下，城市土地所有权和使用权实际上也是分离的，但是由于国家即城市土地所有者，是把土地无偿、无期限、以划拨方式分配给单位使用的，而且土地不能流动，因此土地产权关系极端模糊。如果就土地所有权来说，不仅土地所有权主体不明确，而且土地所有权在经济上也得不到实现；就土地使用权来说，不仅土地使用者不承担任何义务，而且由于土地使用权的无偿、无期限性以及土地的不可流动性，使土地使用者实际上成了土地的所有者。

这种无偿、无期限、不流动的传统城市土地使用制度或产权关系，产生了一系列弊端：

(1) 传统城市土地产权关系实际上否定了城市土地国家所有制，土地所有权在经济上得不到实现，形成了集体或部门的土地所有制；

(2) 城市土地产权关系被扭曲，土地资源得不到有效的利用；

(3) 城市土地无偿、无期限和无流动使用，造成了各单位在取得土地使用权时机会上的不平等、权利义务的不对称；

(4) 土地无偿使用，造成耕地的减少和土地的巨大浪费。

为了克服传统城市土地管理体制的弊端，必须对传统的城市土地制度进行改革。改革的根本指导思想就是建立与社会主义市场经济体制相适应的城市土地产权制度，把城市土地纳入市场经济运行的轨道，巩固城市土地国家所有制，建立城市土地使用权市场，达到城市土地可持续发展的目标。

7.2.2 城市土地使用制度改革过程

中国城市土地使用制度改革是整个国民经济管理体制改革的重要组成部分，是受整个国民经济管理体制改革的进程和改革的深度制约的。

指导国民经济管理体制改革的理论思想，大体上经过了三个发展阶段。

针对传统体制以计划手段为主的高度集中的弊病，1979年，中央提出了"计划经济为主，市场调节为辅"的方针，把市场问题提了出来，开始注意发挥市场的作用。这就是指导第一阶段改革的理论思想。

1984年10月，中国共产党第十二届三中全会通过了《中共中央关于经济体制改革的决定》，明确地提出了社会主义经济是有计划的商品经济。公有制基础上的有计划的商品经济理论，就成为中国经济体制改革第二阶段的指导思想。

1992年初，邓小平同志南巡讲话以及1992年10月中国共产党第十四次代表大会根据邓小平南巡讲话的精神确立了社会主义经济体制改革的目标模式，就是建立社会主义市场经济体制。社会主义市场经济理论成为指导经济体制改革的根本理论思想，从而也使社会主义经济体制改革发展到一个崭新的阶段，即中国经济体制改革的第三个阶段。

在中国经济体制改革指导思想和改革发展进程的决定和制约下，中国土地管理体制的改革也大体上经历了三个阶段。

1. 第一个阶段，是以土地商品化经营为基础，收取土地使用费的改革阶段

传统土地使用制度否认土地的商品属性，以行政手段管理为主，无偿划拨，无期限、无流动地使用。随着经济体制改革的进行，传统土地使用制度中存在的问题暴露得越来越多。

以市场经济为取向的经济体制改革，在土地经济方面，首先遇到的问题是：在社会主义土地公有制的条件下，能否对土地实行商品化经营。理论界和实际工作部门对此展开了广泛的讨论，逐步取得了比较一致的看法：在社会主义土地公有制基础上，在社会主义市场经济条件下，土地也是商品（当然是一种特殊的商品），城市土地属于国家所有，土地所有权不能买卖，土地使用权可以实行商品化经营。

在理论研究的推动下和改革开放的实践中，土地管理体制改革开始起步。1980年7月26日，国务院发布了《关于中外合营企业建设用地的暂行规定》，其中指出："中外合营企业用地，不论新增土地，还是利用原有企业的场地，都应当计收场地使用费……场地使用费可以作为中国合营者投资的股本。"

1982年，深圳特区开始实施《深圳经济特区土地管理暂行规定》，该规定依据级差地租的原理，按照地段所处的位置的不同，实行级差收费的标准，每平方米收取土地使用费1~20元，从而揭开了中国城市土地有偿使用的序幕。

1984年，辽宁省抚顺市开始全面征收城市土地使用费。抚顺市按照城市土地的等级，把城市土地划分为四级，每年每平方米收费标准为0.2~0.5元，在中国大陆首先实行城市土地有偿使用制度。

1984年，广东省广州市对经济技术开发区、新建项目用地以及涉外项目用地开征了土地使用费。广州市把全市土地分为七个等级，收费标准为每平方米0.5~4元。

开征城市土地使用费对于改革城市土地产管理体制有着重要的意义，它首先改变了人们长期以来形成的土地无偿使用的传统观念；其次，在实践上开始探索土地有偿使用的方法，开始利用经济手段促进土地资源的合理利用，同时也为进一步深化城市土地使用制度改革作了初步的准备。

2. 第二个阶段，是以土地所有权和使用权两权分离为基础，出让土地使用权和建立城市土地使用权市场的土地使用制度改革阶段

随着经济体制改革的发展，我国对社会主义的认识也在不断的深化。具有决定意义的是1984年召开的中国共产党第十二届三中全会通过的《中共中央关于经济体制改革的决定》。该决定在理论上突破了把计划经济与商品经济对立起来的传统观念，确立了社会主义经济是在公有制基础上的有计划的商品经济。这是对马克思科学社会主义理论和马克思主义经济理论的最重大的发展，是当代科学社会主义的最新成就。

1987年，依据城市土地所有权和使用权分离的思路，深圳经济特区借鉴中国香港地区土地使用制度的经验，在坚持城市土地国家所有的前提下，使城市土地所有权和使用权相分离，将城市土地使用权按照一定的年期出让给土地使用者，并一次收取使用年期内的全部租金。取得土地使用权的土地受让者可以对有限的土地使用权进行转让、出租和抵押。

随后，1988年，福州、海口、广州、上海、天津等城市先后试行了出让城市土地使用权的试点，把城市土地使用权逐步纳入了市场经济运行的轨道。

随着中国城市土地管理体制改革的深入发展，在实践中不断地积累了许多经验，同时也总结了很多教训。为了反映城市土地使用制度改革发展的要求，并把改革的成果用法律形式确定下来，1988年4月召开的第七届全国人民代表大会第一次会议把《宪法》的第十条第四款修改为："任何组织和个人不得侵占、买卖或者以其他形式非法转让土地。土地使用权可以依照法律的规定转让。"同年12月，根据《宪法》精神，对《土地管理法》做了相应的修改。修改的主要思想是，土地使用权经过允许可以买卖。这样就为土地使用制度的改革、建立土地使用权市场提供了理论和法律的依据。

1990年5月19日，国务院发布了《中华人民共和国城镇国有土地使用权出让和转让暂行条例》，对城市土地使用权出让、转让、出租、抵押、终止以及城镇国有土地使用权划拨等问题，都作了明确的规定，有力地推动了城市土地使用制度的改革和城市土地市场的发展。

3. 第三个阶段，是建立与社会主义市场经济体制相适应的城市土地产权制度的改革阶段

始终把市场经济作为社会主义经济体制改革目标的是邓小平同志。1979年11月，邓小平同志在一次谈话中明确地指出："说市场经济只限于资本主义社会、资本主义的市场经济，这肯定是不正确的。社会主义为什么不可以搞市场经济？市场经济不能说是资本主义。"

1985年10月23日，邓小平同志进一步指出，社会主义与市场经济不存在根本矛盾，应该把计划经济与市场经济结合起来。1990年12月，邓小平同志在一次谈话中再次指出，必须从理论上搞懂资本主义与社会主义的区分，不是计划与市场这样的内容，社会主义也有市场调节，资本主义也有计划控制，不搞市场自甘落后，世界信息都不知道。

具有决定意义的是邓小平同志于1992年初在南方视察时的谈话。邓小平指出："计划多一点，还是市场多一点，不是社会主义与资本主义的本质区别。计划经济不等于社会主义，资本主义也有计划；市场经济不等于资本主义，社会主义也有市场。计划与市场都是经济手段。社会主义的本质，是解放生产力，发展生产力，消灭剥削、消除两极分化，最终达到共同富裕。"社会主义市场经济理论的提出，把马克思主义推进到了一个新的阶段。

1992年10月召开的中国共产党第十四次代表大会把建立社会主义市场经济体制作为社会主义经济体制改革的目标模式，并对社会主义市场经济体制作了全面的阐述。这次大会指出，建立社会主义市场经济体制一定要抓好以下几个重要的环节："一是转换国有企业特别是大中型企业的经营机制，把企业推向市场，增强它们的活力，提高它们的素质。二是加快市场体系的培育。三是深化分配制度和社会保障制度的改革。四是加快政府职能的转换。"

为了贯彻落实中国共产党第十四次代表大会提出的建立社会主义市场经济体制改革的任务，加快改革开放和社会主义现代化的步伐，在1993年11月，召开了中国共产党第十四届

三中全会,会上通过了《中共中央关于建立社会主义市场经济体制若干问题的决定》。在这个决定中,进一步发展了关于社会主义市场经济的理论,明确了建立社会主义市场经济体制的一系列方针政策问题。其中主要是:对社会主义市场经济的框架作了完整的说明;进一步明确了国有企业改革的方向就是实行制度创新,建立现代企业制度;建立社会主义市场经济体系,特别要注意培育和发展生产要素市场,并且明确地提出了培育发展资本市场、劳动力市场和房地产市场;对于宏观调控,特别论述了财政、金融、计划的相互关系和它们的作用,指出了财政、金融、计划改革的方向,进一步指出对于经济宏观调控的职能只能集中在中央;在收入分配上,强调了按劳分配为主体,同时要兼顾效率与公平,并且允许个人的生产要素参与分配;改革社会保障体系,要统一社会保障机制,要调动个人和单位的积极性,社会保障水平要与生产力发展水平相适应;同时对农村经济和对外经济改革等问题也作了很好的论述。

根据建立社会主义市场经济体制的理论,城市土地使用制度的改革,也以建立与社会主义市场经济体制相适应的城市土地产权制度为核心,进行了深入的改革,逐步建立起了具有中国特色城市土地产权制度和产权结构,使城市土地使用制度改革发展到了一个新阶段。

7.2.3 城市土地产权制度设置原则和城市土地产权结构

1. 明晰土地产权是城市土地使用制度改革的核心

城市土地产权问题是城市土地使用制度改革的核心问题。实际上,在城市土地使用制度改革一开始,遇到的就是城市土地的产权问题。因为,变城市土地无偿使用为有偿使用,本身就是要解决土地所有权与使用权的关系问题;接着就明确地提出了城市土地所有权和使用权相分离的问题。中国共产党第十四届代表大会确立了中国经济体制改革的目标,就是要建立具有中国特色的社会主义市场经济体制。社会主义市场经济体制建设,就要求各类经济产权进入市场,这样就把建立科学的具有中国特色的土地产权结构的问题,提到了一个极其重要的地位。

产权是随着经济社会发展,特别是随着商品经济、市场经济发展形成和发展起来的一种十分复杂的经济的和法律的关系。产权就是对一项财产所拥有的权利,所以也称财产权。产权与所有权是不同的。产权是从所有权中分离出来、发展起来、独立出来的一束权利。当他项权利从所有权中分离出来,并成为许多项独立的权利时,这时所有权也就从广义的所有权变成了狭义的所有权,成为许多他项权利中的一项权利,并与其他多项权利一起构成一种产权关系或产权制度,并在产权结构中占有十分重要的地位。

土地产权是产权中的一种产权形态。但是土地产权在产权中占有极其重要的地位。土地产权结构,虽然是由土地的各种权利构成的一个综合体,但是,由于社会制度、经济管理体制、经济运行方式等方面存在的差别,决定了各国在土地产权结构上也存在着差别。土地产权是具体的不是抽象的,它是由各国的具体情况决定的。所以,在设置土地产权时,必须从各国的实际情况出发。

2. 中国城市土地产权制度设置的原则

中国是社会主义国家,土地是公有的。由于社会历史、经济发展程度等方面的条件的不同,土地公有制采取了两种不同的形式:农村实行的是土地集体所有制;城市实行的土地国家所有制。中国经济体制改革的目标是建立社会主义市场经济体制,要求把城市土地纳入市

场经济运行的轨道。根据中国城市土地经济的具体情况,在设置城市土地产权结构或产权制度时,必须遵循以下一些原则:

(1) 坚持城市土地公有制,即城市土地国家所有的原则。中国是社会主义国家,土地公有制是全部土地关系的基础,也是全部产权结构和产权制度的基础;

(2) 在土地产权结构中,必须维护土地所有者的利益,使土地所有权在经济上得到实现;

(3) 在土地产权结构中,必须维护土地使用者的利益,并且能够使土地得到合理的利用;

(4) 土地产权结构的设置,必须符合市场经济运行的原则;

(5) 土地产权结构,必须体现权利与义务对等的原则,享有什么样的权利,也必须承担相应的义务。

3. 中国城市土地产权结构

根据中国城市土地经济所有制结构和土地改革与运行的实践,中国城市土地产权结构,主要是由两大部分构成的,或者说是由两种"权利束"构成的,即土地所有者权利束、土地使用者权利束构成,如图7-1所示。

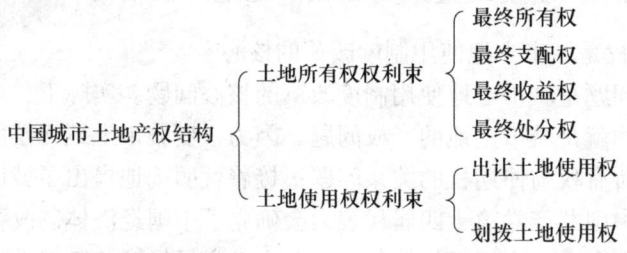

图7-1 中国城市土地产权体系

(1) 城市土地所有者权利束。城市土地所有者权利就是城市土地的所有权。国家作为城市土地的所有者,对城镇土地拥有占有、使用、收益、处分权利束,并且拥有排除他人干涉侵犯的权利。土地所有权是一种完整的权利,这些权利是受到宪法、民法、土地管理法的保护。但是,在土地所有权中包括的这些权利,是可以和土地所有权相分离的,也就是说可以从土地所有权中独立出来的。比如土地使用权可以从土地所有权中分离出来,由土地使用者占有和使用。一旦土地使用权从土地所有权中分离出来,土地使用权人也就在一定程度上取得了相应的占有权、使用权和部分处分权。但是,即使在这种情况下,国家仍然保留着对城市土地的最终所有权、最终占有权、最终收益权和最终处分权,这些权利就构成了城市土地所有者权利束。

(2) 城市土地使用者权利束。城市土地使用者既可以是法人,也可以是自然人。他们依据有关法律和法规,从土地所有者即国家手中取得土地使用权。中国目前的土地使用权分为两大类:划拨土地使用权、出让土地使用权。划拨土地使用权是国家根据经济社会发展的需要,不通过市场,把土地划拨给城市土地使用者使用。出让土地使用权是按照市场的方式,把城市土地出让给土地使用者使用。以划拨方式取得的城市土地使用权,土地使用者只有对土地使用的权利,而没有对土地经营的权利。以出让方式取得的城市土地使用权,土地使用者不仅取得了对土地使用的权利,同时取得了对土地经营的权利,如对土地使用权转让、出租和抵押等权利。对城市土地的占有、使用、转让、出租、抵押等权利构成了城市土地使用者权利束。

4. 中国土地产权结构中的几个问题

(1) 坚持城市土地国家所有制问题

中国是社会主义国家，中国城市土地属于国家所有；中国经济体制改革的目标模式，是建立社会主义市场经济体制。于是有些人提出了似乎城市土地国家所有制与市场经济是矛盾的，要建立社会主义市场经济体制，就得变城市土地国家所有制为私有制、共有制或地方所有制等。搞社会主义市场经济还要坚持城市土地国家所有制，这是建立社会主义市场经济体制，按照市场经济要求改革城市土地管理体制的一个重大的理论问题和实践问题。不搞清楚这个问题，建立与市场经济要求相适应的城市土地产权结构就失去了基础和前提。

市场经济和生产资料公有制是不矛盾的。把市场经济和生产资料公有制对立起来，是一种过了时的传统观念。市场经济是一种经济运行形式，是一种经济手段，是一种资源配置方式，它既可以建立在生产资料私有制的基础之上，也可以建立在生产资料公有制的基础之上。如果就城市土地的公有制，无论在理论上，还是在实践上，它不仅不与市场经济发展相矛盾，而且市场经济本身的发展，还要求城市土地实行公有制，因为只有这样，才能克服城市土地私有制的弊端，按照城市发展和城市规划要求利用好城市稀缺的土地资源。

第一，在当代市场经济发达的国家，如加拿大、新加坡、英国等，以及中国香港地区，在这些国家和地区中，它们的土地都是公有的或者是国家所有的。土地的公有制不仅没有妨碍了它们市场经济的发展，而且正是土地的公有制形式，才解决了它们土地资源不足与发展市场经济的矛盾。

第二，在实行土地私有制的资本主义国家中，市场经济发展与土地私有制的矛盾日益尖锐。资本主义国家为了缓解这个矛盾，保证经济的发展，对土地私有权作了许多外部的限制。这个事实确凿地表明，市场经济本身的发展，不是要求土地私有制，而是要求土地的公有制。

第三，城市土地和农村土地的使用性质是不同的。城市土地主要是作为建筑地段使用的，它的主要功能是为城市生产和生活提供空间场所和基地，这就决定了城市土地具有极强的外部效应。城市土地使用中的这种外部效应和使用的公共性，必然与城市土地私人所有制发生矛盾与冲突，其实质上就是城市土地利用的公共性与城市土地私人占有性之间的矛盾。为了解决这个矛盾，在资本主义国家中，在城市土地国家所有和私人所有之间，采取了许多过渡的形式，如社会公有或者共有等。

第四，在理论上，资产阶级经济学家也不否认城市土公共利用和城市私有制的矛盾。美国土地经济学的奠基人伊利和莫尔豪斯，在他们研究城市土地经济问题时，就明确地指出了城市土地私人所有制的缺陷，认为城市土地私有制与公众利益是矛盾的。克服这些矛盾的办法，一是加强对私人土地的公共管理，二是在某些场合把私人土地变为公共土地。这就清楚地表明，在生产资料私有制的资本主义国家中，土地私有制与城市土地公共利用是矛盾的，而土地公有制不仅与市场经济不矛盾，而且是市场经济发展本身所要求的。

这一切都清楚地表明，城市土地公有制与市场经济是没有矛盾的，是完全可以相容的。但是，坚持城市土地国家所有制，绝不意味着坚持传统计划经济体制下的城市土地产权制度。传统体制中的城市土地产权结构不能适应市场经济体制发展的要求，必须在坚持城市土地国家所有制的前提下，实行土地所有权和使用权分离，国家牢牢地掌握城市土地所有权和收益权；使土地使用权商品化，建立城市土地使用权市场。这种与市场经济发展相适应的城市土地产权结构或产权制度，实质上就是城市土地公有制的实现形式。不解决建立与社会主义市场体制相适应的城市土地产权制度，坚持城市土地公有制就会成为一句空话。

(2) 城市化中土地产权问题

工业化必然引起城市化。城市化发展，不仅是一个人口非农化的过程，而且还是一个土地非农化的过程。在中国土地两种公有制并存的条件下，要把农业用地变为城市用地，改变的不仅是土地的使用性质，还有土地所有制的性质。所以，土地问题，就成为中国城市化中的一个极其重要的问题。

城市化中的土地问题，实质上就是土地产权结构和土地产权关系变化的问题，亦即土地产权制度的问题。在中国这样一个地少人多、城市化加速进行的国家，城市化中的土地产权问题解决的如何，对于中国现代化建设关系极大。必须提高对这个问题的认识。对于中国城市化中的土地产权问题，社会上存在不同的观点。但是把这些观点归纳起来，大体可以分为两种意见。一种意见是"先国有，后出让"，即通过国家征购（收）或征用，把农村集体所有的土地变为城市国家所有的土地，然后再出让给使用者。另一种意见是，允许农民把农村集体土地直接进入市场进行交易，即所谓"土地集体所有权不变，直接进入市场"的主张。

这几种主张，虽然都有一定的道理，但是从中国的实际状况从发，根据中国在传统体制下国家建设征用农村土地的经验，特别是在建设社会主义市场经济体制中的经验，最好的解决办法，还是应当按照市场经济运行的方式，由国家出面，把农业用地变为城市用地，或者说把农民集体所有的土地，变为城市国家所有的土地，然后再行出让。

在城市化中的土地产权问题上，所以会形成不同的观点，关键是土地使用性质变化引起的权利或利益关系变化。这个问题的实质，就是土地发展权及发展权的收益归谁所有的问题。所以，应当通过设立土地发展权来解决这个问题。

(3) 设立土地发展权问题

土地发展权是在现代市场经济基础上发展起来的一种土地权利。土地发展权是一种可以与土地所有权分开单独处分的财产权利。它是关于土地使用性质的变化，土地使用集约度提高的一种权利。它的含义是，土地的财产权或土地的所有权是以目前已定的使用性质、使用方向、既得权利为限，变更土地使用性质和使用方向，以及变更以后获得的收益，则属于土地的发展权。

当代世界许多国家都设置了土地发展权。纵观土地发展权设置的状况，土地发展权大体有两种不同的运行方式。

第一种运行方式是，土地发展权归土地所有权人。在土地发展权归土地所有权人的情况下，国家为了保护农业用地，防止耕地随意向城市用地转化，必须事先向土地所有权人购买土地发展权。通过这种购买，土地发展权就转到了国家手中，土地所有者无权改变土地的使用方向，从而起到保护农业用地的作用。美国的土地发展权就属于这种类型。在美国，土地发展权是土地所有权的一部分，为了保护农村的耕地，美国政府向农业土地所有者购买了土地发展权。农民虽然出售了土地发展权，但仍然可以继续耕种土地，但不能改变耕地的用途。如果经济发展要求改变土地的用途，则可以采取两种方式：或者农民从政府手中赎回土地的发展权，由农民对土地进行开发；或者国家从农民手中购买土地所有权，土地所有权与发展权都归国家所有，这时既可以直接对土地进行开发，也可以再把土地发展权出售给土地或房地产开发者。

第二种运行方式是，土地发展权属于国家所有，如果土地所有者要改变土地的使用性质，或者增加土地的集约度，必须向国家购买这种发展权。英国土地发展权就属于这种方式。英国在1947年通过的城乡规划法中规定，一切私有土地将来的发展权属于国家所有，实行了"土地发展权国有化"。也就是说，任何私有土地只能保持原有的使用性质，变更土地使用性质的权利归国家所有，即国家垄断地占有土地的发展权。私人要想变更土地的使用性质，必须先向国家购买土地发展权。如果国家需要使用农地，必须向土地所有者购买土地所有权。土地使用方向变更后，土地发展权的价值必须按变更后的使用性质确定。如果由于经济和社会发展的需要，国家变更了土地使用性质，在土地所有权不变的情况下，如果土地价值降低了，国家还必须对土地所有者受到的损失进行赔偿。

土地的发展权不限于农业用地与非农业用地之间的变化，城市土地也有发展权。法国在1975年制定了建筑物法，规定了属于土地所有权的建筑权密度（与容积率）限制，超过一定限制的建筑权则属于国家所有。土地建筑上限的密度指标，采用建筑面积与占地面积之比，即土地的容积率。如果建筑面积超过了允许的容积率，则必须按照超过的面积缴纳这部分土地的价格，即购买土地的发展权。设立城市土地的发展权，主要是为了稳定地价，实现土地所有者之间的平等与公平，并保证地方的财政收入。

土地发展权的设置，不仅可以使国家从宏观上调控全国土地的利用性质和利用结构，而且还可以消除因变更土地的使用方向引起土地所有者利益上的矛盾。

中国正处在经济大发展的时期，工业化和城市化的速度异常迅速。在城市化过程中，大量的农业用地转化为城市用地。但是，中国人多地少，人地矛盾十分尖锐。为了合理利用土地，提高土地使用效益，也应当设置土地发展权。一方面控制农业用地转为城市用地，另一方面是尽量提高城市土地的利用水平。所以，设置土地发展权，应当成为设置土地产权结构中一个极其重要的问题。

7.3 城市土地使用制度结构与城市土地使用权商品化

通过土地使用制度的改革，逐步建立了与社会主义市场经济体制相适应的城市土地产权制度，城市土地使用制度（格局）已基本形成。新的土地使用制度的基本内容是：坚持城镇土地的国家所有制；在土地公有制的基础上实行土地所有权和土地使用权分离；土地使用权作为商品纳入市场经济运行轨道，通过土地市场优化土地资源的配置，实现土地有偿使用的目标，并且使土地所有权在经济上得到实现。

具体地说就是：土地使用权出让（城镇用地的增量供给）由政府垄断经营，以便国家进行宏观调控；政府以协议、招标、拍卖的方式将规定使用期限与用途的土地提供给使用者，使用期满后将土地及地上的建筑物与其他附属物无偿收回国有，或者通过补交土地出让金，重新取得土地使用权；对于土地使用权转让（城镇存量的城市土地）则充分利用市场机制，在使用期内允许其转让、出租、抵押及其他经营活动；国家用价格、税收等方式对其活动进行调控。

7.3.1 城市土地使用权出让

土地使用权出让是由政府垄断经营的，它是政府以土地所有者的身份，将土地使用权以一定的方式、一定的出让金、一定的使用期限让渡给使用者。

依照《中华人民共和国城镇国有土地使用权出让和转让暂行条例》（以下简称《暂行条例》），出让的地块、用途、年限、价款和其他条件，由政府的土地、城建、规划、房产等管理部门共同拟定。当事人双方的合法权益均受法律保护。

土地使用权出让，可以采取协议、招标、拍卖三种形式进行。根据《土地管理法》的规定，只有国务院、省、自治区和直辖市人民政府才具有土地征用和土地出让的审批权。

必须由国务院批准的建设用地包括：第一，国务院批准的建设项目，占用土地需要农用地转用的；第二，由省、自治区和直辖市人民政府批准的道路、管线工程和大型基础设施建设项目，占用土地需要农用地转用的；第三，省、自治区、直辖市人民政府所在地的城市和人口在100万以上的城市，以及国务院指定的城市，在其建设用地规划范围内的建设用地，需要农用地转用的；第四，具体规定如下：征用基本农田，基本农田以外的耕地超过35公顷的，其他土地超过70公顷的，必须经过国务院批准。

必须由省级人民政府审批的建设用地：除了由国务院审批的建设用地以外的建设用地，都必须由省、自治区、直辖市人民政府批准。省级人民政府批准征用土地的，必须报国务院备案。

已经省、自治区人民政府批准授予设区的市、自治州人民政府审批乡（镇）土地利用总体规划的，在规划中确定的村庄、集镇建设用地规模范围内的乡镇企业、公共设施、公益事业、农民住宅的建设用地，需要占用农用地的，仍然由设区的市、自治州人民政府审批。

7.3.2 城市土地使用权转让

土地使用权转让是土地使用者将土地使用权再行转移的行为。按照《暂行条例》的规定，原行政划拨用地在补交地价款、签订有偿使用合同之前不得转让。从土地一级市场获得的土地，未按合同规定的期限和条件开发利用的，也不得转让。

土地使用权转让，应签订转让合同，进行使用权转移登记。土地使用权一经转让，原土地使用权出让合同中规定的权利与义务随之转移。

对于土地使用权转让，政府有权进行调控。当转让价格明显低于市场价格时，政府有优先购买权。当转让价格不合理上涨时，政府也可以采用经济、行政、法律的手段进行调控。

7.3.3 城市土地使用权出租与抵押

土地使用权出租是土地所有者或占有者为获取租金，将土地使用权连同建筑物及其他附着物向承租人租赁的行为。土地使用权出租须签订租赁合同，租赁合同的签订不得违反国家有关法律、法规及土地使用权出让、转让管理办法的规定。双方当事人权益受国家法律保护。

土地使用权抵押是土地使用权占有者作为抵押人，为获取资金，将土地使用权连同地上的建筑物及其他附着物作为财产保证，与提供资金的抵押权人签订抵押合同的行为。抵押期满或抵押期间，抵押人不能偿付债务或抵押人解散、破产的，抵押权人有权依照国家有关法律及抵押合同的规定，处分抵押财产，并对处分所得有优先受偿权。

7.3.4 城市出让土地使用权终止与收回

土地使用权终止与收回是由多种因素引起的：出让、转让期满或用地单位撤销、项目核准报废而由政府无偿收回；对违反土地使用权出让合同的，政府可依照《暂行条例》及合同的规定提前终止合同，收回土地使用权；正常履行合同规定，但为公共利益提前终止收回；因自然灾害造成土地灭失而终止等。

7.3.5 城市划拨土地使用权形成的产权关系

我国目前存在的划拨土地使用权，主要来源于两个方面：一是根据《土地管理法》的规定，国家机关用地和军事用地、城市基础设施用地和公益事业用地、国家重点扶持的能源、交通、水利等基础设施用地、法律、行政法规规定的其他用地以划拨方式取得国有城市土地使用权。即新增城市划拨用地；二是在传统体制下，按照传统土地使用模式划拨给城市各单位使用的国有土地。一般地说，新增的划拨土地使用权的产权关系是清楚的；在传统体制下形成的土地使用权是比较模糊的。

根据《土地管理法》以及其他有关法律、法规的规定，由于划拨土地使用权是无偿取得的，所以它的权利受到了限制。与以出让方式取得的土地使用权相比，它只有对土地的使用权，而无权转让、出租、抵押土地。这表明以划拨方式取得的土地使用权没有对土地的处分权和收益权。但是，以划拨方式取得土地使用权的人，也要对国家承担一定的义务，这就是要按照国家的有关规定，缴纳一定数量的土地使用税。这也就是，以划拨方式取得的土地使用权，享受的权利小，承担的义务也相应地小。只有这样，才能坚持土地产权中权利与义务对称或对等的原则。

目前我国城市土地使用权市场存在的许多不规范的问题，如"炒地皮"等，主要是由于存量划拨土地使用权运行不规范引起的。只有加快传统体制下形成的划拨土地使用权的改革，才能使国家更好地垄断土地一级市场，规范土地使用权市场，提高土地资源的使用效益。

7.3.6 城市土地使用权商品化

随着社会主义市场经济体制的确立、土地所有权和使用权的分离，土地产权结构的形成和发展，土地使用权出让、转让、抵押和出租等制度的建立，土地使用权市场的形成和发展，土地使用权成为商品。土地使用权商品化，为通过市场配置城市土地资源、提高城市土地资源利用效益奠定了体制和制度的基础。

---------------------- 本章小结 ----------------------

中国现行城市土地所有制为国家所有制。

新中国成立后，依据马克思主义基本原理和中国的具体情况，特别是中国城市土地不同的经济性质，即不同的所有权形态，分别采取了接管、没收、赎买和宣布城市土地国家所有等方式，把城市的各种私有土地变成了全民所有的社会主义公有的土地，即国有土地。

中国现行城市土地使用制为有偿使用制。

在计划经济体制下，城市土地曾采用划拨方式，即无偿、无期限、不流动的土地使用制度，这种土地使用制度存在诸多弊端，如国家土地所有权在经济上得不到体现，土地资源不能有效利用，特别是耕地资源浪费严重、土地使用者不公平竞争等。

为了克服以上弊端，必须对传统的城市土地使用制度进行改革。改革的根本指导思想，就是建立与社会主义市场经济体制相适应的城市土地产权制度。把城市土地纳入市场经济运行的轨道，巩固城市土地国家所有制，建立城市土地使用权市场。自1982年起，先后通过收取土地使用费，建立土地出让、转让制度，建立城市土地产权制度等方式实现了城市土地有偿使用。

当前城市土地有偿使用制度的基本内容是：坚持城镇土地的国家所有制；在土地公有制的基础上实行土地所有权和土地使用权分离；土地使用权作为商品纳入市场经济运行轨道，通过土地市场优化土地资源的配置，实现土地有偿使用的目标，并且使土地所有权在经济上得到实现。具体地说就是：土地使用权出让由政府垄断经营，以便国家进行宏观调控；政府以协议、招标、拍卖的方式将规定使用期限与用途的土地有偿让渡给使用者，使用期满后将土地及地上的建筑物与其他附属物无偿收回国有，或者通过补交土地出让金，重新取得土地使用权；对于土地使用权转让则充分利用市场机制，在使用期内允许其转让、出租、抵押及从事其他经营活动；国家用价格、税收等方式对其活动进行调控。

复习思考题

（一）名词解释

土地所有制　土地所有权权利束　土地使用权权利束

（二）简答题

1. 简述土地所有制和土地所有权的相互关系。
2. 中国城市土地为什么要实行国家所有制？
3. 土地使用制度改革的基本内容是什么？
4. 中国法律规定哪些用途的土地仍可采用划拨方式？

（三）论述题

5. 中国城市化过程中应采取什么样的土地所有制？

第8章 城市住宅制度与住房制度改革

【学习提要】 学习本章，深入了解有关住房制度以及当代世界各国面临的一个重大的社会共同问题——住房问题，正确认识住房经济性质、深化住房改革、完善与社会主义市场经济相适应的住房制度建设对于促进我国经济社会发展、构建社会主义和谐社会、切实解决居民的住房问题，有着极其重要的意义。

【关 键 词】 住房问题 住房政策 住房制度改革 住房制度建设

8.1 住房制度与住房政策

所谓住房制度，就是指的在一个国家或地区范围内有关住房供给、分配或交易、消费的一系列规则和约束。具体来说，各国住房政策、住房立法的基本理念、住房行政机构与管理模式、面向不同收入层次的住房供应制度安排都属于住房制度的范畴。

8.1.1 住宅问题是当代世界各国面临的共同问题

城市住宅是18世纪产业革命和城市化的产物。社会从以农业和手工业为主的生产方式转变到以利用机器为主的大工业生产方式，人类也就从传统落后的农业社会前进到先进的城市社会。城市或城市社会也使人类的居住状况从广大分散的乡村，走向具有一定规模，聚集了各种先进设施和条件的城镇。城市化改善了居民的居住条件，同时也产生了许多新的问题，如住房拥挤、交通堵塞等等。这就是18世纪产业革命以后，在城市化过程中形成的"住宅问题"。

所谓住宅问题，主要包含三个方面的含义：一是住宅数量短缺，即住宅数量不能满足居民居住的需要。二是住宅质量不符合要求，即住宅质量不高，住宅不能满足居民对现代化生活的要求。三是住宅分配上的两极分化，即住房苦乐不均，一部分人不仅居住的是高档别墅，而且还占有大量闲置的房屋；另一方面，大量的城市居民，居住的房子不仅面积小，而且质量差，甚至还有少数人无家可归。住房问题已成为当代国际社会各界高度关注的一个重大问题。

第二次世界大战之后，关心城市住宅问题的人越来越多，研究内容越来越广。1976年，联合国统计委员会提出了11个领域的社会指标，其中人口、家庭与居住、住房与环境等三个领域都直接关系到住宅问题。

1982年，联合国宣布1987年为"国际住房年"，呼吁各国政府为无房者提供住宅。

1985年12月17日，联合国成员一致决定1990年10月1日为"世界住房日"，从而在全世界掀起了研究和解决住宅问题的高潮。

1990年7月3日至6日，国际社会学联合会住宅与环境建设工作委员会组织的第4届城市住宅问题国际研讨会在巴黎举行，参加会议的有来自包括中国在内的56个国家与地区的近700名代表。会议讨论了"大城市住宅问题的分化与极化"；"城市住宅生产"；"居住环境，城市空间、安全、危险"；"住宅与公共政策"；"住宅使用状况"；"生活方式变化与居住环境的演变";"住所的流动性与城市变迁";"旧房复兴,新房建设与城市改造"8个方面的问题。

1994年,城市住宅问题国际研讨会在北京举行。这次会议对当代住宅问题进行了广泛的研究。

总之,进入20世纪,"为所有居民提供符合人类尊严的适宜的住房"已经成为时代发展的重要内容或重要问题,探讨解决住房问题的政策、方法、措施已经成为全球性的重大研究课题。

8.1.2 当代世界住房模式

当代世界各国在解决城市住宅问题时,形成了不同的模式,采取了相应的方针、政策、方法和措施,所取得的许多经验和教训,对于我国住房制度改革和解决我国城市居民住房问题,都有着重要的借鉴意义。

如果以住房商品化与住房福利性或住房保障相结合的方式,以及公共住宅在住房总量中所占的比重作为标准,可以把各国的住房模式分为四种类型。

第一类是实行住宅商品政策为主的国家,如美国、日本。在美国,大约有2/3的家庭拥有自己的独立住宅。据1970年的资料,美国属于政府投资的公有住宅只占2.2%,属于私人投资的住宅则占到97.8%,这其中得到政府资助的私人住宅占29%,纯属私人投资的住宅占68.8%。对于那些无力购买自己住宅的低收入家庭,政府提供直接的租贷援助。日本在第二次大战以后,住房短缺的问题十分严重。政府采取了私人建房为主、政府和公共团体建房为辅,广集资金,多头并举的方针。参加住宅建设的有公库、公团、公社等社会团体和组织,以及居民个人,同时政府对低收入家庭进行补助。

第二类是实行住宅商品政策兼福利政策的国家。如原联邦德国、法国、荷兰等国。它们主要是通过政府提供低息贷款,资助社会团体和个人建造房屋,同时实行住房补贴的政策。在住房总量中,社会公共住房约占全社会住房的40%~60%。

第三类是实行住房福利政策为主的国家,如前苏联、朝鲜等国。前苏联于1928年4月通过的《关于住房政策的决议》,确立住房低租金、福利制的政策模式。朝鲜对城市住宅实行统一规划、统一投资、统一设计、统一施工、统一分配(即由国家包下来),以及房租一般不超过家庭收入5%的低租金的政策,这也是国家包、低租金的住房福利制的模式。

第四类是实行住房福利政策兼有商品政策的国家,如匈牙利、罗马尼亚等。匈牙利自1960年改变了住房由国家包下来的办法,注重发挥经济杠杆作用,调动国家、集体和个人的积极性,从而加快了住宅建设,居民自有住房所占的比例逐年上升,到1984年已经占到住房总量的85%。罗马尼亚在解决居民住房问题时,主要采取了三个办法:一是国家建房分配给职工,实行高薪高房租、低薪低房租的政策;二是国家统一建设住宅楼,以长期贷款方式出售给职工;三是职工自筹资金,或是向国家贷款,自己建造住宅。

在各国的住房实践中,一个国家究竟实行什么样的住宅政策,不仅与其经济发展水平有关,而且也脱离不了它的政治制度及历史、地理条件。就是在一个国家内,在不同历史时期、不同的经济发展水平条件下,所采取的住宅政策也不会完全相同。

总的来说,当代各国在解决住房问题时,都采取了多种政策、多种形式,即多元化组合模式。这就是世界各国解决住房问题的基本模式,也是各国解决住房问题的基本经验。

8.1.3 当代世界住房政策

在当代市场经济条件下，市场调节总是与国家干预相结合的，当然在不同的领域，结合的程度与方式存在着差异。由于住房问题的特殊性，所以在解决居民住房问题时，国家都不同程度地进行了干预。国家对住房问题的干预主要是通过住房政策进行的。在西方城市与住宅问题的学科与学术著作中，一般都是把中央与地方政府出面干预与解决住房问题的手段和方法统称为住宅政策。世界各国的住宅政策千差万别，但是主要的宗旨都是为了解决住宅的供给与需求的问题。有的是注重住宅的分配，力图使城市居民都能达到本国政府所规定的住房服务标准。例如，对低收入阶层居民进行经济补助，帮助他们改善居住条件，促使他们缩小在居住条件上与其他阶层的差距。还有的国家是注重扩大住房存量，增加供给，纠正市场经济条件下住房市场中出现的供求不平衡现象，确切地说是"市场失灵"的问题。一般采取的具体政策或干预的主要手段是行政的、法律的和经济的手段等。

1. 国家解决住房问题的行政手段

解决居民住房问题所采取的行政手段主要是设置各级行政管理机构，实施行政管理与监督。美国政府设有住房与城市发展部，下辖公众住房局和联邦住房管理局，主要任务是帮助中、低收入的家庭解决住房问题。法国各城市都设有住宅建设管理局，例如巴黎市政府设有建设与住宅管理局，主要负责执行房地产政策，下达修整与拆除旧房屋的指令，对私人房产加以管理，负责首都住宅建设与管理等；此外，还设有低租金住宅管理局，全国各个城市及乡镇都有它的分支机构。日本住宅建设与管理的行政机构主要是官方的建设省及其下属的住宅局，此外还有贯彻执行某项法令或政策的具体机构，如"住宅金融公库"、"日本住宅公团"和"宅地开发公团"，以及由这两个公团派生出来的"住宅都市整备公团"。新加坡政府在国家发展部下设立了房屋开发局，负责建房、租房及售房等方面的一切行政管理工作。

2. 国家解决住房问题的法律法规

法律手段是国家对住宅问题进行干预的核心手段，也是住宅管理的根本依据。世界各国都颁布了关于住房问题的各种法规，以保证居民居住权和有关部门对住房进行有效的管理。英国有居住法（1925年设立）；美国有联邦住宅法（1949年），征用公管住宅法（1965年），住宅城市开发法（1968年），住宅社区开发法（1974年）；原联邦德国有住宅建设法（1950、1957年）；瑞典有新住宅法等。日本进行住宅建设的主要措施就是制定法律、法令，使方针、政策通过立法手段强制贯彻。1945~1980年，日本制定的直接、间接与住宅建设方面有关的法律、法令约40多个，如《公营住宅法》（1951年）、《日本住宅公团法》（1955年）、《宅地开发公团法》（1975年）、《地租、房租统制令》（1946年）、《宅地与建筑物交易法》（1952年）、《新住宅市街地开发法》（1962年）、《劳动财产形成促进法》（1971年）等。前苏联及东欧国家也都各有一套完整的住宅法律，苏联公民的住房权是受宪法保护的。此外，前苏联还颁布了《住房立法原则》，对有关住宅问题作出详细的立法规定。波兰在《民法典》中对住宅所有制、住宅合作社都有具体规定，并在1974年颁布了《住宅法》。

3. 国家解决住房问题的经济政策

世界各国政府干预住宅问题的经济手段主要是制定住宅发展计划，政府投资建房，统管房租及住宅补贴等。

(1) 制定住宅发展计划及住房发展战略

为了解决居民住宅问题，许多国家政府都制定了住宅发展计划或发展战略。澳大利亚于1987年制定了住宅长远发展计划。日本在1952～1980年先后制定了8个短期（3年）、中期（5年）或长期（10年）住宅建设计划。众所周知，新加坡住宅问题解决得比较好，主要是由于政府干预。新加坡政府根据不同历史时期，提出三个不同的目标：第一，大规模兴建低标准住房；第二，提供设备齐全的居住环境；第三，实现"居者有其屋'的住房自有化。为此，新加坡政府制定了6个建房五年计划。从1985年开始，为了适应居民住房现代化的要求，新加坡政府放慢建房速度，拆除第一、第二两个五年计划兴建的应急住房，采用先进的技术和建筑材料，建造造型美观、设备现代化的住房，同时建立新型的住宅管理模式，鼓励居民和社会参与住宅管理，力求建立环境优美、生活现代化的居住区。

(2) 对房租实行统管政策

房租统管政策，就是通过国家立法，对各类出租房屋的租金实行限价，防止房租暴涨，保护住房消费者的利益。在英国，政府历年都设立有租金法案，实行房租管制。在德国，政府规定房主不得任意提高房租，也不得为了提高房租解除房屋租赁合同，只有当同类住宅房租普遍上涨时，才允许房主增加房租。在前苏联，自1928年以来，除了在1962年对部分房屋租金进行了调整外，房屋租金基本没有改变。

实践证明，控制房租政策，有利也有弊。从积极方面看，控制房屋租金，有利于解决低收入居民的住房问题，但是由于统管下的房租一般都比住房市场上同类住房价格要低，不仅导致了出租房屋的供给量减少，而且还刺激了住房需求的增长，从而加剧了住房供给与需求的不平衡。所以，房租统管政策有一定的局限性。于是有些国家，如瑞典，采用了房主与房客协商谈判房租的方法。但是，为了保护房客（租房者）的利益，防止房主随意提高租金，便组织了"瑞典租房者协会联盟"，专门负责每年住房租金的谈判，以便形成合理的住房租金。

(3) 实施公共住房政策

公共住宅或公共住房，法国称为社会住宅，瑞典称为公益住宅。虽然名称不同，但基本含义是一致的，都是由中央或地方政府投资建造，专门用于低价出租或出售的公寓住宅楼。这类住宅，在质量上基本符合国家规定的建筑、功能和设施设备的标准。当然，随着时代的变化与经济的发展，住宅质量等方面的标准也在不断地提高。例如在法国，20世纪60年代兴建的大批低租金住宅，到了20世纪80年代，质量标准已经不能满足居民生活的需要，为此进行了改建。目前法国建设的公共住宅，在质量上有了很大的提高，既解决了低收入居民的住房问题，又使住宅能够符合现代居民居住生活的标准。

实行公共住宅政策时，必须注意两个问题：一是公共住宅的供应必须真正做到面向低收入阶层；二是公共住宅价格必须控制在低收入阶层能够承受的范围内。搞不好，政府提供的公共住房就会被高收入阶层的占用，不仅低收入阶层得不到政府的住房补助，而且还会使高收入阶层与低收入阶层的居住差距进一步拉大，背离公共住房政策预期的目的。为了防止这种情况发生，一些国家与地区，如瑞典、荷兰、法国、日本、新加坡及中国香港等，都采取了相应的调控政策措施，如制定入住公共住宅的条件、进行家庭收入水平登记等，以保证低收入阶层的住房问题。

实行公共住房政策，一般都采取两项措施：一是免费或划拨供应土地；二是在资金上给予支持。通过这两项措施，就可以有效地降低住房的价格。

(4) 鼓励住宅自有自用化政策

住宅自有自用化，就是自己拥有自己的住房，或者自己的住房属于自己所有。新加坡等国倡导的"居者有其屋"政策，以及一些国家鼓励个人建房、买房的政策，都是属于住房自有自用化这个政策范畴。

第一，鼓励居民个人建房、购房。西方各国，由于生产资料私有制和市场经济体制，住房问题历来是由居民自己解决的。进入20世纪80年代后，由于居民收入水平普遍提高，个人解决住房能力普遍增强，城市住宅问题的尖锐程度逐步降低；同时，为了减轻国家财政负担，许多国家采取了鼓励住房私有的政策。

第二，设立群众性建房基金会，发展住房合作社，提倡合作建房。社会集资建房也是普遍采用的一种住宅发展战略。土耳其、葡萄牙、日本等国通过建立群众建房基金会，从社会生活活动中征集建房资金。住房合作社不仅可以缓和住房紧张的矛盾，减轻城市政府的压力，而且有力地推动了城市低收入阶层住房自有自用化的发展，成为群众性的互助协作的服务型公益团体。因而受到各国政府大力支持与扶植。

(5) 推行住宅补贴政策

国外的住宅补贴办法一般分为人头补贴和住宅实体补贴。所谓住宅人头补贴，是按家庭人口数计算发给家庭住宅补贴。其意图是扩大低收入家庭的总收入，或者说扩大这类家庭的住房支出，间接地刺激低收入家庭的住房需求。为了使这部分补贴真正起到改善居住条件的作用，许多国家，如荷兰、瑞典，对取得这项补贴的条件都有所限定。住宅实体补贴，在荷兰、法国被称为"砖头补贴"，它是把津贴费直接补助在建房、买房和租房中。为了实施这项政策，首先要制定出居民所应达到的住房服务的最低标准，然后再规定为达到这一标准所需付出的住房费用占家庭总开支的比率。当实际住房消费支出超出规定标准时，政府对超出部分给予补助。住宅实体补贴对扩大低收入阶层的住房需求起着重要的作用。收入越低的家庭，得到的补贴越多。但是只有能够住进公共住宅的家庭，才能得到补贴。要想取得到公共住宅，目前在许多国家都需要排队等待相当长的时间，因而也就得不到补贴，此乃这项政策的弊病。目前许多国家都倾向减少住宅实体补贴，朝加大住宅人头补贴方向发展。

各国经验表明，住房问题的解决只有在政府干预下才能取得成功。尤其是在人口众多、经济不发达的国家，没有国家的参与，住房问题是不可能得到解决的。

8.2 住房制度改革与住房商品化

8.2.1 住房制度改革的必要性

我国传统住房制度是在20世纪50~70年代经过20多年的时间，随着传统计划经济体制建立而建立起来的。传统住房制度是传统计划经济体制的重要组成部分，是与传统经济体制相适应的。

传统住房制度最基本的特征是：国家包；福利制（低租金）；所有制单一；政企不分。

传统住房制度的主要弊端是：①行政性的实物分配，不仅违背了按劳分配的原则，成为住房分配不公的重要原因,而且实物分配和低租金,使投资有去无回,无法实现住宅简单再生产和扩大再生产;②实物分配和低租金以及没有固定的投资渠道,无法使住宅业形成产业,严重地影响和制约着房地产业、建筑业和建材业的发展。

传统住房体制实施的结果最终导致了住房短缺,而且也永远无法满足住房消费者不受经济承受能力制约的对实物巨大需求的欲望。它进一步加深了住房供求矛盾,使住房问题成为经济社会发展中的一个十分敏感的问题。

摆脱住房供求矛盾、解决我国居民住房问题的唯一出路就是进行住房制度改革,建立与社会主义市场经济体制相适应的住房制度,即把住房纳入市场经济运行的轨道。

8.2.2 住房制度改革理论

住宅经济理论是指导住房制度改革的理论基础。住房制度改革理论主要是关于从传统住房制度过渡到与社会主义市场经济体制相适应的住房制度的理论、方针、政策,并由一整套操作方式和方法所构成。

我国住房制度改革理论是邓小平关于中国特色社会主义理论的重要组成部分。1980年,邓小平针对当时人们十分关心的住宅问题发表了许多重要的讲话。他明确地指出:"关于住宅问题,要考虑城市建筑住宅、分配房屋一系列政策。城镇居民个人可以购买房子,也可以自己盖。不但新房子可以出售,老房子也可以出售。可以一次付款,也可以分期付款,10年、15年付清。住宅出售以后,房租恐怕要调整。要联系房价调整房租,使人们感到买房合算。因此要研究逐步提高房租。房租太低,人们就不买房子。繁华的市中心和偏僻地方的房子,交通方便地区和不方便地区的房子,城市和郊区的房子,租金应该有所不同。将来房租提高了,对低工资的职工要给予补贴。"这些理论观点,即实行住宅商品化,把居民住房纳入社会主义市场经济运行轨道,不仅为我国住房制度改革提供了理论依据,而且为我国住房制度改革规划了发展的方向。

依据邓小平关于住房制度改革的理论纲领,随着住房制度改革实践的发展,我国住房制度改革理论体系也逐步完善。

1. 住宅商品性与住房商品化理论

在住房制度改革的初期,住宅是不是商品,或者说,在社会主义条件下住宅能否成为商品,无论在理论部门,还是实际工作部门,这一问题都成为各方争论的焦点。反对住宅商品性和住宅商品化者的主要理论观点是:把住宅作为商品,实行住宅商品化,是与社会主义生产资料公有制相矛盾的;实行住宅商品化,把住宅卖给职工,就会削弱社会主义公有制。主张住宅商品性与住宅商品化的观点是:必须把生产资料与消费资料区分开来,在社会主义社会中,生产资料是属于公有的,消费资料是属于个人所有的;消费资料的个人所有制,并不妨碍生产资料的公有制。通过不同观点在理论上的交锋,逐步取得了一致的看法,即住宅商品性、住宅商品化理论观点。这一观点的确立,为当时住房制度商品化的改革奠定了理论基础,推动了住房制度商品化改革的实践。

2. 住房二次分配理论

所谓住房二次分配理论,就是在国民收入分配关系中,国民收入第一次分配,即国民收入初次分配,进一步说就是职工以按劳分配取得的工资收入是不包括住房消费的;只是在国民收入第二次分配中,即国民收入再分配时,通过财政方式才实现了住房分配,或者说才形成了住房消费基金。这种分配方式,完全是由传统住房体制决定的。在传统住房体制下,住房实行国家包、低租金、福利制的住房制度,职工住房由国家包建、包分、包管,这就决定了在国民收入第一次分配中,国家必须把包含在职工工资中的住房消费基金以积累基金的形式集中起来,通过财政渠道全部上缴给国家;然后国家用集中起来的职工住房消费基金建成住宅,再以实物形式分配给职工。这就是二次住房分配。

住房二次分配理论清楚地描述了传统住房体制中的住房资金运行渠道,也就明确了住房制度改革的方向和根本任务,即理顺住房资金运行渠道,把二次分配改为一次分配,在国民收入第一次分配中,将住房消费基金纳入职工的工资中,然后职工用住房消费基金到住房市场上购买或租赁自己需要的住宅。这样就可以实现住房商品化,并通过住房市场实现住房资源优化配置,从而把住房纳入市场经济运行轨道。

3. 职工工资与住房消费基金关系理论

这个问题是对住房二次分配理论的补充和进一步说明。在传统体制下,职工工资中是否包含住房消费?如果包含住房消费基金,那么包含多少住房消费基金?这是住房制度改革中的一个重要理论问题。有些学者根据职工工资构成要素,进行了系统的统计和计算,基本看法是:传统体制下,职工工资中包含着少量的住房消费基金,但不包含全部住房消费基金。传统体制下的住房运行实践也可以说明这种情况:职工工资中包含少量住房消费基金,所以使职工有能力缴纳住房的低租金;职工工资中大部分住房消费基金上缴国家财政,所以国家才有能力为职工建造和维修住宅。

住房二次分配理论用公式表示就是

$$W = C + V_1 + (V_2 + M_0)$$

式中,W 为产品的价值;C 为生产资料转移过来的旧价值;V_1 为职工的工资;V_2 为职工工资中的住房消费基金;M_0 为职工向国家上缴的利税。

住房二次分配理论,特别是职工工资是否包含住房消费基金;如果包含住房消费基金,究竟包含多少的问题不仅有重要的理论意义,而且有重要的实践价值。因为这个问题决定着住房制度改革方案中住房补贴,以及提高住房租金是否发放补贴,补贴多少,向职工出售房改房价格如何确定等一系列问题。

4. 住房产权理论

住房商品化,即住宅作为商品,就涉及到了产权关系的问题。经济学理论认为,产权不明晰的东西就不可能成为商品,自然也无法进入市场进行交换。住房产权从本质上来说是一种存在于土地之中的排他性权力,包括房屋的所有权、使用权、抵押权、继承权、处分权等等。住房产权问题实质上就是住房归谁所有,是住房商品化的核心问题。在住房改革理论和实践中,涉及住房产权的问题主要有三个层次。

第一层次,改革前的存量房属于谁的问题。是属于国家的,还是属于职工的?还是国家与职工共有的?这个问题涉及到低价售卖存量住房是否关涉国有资产流失的问题。对于这个问题也存在着不同的认识。按照住房二次分配的理论,有理由认为,国家为职工建设的住房是国家用扣除的职工住房消费基金建设起来的,理应属于全体职工。低价出售房改住房不涉及国有资产流失,只涉及住房在职工内部重新分配的问题。

第二个层次,房改过程中曾经出现过优惠价售房、成本价售房等不同的售房价格形态,由此形成了不同的住房产权。以优惠价购买的房改房,职工拥有部分产权;以成本价购买的房改房，职工拥有完全产权。但是，由于房改房的价格不包含土地出让金，所以房改房如果上市出售，进入存量房市场时，必须补交土地出让金。

第三个层次，如果职工在住房市场上购买的是商品房，职工拥有包括土地使用权在内的住房完全产权。这种商品房再进入市场，不需要补交土地出让金。

所以，住房产权问题也是住房制度改革必须明确的问题，是住房商品化的核心问题，亦即通过住房市场实现住房资源优化配置的经济和产权制度的基础和前提问题。

5. 住房供应体系理论

住房的供应体系作为生产或提供住宅物品或劳务的一套体系，可基本区分为市场供给体系、福利保障体系。

在住宅供应体系形成过程中，国家经济体制为主要决定因素。一般，一国实行计划经济体制，主要实行住宅计划供给体制；一国实行市场经济体制，主要实行住宅市场供给体制。同时，以一种供给体系为主的住宅供给，不排斥另一种供给体系。

我国住房制度改革的目标，就是实现住房商品化，把住房纳入市场经济运行的轨道，通过住房市场优化配置住房资源。但是，住房又是一种特殊的商品，具有多种功能，它不仅是居民的生存资料，还是居民的发展资料和享受资料。住房作为居民的生存资料，是居民最必需的消费资料，这一点就决定了住房具有社会保障的性质。联合国《住房人权宣言》中明确规定，每一个国家的政府都负有为居民提供住宅的义务。我国在进行住房制度改革，推进住房商品化，把住房纳入市场经济运行轨道时，必须充分考虑到住房的性质与特点，即住房的社会保障性问题，才能建立起住房商品化与住房社会保障性有机结合的住房供应体系（体制）。具体地说，建立与社会主义市场经济体制相适应的住房供应体系（体制）应当是：向高收入家庭供应商品房，住房实行市场价格；向中等收入家庭，供应经济适用住房，实行国家指导价格；向低收入家庭供应廉租房，国家对租金进行补贴。住房供应体系确立的理论根据与主要内容，就构成了住房供应体系的理论。住房供应体系理论体现了住房市场机制与住房社会保障制度的有机结合，是社会主义市场经济体制的重要构成部分，是住房制度改革的理论创新。

8.2.3 住房制度改革的过程

1980年4月，邓小平同志在同中央负责同志的谈话中提出了住房制度改革的方向和一系列政策思想。同年6月，中共中央、国务院在批转《全国基本建设工作会议汇报提纲》的文件中，宣布了我国将实行住房商品化政策，揭开了我国城镇住房制度改革的序幕，开始了住房制度改革的实践。迄今，我国住房制度改革大体上经历了四个阶段。

第一阶段（1980~1985），出售公房试点时期。1982年，在郑州、常州、四平、沙市进行首批试点，实行"三三制"补贴出售公房（即按新建住房的土建成本价出售，个人支付售价的1/3，其余分别由政府和单位各补贴1/3）。

第二阶段（1986~1993），改革低租金、提租补贴、租售结合、以租促售和配套改革时期。1986年，国务院组织烟台、蚌埠、唐山三市制定住房制度改革试点方案，进行住房制度改革试验，出现了著名的住房制度改革的"烟台模式"。

第三阶段（1993~1998），综合配套、全面推进时期。为进一步深化住房制度改革，国务院于1993年召开了全国第三次住房制度改革会议。根据这次会议的精神，1994年7月，国务院颁发了《关于深化城镇住房制度改革的决定》（国发［1994］43号文件），要求建立与社会主义市场经济体制相适应的新的城镇住房制度，实现住房商品化、社会化，并进一步完善了配套改革的内容和政策，要求全面推行住房公积金制度、积极推进租金改革、稳步出售公有住房、加快经济适用住房建设。同时还要求各地制订2000年前的改革规划，2000年租金原则上达到占双职工家庭平均工资的15%；公有住房出售实行规范核算标准价、成本价的统一政策。

为了不断地提高中低收入群体的住房水平，解决他们的住房问题，从1995年开始，我国政府大力推动经济适用住房建设（国家安居工程），有力地促进了我国住房建设的发展。

第四阶段（1998～2007），制度变革、实质性突破时期。1996年末到1997年初，中央提出要把住房业培育成新的经济增长点和消费热点。国家"九五"计划明确提出：我国房地产增加值每年以18%的速度增长，占GNP的比例从3%提高到3.5%；住房建设投资规模占全社会固定资产投资规模的比例保持在13%左右；城镇人均居住面积到2000年达到9平方米，人均住房使用面积达12平方米。

为刺激住房消费，彻底结束长期以来实行的实物分房制度，国务院在1998年6月召开了第四次全国城镇住房制度改革与住房建设工作会议，并于7月份下发了《国务院关于进一步深化城镇住房制度改革，加快住房建设的通知》（国发［1998］23号文件），进一步明确了住房制度改革和住房建设的方针、政策。改革的指导思想是：稳步推进住房商品化、社会化，逐步建立适应社会主义市场经济体制和我国国情的城镇住房新制度；加快住房建设，促使住房业成为新的经济增长点，不断满足城镇居民日益增长的住房需求。

改革的目标：一是停止住房实物分配，逐步实行住房分配货币化；二是建立和完善以经济适用住房为主的多层次城镇住房供应体系；三是发展住房金融，扩大金融服务；四是培育和规范住房交易市场。

随着住房制度改革的推进，在我国延续了几十年的实物性、福利性的住房分配制度彻底结束，初步建立了与社会主义市场经济体制相适应的住房制度和住房政策。

8.3 住房货币分配与配套政策

住房货币分配有利于理顺住房资金运行渠道，彻底改变传统住房实物分配和福利制形成的各种经济关系和产权关系，是建立住房新体制必不可少的经济与体制基础。

8.3.1 变住房实物分配为货币分配

1998年，全国第四次住房制度改革会议出台了《国务院关于进一步深化住房制度改革，加快住房建设的通知》，明确提出了停止住房实物分配，实行住房分配货币化和相应的政策。

住房分配货币化从制度上保证工资中的住房消费基金专门用于职工租房和买房。单位不再为职工建造和直接分配住房，职工必须用工资中的住房消费基金到住房市场上购买和租赁住房，从而形成了住房市场上的需求主体和对住房的有效需求，有力地促进了住房与房地产业的发展，加速了住房建设向综合开发、配套建设转变，以及住房管理由物业公司进行社会化、专业化管理。

住房分配货币化有利于激活住房交易市场，盘活存量房，发展住房二级市场，实现一、二、三级住房市场联动，加快住房市场化的进程。

由于住房消费的特殊性，住房分配货币化在增强住房购买力的同时，也增大了对房地产金融机构的依赖，从而促进了房地产金融的发展。由于房地产金融机构的资金大部分来源于居民储蓄和住房公积金，随着住房分配货币的发展、居民住房储蓄水平的提高、房地产金融业的发展，最终将形成居民住房消费、居民住房储蓄、住房金融业相互促进和发展的良性循环关系。

8.3.2 住房货币分配方式和住房补贴政策

住房货币分配或转化住房消费基金的途径，就目前来说，基本采取了三种方式：第一是增加工资，即把住房消费基金直接纳入职工的工资中；第二是建立住房公积金。在住房公积金中，单位与职工是按照同一比例缴存的，单位给职工缴存的部分实际上就是住房基金量化给个人的部分；第三是发放住房补贴，即以货币的形式补充工资中住房消费的不足部分。从住房分配货币化实践情况来看，建立住房公积金和实行住房补贴是当前实行住房货币化的主要途径。

由于各类城市发展水平和规模的不同，决定着职工收入水平和住房价格水平等也不完全相同，因此可以因地制宜，实行不同的住房货币方式。比如，按照全国房改会议的精神，如果房价收入比（即当地一套60平方米的经济适用住房价格与当地双职工家庭的年收入比）在4倍以下的地区，主要是通过建立住房公积金的方式，实现住房货币化；如果房价收入比在4倍以上的地区，主要实行住房补贴和提高公积金缴交率的方式。

发放住房补贴，也可以实行不同的方式。一种是按月补贴的方式，即规定住房补贴的发放年限，按月随同工资一起发放。另一种是一次性补贴的方式，即职工在购买住房时，一次性给予补助。

各地住房货币化的实施方案，虽然在住房补贴方式和额度上存在着差异，但是在总体上，有着许多共同点：①推行住房分配货币化是从有条件的行政和企事业单位开始的；②凡实行住房分配货币化的单位不再建房和分房；③在实行住房分配货币化过程中，把原来住房中的暗补转变成明补，让职工根据个人的承受力和爱好去市场上选择自己满意的住房；④在实行住房货币化过程中，逐步开放住房二级市场，并实行商品化运作；⑤多数地区对住房补贴资金实行了专项管理的方式，从而保证了补贴资金的固定投向。总之，住房分配货币化方案的实施，大大推进了住房商品化、社会化的进程。

8.3.3 建立住房供应新体制

新的住房供应体制的核心问题就是根据家庭收入水平的不同，确立不同住房供给方式。总的思路是：对高收入家庭，供给档次较高的商品房，实行市场调节价；对中低收入家庭，供给经济适用住房，实行政府指导价格；对于低收入家庭，由政府供给廉租住房，实行政府定价的政策。

建立住房供给新体制，必须做好两个方面的工作：一是划分居民收入线的标准，二是加快经济适用住房的建设。由于各地经济社会发展水平不同，所以收入线的标准也是不同的。一般来说，最低收入户占全部职工家庭总数的10%左右，中低等收入户约占职工家庭总数的80%左右，高收入户约占职工家庭总数的10%左右。就住房供应来源来说，按照一般规律，高收入家庭的商品房主要是通过房地产市场由开发商供给的，最低收入家庭的廉租房，主要是通过对旧房进行改造加以解决，所以住房供应新体制住房建设的重点是经济适用住房建设。

在经济适用住房建设上，要注意解决两个问题：①关于住房价格问题。目前我国一些大城市的住房价格偏高。住房价格偏高主要表现在两个方面：一是住房价格与居民家庭收入水平相比差距太大。根据各国住房价格与居民家庭收入关系的比例，大体保持在1∶6左右，即一套普通住房的价格，等于居民家庭年收入的6倍左右，而我国住房价格与居民家庭收入之间的比例高达10多倍甚至20多倍；二是房屋价格上涨的幅度超过了物价上涨的幅度。②要不断地提高经济适用住房建设的质量。经济适用住房的质量包括工程质量，功能质量，环境质量，服务质量。为了保证经济适用住房建设的质量，国家规定从1998年9月1日起，所有房地产开发企业销售的住房，包括经济适用住房，都必须实行"两书"（即《住房质量保证书》和《住房使用说明书》）制度。为了加强经济适用房的建设，中央决定把"安居工程"并入经济适用房的建设中，增大经济适用房的供给，大力解决居民住房的问题。

8.3.4 理顺存量公房出售价格和住房产权

通过出售存量住房，推动住房商品化、社会化，是我国住房制度改革的重要特色。但是在公房出售中，需要进一步解决三个方面的问题：一是价格问题，二是产权问题，三是进入市场问题。

为了解决存量公房出售中的价格问题，学术界与政府主管部门根据房改实践，进一步提出了改革的思路和解决方案。

1. 根据职工工资构成状况确定存量公房出售的基准价格

确定存量公房出售价格，首先必须考虑职工工资构成和收入水平，存量公房是与传统体制下的低工资、实物分配相对应的。从国家方面看，存量公房享受了政府在土地、资金等方面的优惠；从个人方面看，职工工资中虽然未包含住房消费基金，但是住房消费体现为住房实物。因此，存量公房出售价格应当以房改前职工工资中不包括住房消费基金的工资收入为标准。同时，考虑到相当多的存量公房是在短缺经济条件下建造的，无论在户型设计上，还是功能完善方面都存在着许多问题，基本属于解困房的水平。因此，住房出售价格应当以职工家庭年平均收入3～4倍的标准确定。以这样标准确定的存量公房的基准价格，大体上与一般所说的成本价相近。这样的价格水平既不会给一般工薪家庭造成过重的负担，又可以有效制止贱价售房，同时还可以缩小有房户与无房户的受益差别，体现了公平与效率兼顾的原则。

2. 存量公房出售价格中的折旧因素

存量公房出售价格的确定，还要根据房屋使用年限，按照一定的折旧率，在基准价格的基础上进行扣减。

3. 关于存量公房出售价格中的区位因素

由于存量公房所在区位不同，如果存量公房的出售价格不体现区位的差别以及不同区位公房所具有的不同保值增值能力，就会造成新的利益分配不公。为了解决这个问题，应当将存量公房的区位定级与城市土地分等定级相结合，然后确定存量公房实际出售价格。

按照这样的方法确定的房改房出售价格，城市居民绝大部分是买得起的，在经济承受力方面基本是没有问题的。

另外，如果在公房出售中，只出售公房的使用权或出售部分产权，也引起了许多问题。为了解决这些问题，国家决定，出售公房一律采用成本价，职工通过购买公房行为，取得住房的完全产权。解决了住房产权问题，也就解决了房改房或职工购买公房后上市流通的问题。

8.3.5 住房租金市场化

住房制度改革的实质就是要改革传统住房的"福利性"，因为出售或出租只是形式。如果把现在"福利性"的低租金提高到市场化租金的水平，公房出租的形式也同样是与市场经济体制相适应的。即使当代住房自有化程度较高的美国、澳大利亚和新加坡，仍有相当多的居民家庭是通过租赁方式解决住房问题的。

住房租金市场化的改革，一方面要考虑房屋租售的比价，另一方面还要考虑居民的承受能力。但是，房屋租金的市场化是住房制度改革的方向和最终目的。

8.3.6 住房货币分配配套政策

住房制度改革是一项巨大的系统工程，要顺利实现住房制度货币化分配改革，还必须进行配套改革，并且根据各地的具体情况，完善相应的配套政策：

1. 建立健全政策调控体系

住房是人类生存最基本的要素，由此决定了国家必须承担起保障"居者安，有其屋"的义务。为此，各国都毫无例外地对住房问题进行干预。虽然各国干预的侧重点不同，但对住房市场的调节通常都是服从于社会经济发展的目标。

我国住房制度改革的总体政策方向已经确定，并不断出台新的政策。但是至今还未建立起完善的配套调控政策体系，或者说调控体系未能达到预期的目的。所以，尽快建立起适合我国国情的政策调控体系，是保障住房制度改革顺利进行的极其重要的任务。

2. 建立公积金保值增值体系

1994年7月，国务院在43号文件中明确提出"全面推行住房公积金制度"，"住房公积金由在职职工个人及其所在单位，按职工个人工资和职工工资总额的一定比例逐月交纳，归个人所有，存入个人公积金账户"。从此，各地都把住房公积金作为房改的重要内容。住房公积金制度体现了国家、单位、个人三者共同负担的原则。完善住房公积金制度和政策，加强公积金管理和保障公积金增值，成为推动房改的重要举措。

3. 建立和完善住房融资体系

住房融资体系是住房制度改革的重要构成部分。完善的住房融资体系对于促进居民住房消费积极性、提高居民住房消费支付能力有着重要的作用。住房制度改革以来，虽然我国住房金融有了很大的发展，但是还存在着许多不足之处。为了适应住房制度改革的需要，更好地解决居民的住房问题，必须进行住房金融创新：首先，应加大住房金融政策法律法规建设的力度；其次，完善住房金融机构的建设；再次，大力进行住房金融品种的更新，在住房抵押贷款的基础上，在条件成熟时积极实行住房抵押贷款证券化，加快抵押贷款的流动，分散银行的风险；第四，进一步完善住房公积金制度；第五，努力发展住房合作社等。

4. 完善住房保障体系建设

住房是人类生存最基本的生活资料，由于居民在收入水平方面存在着一定的差别，社会上始终有一部分居民，无法依靠自己的收入解决自己的住房。所以，各国政府都建立了住房保障体系。我国新的住房制度也明确规定，对不同收入的居民提供不同的住房。对中低收入家庭提供经济适用住房，对最低收入者提供廉租住房。建设住房保障制度是我国住房制度改革的重要内容。我国住房保障体系正处于建设的过程中，有些城市在这方面已经做了很多工作，并取得实质性的进展。

5. 建立住房保险体系

在住房市场上，不论是住房融资，还是住房购买，甚至住房使用，都存在着许多不确定因素，存在着巨大的风险。为了防范住房生产、交易和使用中的风险，应当尽快建立健全住房保险体系。

------------------------- 本章小结 -------------------------

住宅问题不仅是房地产经济中一个重要问题，而且也是当代各国经济社会发展中的一个重大问题。当代世界各国在解决住宅问题时，形成了不同的模式，出台了一系列方针、政策。但是总的来说，都是把市场与社会保障制度有机地结合了起来。为了满足居民对住房的需求，弥补住房市场上存在的"市场失灵"问题，各国都通过行政的、法律的和经济的手段，一方面对住房市场进行干预，一方面加大住房保障制度的建设。

为了建立与社会主义市场经济体制相适应的住房制度，根据邓小平提出的思想，对传统计划经济体制下的住房制度进行了改革。1998年，我国政府出台了《进一步深化住房制度改革，加快住房建设的通知》，停止了住房实物分配制度，建立了住房货币分配制度以及与之相适应的一整套政策。所谓住房货币分配，就是住房消费基金通过按劳分配方式，纳入职工工资。与住房货币分配相适应的一整套住房政策主要是：①出售公有住房。②实行住房货币补贴制度。③建立住房公积金制度。④完善住房供应体系，即对高收入者，由住房市场供应商品房，实行市场价；对中低收入者，供应经济适用住房，实行政府指导价；对最低收入者供应廉租房，实行政府补贴。⑤建立和完善住房保障制度。⑥建立和完善住房金融体系等。

复习思考题

（一）名词解释

住房制度　住房政策　住房供应体系

（二）简答题

1. 分析住宅问题的根源和起点是什么？为什么？
2. 住房制度的国际比较有何不同？
3. 在我国经济体制改革中，住房体制改革的基本内容是什么？
4. 住房制度改革理论体系由哪些部分组成？

（三）论述题

5. 试述现行中国住房制度的形成及其基本特征。

第9章 房地产投融资体制改革和房地产综合开发制度

【学习提要】 通过本章的学习,主要了解房地产投融资体制改革,房地产综合开发方式的产生与发展;熟悉房地产投资的特点、主客体构成及投资方式,房地产与住宅业现代化指导思想,掌握房地产投资的资金来源与构成,房地产投资风险与管理以及房地产综合开发的内容与任务。

【关 键 词】 房地产投资 房地产投资管理体制改革 房地产投资风险管理 房地产综合开发

9.1 房地产投融资体制改革

9.1.1 我国传统房地产投融资体制的缺陷

在传统计划经济体制下,房地产开发建设与房地产投融资体制是计划经济的重要组成部分。当时,实行的基本上是国家统一投资、统一建设和统一分配,房地产没有独立的投资渠道,房地产投资是包括在国家基本建设投资中的。基本建设投资资金的运行方式基本上是城市计划管理部门立项、财政拨款、建设银行给钱、建设单位通过建筑企业进行建设,建成房地产后归单位使用。

1978年改革开放后,随着房地产业的发展,房地产投融资体制发生了一定的变化,房地产企业成为自负盈亏的独立的市场主体,房地产产品成为投资者投资的对象之一。房地产开发投资不再是国家统一投资的模式,房地产企业的融资也不再是通过财政拨款从建设银行拿钱,而是开始不再依赖政府财政,转而通过银行贷款的方式取得房地产开发建设资金。当然,我国房地产业发展至今,总体来看,房地产企业的融资渠道主要还是通过商业银行贷款的间接融资,投融资渠道仍旧单一,导致银行承担过大的系统风险。

有数据显示,2007年房地产开发资金共筹措37256.62亿元,房地产开发企业自筹资金是房地产投资的第二大资金来源,为11772亿元,占全部资金来源的31.6%;第三大资金来源是国内贷款,为6960.98亿元,占资金来源的18.7%。但实际上,房地产开发资金来源中,自筹资金主要由商品房销售收入而来,大部分又来自购房者的银行按揭抵押贷款。按首付30%计算,企业自筹资金中大约有70%来自银行贷款。"定金和预收款"也有30%的资金来自银行贷款;另外,在房地产开发过程中,开发商通常以拖欠工程款来减少自有资金的支付,而建筑公司中,又有不少资金来源于商业银行贷款。以此加上其他间接与银行贷款相关的资金来源,房地产开发中与银行相关的贷款就占到开发资金的70%左右[1]。而在发达国家的房地产金融市场中,房地产融资渠道很多,例如房地产投资基金、保险资金、养老基金、股票市场等。在我国,房地产企业直接融资的比重很低。就股票融资而言,由于我国资本市场发展不完善,市场容量有限,进入门槛比较高,能够利用股票市场融资的房地产企业很少。

---

[1] 曾妹、廖静,《创新房地产融资方式的思考》,价格月刊,2008(5),第44页。

我国加入了 WTO 后，房地产市场的对外开放要求我国的房地产企业持续发展，增强国际竞争力，这需要巨额的资金支撑。传统的融资方式较单一，房地产金融工具创新不足，对银行贷款的依赖性过大，一旦出现泡沫，会增加商业银行的潜在不良资产。另一方面，单一的资金供给市场也无法满足需求方的多种资金融资方案。因此，根据我国房地产市场的需求发展态势，促进房地产业与金融业的互动良性发展，突破传统融资方式局限造成的房地产业发展瓶颈，最根本的问题在于开辟多元化的投融资渠道。

9.1.2 房地产投融资体制改革的措施与新格局

随着经济体制改革的深入进行，城市土地使用制度改革使城市土地使用权成为商品，城市住房制度改革使居民住房成为商品，城市管理体制改革使城市基础设施和市政设施纳入了市场经济运行的轨道。在这种情况下，学术界和实践界对城市房地产投融资体制改革分别提出并部分实施了一些改革措施，这些措施除了利用银行贷款、尝试上市融资、发行企业债券、完善公积金制度之外，还包括以下房地产金融创新：

1. 推进房地产信托业务的开展

房地产信托基金是一种直接的融资方式的创新，是指信托公司接受委托经营、管理和处分的财产为房地产及相关财务的信托，信托公司是受托代客户管理资产或经营资金的商业中介，信托融资既不同于银行以吸收短期存款和发放短期资金贷款为主的间接融资，也区别于资本市场的直接融资。自 2002 年以来，信托投资公司发行一系列房地产信托计划，特别是央行发布 121 号文件之后，房地产开发商把融资的目光转向了房地产信托产品。通过信托方式融资的条件较为宽松，可根据每个项目实际需求设计专门的信托品种，形式也灵活多样。从发展前景来看，房地产信托已经具备成为房地产业资金供给的一个主要渠道的特性和条件。

2. 拓展房地产证券化融资渠道

发展多元化融资渠道的又一个重要金融工具是房地产证券化。房地产证券化是一种间接融资方式的创新，它是把对房地产的直接投资及信贷通过一定的金融机构转化为证券资本市场上的流动性与可交易性较强的金融证券的过程，包括了房地产开发融资证券化和房地产抵押贷款证券化两种主要形式。通过房地产证券化，将期限较长、流动性差的开发融资和抵押贷款打包，以债券的形式发售给社会投资者，既能收回现金来改善商业银行的资产负债结构，扩充发放贷款的资金来源，而且银行的风险也随之分散到购买证券的投资者中，实现了银行和投资者风险收益的匹配。目前我国的房地产证券化尚未进入实质性操作阶段，当前需要加快培育其主体投资机构，以证券市场为依托，建立完善的运作体系。

3. 积极吸引外资加入我国房地产金融市场

目前，中国房地产业的高回报已经吸引了众多的海外地产基金，摩根士丹利房地产基金、凯德置地"中国住宅发展基金"、澳洲麦格理集团旗下基金公司 MGPA、美国汉斯地产公司等争先登陆中国，大手笔收购了一些大型商场、大城市繁华地带写字楼，或股权投资于房地产建设项目，有些则独立开发房地产项目。由于国情不同、政策存在不确定性、资金退出风险等原因，注入中国房地产业的海外资金似乎仍处于谨慎"试水"阶段[①]。尽管如此，

---

① 郭亚力，《我国房地产投融资格局分析及路径选择》，财贸研究，2006（2），第 108 页。

积极吸引外资,对于我国房地产金融市场的完善还是一个不错的选择。

房地产投融资体制改革,不仅使城市土地使用权,居民住房,城市各类建筑物、构筑物,以及各种经营用房地产和办公用房地产成为商品,而且也使城市政府、居民、企事业单位,以及在房地产商品化基础上发展起来的房地产开发经营企业成为投资的主体。

由于城市各类设施和房地产成为商品,成为独立的投资对象,城市政府、企事业单位、居民和房地产开发经营企业成为投资的主体,从而改变了传统计划经济体制下"统筹、统建、统分"的房地产投资与管理体制,形成了与社会主义市场经济相适应的房地产投资主体多元化、融资渠道以及投资方式多样化的新格局。

9.2 房地产投资及投资风险管理

9.2.1 房地产投资的概念与特点

房地产投资是投资者把资本投向房地产,从事房地产开发建设经营管理和服务的经济活动或行为。房地产资本或房地产投资资金是由用于房地产开发经营管理的财产、物资和货币构成的。一般来说,房地产投资具有以下特点:

1. 资金数额巨大性与自有资金有限性的矛盾

任何房地产投资项目,即使小型的房地产项目也需要几十万,甚至几百万的资金;大的房地产项目则需要上千万,甚至几亿的资金。一般情况下,任何一个投资者都很难一下子投入这么多资金,由此就构成了房地产项目投资需要资金的巨大性与投资者资金数量有限性的矛盾。

2. 资金使用集中性与资金来源分散性的矛盾

房地产开发经营一次投入的资金是非常集中的,但投资资金却是分散的。无论是利用自有资金,还是利用财政资金或金融机构的贷款以及进行社会集资,都是需要时间的,由此构成了房地产投资所需资金的集中性与资金来源的分散性的矛盾。

3. 资金占用期限长和资金来源期限短的矛盾

一般来说,房地产投资资本占用的时间都比较长。如果从事房地产开发建设,通常需要2~3年;如果是从事房地产租赁经营,就会长达几十年甚至上百年。但通过资本市场筹集来的资金使用期限一般都较短,由此就形成了房地产开发经营管理资金占用时间长与房地产资金来源期限较短的矛盾。

4. 资金回收期长和再生产连续性的矛盾

无论是从事房地产开发建设,还是进行房地产经营,投入资金的周期一般都是比较长的,通常期限为几年、几十年甚至上百年,但是,房地产开发投资建设再生产的周期是比较短的,由此构成了房地产开发投资经营资金回收的长期性和房地产开发建设再生产连续性的矛盾。

5. 资金占压期限长与资金流动性的矛盾

房地产投资的一个重要特点就是它的位置的不动性以及投资的长期性和变现的困难性,这决定了资本一旦投入房地产,就缺乏了流动性和变现性。但是,投入房地产的资本却要求具有流动性和变现性。由此构成了房地产投资的固定性与投入房地产资金要求流动性和变现性的矛盾。

9.2.2 房地产投资的主体与客体

1. 房地产投资主体

房地产投资主体,就是把资本投向房地产的自然人或法人以及各种组织和机构。从事房地产开发建设的投资者是房地产的直接投资者,用货币购买住宅与房地产股票、债券等有价证券者是住宅与房地产的间接投资者。就目前来说,我国房地产投资主体主要是由以下成分构成的。

(1) 国家(即中央与地方政府)。作为投资主体的国家一般并不以国家的面目出现,而是以有关行政管理部门组织的某种投资机构或相关的企事业单位去实现。

(2) 房地产企业。在我国目前的条件下,从经济成分看,房地产投资企业包括全民所有制(即国有)企业、集体所有制企业、个体所有制企业、外资所有制企业、股份制形式的混合所有企业等。目前我国专业的房地产投资企业较少,房地产投资活动主要是由房地产开发企业进行的。

(3) 居民个人。由于投资房地产需要巨额资金,国家对投资房地产又采取了各种调控手段,再加上房地产金融还比较落后,所以居民个人真正从事房地产投资的不多。

(4) 其他企事业单位与机构。其他企事业单位与机构房地产投资者,是兼营房地产的部门与机构,也就是说,房地产只是它们营业范围的一个方面或一个组成部分。

2. 房地产投资客体或投资方式的类型

就投资的对象来说,房地产投资可以分为三大类型:

(1) 房地产物质产品投资。这类投资大体上可以分为两种类型,即土地的开发和再开发、房屋的开发建设。作为房地产投资对象的土地开发包括两类,即城市土地的第一次开发或新区开发;城市土地的再开发(即旧城区改造)。无论是新区开发建设,还是旧城区改造,都会有很大的需求,这是由我国经济社会目前的发展阶段决定的。作为房地产投资对象的房屋开发建设投资,根据房屋的物业类型或用途的不同,可以分为住宅物业、办公物业、经营性物业、工厂与仓库物业、休闲娱乐物业等的开发建设投资。

(2) 房地产服务产品投资。又称房地产服务投资,大体上可以分为两大部分:一是房地产流通投资,它是经营(即买卖和租赁)房地产商品的投资;二是房地产服务商品投资。它主要是通过提供各种类型的房地产服务商品,如房地产开发建设前期的可行性研究等服务、房地产规划设计服务、房地产市场价格评估等中介服务、房地产消费过程中的物业管理服务,以及服务于房地产的金融、保险、信托等方面的投资。

(3) 房地产资本性投资。房地产资本投资主要通过货币方式,投资于房地产的各种金融品种等,如房地产股票、房地产债券、房地产各种有价证券等,通过对房地产金融品种的投资,取得各种方式的资本回报,达到取得投资收益的目的。

9.2.3 房地产资本构成及其来源

房地产开发建设投资资金或房地产开发企业的资金,大体上说,主要是由两个部分构成的,即企业自有的资金和企业借来的资金。通常房地产开发企业投入的自有资金,大约只占全部开发经营管理项目所需资金的20%~30%,用这些资金支付开办费和购置土地使用权的费用;房地产企业取得土地使用权后,就可以用土地使用权作为抵押向银行申请抵押贷款；当房地产开发投入一定的建设费用后，就可以预售楼宇，并用预售楼宇的收入，完成后续工程。银行贷款和预售楼宇等，就构成了房地产开发经营管理企业资金的外部来源。

1. 房地产开发企业自有资金

房产企业开发企业自有资金主要包括：企业注册资本金、股份制企业的股本金、企业留利以及接受赠与的资金等。

2. 政府财政资金

房地产财政资金主要有两种性质的资本，即财政拨款和财政贷款。其中，财政拨款的房地产项目主要是非营利性的建设项目。通常这类项目主要是国防科研项目、各类学校的项目、卫生医疗的项目、市政工程的各类项目、公路交通和运输的项目等。这部分房地产投资，实质上是国家基本建设投资的一部分。随着经济体制改革的深入进行，国家投资建设体制逐步纳入社会主义市场经济的轨道。

3. 银行等金融机构贷款

房地产企业向银行等金融机构贷款，目前主要是固定资本贷款、流动资本贷款、房地产开发贷款、经济适用住房建设贷款、房地产抵押贷款等。

4. 房地产企业社会集资

房地产企业利用金融工具向社会筹集资金，就是社会集资。房地产企业向社会筹集资金，主要是通过发行股票、债券以及向房地产用户预收购房款等方式进行的。

5. 房地产企业利用国外资金

房地产企业通过向国际金融机构借款、向外国政府借款以及与外国资本合营等方式；利用外国的资本，进行房地产开发建设经营管理。

总之，随着房地产与城市经济管理体制改革的深入进行、房地产投资主体多元化格局的形成，房地产融资渠道也多样化了。

9.2.4 房地产投资方式多样化

1. 房地产投资信托基金

根据投资性质的不同，房地产投资信托分为产权信托投资、抵押信托投资和混合信托投资三种形式。产权信托投资的目的主要是为了获得房地产项目的产权地位。抵押信托投资，其中一部分主要从事长期贷款；另外一部分是通过短期举债筹资进行房地产建设。混合信托投资带有产权信托和抵押信托双重投资特点；投资经营活动也具有产权投资者和抵押举债者的双重性质特点。

2. 房地产辛迪加投资

房地产辛迪加组织，类似企业组织中的合伙制。房地产辛迪加通常采用有限合伙方式。有限合伙辛迪加，通常是由主要合伙人和有限合伙人组成的。主要合伙人负责整个辛迪加资金的投资运用与经营管理，并负有无限清偿辛迪加债务的责任。有限合伙人无权过问辛迪加各项投资管理活动，但也无须负无限清偿辛迪加的债务。投资利润分配基本与一般合伙方式相同，即依照出资比例或事先约定方式确定分配比例。

3. 混合房地产基金

在市场经济发达国家，如美国推出的混合房地产基金，通常是由大银行、保险公司或房地产投资公司向房地产投资开发企业提供的退休基金作为房地产投资的资本来源。在通常情况下，房地产开发企业通过混合基金经理向各个退休基金募集资本，然后混合这些资本进行房地产投资。由于混合房地产基金的投资数额一般都比较庞大，因此可以较好地分散投资风险，例如将其投资于不同地区不同的房地产。

4. 房地产抵押贷款和房地产抵押贷款证券化

房产抵押贷款或房地产抵押贷款债权证券化也是一种重要的投资方式。这种方式，不仅可以解决银行短存和长贷的矛盾，使不流动的资本流动起来，同时还可以分散投资风险。因为每个投资者只承担有限的责任。这种投资与债券投资的性质比较接近，所以具有债券投资的优点与缺点。

5. 购置房地产投资

购置房地产投资进行投资，是把房地产作为投资品，是为了取得利润。这种投资方式可以克服或消除其他投资方式因代理人的疏忽或不负责任等情况导致的损失，同时自己也可直接进行投资经营等。但是，由于这种投资也需要一定量资金，个人由于资金有限也往往难以实现，或者只能投资于少量房地产，同时还存在一定的风险。因此，这种投资方式也受到了一定的限制。

在目前的情况下，房地产投资与筹集采用的最普遍的方式仍然是股票、债券和银行信贷等，而且主要是银行信贷。这种投资主体与融资方式存在着许多问题，也是房地产业发展程度较低的一种表现。为了进一步发展房地产业、扩大房地产投资主体的范围、开辟广泛的融资渠道，必须认真贯彻执行投资主体多元化和投资方式多样化方针政策。

9.2.5 房地产投资风险的类型与管理

1. 房地产投资风险的类型

任何投资都有风险。投资风险就是由于投资活动受到各种原因的影响无法实现预期投资目标。房地产经济的特殊性决定了房地产投资具有更大的风险性。

（1）根据房地产投资风险形成的原因分类

根据房地产投资风险形成的不同原因，房地产投资风险主要有以下几种：

1）自然风险。它是由房地产投资中的自然灾害，诸如地震、洪水、风暴、火灾等造成的房地产破坏和损害形成的风险。

2）社会风险。它大体上来自两个方面：一是由于政治方面的原因引起的，例如国家宏观经济政策和房地产政策等变动形成的房地产投资风险；二是由于集体和个人的不恰当或错误的行为引起的，例如盗窃、抢劫、欺诈等形成的风险。

3）经济和市场风险。它是由房地产市场状况的变动，或者说是由市场运行状况的不确定因素引起的。国内外社会经济变动、经济政策变动、居民收入水平的变动都会影响到房地产市场的运行。同时，房地产市场又是一种竞争不充分的市场，带有垄断性，信息相对缺乏和分散，这一切不确定因素都会给房地产投资带来风险。

4）技术风险。它是由科学技术的进步引起的风险。科学技术进步引起了建材的品种、质量和性能的变化，建筑技术的提高，建筑结构的革新等，从而使建筑业和建筑产品科技含量大大提高，造成了存量房屋等建筑物的贬值，由此造成了房地产投资技术风险。

5）房地产投资企业内部风险。由于房地产投资企业内部管理水平等问题，影响到企业的预期收益,从而形成投资风险。比如,由于企业财务管理混乱,造成资金周转缓慢;施工管理不善,延误了工期;经营管理水平低下,使房地产出租出售受到影响等。

(2) 根据投资组合理论分类

根据投资组合理论,还可以把房地产投资风险分为系统风险和非系统风险。

1) 系统风险

系统风险就是对整个房地产经济产生的风险。这种风险对于所有房地产投资者来说,既无法控制,也无法避免。系统风险主要有以下几种类型:

①经济周期风险。经济周期是国民经济发展过程中的一种客观状况,它是由经济繁荣和经济衰退周期交替构成的。经济周期对各个经济部门都会发生影响,房地产投资者也是无法避免的。经济周期风险是系统风险中最重要的一种风险。

②资本利率风险。总的来说,银行等金融机构的市场利率高,就会提高房地产投资资金成本,在盈利水平不变的情况下,就会减少企业利润;相反,如果资本市场利息率低,在企业盈利水平不变的情况下,就会提高企业的盈利水平。

③通货膨胀风险。在通货膨胀的情况下,价格上涨,货币贬值,购买能力降低,使房地产投资者的名义收益和实际收益差距拉大,造成房地产投资者的损失,形成房地产投资风险。但是,房地产投资中的通货膨胀风险也是由于宏观经济运行引起的和决定的,房地产投资者是无法抵抗和消除的。

④政治风险。由于国家政治变动或政局的不稳定,也会给房地产投资带来风险。这种风险也是房地产投资企业无法克服的。

2) 非系统风险

非系统风险是个别房地产投资者的风险,是由房地产投资的个别项目本身运行中的一些因素引起的和决定的。非系统投资风险可以分为投资经营管理风险和财务管理风险两种。

①房地产投资经营管理风险。它是由于房地产某些经营条件的变化引起投资效益的损失形成的。企业管理不完善、企业员工素质降低,以及设计水平、房屋结构、销售价格等原因都会带来房地产投资经营管理风险。

②房地产投资财务风险。它是由房地产投资资本结构和运行状况造成的。房地产投资的资本结构主要是指借入资本和自有资本的比例关系。资本构成比例不同,银行利率变动对企业利润的影响也就不一样。由此形成的风险,就是房地产经营管理企业的财务风险。

2. 房地产投资风险管理

房地产投资风险虽然种类很多,形成风险的原因也是多种多样的,但是作为风险,最终都表现为投入增加,收入减少。因此房地产投资管理中的一个重要任务,就是加强对风险的管理,防止、避免和减少经营管理风险,提高企业的盈利或收益水平。

房地产投资风险是房地产投资始终存在的一种客观事实。房地产投资管理的一项重要任务就是正确认识风险、回避风险、采取有效的方法克服风险给投资者带来的损失。认识风险、回避风险、缩小风险带来损失的主要方法,就是加强对房地产投资的风险管理。

9.3 房地产综合开发方式与开发任务

9.3.1 房地产综合开发方式的产生和发展

房地产综合开发方式是在近半个世纪发展起来的一种城市建设方式。第二次世界大战使许多国家的城市遭到了破坏。二战结束后，许多国家的城市住宅严重短缺，为了加速城市住宅建设的步伐，提高住宅建设的经济效益、社会效益、环境效益，英国、法国、原联邦德国、日本、新加坡等一些资本主义国家，通过行政干预和经济诱导的办法，引导建筑业逐步实行综合开发的方式，并在较短的时期内取得了较好的成果。

1946年，英国以国会的名义通过了《新城法》。根据《新城法》的规定，各地组织了开发公司，对城市进行了统一规划、统一设计、统一施工、统一管理的综合开发建设。在较短的时间内，开发建设了34座新城市。日本政府也在1955年制定了《日本住宅公团法》，组织各开发经营企业进行住宅的统一开发建设。在新加坡，城市的开发建设是由政府的建屋开发局负责统筹安排的。新加坡创造性地采用了住房公积金制度，实行综合开发建设的方式，进行了大规模的住宅开发建设工作，每年建设房屋400万平方米，极大地改善了居民的居住条件。另外，朝鲜、前苏联等国家也都积极开展了房地产综合开发建设，也都取得了很好的成绩。

中国房地产综合开发管理体制和开发方式，是在改革开放的过程中逐步发展和建立起来的。1978年12月党的十一届三中全会以后，我国进入了改革开放的新时期，基本建设也发生了新的变化：一方面，国家直接投资的项目占全国总投资额的比重逐步减少，地方和城市投资比重逐步增加；另一方面，各地政府先后制定了收取项目建设配套费的办法，这就为进行综合开发创造了有利的环境和资金条件。在这一发展阶段上，大体经过了两个过程：开始只是局限于小规模的住宅"统建"，逐步发展到具有中等规模和一般配套的住宅建设；然后是在一些城市，特别是在一些开发区，发展到工业、商贸、金融、旅游等多行业综合的和较大规模的统一开发建设。

进入20世纪90年代后，我国城市建设和房地产综合开发方式逐步向新的深度和广度发展。在这个阶段，不仅是住宅小区要进行综合开发，也不仅是工业区、商业区、经济开发区、高技术开发区要进行综合开发，而且要求把城市作为一个整体来进行综合开发。具体地说，就是要以城市社会和经济发展计划为依据，以城市规划为龙头，对城市内各行各业，特别是对城市基础设施的各项重大的骨干配套工程，包括电力、热力、给水、排水、交通、邮电通信、城市绿化、治理污染、净化环境，以至于各种大型公共的、文化的、教育的、体育的、娱乐的设施，都要进行综合开发，逐步形成一个统一规划的、全方位的、多层次的，互相协调配合进行城市建设和房地产综合开发的新格局。

9.3.2 房地产综合开发的内容与任务

开发是一个很广泛的概念，包括的内容很多，实现的任务很复杂。从开发的范围和方式上看，大体上可以分为三个层次：

1. 国土综合开发

国土开发是一个含义很广的概念，基本内容就是通过对国土开发、利用、治理和保护的手段，最大限度地发挥自然资源的经济效益、社会效益、环境效益。国土开发最主要的目标，就是要寻找和确立人口、经济、环境、资源之间的最佳组合。这就要求从国家的总体利益和长远利益出发，在保持生态平衡的基础上，充分利用自然资源。国土开发是当代社会经济发展过程中一个巨大的系统工程，是一个具有深远意义的重大的战略任务。我国在国土开发方面，已经做了许多有价值的工作，并且取得了一定的成就。但是与中国经济社会发展要求还是很不适应的，还必须继续努力探索。

2. 城市综合开发

城市开发属于区域性的开发，区域性开发的目的在于使人地比例协调，使土地得到最有效的利用，并在区域内取得最大的经济效益、社会效益、环境效益，提高城市总体的生产力水平。

人类建设城市的方式，可以分为两种类型：一类是有计划、有目的，按照一定的规划进行建设的。这类城市布局合理，造型美观，功能完善，环境舒适。这是比较理想的。另一类城市是自发形成的。这类城市由于缺乏规划，所以布局混乱、造型单调、功能不全、生活不便、环境脏差。这类城市成为当前城市改造的难题。总结城市建设和发展的经验教训，20世纪以来，世界各国在进行城市建设时，都采取了统一规划和综合开发的方针。中国是在总结历史上近几十年来，特别是改革开放以来的城市建设经验，以及在借鉴了世界各国的城市开发建设模式的基础上，提出了"统一规划、合理布局、综合开发、配套建设"的方针。这种综合开发方式，体现了城市现代化建设和发展的客观规律。

3. 房地产综合开发

所谓房地产综合开发，是指根据城市建设总规划和近期建设需要，在一定规划区域，对基础设施、主要建筑工程项目及其配套项目和相关的公共服务设施实行统一规划设计、统一征地拆迁、统一组织兴建，通过统筹安排建设项目，分期施工，配套发展，以取得良好的经济效益、社会效益和环境效益的一种建设经营管理活动。房地产综合开发和城市综合开发既有联系，又有区别。它们之间相同或相联系的地方在于，从开发方式上说，都是综合开发的方式，都要遵循"统一规划、合理布局，综合开发、配套建设"的方针，它们之间是互相依存和互相促进的。两者之间的区别主要是：城市开发无论在内涵上，还是在外延上比房地产开发的含义要广得多；城市开发包括了房地产的开发，房地产的开发只是城市开发的一部分，但是房地产开发是城市开发的主体，在城市开发中具有主导的作用。

房地产综合开发包括的内容和任务也十分广泛，从开发的广度或开发的方式上说，房地产综合开发的内容和任务主要是：新区开发或城市土地第一次开发；旧城区改造或旧城区的第二次开发，以及新建城区和老城区相结合的开发。

（1）新区开发或城市房地产第一次开发。新区开发，就是对城市土地的第一次开发或城市房地产的第一次开发，它是指在城市建成区之外，集中成片地在一定规模的地段内，通过统一规划、合理布局、配套建设、综合开发而进行城市建设的一种活动。它是目前城市建设和发展的重要组成部分。通过新区开发，达到疏散市区人口、调整市区内用地结构、改善市区内的功能和环境，更好地保护旧城的传统风貌和特色，并且通过新区开发，为吸引外资和先进技术、开展横向经济联合创造优良的投资环境。同时，通过卫星城镇的开发建设、工矿区的开发建设，可以有效地控制大城市市区人口和用地规模，从而形成比较完善的，以大城市为中心的城镇体系。

（2）旧城区更新改造或旧城区第二次开发。为了使城市现代化、提高城市经济社会运行和发展的水平，必须对旧城区进行更新和改造，即对旧城区进行第二次开发。第二次开发的主要方式大致有三种：一是大规模的城市改造，一般是在一个相当的区域内进行。其特点是以城市政府为主体，重新选定城市功能和产业支撑，重新进行城市规划和城市设计，彻底改善城市景观和生态环境，并进行大规模的综合开发建设；二是以城市基础设施建设带动的旧城改造，基础设施的开发建设可以直接带动周边区域、沿线地区、辐射地带、功能区域的旧城改造；三是以危旧房改造为主要内容的旧城改造。其主要方式包括房地产开发带动危改、通过市政道路和重点工程建设带动危旧房改造以及建立住宅合作社推动危旧房改造等。

（3）新区建设和旧城区改造联合综合开发。新区建设和旧城区改造综合开发，是房地产开发的一种有效的方式，一般来说，在这种结合的方式中，新区的开发主要为旧城区的改造提供搬迁居住用房；同时，旧城区改造时，也要把那些不宜留在城内的工厂、仓库等外迁，调整土地使用的方向，提高土地使用的效益，以土地的级差收益支持旧区、旧房的更新改造。要把这两种方式很好地结合起来，做到相互支持，协调发展，这对于城市的发展和城市现代化的建设有着极其重要的意义。

9.3.3 房地产综合开发的具体形式

房地产综合开发，按照它的内容和任务，大体上还可以划分为三种方式：

1. 房地产单项开发

这种开发形式的开发规模比较小，占地面积不大，项目功能单一，配套设施简单。这种开发形式，或者是作为新区开发的一个相对独立的项目，或者是作为旧城区成片改造中的一个相对独立的项目，必须与整体的成片开发相协调，同时又要求在较短的时间内完成。

2. 房地产小区开发

房地产小区开发与房地产单项开发相比，规模较大，占地较多，投资较大，建设周期较长，大多采取分期分批建设。而且，小区综合开发要求市政基础设施完善，配套项目齐全，各种功能设施较强。小区综合开发，又可以分为单一性和综合性两种。单一性的小区开发，主要是住宅小区的开发。这种小区以满足居民需要为中心，进行相应的商业、市政、文化教育等配套建设。综合性的小区与单一性小区开发不太相同，它们有的是经济贸易区，有的是科技开发区及其他类型等。在这类小区中，大都以经济技术项目为主，主体功能较强，同时兼顾居住、文化福利设施。住宅小区开发是房地产开发的一种重要的形式。

3. 房地产成片开发

房地产成片开发是一种现代化的大规模的开发方式。房地产成片开发的范围相当大，有的可以大到相当于一个新的城区。这种开发投入的资金巨大、项目众多，建设的周期相当长，是一项巨大的系统的开发项目。海南省的洋浦开发区，上海市的浦东开发区等都属于这种多功能的大规模的成片开发。在成片开发中，房地产开发建设是开发区的基础产业和先行项目，必须充分发挥它的启动和引导作用。

9.4 房地产业现代化建设

9.4.1 房地产与住宅产业现代化状况

房地产与住宅产业现代化，就是通过住宅建设工业化、集约化和信息化的途径，实现房地产与住宅生产方式由粗放型向集约型的根本转变。房地产与住宅产业现代化是提高城镇住宅建设质量和住宅建设效益的根本的出路。改革开放以来，我国在房地产与住宅产业现代化方面做了大量工作，取得了一定的成效。

（1）积极开展了基础技术和关键技术的研究，逐步完善了房地产与住宅技术保障体系，加快了住宅建设的规范、设计、施工及材料部品和竣工验收的标准。

（2）加快了房地产与住宅建筑体系和部品体系的开发、研究和推广工作。新型建筑体系在各地住宅建设中逐步推广应用；对技术落后、不符合产业政策的产品和部品，开展了淘汰与替代工作；逐步完善了住宅部品集成化、通用化工作。

（3）逐步完善了住宅性能认定的各项标准，开展了住宅性能评定工作。推动了住宅建设，提高了居住环境质量，推进了住宅产业化进程。

（4）通过实施康居示范工程，积极指导，严格要求，带动了住宅产业现代化的发展。示范工程住宅小区的规划设计水平逐步提高，以人为本、住宅可持续发展的观念得到了体现，建筑体系有所突破。所有示范工程淘汰了实心黏土砖，新型住宅建筑结构技术得到较大发展。建筑节能技术、新能源利用技术、居住区环境保障技术等先进适用成套技术得到广泛应用，新技术应用水平、住宅的综合性能及建造质量水平有了全面提升。

总体上讲，我国房地产与住宅产业现代化的基本框架已初步形成，开展了大量的基础性工作，取得了较好的经济效益和社会效益，对推动我国房地产与住宅产业的发展起到了重要的作用。

9.4.2 房地产与住宅产业现代化指导思想

我国国民经济和社会发展进入一个关键时期，城镇化进程将加快，住宅建设仍将保持较快速度增长。推进房地产与住宅产业现代化，是改变我国住宅建设落后方式、提高住宅质量、改善居民居住环境的有效手段。必须把推进房地产与住宅产业现代化作为发展房地产业一项重要任务。实现我国房地产与住宅产业现代化，必须坚持以下指导思想：

（1）房地产与住宅产业现代化，要立足于解决中低收入居民的住房问题，全面提高住宅建设的质量，不断提高居民的住房水平。

（2）推进房地产与住宅产业现代化，必须加快房地产与住宅生产方式转变，加强房地产支柱产业的建设。

（3）推进房地产与住宅产业现代化，必须理清思路、分步实施，建立和完善推进与激励机制。

9.4.3 实施房地产业现代化政策

为了解决房地产与住宅工程项目中存在的功能和质量上的通病，必须加快房地产与住宅产业现代化的力度，做好以下一些工作：建立住宅及材料、部品的工业化和标准化生产体系；力争使建筑物耗、能耗指标达到中等发达国家水平；科技进步对住宅产业发展的贡献率达到50%的要求。当前推进住宅产业现代化的工作的基本思路应当是：建立以完善住宅技术保障体系、建筑体系、部品体系、质量控制体系和住宅性能认定体系为核心的住宅产业现代化框架为重点，加强基础技术和关键技术的研究，大力开发和推广新材料、新技术，积极探索推进我国住宅产业现代化的载体和途径，推进住宅建设技术进步，提高住宅建设的劳动生产率，推进住宅建设整体水平提高。

根据这一思路，房地产与住宅产业现代化工作的重点应当是：研究和完善住宅基础保障技术；成套技术的集成与整合；部品通用体系的建立和健全；推进住宅产业现代化激励机制创新；住宅产业现代化政策的制定与协调等。重点抓好以下几方面工作：

（1）积极开展住宅产业技术、经济政策的研究，逐步形成住宅产业发展的政策框架体系。加强对住宅产品政策、技术政策、经济政策的研究，利用税收、价格、信贷等经济杠杆，鼓励和引导住宅新型材料、部品和成套技术的研究开发和应用。为了推进住宅产业现代化工作，应当在金融方面给予更大的支持，建立住宅产业现代化发展基金，在资金上给住宅产业现代化持续性的支持。

（2）加强重点技术攻关，健全住宅技术保障体系、建筑体系和部品性能认定体系。第一，继续做好基础技术和关键技术的研究，完善住宅建设配套技术法规，推广先进适用成套技术。第二，加快推进住宅建筑体系的集成工作。完整的建筑体系是一批先进适用成套技术集成的技术体系，建筑体系的选择要结合当地社会、经济、材料资源、技术水平、地理气候特征和建设规模等具体条件，进行全面分析，选择综合效益好的住宅建筑体系，坚持推广应用，不断完善和提高。第三，建立住宅技术和部品评估、认定制度，完善住宅部品体系。应当积极借鉴发达国家在推动住宅建筑工业化和通用体系发展方面的经验和做法。第四，逐步开展住宅性能认定制度。

（3）积极开展试点工作，探索推进住宅产业现代化新途径。应当以目前试行的示范工程为载体，以住宅现代化基地为技术支撑，推广应用新型的住宅成套技术、新型住宅部品，带动和推动住宅产业现代化的发展。第一，继续抓好康居示范工程，带动和推动住宅产业现代化全面实施。第二，扶持和引导住宅产业集团发展，造成新型的住宅产业现代化基地。国家应当积极引导大型企业集团参与示范工程和产业基地的建设，并在技术上予以引导，政策上予以支持，扶持一批具有产业现代化综合体优势的房地产支柱和骨干企业，从事住宅产品和技术研究、实验、开发、推广工作，使之成为住宅产业现代化基地。

---- 本章小结 ----

随着经济体制改革的深入进行，我国已经形成了与社会主义市场经济相适应的房地产投资主体多元化，融资渠道和投资方式多样化的格局。

房地产投资是投资者把资本投向房地产，从事房地产开发建设经营管理和服务的行为。它具有资金数额巨大性与自有资金有限性、资金使用集中性与资金来源分散性、资金占用期限长和资金来源期限短以及资金回收期长和再生产连续性的特点。

房地产投资主体是把资本投向房地产的自然人或法人以及各种组织和机构。我国房地产投资主体主要有：国家（即中央与地方政府）、房地产企业、居民个人以及其他企事业单位与机构。房地产投资客体或投资方式类型基本上可以分为三大类型：房地产的物质产品或实物投资、房地产流通和咨询信息等服务投资以及房地产资本性投资。

房地产开发建设投资资金或房地产开发企业的资金，大体上说，主要是由两个部分构成的，即企业自有的资金和企业借来的资金。其中，企业自有资金主要包括：企业注册资本金，股份制企业的股本金，企业留利，以及接受赠与的资金等。企业借来的资金包括：财政资金、银行等金融机构贷款、社会集资以及利用国外资金等。

根据我国目前经济社会和房地产业发展的状况，应当借鉴国外的经验，积极创造条件，大力发展以下房地产投资方式：房地产投资信托基金、房地产辛迪加投资、混合房地产基金、房地产抵押贷款和房地产抵押贷款证券化以及购置房地产投资。

房地产投资具有风险性。根据房地产投资风险形成的不同原因，其风险主要有自然风险、社会风险、经济和市场风险、技术风险以及内部风险。根据投资组合理论，还可以把房地产投资风险分为系统风险和非系统风险。

房地产综合开发有一个发展过程。从开发的范围和方式上看，大体上可以分为三个层次，即国土开发、城市开发或城市综合开发、房地产开发或房地产综合开发。房地产综合开发包括的内容和任务也十分广泛，从开发的广度或开发的方式上看，主要是新区开发或城市土地第一次开发、旧城区改造或旧城区的第二次开发以及新建城区和老城区相结合的开发。房地产综合开发的具体方式有：房地产单项开发、房地产小区开发、房地产成片开发。

实现我国房地产与住宅产业现代化，必须坚持以下指导思想：①要立足于解决中低收入居民的住房问题，全面提高住宅建设的质量，不断提高居民的住房水平；②必须加快房地产与住宅生产方式转变，加强房地产支柱产业的建设；③必须理清思路、分步实施，建立和完善推进与激励机制。

房地产与住宅产业现代化应重点抓好以下几方面工作：①积极开展住宅产业技术、经济政策的研究，逐步形成住宅产业发展的政策框架体系；②加强重点技术攻关，健全住宅技术保障体系、建筑体系和部品性能认定体系；③积极开展试点工作，探索推进住宅产业现代化新途径。

复习思考题

（一）名词解释

房地产投资　房地产投资主体　房地产投资系统风险　房地产投资非系统风险　房地产开发

（二）简答题

1. 房地产投资有什么特点？
2. 目前我国房地产投资主体主要有哪些？

3. 房地产投资的客体或投资方式类型有哪些?
4. 房地产资本构成及其来源有哪些?
5. 房地产投资风险有哪些类型?
6. 房地产综合开发的内容与任务有哪些?
7. 房地产综合开发的具体形式有哪些?

(三) 论述题

8. 论述房地产投资方式的多样化。
9. 论述房地产投资的风险性及风险的管理。
10. 论述房地产与住宅产业现代化指导思想及现代化政策。

第 10 章 房地产企业与房地产企业经营管理

【学习提要】 学习本章，掌握房地产企业分类和设立的条件，以及政府对其企业的资质管理；了解房地产开发经营企业组织机构和规章制度；探讨国有房地产经济与国有房地产企业的改革；深刻了解房地产企业管理体系创新、战略管理创新和融资渠道创新的重要性。

【关 键 词】 房地产企业　房地产企业经营管理　国有房地产企业改革

10.1 房地产企业种类、组建及资质等级

10.1.1 房地产企业及其类型（种类）

房地产企业是经过注册登记，从事房地产经营管理和服务活动的法人单位与机构。房地产企业是房地产市场经济的主体。发展房地产经济和规范房地产市场经济运行的首要任务，就是发展房地产企业和规范房地产企业的行为。

房地产业是一个巨大的产业体系，开发经营管理的对象十分广泛，运行过程很长，企业既可以从事房地产全部开发经营管理经济活动，也可以只从事某一阶段或某一专业环节的经营管理活动。所以，根据不同的标准，把房地产企业分为不同的类型或种类。

1. 根据企业经营管理的对象和范围不同，可以把房地产企业分为四大类

（1）专门从事房地产开发经营的企业。房地产开发经营管理企业的运作通过市场调查、可行性研究以及其他前期工作和项目工程管理等，在一个特定的地点和预期的时间内，把资本与资源转换成房地产商品，然后通过销售回收投资取得利润。在这类企业中，根据开发经营对象和范围的不同还可以分为三类：第一类是专门从事土地和城市基础设施开发的企业。这类企业通过政府授权取得土地开发权，然后对土地进行征收、拆迁安置、场地平整和市政基础设施的建设，实现土地的初级开发并达到房屋开发建设条件。经营性土地经过上述开发要在政府验收后纳入土地储备库并进入土地公开市场，以招、拍、挂的方式实现土地出让。第二类是专门从事地上建筑物和构筑物建设的房地产开发企业。经营性建设用地使用权必须在土地交易市场上通过招、拍、挂获取，然后按照规划条件在土地上建设各类房屋和各种建筑物，最后将建成的建筑物和构筑物出售或出租。第三类是对地产和房产进行综合开发的房地产企业。这类企业把土地开发和房屋建设作为统一的开发对象进行综合开发。一般，土地征用、房屋拆迁等是独立进行的；对土地上的建筑物和构筑物的开发建设一般采用发包的形式，由专业建筑部门来完成；开发建设成的房屋和其他建筑物，在房地产市场上以商品房的形式出售和出租。

（2）专门从事房地产市场销售和中介服务的企业。在房地产投资建设、交易、消费、物业管理等各个环节或阶段中，为当事人提供中间服务的经营活动就是房地产中介。房地产中介是一种有偿的、专业性极强的市场化服务。房地产中介服务主要包括房地产投资咨询、房地产销售代理、房地产价格评估、房地产经纪等内容。房地产中介组织存在是房地产业专业化发展的要求，随着分工体系的深入和市场的细分，房地产开发经营管理各阶段经营活动

将向专业化、市场化、精细化方向进一步发展。

（3）专门从事房地产物业管理的服务企业。物业管理是房地产商品租售后的专业化服务，是房地产消费环节中的经营管理活动。物业服务企业的经营活动主要是对房屋及配套的设施、设备和相关场地进行维修、养护、管理，维护物业管理区域内的环境卫生和相关秩序。物业服务公司的管理不仅能延长房地产商品的自然寿命，提高其使用的经济寿命，使其保值增值，而且能给使用者提供多样化的服务，满足房地产所有人和使用人的各种需要。物业服务企业按照物业服务合同的约定提供相应的服务，并按照主管部门制定的物业服务收费办法及收费约定，收取服务费用。目前，我国物业服务企业在完成市场化、专业化进程的同时正在向规模化和集约化方向发展。

（4）从事房地产金融的企业。房地产和金融的关系十分密切，房地产企业与银行等金融机构有良好的合作关系和广泛的融资渠道是经营实力的重要标志。根据银行等金融机构参与房地产经营管理的程度，可以把银行等金融机构划分为专业性房地产金融机构和非专业性房地产金融机构。前者主要包括住房储蓄银行、房地产抵押银行、住房合作社、住房贷款保险机构等，后者则主要指的是实行全能银行模式的商业银行（既经营一般银行业务，又经营住房金融业务）。我国专业性的房地产金融机构还处在试点阶段；房地产金融业务的主体是各大商业银行，开办房地产金融业务的主要方式是成立房地产信贷部门。

2. 按照开发经营的项目不同，房地产开发经营企业可以分为两类

（1）项目公司。这类房地产开发企业是项目发起人为开发经营某一个特定的房地产项目而成立的公司，项目公司组织机构的设立、人员调配、资金筹措都围绕着单一项目进行。由于项目公司的开发经营被限于其所取得的特定土地使用权范围，随着项目开发完毕，公司的经营活动即行终止。与综合性房地产开发公司不同，项目公司不能开发特定范围以外的其他房地产项目。项目公司可以采用中外合资形式，也可以采用中外合作或外商独资形式，但需严格报批与备案。

（2）综合性房地产开发公司。这类房地产开发经营企业，按照国家管理部门的有关规定注册并取得开发资质，通过不同的方式取得宗地使用权进行开发建设。综合性房地产开发公司具有完整的企业组织构架、较强的资源整合能力、专业化运作能力和市场把握能力，不少公司经过较长的发展历程已成长为专业化分工合作、跨地区经营、高效率运作并具有品牌影响力的大型集团公司，成为中国房地产产业发展的中坚力量。

3. 按照企业所有制性质不同，房地产开发经营企业可以分为五类

（1）公有经济的房地产开发企业。它主要是由全民所有制经济（即国有企业）和集体所有制经济的房地产开发经营企业组成的。这类开发经营企业在房地产开发经营企业中占主导地位，是房地产开发经营企业的主力军。中国的城市和房地产开发建设主要是由这类企业进行的。

（2）中外合营形式的房地产开发经营企业。中外合营的企业是指中外合资经营的企业和中外合作经营的企业。根据中国改革开放政策的规定，为了吸引外资和发展中国的房地产业，允许外商和外国企业与中方合资合作建立房地产开发经营企业。

（3）外商独资房地产经营企业。是指依照我国外资企业法在我国设立的全部资本为外国投资者所投入的房地产经营企业。

（4）合作房地产企业。除了上述房地产开发经营企业以外，还有住宅合作社形式的房

地产开发企业。但是严格地说，住宅合作社形式的房地产开发建设，不成其为一个企业。因为它是主要依靠政府的贴息贷款、住房合作社社员的集资来筹集资金的，是以解决中低收入者的住房困难为目标，而不是以营利为目的的。因此，它只是房地产开发建设的一种特殊形式。

（5）私营房地产经营企业。私营企业是指由自然人投资设立或由自然人控股，以雇佣劳动为基础的营利性经济组织。私营房地产经营企业的资产属于私人所有，要经过注册登记，一般从事房地产中介等房地产的经营活动。

10.1.2 房地产企业的组建条件与程序

1. 房地产开发经营管理企业组建的条件

房地产企业有不同的类型，开发经营管理的对象和规模也各不相同，因此企业设立或组建的条件也不相同。这里只就房地产开发经营企业的设立条件作一些说明。

根据《中华人民共和国城市房地产管理法》（以下简称《城市房地产管理法》），房地产开发经营企业设立的条件主要是：①有自己的名称和组织机构；②有固定的经营场所；③有符合国务院规定的注册资本；④有足够的专业技术人员；⑤法律、行政法规规定的其他条件。

设立房地产开发企业，应当向工商行政管理部门申请设立登记。

设立有限责任公司、股份有限公司从事房地产开发经营的，还应当执行公司法的有关规定。

北京市规定新设立房地产开发公司需要向市建委提交以下文件申请备案：

（1）备案申请；

（2）房地产开发企业备案表（一式三份，并要求加盖区县建设主管部门公章）；

（3）营业执照正、副本扫描件；

（4）企业章程；

（5）验资报告扫描件（经营范围新增房地产开发业务的企业，除提供原开业登记验资报告外还要提供变更之日后的银行存款证明）；

（6）企业法定代表人的简历和身份证扫描件；

（7）专业技术人员的资格证书，劳动合同和身份证扫描件（外埠人员还要提供暂住证明）；

（8）外商设立房地产开发企业，除提交上述材料外，还应提供《外商投资企业批准证书》和项目核准批复文件的扫描件。

北京市规定新设立房地产开发企业注册资本和实收资本均不低于1000万元人民币；外商设立房地产开发企业，投资总额超过1000万美元（含1000万美元）的，注册资本与实收资本均不得低于投资总额的50%，投资总额低于1000万美元的，注册资本与实收资本不低于1000万元人民币。

北京市要求新设立房地产开发企业要持有建筑、结构、会计、房地产经济、统计及相关类国家职业资格证书的专业人员各1人，总数不少于8人，其中专职会计人员不少于2人；工程技术负责人具有相应专业中级以上职称，财务负责人具有相应专业初级以上职称。

2. 房地产经营管理企业组建程序

根据国家有关法律和规定，组建房地产开发经营企业必须按照以下程序进行：

(1) 向上级机关提出组建房地产开发企业的申请报告；
(2) 拟订房地产开发企业的章程；
(3) 向当地政府或者房地产主管部门提出成立房地产开发企业的申请报告；
(4) 申报企业的资质等级；
(5) 办理银行的开户手续，存入资金；
(6) 办理资金信用证明；
(7) 办理经营场所的使用证明；
(8) 向工商行政管理局申请注册登记。

10.1.3 房地产开发经营企业资质申报程序及等级

原建设部于2000年3月29日发布了《房地产开发企业资质管理规定》，对原来的企业资质管理规定进行了调整，新规定把房地产开发企业分为四个等级。

1. 房地产开发一级资质等级企业的条件

房地产开发一级资质等级企业的条件有：
(1) 注册资本不低于5000万元；
(2) 从事房地产开发经营5年以上；
(3) 近三年房屋建筑面积累计竣工30万平方米以上，或者累计完成与此相当的房地产开发投资额；
(4) 连续5年建筑工程质量合格品率达100%；
(5) 上一年房屋施工建筑面积15万平方米以上，或者完成与此相当的房地产开发投资额；
(6) 有职称的建筑、结构、财务、房地产及有关经济类的专业管理人员不少于40人，其中具有中级以上职称的管理人员不少于20人，持有资格证书的专职会计人员不少于4人；
(7) 工程技术、财务、统计等业务负责人具有相应专业中级以上职称；
(8) 具有完善的质量保证体系，商品住宅销售中实行了《住宅质量保证书》和《住宅使用说明书》制度；
(9) 未发生过重大工程质量事故。

2. 房地产开发二级资质等级企业的条件

房地产开发二级资质等级企业的条件是：
(1) 注册资本不低于2000万元；
(2) 从事房地产开发经营3年以上；
(3) 近三年房屋建筑面积累计竣工15万平方米以上，或累计完成与之相当的房地产开发投资额；
(4) 连续3年建筑工程质量合格率达100%；
(5) 上一年房屋建筑施工面积10万平方米以上，或者完成与此相当的房地产开发投资额；
(6) 有职称的建筑、结构、财务、房地产及有关经济类的专业管理人员不少于20人，其中具有中级以上职称的管理人员不少于10人，持有资格证书的专业会计人员不少于3人；
(7) 工程技术、财务、统计等业务负责人具有相应专业中级以上职称；

(8) 具有完善的质量保证体系，商品住宅销售中实行了《住宅质量保证书》和《住宅使用说明书》；

(9) 未发生过重大工种质量事故。

3. 房地产开发三级资质等级企业的条件

房地产开发三级资质等级企业的条件是：

(1) 注册资金不低于 800 万元；

(2) 从事房地产开发经营 2 年以上；

(3) 房屋建筑面积累计竣工 5 万平方米以上，或者累计完成与之相当的地产开发投资额；

(4) 连续 2 年建筑工程质量合格品率达 100%；

(5) 有职称的建筑、结构、财务、房地产及有关经济类专业管理人员不少于 10 人，其中具有中级以上职称的管理人员不少于 5 人，持有资格证书的专职会计人员不少于 2 人；

(6) 工程技术、财务等业务负责人具有相应专业中级以上职称，统计等其他业务负责人具有相应专业初级以上职称；

(7) 具有完善的质量保证体系，商品住宅销售中实行了《住宅质量保证书》和《住宅使用说明书》；

(8) 未发生过重大工程质量事故。

4. 房地产开发资质四级企业的条件

房地产开发资质四级企业的条件是：

(1) 注册资本不低于 100 万元；

(2) 从事房地产开发经营 1 年以上；

(3) 已竣工的建筑工程质量合格率达 100%；

(4) 有职称的建筑、结构、财务、房地产及有关经济类的专业管理人员不少于 5 人，持有资格证书的专职会计人员不少于 2 人；

(5) 工程技术负责人具有相应专业中级以上职称，财务负责人具有相应专业初级以上职称，配有专业统计人员；

(6) 商品住宅销售中实行了《住宅质量保证书》和《住宅使用说明书》；

(7) 未发生过重大工程质量事故。

新设立的房地产开发企业应当自领取营业执照之日起 30 日内，持下列文件，即营业执照复印件、企业章程、验资证明、企业法定代表人的身份证明、专业技术人员的资格证书和劳动合同，以及房地产主管部门认为需要的其他证件，到房地产开发主管部门备案。

10.2 房地产经营管理企业组织机构和管理制度

10.2.1 房地产开发经营企业组织机构的设置原则

房地产开发经营企业的组织机构，是房地产开发建设经营管理各项经济活动的组织者和实施者。企业的组织机构设置得是否科学合理，直接关系到企业的管理效率和企业的经济效益。一般来说，房地产开发经营企业组织机构的设置必须符合以下要求：

（1）要体现国家体制改革对企业和机构设置的要求，要适应发展社会主义市场经济的需要；

（2）要体现统一领导、分级管理的原则，要适应社会化大生产的要求，要有利于增强企业的市场竞争力；

（3）机构的设置要体现精干、高效、节约的原则，要有利于企业经营目标的实现；

（4）机构设置要有利于体现合理分工、互相配合、加强横向联系的原则；

（5）要体现以生产经营为中心，有利于提高经济效益的原则。

在设计和确立房地产开发经营企业具体组织机构时，应当遵循以下原则：

（1）要根据公司的资本构成、战略目标、开发经营任务、经营范围等，确定设立企业机构的类型；

（2）根据工作的性质、范围和组织机构设计的要求，将各个管理工作单元有序地排列起来，形成层次化和部门化的组织机构；

（3）确定职务、岗位、权限与责任。首先应当确定组织及其各组成部门的职责，然后再进行部门内部的分工，确定相应的职务、岗位以及它们的权限和职责；

（4）根据需要和可能，规定组织内部各部门之间协作关系和信息沟通方式；

（5）按照设定的职务和岗位，选择与配备适宜的工作人员；

（6）根据组织机构设置的原则，组织有关人员，对组织机构进行审查、评价和修改；

（7）将修改后的组织机构设置、资本构成、治理结构、公司章程等上报或备案。

10.2.2　房地产开发经营企业组织机构的职能形式

当代企业组织的职能结构（机构），大体上有以下几种管理（领导）形式。

1. 直线制

在直线制组织机构的形式中，各级领导直接行使全部管理职能，不再设立专门的职能管理机构。这种组织机构和管理形式的特点是命令统一和指挥及时。它的缺点是领导要懂得许多专业知识，要亲自处理许多具体业务。一些小型的房地产开发经营公司或单一项目公司常采用这种组织结构。

2. 职能制

这种组织机构的领导方式，是在直线制组织机构的基础上发展起来的。为了适应专业管理的需要，设立若干专业职能部门或专职人员，各职能部门在其职权范围内指挥下级单位运作。这种组织机构的优点是公司通过专业职能部门实施管理和控制，适应经营内容复杂、专业的特点。但它的缺点是容易形成多头领导，不利于集中统一的领导。

3. 直线-职能制

是上述两种组织形式的混合，其特点是在统一领导控制下，设置相应的职能机构，作为各级领导的参谋和助手，分别从事专门性的管理，并对下级同种业务机构进行指导。直线-职能制既保持了直线型集中统一领导的优点，又发挥了职能型专业化管理的长处，是当前房地产开发经营企业常用的机构设置形式。

4. 事业部制

总公司下设立的各事业部拥有独立运营的权利，各事业部对产品或服务负完全责任。许多大型房地产集团都采用这种组织形式，例如成立住宅开发事业部、商业地产事业部等。这种组织机构的优点是：有利于总部高层管理人脱离日常性的经营管理事务，致力于中长期的战略规划和重大决策；有利于加强事业部领导者的责任心；便于专业化地组织开发经营活动。这种方式的缺点是：职能机构重叠，管理人员较多，集中指挥较困难。

房地产开发经营企业与一般企业相比，有它自己的许多特点，不能照搬其他企业机构设置的模式。应根据企业管理机构设置的一般规律，结合房地产开发经营企业的特点，按照经营管理的需要和自己的特殊情况，根据集中统一、高效、灵活、充分发挥各方面积极性的原则，确定建立企业的组织机构。

10.2.3 房地产开发经营企业规章制度

为了使房地产开发经营企业的经营活动有序进行，必须建立和健全企业内部各项规章制度。房地产开发经营企业的内部管理规章制度，主要包括以下几个方面的内容。

1. 房地产开发经营企业的领导制度

企业必须建立两种领导制度，一是经理负责制；二是职工代表大会制。经理是企业的法人代表，在企业的活动中处于中心地位，是企业开发经营活动的最高领导。职工代表大会是企业实行民主管理，决定企业重大问题的领导机构。基层党组织是企业的领导核心，领导企业的政治思想工作，保证和监督党和国家的方针政策在企业的贯彻执行。经理和企业职工代表大会要接受党组织的政治领导，并在贯彻执行党的路线、方针、政策方面接受党组织的监督。企业中党组织的政治领导，企业职工代表大会制度，企业经理在经营活动中的负责制，构成了完整的领导制度。

股份有限公司和有限责任公司或其他形式的公司，总经理是董事会聘请、任命的，要执行董事会决议、接受董事长的监督、完成董事会制定的经营目标，负责公司日常运作与经营决策。董事会是决策机构，对企业发展战略、重大投资等进行决策，对出资人负责，承担资产保值增值的责任。

2. 房地产开发经营企业的内部管理制度

房地产开发经营企业的内部管理制度主要是：

（1）思想政治工作管理制度。这是房地产开发经营企业的主要制度之一。它的主要内容包括：企业职工代表大会制度；党的基层工作制度；党组织建设制度。

（2）房地产开发经营管理制度。这是房地产开发经营企业的主要经济活动制度。它主要包括：土地储备与开发管理制度；项目前期管理制度；营销策划管理制度；合作开发管理制度等。

（3）工程技术管理制度。主要包括：工程质量管理制度；设计招标制度；工程项目管理制度；配套工程管理制度；安全生产责任制度等。

（4）经济核算管理制度。主要包括以下内容：财务工作管理制度；成本控制管理制度；会计核算工作管理制度；经济活动分析管理制度；经济合同管理制度；审计工作管理制度等。

（5）人力资源管理制度。主要包括以下内容：部门设置和人员编制规范；薪资管理和奖励制度；岗位责任与评价制度；人员招聘与培训制度；绩效考核与晋升制度；员工福利制度等。

（6）行政管理制度。这是企业日常工作的规章制度。主要有：各种会议制度；秘书工作管理制度；文印文件管理制度；档案管理制度等。

3. 房地产开发经营企业内部经济责任制

房地产开发经营企业内部经济责任制，主要是落实企业对国家承担的经济责任，正确处理企业内部各方面的责、权、利的关系，调动各方面的积极性。建立房地产开发经营企业内部责任制，必须遵循以下原则：

（1）责、权、利相结合的原则。在责、权、利三者的关系中，责任是主体。权利是履行责任的条件和保证；利益是履行经济责任的动力。因此，在落实责任、权利、利益相结合的原则时，必须以责任定权力，以责任定经济利益，这是企业内部经济责任制度的生命力和活力的源泉。

（2）国家、集体、个人三者利益相统一的原则。房地产开发经营企业在经济活动中必须把国家的利益放在首位，保证国家利益的实现。在这个基础上，正确处理好三者之间的关系，调动各方的积极性。

（3）贯彻执行按劳分配的原则。在社会主义市场经济条件下，在房地产开发经营企业的内部，按劳分配仍然是劳动者分配消费品的主要原则。因此，必须正确处理企业与职工、职工与职工之间的关系，把职工的劳动成果与职工的劳动收入直接挂钩，才能够调动职工的积极性。

（4）房地产开发经营企业的内部经济责任制，可以分为两个方面：一方面是各职能部门的集体经济责任制；另一方面是职工个人的经济责任制。企业内部各职能部门的经济责任制主要包括：开发部、工程部、设备部、材料部、经营部、财务部等各部门的责任制。职工个人的经济责任制主要包括：总经理、副经理、总经济师、总会计师、总工程师、部门经理经济责任制，各种工作岗位上员工的经济责任制。

10.3 国有房地产经济与国有房地产企业改革

10.3.1 国有房地产经济布局调整

在社会主义初级阶段实行的是多种所有制成分共同发展的经济制度。但是在多种所有制经济结构中，必须确立公有制经济的主体地位和国有经济主导作用。公有制的主体地位主要体现在：公有资产在社会总资产中占优势；国有经济控制国民经济命脉，对经济发展起主导作用。国有经济起主导作用，主要体现在控制力上。

国有经济的控制力，应当主要通过两个层次来实现。在宏观经济上要控制"关系国民经济命脉的重要行业和关键领域"；在微观层次上，亦即在市场经济运行的主体单位中，就是通过国有经济成分在大型企业中控股，或者出售部分股权，扩大国有经济的支配力和影响力，从而实现国有经济对国民经济的控制，使它沿着社会主义方向发展，迅速增强国民经济的实力，不断地提高居民的生活水平。

为了实现"国有经济对国民经济的控制力"和增强国有经济的"竞争力"，必须对国有经济进行"战略上调整"。调整的目标，就是使国有经济在"关系国民经济命脉的重要行业和关键领域"占支配地位；在其他领域，则"通过资产重组和结构调整，以加强重点，提高国有资产的整体素质"。国有经济需要控制的行业和领域，主要是"涉及国家安全的行业、自然垄断的行业、提供重要公共产品和服务的行业，以及支柱产业和高新技术产业中的重要骨干企业"。

我国房地产业是改革的产物，是提供公共产品和公共服务的重要部门。在房地产业中存在着各种经济成分，国有房地产经济在房地产业中占着主要地位。这主要体现在以下几个方面：第一，在我国快速城市化的阶段，在当前的土地储备制度下，城市功能区的开发、工业开发区的建设、成规模的土地一级开发等对地区经济、社会发展有着重大意义。国有经济房地产企业在其中都承担着重要的职能；第二，房地产业是一个巨大的产业体系，也是提供住房公共产品的重要部门，国有企业理所当然地成为保障性住房建设的主力军；第三，城市存量土地开发中，大面积旧城改造和棚户区的改造由于人口度高、拆迁难度大、资金难以平衡，其开发建设任务多是依赖国有开发建设企业来承担。

10.3.2 国有房地产企业战略性改组——组建大型国有房地产企业

为了加强国有房地产大型企业在房地产开发经营中的控制力和领导作用，必须对房地产经营管理企业进行战略性改组。实现这一目标的主要方法也应当是抓好大的、放活小的，以资本为纽带，通过市场形成具有较强竞争力的大企业集团；采取改组、联合、兼并、租赁和股份合作制等形式，放开放活国有小企业；一些扭亏无望、资不抵债的企业，则要按规定程序实行破产。对关系国民经济命脉的重要开发经营和关键领域，国有经济必须占支配地位，垄断经营；在其他领域，如项目公司、房地产中介服务、物业管理等领域，可以通过资产重组和结构调整，加强重点，提高国有资产的整体素质。有条件的大型国有房地产开发经营企业，通过市场实行联合、兼并或直接融资，可以改为股份上市公司。在进行这些改组和调整的同时，推进企业改革，转换经营机制。

要组建一批大型的国有房地产企业集团。由于历史和体制等原因，我国国有房地产企业存在着"小、散、差"等缺陷，企业规模小、专业化水平低、管理水平差。所以，在房地产经营管理企业改组、联合过程中，要推动生产要素向优势企业和名牌产品集中，优化存量资产配置。要鼓励和支持大企业、企业集团建立研发中心，强化技术开发和产品开发，增强自己的研究开发能力，逐步成为技术开发、科研投入和高技术产业化的主体。国家应当成立以多种形式为房地产开发经营企业服务的研究开发机构，指导和帮助中小企业加快技术进步，不断地提高房地产经营管理企业的生产、经营、管理科技水平，不断地提高房地产业的劳动生产力。

10.3.3 建立国有房地产企业现代企业制度

公有制和公有制实现形式是两个既有联系，又有区别的概念。笼统地说公有制，公有制是一个完整的概念，在这个完整的概念中，既包括对生产资料的所有权，也包括对生产资料的占有、使用、处分和收益的权利。公有制主要是指所有权和收益权的最终归属，或者说主要是指最终所有权、最终处分权以及最终收益权，而公有制的实现形式则主要是指财产或生产资料的运行方式、组织形式、产权结构或在经济上实现的形式。

公有制实现形式，是根据对生产资料占有的方式、劳动者和生产资料结合的方式、产权结构、经营方式和组织形式以及经济运行的方式等决定的。公有制实现形式有以下几种形式，即国有国营、集体所有集体经营、所有权和经营权分离条件下的各种实现方式、公有制经济和其他所有制经济共同组成的各种混合经济，以及租赁、承包经营和股份合作制等。

我国的许多大型国有房地产企业都带有国家行政管理职能和社会公共职能，存在着严重的政企不分和传统的国有国营的色彩。房地产经营管理企业改革必须按照"产权清晰、权责明确、政企分开、管理科学"的要求，进行规范的公司制改革。国家按投入企业的资本额享有所有者权益，对企业的债务承担有限责任；企业依法自主经营，自负盈亏。政府不能直接干预企业经营活动，企业也不能不受所有者约束，损害所有者权益。要采取多种方式，包括直接融资，充实企业资本金。培育和发展多元化投资主体，推动政企分开和企业转换经营机制。这样，一方面使企业的资产最终保持国家所有，同时又让每个企业成为享有法人财产的市场主体，以实现国有经济与市场经济有机结合的改革目标。

股份制是现代企业制度的一种具体组织形式，由于它比较适合社会化大生产的要求，所以近代各国大都采用了股份制这种资本组织形式。这种产权结构多元化的企业组织形式有利于所有权和经营权的分离，有利于建立规范的公司法人治理结构，有利于提高企业和资本的运作效率。应当积极推进和规范国有房地产企业股份制改革，尽快使大多数国有房地产大中型骨干企业建立现代企业制度，使房地产经营管理企业走上规范化的道路。

10.4 房地产企业管理制度创新，不断提高房地产企业经营管理水平

10.4.1 提高经营管理水平是房地产企业管理的中心任务

我国房地产业经过20多年的发展，已经形成了巨大的规模，房地产市场逐步走向成熟。房地产市场成熟的标志是：第一，市场法律、法规或游戏规则逐步完善，国家对房地产市场的宏观调控更加符合市场经济运行规则，市场运行逐步规范化；第二，房地产市场供求关系发生了变化，房地产市场逐步由原来的卖方市场发展到买方市场，消费者逐步在市场上占主导地位；第三，房地产暴利时代逐步结束，平均利润率逐步形成；第四，房地产各种信息逐步公开，房地产交易的透明度逐步增强。房地产业的发展和房地产市场的成熟，使各类房地产企业逐步处于同等的竞争地位。面对房地产业这种激烈竞争的局面，所有房地产企业唯一的出路就是提高经营管理水平，争取在竞争中站住脚，并在竞争中发展自己，壮大自己。

10.4.2 积极进行房地产企业管理体系的创新

提高房地产经营管理水平，必须进行房地产企业管理模式的创新，重组房地产经营管理体系。通过房地产经营管理体系的创新，逐步形成以价值管理为核心的房地产企业管理体系，即形成价值管理、时间管理、形象管理、人才管理等房地产新的管理体系。

1. 加强成本控制，提高价值管理水平

适应市场经济的发展，房地产企业管理的核心必须从生产管理转向价值管理。实践已经清楚地表明，目前一些成功的房地产企业，已经逐步形成了以价值工程管理为核心的价值管理体系，价值管理的核心是成本控制。房地产生产经营链条长、投资大、环节多、资源差异性大、成本构成复杂，企业需要通过有效的成本控制系统，在保持产品竞争力的前提下形成成本优势，并最终使其表现为市场价格优势，成为价值创造的源泉。成本管理的主要方法，就是以"制度为本"，即把成本控制纳入制度的监控之下，即在公司管理制度中，要为财务

管理和成本控制提供制度保证和组织保障，争取实现"靠制度管人，靠制度管事"。

2. 注重时间管理，提高资金价值

资金的价格，从某种意义上说，就是利息。或者说，利息就是资金的时间价值。房地产企业管理过程中的时间管理，不仅包括资金的运作管理，同时包括开发流程的时机管理、房地产入市时机的选择。时间管理直接关系到资金的成本和资本运转的有效性。房地产投资建设的项目开发周期长，每一个环节都需要时间投入，节约时间就是节约成本。所以，管理好资金占用的时间，对于房地产开发建设有着极其重要的意义。第一，在流程管理上，主要是通过流程目标管理来实现。就是将整个流程进行分解，建立节点目标，以倒推方式发现每个节点需要解决的问题和相互配合的关系，并用目标责任制的形式加强流程监控。第二，在市场管理方面，房地产产品何时上市，是时机管理的主要问题。房地产市场有低谷和高峰，在一年内也有旺季、淡季的区别，所以必须对上市流程和消费节奏进行研究。

3. 形象管理和品牌战略

随着市场竞争加剧，消费者需求日益个性化、选择多样化，品牌的影响力日渐突显。规模化经营和竞争层面的提升，为房地产企业的品牌建设创造了良好的条件，但中国房地产业仍然处于初级阶段，消费者的品牌意识尚未完全形成。消费者目前主要还是把注意力集中在住宅的功能质量上，对品牌价值的认识还十分模糊。这种情况主要是由以下一些原因决定的：第一，国内开发商，普遍缺乏清晰连贯的品牌策略和完善的识别系统，未建立起有效的品牌管理构架和体系。第二，少数有实力的发展商，已经基本具备发展企业品牌意识，但缺乏清晰的品牌内涵和完整的品牌策略，缺少整合运用各种传播手段，统一进行品牌推广的能力，因此在消费者心目中的形象模糊不清。第三，房地产开发建设具有强烈的地域性特征，各种地域差异使开发商各个房地产项目之间、项目与企业之间的品牌形象整合难度大。尽管有这些不利的影响，但是房地产业发展和房地产业的竞争已经从产品的竞争进入到了品牌竞争。

现代房地产市场的竞争已逐步进入现代营销策划和品牌竞争的时代，而企业品牌、物业管理、建筑质量与营销策略相辅相成，是企业增强竞争力的四大支撑点，同时也是开发企业的一笔巨大的无形资产。随着现代房地产业的不断发展，在竞争中最终取胜的房地产开发企业，必定是具有卓越的企业品牌和物业品牌、高水准的物业管理、优良的建筑质量和符合居住文化氛围的建筑设计的企业。

4. 人力资源管理

人力资源的合理配置，在企业管理中是非常重要的。创立房地产业优秀品牌，虽然要靠资金、靠技术、靠管理，但是归根到底主要是靠人才。房地产是人才密集型产业，是人才需求量大、专业人才需要多的产业。人力资源是房地产业第一位战略性资源是企业的核心竞争力。

房地产企业要振兴名牌要发展，就要盘活人才，实行人力资源的动态管理。盘活人才，一靠调动，二靠流动，三靠充电。第一，调动广大员工积极性。从一定意义上讲，这是企业领导的头等任务。企业生产要素中人是最积极、最活跃、最具能动性的因素，是企业活力的源泉。能否使员工自觉自愿贡献出智慧和力量，是企业成功的关键。第二，用人机制要灵活，使人才像一池活水流动起来。企业要创新要发展，首先要求贤若渴，广泛吸引精英人才，要筑巢引凤，为高级人才引进优化环境，给其优惠待遇，给人才施展才华提供广阔的空间和机会。第三，开展全员培训，不断给员工充电。创新能力将成为人才的核心能力，要实现企业整体的市场竞争力，就要开展全方位、多层次、多渠道的全员培训，不断给员工充电，把创名牌和提高企业竞争力的重点转移到依靠科学技术和提高劳动者素质的轨道上来。企业的财富是人的能力的无限开发，企业舍得把更多的资金投向人的能力开发，会带来比投资到物质上更大的经济效益。

10.4.3 大力拓展房地产资本经营战略

房地产外部交易型战略，就是所说的资本运营战略。房地产企业通过吸纳外部资源，包括建立战略联盟、组建合营公司、有效吸收外来资本（金融资本、技术资本、管理资本等）、建立房地产产业投资基金、开展技术转让、长期融资、进行兼并与收购、上市等，这种战略是一种金融扩张或资本经营战略。

房地产企业的资本运作与一般企业经营最大的区别，就在于它是以资本价值为经营对象，是一种资本扩张战略。从操作形式来看，比较常见的是以产权交易为手段，在财务杠杆的作用下，以较少的资本控制较大的资产，从而获得经营、管理及财务上的协同利益，实现最大限度的资本增值。

房地产行业是一个资金高度密集型行业，开发一个房地产项目所占用的资金量是非常庞大的，需要借助于各种资本运作的手段。同时房地产开发融资方式的优劣，直接影响着融资成本的大小，紧密关系到开发风险的大小、开发效益的好坏。因此如何通过资本运作手段，进行多渠道融资，来满足开发对资金的需求，是房地产开发企业所面临的一个迫切需要解决的问题。所以，房地产企业，在关注如何有效实施企业内部的经营管理战略的同时，还要下工夫动用企业的外部资源，通过兼并收购、股权置换、融资租赁、设立住宅产业基金等投资金融手段实现资本扩张，促使房地产产业资本在不同行业、不同产权市场增加流动。同时通过资本经营，改变企业资本分散、经营规模小、融资困难的局面。

房地产资本运作有多种手段，主要是房地产企业直接或间接上市、配股、股份回购、股份合作、资产租赁、托管等形式，以及设立房地产产业基金、开展房地产担保、信托和保险等金融创新业务。房地产企业直接或间接成为上市公司，虽然可以使房地产业与证券市场结合，为企业解决融资和经营问题。同时，现在还有设立房地产产业投资基金和以债券为表现形式的房地产项目债券等。

房地产企业开展资本运作，必须具备以下基本条件：

（1）相对完善的资本环境。我国资本环境逐步完善，为房地产业资本运作的开展创造了必要的外部环境：一是资本市场，主要通过证券市场、资金市场和保险信托市场，进行资产运作；二是产权市场，以此进行资产和产权的流动和重组，包括企业兼并、出售、拍卖、破产等产权的流动。中国资本市场经过十几年的发展，已初具规模。

（2）房地产主营业务必须达到一定规模。资本运营作为企业发展的高级阶段，必然经历项目开发、经营、资本运营的循序渐进的过程。它以生产经营管理为基础和起点，最终又回到房地产经营和为房地产开发经营服务上来。其本质是资本运营手段的实施，即强化和拓展企业的主营业务结构，使其达到资源互补和最佳配置，实现利润的最大化。

（3）企业的净资产必须达到一定规模。资本经营的对象是资本化的企业资源，净资产是其核心组成部分。资本运营中的资源配置或产权流动，实质上就资本关系的重新界定，企业的兼并、收购、分析都依赖于一定的资本规模,并以之为操作基础。没有一定规模的净资产,企业的融资和投资策略都会受到限制,因此拥有一定规模的净资产,是真正资本运营的重要基础。

(4) 房地产企业资本运作是一项极富挑战性事业,拥有一批专业房地产业经营人才和金融专业人才,组成的专业队伍对于开展房地产资本运作至关重要。

(5) 建立现代企业制度对房地产企业的资本运作是非常重要的。

10.4.4 发展多元化投资,扩大融资渠道

房地产企业融资渠道很多,如果以融入资本的性质为标准,可以把房地产企业融资分为股权性融资和债务性融资。

房地产股权性融资是房地产企业以出让一部分股权为条件,向出资者或投资者的融资行为。发行股票、合作开发均属于这类融资。通过发行股票筹措资金是企业最佳的融资渠道。因为股权性融资方式有许多优点:它不仅能进行大量地直接融资,使企业获得永久资本,提高企业自有资本率,降低企业负债率,而且资本使用方向不受限制;同时,企业还可将经营风险分散给投资者,即出资者与融资者共担风险,共享利润。这种融资方式的缺点是,融资程序比较复杂,而且也由于目前我国的资本市场还不够成熟,只有极少数房地产企业才有资格通过发行股票的方式融资。相比而言,合作开发融资在我国较为普遍。合作开发的方式也是多种多样的。可以双方共同投入一定数量的自有资金,也可以是一方投入土地,一方投入资金,最后以双方的投入比例进行利润分成。

房地产债务性融资是房地产企业作为融资者以还本付息为条件,向出资者或投资者的融资行为。债务性融资又可以分为直接债务融资和间接债务融资。债务性融资的优点是融资程序较简便,债权人不参与企业利润分配。债务性融资主要的缺点是融入的资本不能永久使用,要还本付息,而且其使用方向大多受债权人限制。

目前,我国常见的房地产债务性融资手段有银行贷款、工程承包融资和发行企业债券等。银行贷款一直是我国房地产企业资金的主要来源,银行出于降低风险的考虑,往往要求企业用其所有的房地产或其他抵押物作抵押,而且贷款额度一般也只有抵押价值的60%。随着房地产企业贷款门槛的提高、融资渠道的多元化以及银行贷款方向逐步转向居民住房消费贷款,房地产企业向银行贷款的比重将逐步减少。

当前由于建筑市场竞争十分激烈,许多有经济实力的承包商为了取得建筑任务,往往带资承包工程。这种情况,实际等于建筑承包企业贷款给房地产企业;同时,房地产企业也就把一部分融资的困难和风险转嫁给了建筑承包企业。当然,房地产企业必须按照合同向建筑承包企业归还贷款并支付利息。这种利息率,一般来说要高于银行存款利率、低于银行贷款利率,更要低于房地产企业的投资收益率。因为,只有这样,双方才有利可图。

房地产债券融资目前在我国还有着很大的局限性。首先,它要受到近几年整个企业债券市场低迷的影响;其次,由于房地产企业存在着高负债、高风险的经营特点,不容易获得较高的资信等级,从而增加了房地产企业发行债券的难度。当前国家虽然有启动债券市场的想法,但房地产债券融资在短期内,看不出有大作为。

从国外的实践来看,除了以上所讲的融资渠道外,还有房地产投资信托、租赁融资以及非银行融资机构融资等,这些在我国还没有得到有效的运作,但随着金融市场的逐步发展和

完善，将会发挥越来越重要的作用。

------------------------------本章小结------------------------------

　　房地产企业是经过注册登记，专门从事房地产开发经营和服务活动的经济单位或机构。房地产企业是房地产市场的主体。

　　房地产开发经营管理链条很长，涉及的企业或机构很多，根据不同的标准，可以把房地产企业分为不同的类型。国家对房地产企业的设立有严格的准入规定。

　　国有房地产经济是国有经济的重要构成部分。国有房地产开发经营企业在我国房地产开发经营中占有重要的地位。根据国家有关要求，必须对国有房地产经济进行布局调整，对国有房地产企业进行战略性改组和组建大型国有房地产企业，在国有房地产企业中建立现代企业制度，充分发挥国有经济在房地产业中主导作用。同时积极培育优势国有大型房地产企业，提高国有房地产企业的整体素质，增强国有企业的竞争力。加强房地产现代企业制度建设，完善法人治理结构。

　　为了适应房地产经济发展的要求，必须加强房地产企业的管理制度创新，拓展房地产资本运营战略，发展多元化投资渠道，不断地提高房地产企业的经营管理水平。

复习思考题

（一）名词解释

房地产企业　国有房地产企业　现代企业制度　企业资本经营

（二）简答题

1. 什么是房地产企业？
2. 房地产企业可以分为哪些种类？
3. 组建房地产企业需要哪些条件？
4. 什么是房地产企业资本经营？如何进行资本经营？

（三）论述题

5. 试述房地产企业资质管理等级内容。
6. 如何完善房地产企业管理机构和管理制度建设？
7. 如何进行国有房地产现代企业制度建设？
8. 试述房地产企业管理体制创新。

第4篇

房地产经济运行与房地产市场体系

  房地产生产再生产过程的经济关系和经济结构决定了房地产市场的体系结构。依据房地产经济运行过程的顺序，房地产经济市场体系主要由房地产资本或房地产金融市场、土地使用权市场、房地产开发建设市场、房地产产品交易市场、房地产中介市场、物业管理市场等构成。

  房地产市场是房地产经济运行的核心，其主要功能是实现房地产产品的使用价值与价值，优化配置房地产资源。发展房地产经济，就是要发展和完善房地产经济市场体系，规范房地产经济市场运行，把国家干预和市场机制有机地结合起来。

  房地产经济（商品）是房地产商品使用价值与价值的统一，房地产价值运动是房地产商品运动的货币形式，而房地产货币运动构成了房地产金融与房地产金融市场体系。房地产金融体系由房地产金融机构、房地产金融市场、房地产金融形式或工具、房地产金融管理等构成。房地产抵押贷款是房地产金融重要的金融工具。

  房地产经济是资金密集型经济。在市场经济条件下，房地产开发经营企业的资金，除了自有资金以外，主要依靠从社会上筹集资金。融资方式主要有两种，即直接融资和间接融资。直接融资的主要方式是发行股票和企业债券等；间接融资主要是通过信贷方式向银行等金融机构贷款。无论采取哪种方式融资，都是需要成本的，为了降低财务成本，提高房地产企业经济效益，房地产企业必须按照一定标准对各种筹资方案进行比较和选择。

  从事房地产开发经营，不仅要在资本市场上筹集资本，还必须进入城市土地使用权市场取得土地使用权。由于我国土地公有制是由农村集体土地和城市全民所有制土地构成的，所以新增建设用地只能有两个来源：一是通过征购或征收方式把农村集体所有制的土地变为城市建设用地。在这个过程中，不仅改变了土地的使用性质，而且改变了土地的所有制性质。这是扩大城市建设用地的唯一来源。二是通过对旧城改造与城市房屋拆迁，增加城市建设用地。国家或城市政府是城市土地使用权市场上的唯一供给者。房地产企业必须根据建设项目的性质，通过招、拍、挂等方式，按照城市土地使用权的有关规定取得城市经营性土地使用权。

房地产开发建设是房地产生产和再生产的主要阶段，必须按照国家关于基本建设程序和管理的有关规定，顺序地进行房地产开发建设前期工程与招标投标管理、建设工程监理管理、竣工验收管理等工作，才能完成房地产产品的开发建设，把房地产商品提供到房地产市场上。

房地产交易主要是通过房屋买卖和房屋租赁两种方式进行的。房地产（房屋）买卖市场是一次同时转移商品的使用价值和价值，一次性收回货币；房地产（房屋）租赁市场是一次转让一定时期的房地产（房屋）使用权，取得相应的货币收入，通过多次出售，收回投资和取得总利润。根据房地产市场的发展现状，一方面要规范房地产市场行为；另一方面要调整房地产市场供给方式，大力发展房地产租赁市场和存量房市场，以便更好地满足居民对住房的需求。

房地产价格是房地产市场运行的核心问题，它不仅是房地产价值实现的形式，而且是调节房地产资源配置的重要机制。所以，科学地确定房地产价格的构成要素，建立完善的房地产价格体系，加强房地产价格管理是规范房地产市场运行的重要内容。

房地产经济中介服务市场与房地产中介组织是房地产经济分工深化和社会化的结果，是房地产经济的重要构成部分。加强房地产中介组织建设，主要是完善房地产中介组织与机构的资质管理，提高房地产中介人员业务水平和加强作业人员的资格管理，规范房地产中介服务价格，使房地产中介服务走上规范化的道路。

房地产物业管理市场和物业管理服务，主要是为房地产物业消费提供服务产品的组织或机构。加强对物业市场的管理，完善物业管理服务内容，规范物业管理行为，提高物业管理水平，是物业管理市场和物业服务建设的主要内容。

第 11 章 房地产经济运行与房地产市场

【学习提要】 本章应重点了解和熟悉房地产市场及其构成要素、房地产市场功能与房地产市场特性、房地产市场结构、房地产市场体系、房地产价格体系、房地产市场供给与需求、中国房地产市场经济模式。

【关 键 词】 房地产市场 房地产市场体系 房地产市场供给与需求 房地产市场运行模式

11.1 房地产市场构成要素与房地产市场功能

11.1.1 房地产市场是市场经济共性与房地产市场经济特性的统一

房地产市场是房地产交换的场所，或者说，房地产市场是房地产经济关系的总和，也可以说，房地产市场是房地产经济交换关系的总和。在市场经济体制下，无论是房地产经济部门与其他经济部门的关系，还是房地产经济内部各部门、各个环节之间的关系，都是通过市场联系起来的，它们的经济利益都是通过市场实现的。

房地产市场与国民经济中的其他市场一样，具有市场本质的一些共同规定性，都要遵循或受到价值规律、供求规律、竞争规律的要求和作用。但是，由于房地产经济与房地产产品具有一系列的特性，特别是房地产资源的有限性、位置的不可移动性以及产权关系的规定性（重要性），决定了房地产市场经济与运行关系，都有着自己一系列的特殊性。所以，房地产市场是市场的共性与房地产市场特性的统一。

我国是社会主义国家，土地等资源是公有的。土地公有制又采取了两种公有制形式，即农村土地的农民集体所有制和城市土地的全民所有制或国家所有制。这种土地所有制结构，使我国房地产经济具有自己的一些特点。不研究这些特点，就不可能懂得中国房地产市场运行的一些特殊性。

11.1.2 房地产市场基本构成要素

房地产市场与其他市场一样，从结构形态上或运行过程来看，都是由一些最基本要素构成的。这些最基本的构成要素包括市场运行的主体、市场运行的客体、市场运行的行为方式等。各种市场形态的区分，是由其客体、主体以及运行行为方式的差异决定的。

房地产市场与其他市场的根本区别在于房地产市场运行的客体与其他市场运行的客体不同。房地产市场运行的客体是土地或地产，以及建筑在土地上与土地结合在一起的房地产。

房地产市场的主体是由房地产所有者和使用者构成的，或者说是由房地产供给者和需求者构成的。房地产市场的供给者就是房地产商品的所有者；房地产市场的需求者，就是房地产市场上货币所有者或房地产商品的未来使用者或消费者。

房地产市场运行的行为方式，是由交易的内容和交易的方式决定的。一般来说，房地产市场交易方式主要有买卖、租赁、抵押、入股、典当、交换、赠与、继承、代理、委托、咨询等。其中买卖又可以分为拍卖、招标、协议、现金买卖、赊欠买卖、分期付款买卖、强制买卖等。

不管房地产市场经济的性质如何，它都是由房地产市场的主体、房地产市场的客体、房地产市场运行的行为方式等构成的。虽然它们在不同的社会制度下，在不同的经济发展水平条件下，是不完全相同的，但是这种差别，不会改变其一般特征。当然，在研究房地产市场时，不仅要研究它的一般的特征，而且更要研究其在特定国家运行的特点。只有既懂得房地产市场运行的一般特征，或共同特征，又懂得它在某一个国家的特点，才能对某一个国家房地产市场的运行作出科学的说明。研究中国房地产市场运行的特殊规律，实际上就是研究中国房地产市场特殊的市场结构及产权变化规律。

11.1.3 房地产市场功能

在市场经济条件下，各种经济资源是通过市场配置的。社会主义市场经济，是在国家宏观调控下以市场为基础配置资源的经济。所以，房地产市场在房地产经济运行中发挥着重要作用。

(1) 通过市场机制，合理地分配房地产资源，促进房地产资源优化配置。

(2) 通过地价和地租等经济手段，以及国家土地利用规划和计划等方式和方法，调节房地产的供求，实现房地产供求的平衡。

(3) 通过房地产市场，实现房地产商品的使用价值和价值，促进房地产业的发展，满足经济社会对房地产的需求，并使房地产与国民经济其他产业部门的发展相适应、相协调。

(4) 通过房地产市场，并且按照市场方式，合理分配房地产收益，正确调节各方面的经济关系，有效地利用房地产的收益，促进城市经济的发展。

(5) 充分利用房地产市场，发展房地产经济，建立房地产市场体系，促进社会主义市场经济体制的建设，加快由计划经济体制模式向市场经济体制模式的转轨。

11.1.4 房地产市场机制

房地产市场既是市场，就决定了其运行要受一般市场运行规律，即价值规律、供求规律和竞争规律等的支配。但是房地产市场的特性，又决定了这些机制构成及其在发生作用时，具有自己的一些特点。

1. 地租机制

地租是土地所有权的经济实现形式。我国城市土地使用权出让价格实质上就是地租。地租是价值规律在土地经济中的特殊表现形式。因此在城市土地运行和土地资源配置中，必须充分发挥地租的调节作用，利用城市土地绝对地租，在经济上实现城市土地的国家所有权，使城市土地所有权始终掌握在国家手中；利用城市土地级差地租，调节城市土地资源在不同部门之间的分配，实现城市土地资源的最佳利用，提高城市土地资源的利用效益；利用垄断地租，对城市特殊地段实现最有效的利用。城市地租是调节城市土地经济关系和实现城市土地资源最佳配置的最有力工具。

2. 价格机制

价格是价值的货币表现形式。价格是由价值决定的，是价值或者说是价值规律作用的最主要和最基本的形式，也是市场机制中作用最强和最直接的机制。房地产价格调节着房地产的供求和房地产资源的分配。我国房地产市场经济虽然发展时间不长，但是，房地产价格在发展房地产经济和配置房地产资源方面的作用却表现得十分明显。利用房地产价格机制实现城市产业置换，可以取得比使用行政手段干预更好的效果。但是由于土地不是劳动产品，土地本身没有价值，所以土地价格及房地产价格有着自己的一些特点。

3. 供求机制

供求机制是与价格机制紧密联系在一起的市场机制。房地产供大于求，房地产价格就会下降；房地产供不应求，房地产价格就会上涨。房地产价格下降，房地产的生产就会缩小，房地产的供给就会减少；房地产供给减少，可能会出现房地产供不应求的情况，房地产价格就会上升；房地产价格上升，又导致房地产生产增加，房地产供给也相应地增加。这就是供求机制对房地产市场运行的房地产资源配置的调节作用。但由于土地数量的有限性，人类对土地的需求不断增长，房地产供求机制在调节房地产供求和价格时，受到了一定的限制。

4. 竞争机制

房地产市场是垄断与竞争相结合的市场，国家垄断城市土地出让市场，也就是垄断城市土地的供给总量。房地产的二级和三级市场是自由竞争的市场，竞争机制在这里可以充分地发挥作用。在竞争机制的作用下，房地产市场的各个主体之间处于平等的地位，在房地产市场的交易中是一种平等的竞争关系。通过房地产市场主体在房地产市场上的竞争，不仅实现了房地产的价值，而且也使房地产的使用价值得到了最佳的利用。总的来说，由于土地供应的垄断性，以及房地产经营的垄断性，竞争只能在一定的范围内进行，竞争机制的作用受到了制约。

5. 计划机制

市场经济并不排斥计划机制或国家的宏观调控。市场与计划并不是对立的，在现代市场经济的条件下，计划机制与市场机制是紧密地结合在一起的。市场经济发展的实践表明，市场不是万能的，市场调节本身具有许多无法克服的缺陷（其中主要是市场调节的盲目性、自发性、滞后性和不确定性），而且在某些场合下市场调节是失灵的。计划调节是自觉的、事前的、确定的和有目的的。计划调节可以弥补市场调节的不足。因此在市场经济条件下，必须充分发挥计划机制的调节作用，要把计划机制与市场机制有机地结合起来，实现对房地产资源的最佳配置，发挥房地产资源的最大效益。

通过以上各种机制的作用，实现房地产市场的协调、平衡和正常的运转，从而使房地产市场运行规范化。

11.1.5 房地产市场特性

房地产市场与其他市场相比有以下一些特性。

1. 房地产商品在流通中位置的不动性或物质客体的不可移动性

一般商品流通，不仅发生价值形态变化（即由商品形态变为货币形态，再由货币形态变为商品形态，用公式表示就是：$W—G—W$），同时还要发生空间位置的变化。房地产商品则不同，由于房地产商品位置的不动性，决定着房地产商品在流通中只发生形态的变化，而不发生位置的变化。

2. 房地产商品出售的零星性和长期性

房地产商品是一个整体，并且它的价值很大，使用周期很长。房地产商品的这个特点，决定了房地产商品流通的另一个特点。房地产商品的整体性，决定了房地产商品流通的不可分割性，即不能分割为一个一个平方米出售，最小也必须以一个住宅单元为单位进行买卖。房地产商品价值大，决定了消费者不可能一次支付巨额的货币，所以只能零星地出售。房地产商品零星地出售，就是房地产商品出租。房地产商品的出租，决定了房地产商品流通的零星性和长期性。这是房地产商品流通的第二个特点。

3. 房地产商品流通与房地产商品生产、消费的并存性

房地产商品使用价值的长期性、房地产商品以出租为主要交换形式的流通方式以及房地产商品逐步磨损的特性，决定了房地产商品生产、消费、流通的并存性。房地产商品在出租的情况下，它的使用价值是一段时期一段时期出售的，由此决定了房地产商品出售是一个长期的过程。与房地产商品这种长期出售相适应，房地产商品的价值也是一部分一部分消费的。这就是房地产商品出售和消费的同一性。房地产商品在长期的出售和消费过程中，它的使用价值不仅会发生磨损，而且也会发生损坏。房地产商品是一个整体，为了保护它的使用价值，就必须对房地产商品进行维护和局部的更新。这种维护和局部更新，就是房地产商品再生产过程。房地产商品的这种维护和更新是在房地产商品的流通和消费过程中进行的，是房地产商品的生产过程在流通和消费过程中的继续。所以说，房地产商品的生产过程、房地产商品的消费过程和房地产商品的流通过程，具有同时并存的性质。房地产商品生产、流通、消费的同时并存性质，就是房地产商品的第三个特点。

4. 房地产商品供求的地域性

房地产商品由于受到自然地理、空间位置的制约，而决定了其位置的不动性和区位性。房地产商品的这种性质决定了房地产商品在供求不平衡的条件下，在各地区之间是无法进行调剂的。同时由于土地的稀缺性和有限性，决定了土地自然供给是没有弹性的，在经济供给上的弹性也是很小的。这些决定了房地产的价格主要是由房地产的需求决定的。

5. 房地产市场的不完全竞争性或垄断性

有市场就有竞争。房地产市场也有竞争。但是，房地产的特殊性决定了房地产市场的竞争受到了一定程度的限制，使它成为不完全竞争的市场。

（1）由于房地产的有限性和稀缺性（主要是地产），产生了供给上的垄断性，限制了市场主体之间的竞争。

（2）房地产市场的固定性限制了房地产在全国范围内的竞争，使得房地产市场具有强烈的地方性。

（3）房地产市场的地域性、不可替代性使房地产市场竞争受到了限制。

（4）房地产商品价值大、使用时间长，使其交易次数受到了一定的影响，从而使其竞争受到了一定的限制。

（5）房地产商品对社会发展的重要性、数量的有限性、使用方向不易变更性，决定了国家对它管理和调控的必要性。国家对房地产市场的管理和垄断，限制了房地产市场自由竞争的展开。

6. 房地产市场投机的巨大可能性

任何市场都存在着投机，但是，房地产市场与其他市场相比，投机的可能性就更大。这主要是因为，房地产商品供给的有限性和需求的无限性，导致了房地产市场价格的不断上升。同时，由于房地产所在区位投资的不断增长，特别是城市政府对城市基础设施和市政设

施不断地进行投资,提高了城市基础设施和市政设施现代化水平,决定了土地价值(价格)不断地增长,引起了房地产价格上升。房地产巨大的保值和增值的性质,决定了对房地产进行投机的可行性和可能性。

11.1.6　中国房地产市场的特性

中国是社会主义国家,城市土地是属于国家所有的,由此决定了中国房地产市场除了具有一般房地产市场的特点之外,还有自己的一些更加特殊的特点:

(1) 社会主义国家和城市土地的国家所有制,决定了中国城市土地市场是建立在城市土地公有制基础之上的,或者说,中国城市土地市场是以公有制为基础的;

(2) 中国城市土地所有权是属于国家的,城市土地的使用权则可以属于各个单位所有。这就决定了城市土地的所有权和使用权是分离的。在城市土地所有权和使用权分离的情况下,城市土地所有权是不能进入市场的,进入市场的只是城市土地的使用权。所以,中国城市土地市场实际上是土地使用权市场;

(3) 在中国房地产市场上,房屋所有权和使用权的变化,只是与城市土地使用权变化有关,与土地的所有权变化无关。由此构成了中国房地产市场极其复杂的产权关系;

(4) 在中国社会主义市场经济运行中,国家不仅采取各种经济的、法律的、行政的手段调控房地产经济的运行,而且由于国家拥有土地的所有权,因此还可以通过控制土地的供应量和控制土地的价格,控制其他部门经济的运行。也就是说,在城市土地属于国家所有的情况下,城市土地与财政、金融、货币、价格、计划等经济机制一样,也成了国家对经济进行宏观调控的手段,或成为国家对国民经济运行进行宏观调控的强有力的经济杠杆。

11.2　房地产市场结构与房地产市场体系

11.2.1　房地产市场体系结构及其划分

房地产经济是一个巨大的体系。房地产经济运行涉及的经济部门多、方面广,其运行过程长、运行环节复杂,并且在市场运行中不仅涉及经济关系,往往还涉及产权关系的变更等。因此,根据不同的标准,可以把房地产市场划分为不同的体系结构,或区分为不同的市场形态。

依据房地产市场包括的方面或要素的不同,可以把房地产市场分为广义的房地产市场和狭义的房地产市场。广义的房地产市场包括与房地产流通有关的一切交易活动,狭义的房地产市场只包括房地产本身的交易活动。

按照房地产生产再生产过程,即生产、分配、交换、消费,可以把房地产市场看作是由房地产资本市场、土地(使用权)市场、土地房屋开发建设市场、房地产产品交换市场、房地产(物业)管理和服务市场等构成的一个市场体系。

按照房地产服务于房地产市场与保证房地产市场交易正常运行的体系来看,房地产市场是由房地产交易或房地产资源配置体系、房地产价格体系、房地产法制体系、房地产收益分配体系、房地产交易中介服务体系等构成的。

根据房地产交易对象在房地产经济运行中的作用,可以把房地产市场划分为房地产要素市场、房地产产品交易市场；房地产产品还可以区分为生产资料市场、消费品市场等。

从保证房地产市场交易运行的角度，也有学者把房地产市场划分为房地产市场交易系统、房地产市场保证（支持）系统、房地产市场约束系统等。

依据房地产交易的内容或房地产产权关系，可以把房地产市场划分为一级市场、二级市场、三级市场等。

房地产市场的类型划分，对于理解和把握房地产经济和房地产市场的运行，有着重要的意义。根据我们研究的内容、结构和进程，在这一部分，我们主要研究房地产生产再生产市场结构体系、房地产市场运行结构体系、以及房地产性质与作用结构体系。

11.2.2 房地产生产再生产市场体系

房地产生产再生产是由房地产生产、分配、交换、消费构成的。由于房地产经济的特殊性，在房地产生产再生产过程中，包括了城市土地开发和再开发，住房开发和建设，房地产市场流通或交易，房地产在消费过程中管理、维修、服务等经济活动。在市场经济体系下，房地产生产再生产都是通过市场进行的，由此形成了一个巨大的房地产市场体系。

1. 房地产金融市场或资本市场

房地产是资金密集型的产业。房地产要素与产品价值巨大，无论是开发建设，还是经营销售，以及消费者购买，都需要支付大量的资金。这样巨大的资金，无论对于开发建设者，还是对于经营销售者，以及房地产消费者，完全依靠自己的资金是十分困难的。这个困难只有通过金融机构，借助房地产金融或房地产信贷才能得到解决。服务于房地产开发建设企业的开发、建设、经营，以及居民购买住宅的银行信贷经济活动的货币市场与资本市场，就是房地产金融市场。

2. 城市土地开发再开发市场

城市土地开发市场就是对城市土地开发和再开发的经济活动。城市土地开发是城市土地的第一次开发，就是城市政府代表国家或者房地产开发企业代表国家，向农村征用或征购土地。国家把从农村征用来的土地，采取批租的形式或出让的方式，把它出让给房地产开发商。土地开发商（房地产开发商）取得土地开发权以后，根据城市政府的规划，把农业用地变成城市用地，即变成了城市的建筑地段，然后再把城市建筑地段卖给需要建筑地段的企业或单位，或自己进行房屋等建筑物的建设，这就是土地的第一次开发。由于社会经济的发展，城市原有的土地无论从城市的基础设施来看，还是从城市土地的功能来看，它们都不能满足城市发展的要求，必须对其进行更新改造，这种对原有城市土地的改造就是城市土地的再开发。

3. 城市房屋开发建设市场

城市房屋开发建设市场，就是城市土地开发企业把开发好的城市土地以市场方式转让给城市房地产开发建设企业。房地产开发建设企业根据建设用地规划和房产市场上的供求情况，建设各类房屋，以满足房产市场和房屋用户的需要。这种房地产开发建设企业按照市场方式取得城市土地，然后在这些建筑地段上建筑各类房屋，最后把建设好的房屋卖出去，就形成了房屋（房地产）开发建设市场。

4. 城市房地产流通或交易市场

城市土地开发出来、城市房屋建设起来，就进入了房地产市场，通过房地产市场实现其价值和使用价值。但是，房地产商品所具有的特殊性，不仅决定了它在流通中的一些特性，而且决定了房地产开发建设企业一般都不直接销售自己开发建设的房地产商品，而是由房地产经营或经纪企业负责买卖房地产商品。这种在流通领域专门从事房地产商品买卖的经济活动，构成了房地产的流通或房地产的交易市场。

5. 房地产物业管理与服务市场

房地产是一种耐用消费品，在房地产的长期消费过程中，房地产商品会发生各种损坏，居民的长期消费也要求有各种服务活动，这样就需要对房地产的物业提供各种服务和管理工作。在市场经济条件下，这种管理、维修、服务活动都是按照市场方式进行的。由此就形成了房地产的管理、维修、服务市场。

在房地产生产和再生产过程中形成的房地产市场体系，可以用以下公式来表示：

$$G—G—W\cdots P\cdots W'—G'—G',\ G—G\cdots$$

在这个循环中顺序形成了：

资本市场，$G—G\cdots G'—G'$

开发建设市场，$G—W\cdots P\cdots W'—G'$

流通或交易市场，$G—W,\ W'—G'$

维修服务市场，$G—W\cdots P\cdots W'—G'$

式中，G 是货币资本；W 是生产要素；P 是生产资本；W' 是商品资本；G' 是增值了的资本；"—"是流通过程；"$\cdots$"是生产过程。

$$G—G—W{\begin{matrix}W{<}^{W_1}_{W_2}\cdots P\cdots W'—G'—G'\\ A\end{matrix}}$$
$$G—G—W\cdots$$

式中，A 是劳动力；W_1 是生产资料；W_2 是土地。

由房地产生产和再生产过程形成的房地产市场体系中，各类市场在房地产市场体系中的作用和意义是不完全相同的。大体来说，房地产金融市场是前提或关键，房地产开发建设市场是基础，房地产交易或流通市场是核心，房地产管理、维修、服务市场是完全服务于房地产运行的配套市场。

这种房地产市场体系对于发展房地产经济、提高房地产经济在国民经济中的地位和作用，具有重要的意义。

11.2.3 房地产运行职能市场体系

如果从房地产运行和运行环境来看，房地产市场运行体系是由以下 5 个方面构成的。

1. 房地产资源配置体系

房地产市场经济，就是以市场方式配置房地产资源的经济。房地产市场是房地产进入市场的第一个环节，是建立房地产市场的关键。以市场为基础配置房地产资源，必须有完善的房地产市场体系。

由于种种原因，我国以市场方式配置房地产资源有一个发展过程。这个过程，就是把房地产计划经济转变为房地产市场经济的过程，所以这个过程是与房地产经济体制改革发展的进程相适应的。要把房地产资源纳入市场经济运行轨道，逐步做到以市场为基础配置房地产资源，必须进一步深化房地产经济体制改革。

2. 房地产价格体系

房地产价格，是市场配置房地产资源的机制。根据房地产市场发展的需要，应尽快完善国家地价政策，强化政府对地价的调控。土地使用权出让价格体系，是由基准地价、标定地价、市场价格构成。应完善基准地价评估公布制度。基准地价应根据经济发展和市场变化定期进行修正。同时还要按照基准地价、市场行情、地块用途、房地产收益、地块的区域因素和房地产使用年限等，评估出具体地块的价格，作为政府出让的底价。对于低于政府公布的基准地价转让房地产的，政府有优先收购权。应根据住房供应方式的不同，完善住房价格体系，该控制的控制，该放开的放开。

3. 房地产中介服务体系

房地产中介服务体系，是房地产市场的重要组成部分。房地产市场中介服务体系，主要是以房地产信息、地价评估以及为各种市场交易服务为主的信息、经济、法律、政策、技术等咨询服务代理机构。

4. 房地产收益配套体系

把房地产纳入市场经济运行的轨道，按照市场方式配置房地产资源，在经济上实现房地产的所有权和收益权，涉及中央、地方、企业和个人等各方面的利益，必须建立合理的房地产收益分配体系，才能正确处理好这些关系。房地产收益分配体系不仅涉及产权关系，要求建立相应的房地产产权制度，而且涉及租、税、费的体系。建立合理的房地产收益分配体系，也是一个庞大的系统工程。收益分配体系，涉及人们的切身利益，是市场经济的核心问题。

5. 房地产市场法治体系

市场经济是法制经济，只有建立完备的、配套的房地产法律制度，才能规范房地产市场运行；只有依靠各种法律、法规，才能保障房地产市场活动的统一、开放、规范、有序和公开、公平、公正，从而使一切市场行为都能够有法可依，有章可循。同时也要加强执法监督。为了完善法律、法规，应当抓紧制定《房地产法》、《房地产交易法》，以及房地产估价、房地产利用、房地产增值税等对房地产市场有着重要调控作用的法律、法规。同时，各地政府也应当制定相应的规章。

只有建立和健全以上5大体系，房地产市场的运行才能规范化，才能与社会主义市场经济体制相适应。

11.2.4 房地产要素市场与产品市场体系及房地产价格体系

房地产市场是由房地产要素市场和房地产产品市场构成的一个有机的市场体系和与这个市场体系相适应的价格体系。由于产品市场还可以分为生产资料市场和消费品市场，所以也可以说，房地产市场体系是由房地产生产要素市场、房地产生产资料市场和房地产消费品市场以及它们的各个子市场构成的市场体系。

房地产要素市场主要由劳动力市场、土地市场与资本市场等构成。生产要素是生产产品的要素。要素市场不仅是资源配置市场，而且是要素的产权市场。要素市场的重要特征就是只出卖使用权不出卖所有权。

生产要素价格、生产资料价格和消费品价格构成了与市场体系相适应的价格体系。生产要素价格是产品价格的重要构成部分。生产要素中的工资是产品价格中的成本构成部分；生产要素中的资本利息是产品价格中的平均利润构成部分；生产要素中土地的地租或土地使用权价格中的地租部分，是产品价格中的超额利润构成部分。生产要素价格在市场经济中具有两重作用：一方面，要素价格是要素使用权的出让价格，调节着要素在社会生产各部门之间的有效配置；另一方面，要素价格又是要素所有权的实现形式。这是由生产关系决定分配关系，分配关系又是生产关系的实现形式，即要素所有权的实现形式决定的。

土地使用权价格与房地产价格就是土地所有权与房地产所有权实现的形式。土地使用权价格与房地产价格以及由价格形成的收益分配的不合理，根源在于住房制度不健全，土地使用权出让制度不完善，土地所有权在经济上没有得到完全实现。

以市场经济规律为依据，完善土地所有权和使用权制度以及房地产和住房制度，调整人们在土地与房地产经济中的利益关系，才能从制度上规范土地与房地产经济的运行。

我们在此虽然把房地产市场体系结构划分为三种类型，但它们之间的关系是交叉的，作用是相互的，只是以不同划分标准把它们区分开。在现实生活中，它们是共同发生作用的。

11.2.5 房地产的供给与需求

房地产本身所具有的特殊性，使其供给与需求虽然符合经济学的普遍共性规律，但也具有其自身的特点。

1. 房地产的供给

房地产的供给分为宏观与微观两个方面。从微观经济学角度来看，房地产供给指的是生产者在某一特定时期内，在每一价格水平上愿意而且可以提供的房地产的商品数量；从宏观经济学角度来说，房地产的供给是指房地产总供给，是某一时期全社会房地产供给的总量。由于目前我国还存在着房地产供给的双轨制，因此我国房地产的总供给不仅包括房地产市场上供给的数量，而且还应该包括未通过市场机制的福利分配的住房以及划拨土地。

（1）房地产的供给特征

1）房地产供给的刚性特征

与一般商品相比，房地产的供给缺乏弹性。这一方面是由于土地供应的刚性；另一方面，由于房地产商品的生产周期长，造成新建房地产的供给在一定时期内，特别是短期内很难随着市场需求的变化而及时地变化，而将其他用途的房地产进行转换也是比较困难。因此，房地产的供给具有较强的刚性特征。

2）房地产供给的异质性和区域性

房地产市场属于典型的产品差异化市场，房地产市场中的每个项目都具有与其他项目不同的地理位置，此外在产品质量、结构、周边环境、使用状态等方面也都存在着一定差异，因此每个在市场上供给的房地产项目都是不同的，这对于房地产项目价格的确定和变化规律产生重要影响。此外，由于房地产商品的不可移动性，使得房地产项目的供给范围较一般商品要小，是固定在一个特定区域的，因此其销售对象一般也是该区域范围内的需求者。

3）房地产供给的层次性

房地产供给一般分为三个层次：现实供给、储备供给和潜在供给层次。这三个层次的供给是动态变化的。

现实供给层次是房地产产品已经进入流通领域，可以随时出售的房地产，又称为房地产上市量，其主要部分是现房，也包括期房。这是房地产供给的主导和基本层次。

储备供给层次是可以进入市场，但房地产生产者出于一定的考虑暂时储备起来不上市的这部分房地产产品。需要注意的是，这与空置房的概念是不同的。

潜在供给层次即已经开工正在建造的或者已竣工但尚未交付使用的未上市房地产，以及一部分过去属于划拨或者福利分配的但在未来可能进入市场的房地产。房地产的三个供给层次处于动态变化和转换过程中。

4）房地产供给的滞后性

房地产价值量大，并且生产开发周期长，这就决定了房地产供给相对于需求的变化存在着滞后性。短期内，房地产供给是固定的；从长期来看，房地产供给弹性也是有限的。

（2）房地产供给的影响因素

影响房地产供给的因素是多方面的，从长期来看，国家的房地产产业政策、与产业政策相关的货币金融政策和投资体制对于房地产的供给有很重要的影响。具体来说，影响房地产供给的因素有：房地产市场上产品的价格，生产要素的价格，城市土地的数量，资金供应量与利率，房地产开发商的预期，以及政府的房地产政策、产业政策、货币政策、税收政策等因素。

2. 房地产的需求

从微观角度来看，房地产需求是指消费者在特定时期，在每一价格水平上愿意而且能够购买的房地产产品或者劳务的数量；从宏观角度来看，房地产需求是房地产的总需求，是某一时期全社会房地产需求的总量。

（1）房地产的需求特征

房地产的需求特征主要包括以下方面：

1）多样性。房地产需求的多样性首先是由于房地产本身的多样性造成的。由于位置、楼层、朝向、户型、功能等差异，使得房地产具有多样性；其次是，由于不同的消费者收入水平、文化层次、职业、年龄、生活习惯等不同，形成了对房地产商品的不同偏好，使得房地产需求多样性。

2）区域性。由于房地产空间的固定性，具有不动产的特性，其位置不可移动，这就决定了房地产需求的地域性强。一方面，房地产的不可移动性使得房地产商品不能从一个地区调往另一个地区，一个地区或城市的房地产需求基本上来自于这个地区或城市的工商企业和居民的需求；另一方面，在同一城市的不同地段，房地产需求也有很大差异。如在市中心地区、次中心地区和城市郊区，人口密集度、地区级差和房价等不同，都会形成不同的房地产需求。

3）房地产需求的层次性。房地产需求的层次性主要包括两层含义：从消费者偏好来讲，不同的消费者由于经济实力和其他条件不同，对房地产的需求层次也不同。房地产可以满足其生存、发展、享受等不同层次的需求。从房地产社会需求总量或宏观需求的角度看，一般分为房地产的现实需求和潜在需求两个层次。

4）双重性。房地产需求的双重性是指房地产既可以作为消费品，也可以作为投资品，因此可将房地产需求分为房地产消费需求和房地产投资需求。一方面，房地产可分为住宅等消费品以及商业、工业用房等投资品两大类，对前一类房地产的需求属于消费性需求，对后一类房地产的需求属于投资性需求（生产型需求）。另一方面，具体到住宅等消费品的需求，实际上也包括消费性需求和投资性需求两个方面，前者购买住宅以自住为主，后者购买住宅是以投资为主，以获取收益为最终目的。

（2）房地产需求的影响因素

房地产需求的影响因素很多，主要包括：社会经济发展水平、居民收入水平和消费结构、房地产价格水平、消费者的预期以及国家经济政策等。

3. 房地产供给与需求的静态均衡分析

房地产市场供求均衡是指供给与需求的均衡状态，是房地产商品的供给价格与需求价格相一致，而且供给数量与需求数量相一致时的房地产经济运行状态。

根据经济学原理，供给曲线 S 与需求曲线 D 的交点称为均衡点。在均衡点上，供给与需求处于均衡状态。图 11-2 中，均衡点 E 所对应的 ON 称为均衡价格，E 点所对应的需求量或供给量 OM 称为均衡数量。在均衡点上，房地产市场上的房地产商品全部销售出去，并且恰好满足市场需求。

图 11-3 表示的是房地产市场供求均衡形成的过程。图中，ON 和 OM 分别是房地产均衡价格和均衡数量。如果价格提高到 ON_1，由于房地产商的经营利润升高，他们将增加投资，扩大生产规模，此时市场供给量为 OM_1；另一方面，由于房地产价格上升，需求就会减少，此时需求量为 OM_2，这时房地产市场出现供给大于需求的情况，造成房地产产品积压，积压量为 $OM_1 - OM_2$。由于房地产商品积压，开发商不得不降低房价，直到 $ON_1 = ON$，$OM_1 = OM_2$，达到供求均衡。反之，如果房地产商品价格低于均衡价格，假设为 ON_2，由于此时房地产价格低于均衡价格，房地产商的利润降低，而缩小生产规模，房地产市场供给量为 OM_3；但对消费者来说，房价偏低，需求就会增加，此时需求量为 OM_4，房地产市场将会出现供不应求的局面。这样将会导致房价上升。房地产商的利润升高，又将会增加供给，而需求则减少，直至房价上升到 ON，再次达到供求均衡。

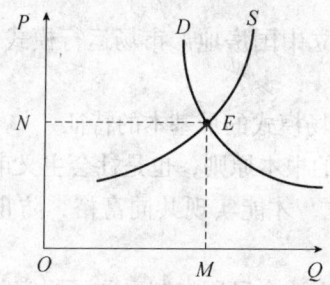
图 11-2　房地产市场均衡模型

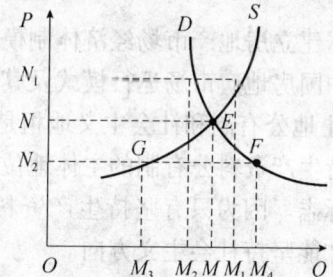
图 11-3　房地产市场供求均衡的形成

11.3　房地产市场的运行模式

11.3.1　房地产市场的模式

房地产市场是国民经济市场体系的重要组成部分，其体制模式受到国民经济市场体制的制约。所以，要了解房地产市场的体制模式，就必须首先了解国民经济市场体制模式。

当代世界各国，在市场经济发展过程中，由于历史、社会、文化的不同，以及所处的国际经济环境和国内经济环境的不同，形成了各不相同的市场经济运行模式。世界经济合作与发展组织在1991年发表的《转换到市场经济》研究报告中提出了具有代表性的三种市场经济模式,即美国的消费者导向型市场经济模式、法国和日本的行政管理导向型市场经济模式、德国和北欧一些国家的社会市场经济模式。

房地产市场经济,也可以根据其经济结构和经济运行方式,而分为不同的模式。纵观当代世界各国房地产经济结构和房地产市场经济运行,可以划分为三种模式:①以土地私有制为基础的房地产市场经济模式,主要存在于美国、日本、法国等国家的房地产经济运行中;②以土地公有制为主的国家控制房地产市场经济模式,主要存在于以英国、英联邦国家和地区;③建立在土地公有制基础上的非市场经济模式,这是传统社会主义国家的土地经济运行的模式,这种模式以前苏联和传统体制下中国最为典型。传统社会主义国家房地产经济运行模式正在进行改革。

11.3.2 建立中国房地产市场经济模式的原则

房地产市场经济模式就是房地产经济运行中的各种构成要素及其相互关系和相互作用的一个有机的整体。房地产市场经济中的主要构成要素是房地产所有制、房地产市场的主体、房地产市场的客体、房地产市场的交易方式、房地产市场运行机制、房地产管理和调控等。

确立什么样的房地产市场模式,不是由人们的主观意志决定的,而是由各国的社会制度、地产制度、法律体系、经济发展状况等因素决定的。在我国,建立房地产市场的模式必须遵循建立有中国特色社会主义的理论原则、坚持建立社会主义市场经济体制的原则、坚持和维护社会主义土地公有制的原则、坚持社会主义城市土地所有权和使用权分离的原则、坚持垄断和自由竞争相结合的市场原则、坚持国家宏观调控的原则。

11.3.3 中国房地产市场运行模式及其内容

根据建立房地产市场经济体制模式的要求,以及建立中国房地产市场运行模式的原则,决定了中国房地产市场运行模式及其主要内容。

1. 土地公有制和社会主义地租是社会主义房地产市场模式的最基本的特征

坚持生产资料公有制的主体地位,是社会主义主义的根本原则,也是社会主义市场经济的基本标志。因为只有坚持生产资料公有制的主体地位,才能实现共同富裕,防止两极分化,也才能坚持社会主义方向。

在中国社会主义条件下,土地是完全公有的。城市土地全民所有制采取了国家所有制的形式。在传统体制下,城市土地实行的是无偿、无期限、无流动的使用制度;城市住宅基本上是无偿分配、无期限使用的。在几十年的社会主义建设实践中,人们逐步认识到在社会主义发展的初期,在社会生产力还没有高度发展的条件下,过早地消灭商品和货币,否认市场经济是不正确的,也是不符合马克思主义的理论原理的。马克思、恩格斯和列宁一再指出,消灭土地私有制并不等于消灭地租,在土地公有制条件下还要保留地租。马克思主义关于社会主义土地公有制条件下的地租理论,构成了社会主义房地产市场的最基本的特征。

2. 社会主义房地产市场中的土地市场只是土地使用权市场

在社会主义国家里,城市土地是属于国家所有的,为了坚持社会主义基本原则和发展社会主义市场经济,必须坚持城市土地的国家所有制。土地所有权属于国家所有,但是国家并不直接使用土地,土地是由各部门和各单位使用的。这样就发生了城市土地所有权和使用权的分离。城市土地所有权属于国家所有，城市土地的使用权则属于部门或单位所有。在市场经济条件下，市场是配置资源基础的形式，城市土地使用权是通过市场的方式配置到各单位中去的，城市土地出让是有偿出让的，这就构成了城市土地市场。所以在城市土地市场上买卖的只是城市土地的使用权，而不是城市土地的所有权，城市土地的所有权是不进入城市土地市场的。这是城市房地产市场模式的又一个基本特征。

3. 社会主义房地产市场的主体与客体结构的复杂性

社会主义房地产市场的主体是由国家、企业和单位以及个人构成的。房地产市场的客体则是由极其复杂的产权结构构成的。在房地产市场上，市场主体虽然在供求中由于其所处的地位不同，可以不断地变更其角色，即他们在某种场合下是房地产市场的供给者，在另一种场合下也可能成为需求者。由于在房地产市场上买卖的只是城市土地的使用权，而房屋的所有权和使用权则可以全部进入市场。房屋总是坐落在土地上，房地产在实物形态上是不可分的。城市土地产权结构已经比较复杂，再加上与房屋所有权和使用权的不同结合，因此就形成了极其复杂的产权关系，涉及各方面的权利和利益。这就决定了社会主义房地产市场客体是由极其复杂产权关系构成的。

4. 社会主义房地产市场的运行特征

社会主义房地产市场运行具有以下一些特征：

（1）社会主义房地产市场是一种垄断与竞争相结合的市场。国家垄断城市土地一级市场，也就是国家垄断城市土地出让市场，确定城市土地出让的总量。但是对于城市土地的二级和三级市场，对于城市房屋和住宅市场，是完全放开的。城市房屋和住宅的所有权和使用权，在国家允许的范围内也是可以自由交易的。这样就使城市房地产市场成为垄断与自由竞争相结合的市场。

（2）城市房地产市场是房地产一体化的市场。由于房地产在物质上总是联结在一起的，因此房产和地产结合为一个统一的市场。当然，单纯的土地市场也是存在的，但是如果城市土地上已经建筑住房和其他建筑物和构筑物，在这种情况下，房地产的买卖总是结合在一起的。也就说，一旦房屋所有权转移，土地使用权也就跟着转移；同样，土地使用权一旦转让，地上的建筑物也随之转让。土地使用权一旦期满，如果要继续保留自己的住房，就必须再缴纳土地出让金，重新取得国有土地使用权。

（3）房地产市场运行规范化和法制化。房地产市场涉及面很广，市场主体构成，特别是市场客体的构成异常复杂，再加上房地产市场的许多特殊性，因此房地产市场运行规范化显得非常必要。房地产市场规范化的根本途径，是加速房地产市场法规和法制的建设，以及房地产市场中介组织的建设。只有健全房地产市场的法律和法规，才能使房地产市场运行有法可依、有规可循，使房地产市场主体在市场运行面前一律平等，在竞争中处于平等的地位。也只有这样，才能建立起良好的房地产市场秩序，使房地产市场运行实现规范化。

5. 社会主义房地产市场是宏观调控下的市场

中国是社会主义国家，城市土地是属于国家所有的。国家不仅有必要，而且完全有可能调控房地产市场。国家对房地产市场调控主要是通过经济手段、法律手段和行政手段进行的。经济手段是主体，行政手段是为了保证经济手段和法律手段的实现。经济手段主要是通过价格、税收、利率等经济机制进行的。法律手段主要是通过完善房地产经济和房地产市场的法律和法规，规范房地产市场的行为，调整和调节房地产市场运行中的各种关系。行政手段主要是通过制定城市土地开发计划、城市土地供给总量以及房地产发展的产业政策等，实现对房地产经济和房地产市场运行的调控，以实现房地产和国民经济发展的协调、房地产总供给和总需求的协调、房地产供求结构的协调，从而实现国民经济和房地产经济持续快速和健康的发展。

上述这几个方面就构成了中国房地产市场模式的基本结构和基本内容。中国房地产市场的模式，是具有中国特色的房地产市场经济的重要构成部分。

------------------------------ 本章小结 ------------------------------

房地产市场是房地产交易场所，是房地产经济关系的总和。房地产市场主体、客体以及房地产市场运行机制和运行方式，是房地产市场的基本构成要素。房地产市场的主要功能是优化房地产资源的配置。房地产市场的基本特性是位置的不可移动性、不完全竞争性或垄断性。

房地产是一个巨大的经济体系。根据不同的标准，可以把房地产市场划分为不同的体系结构。房地产生产再生产市场体系、房地产运行市场体系、房地产要素市场和产品市场体系，构成了基本房地产市场体系。房地产市场价格是房地产市场的核心。房地产供求是房地产市场运行的基本机制。

中国房地产市场模式的基本特征是建立在社会主义市场体制基础上的、以城市土地公有制为基础的国家主导下的房地产市场。在房地产市场运行中，必须坚持城市土地的国家所有制；正确处理房地产经济中的垄断与竞争的关系，充分发挥市场机制的作用；正确处理政府与市场的关系，完善房地产市场调控和管理体系。

复习思考题

（一）名词解释

房地产供给　房地产需求　房地产供求均衡

（二）简答题

1. 我国房地产市场机制是如何发挥作用的？
2. 分析我国房地产市场的特性。
3. 房地产市场具有什么样的功能？
4. 房地产生产再生产市场体系包括哪些内容？
5. 房地产运行职能市场体系包括哪些内容？
6. 房地产要素市场与产品市场体系以及房地产价格体系包括哪些内容？
7. 房地产市场的供给和需求有何特点？
8. 简述房地产市场的供给均衡。

（三）思考题

9. 结合我国的具体国情，分析我国应该如何发展适合我国国情的房地产市场运行模式。

第12章 房地产价值运动与房地产金融市场

【学习提要】 通过本章的学习,重点了解房地产金融的重要作用、特点以及我国房地产金融的发展历程;熟悉房地产金融组织体系的构成部分及各组成部分的运作机制;掌握房地产金融市场体系中的融资工具和方式。

【关键词】 房地产价值　房地产金融　房地产抵押贷款　住房公积金　住房合作社　房地产信托　房地产保险

12.1 房地产金融是房地产价值运动的形式

12.1.1 房地产商品是使用价值与价值的统一

在市场经济条件下,房地产是商品。它与其他商品一样,都是使用价值与价值的统一。在发达的商品经济条件下,商品价值外在化为货币。所谓外在化为货币,就是通过货币这种一般等价物,把商品的内在价值表现为它的外在形式,即商品的价格。但是,房地产商品是一种特殊的商品。房地产商品这种特点,决定了货币不仅是房地产商品内在价值的外部表现形式,而且决定了货币还是房地产商品产权形成和产权交易的外在表现(即由房地产的物的关系引起的一定社会主体之间在所有、占有、处分、收益等方面的产权关系,只有通过货币形式才能在经济上得到实现)。

房地产经济运行中的这种物的运动与它的价值运动,或者进一步说它的价值形式独立化为货币的运动,是商品内在矛盾,即使用价值与价值矛盾运动的必然结果。但商品的价值一旦独立化为货币形式,就形成了它自身的一系列特有的运行规律和形式。信用和银行出现后,货币借助信用工具进行资本融通,尤其是证券市场的发展,使积累起来的货币或资本已不代表任何现实资本,而成为单纯的权利证书(即成为对未来收益的索取权)。也就是说,商品价值的货币形式,借助银行、信用和证券市场,使货币与它所代表的现实资本发生了分离,变成了虚拟资本。货币资本或虚拟资本虽有其特殊的运动规律,但是,货币资本运动最终还要受现实资本运动的制约。所以,虚拟资本独立于现实资本的运行是相对的。马克思指出:"在物质资本的供给和货币资本的供给之间,有一种看不见的联系。同样毫无疑问,产业资本家对货币资本的需求,是由实际生产情况决定的。"[①]

货币资本运动用公式表示就是 $G-G-W \cdots P \cdots W'-G'-G'$,从表面上看,它脱离了职能资本的中间运动,即 $G-W \cdots P \cdots W'-G'$,只表现为借者和贷者之间在法律上的契约关系,即 $G-G' \cdots G'-G'$ 或 $G-G'$。但是,货币资本运动是以现实资本运动为前提的,货币资本的中间运动过程,即职能资本的循环和周转($G-W \cdots P \cdots W'-G'$,$G-W \cdots$),不仅是借贷资本经济运动的基础,也是借贷资本法律关系的经济基础。

---

① 《马克思恩格斯全集》第25卷,第473页。

房地产生产与再生产，或者说房地产循环与房地产周转，不仅是它的物质（实物）运动，而且也是它的价值运动。房地产生产再生产的全部经济活动，必须依靠货币或资本媒介来推动才能完成。正如马克思所说：货币是资本运动的推动力与持续动力。货币和货币资本与房地产经济各环节之间的这种内部联系，通过银行等金融机构提供的各种服务，就构成了房地产金融。

12.1.2 房地产金融的作用

房地产经济离不开房地产金融。房地产金融在房地产经济运行中有着重要的作用。

1. 房地产金融或房地产经济运行中货币（资本）是房地产经济运行的第一推动力和持续动力

房地产经济是一种资金密集型的经济。由于房地产生产与再生产需要的资金数额大，占用的时间长，房地产开发企业一般自有资金大体上只占投资总额的20%～30%，其余所需的资金，都要通过融资方式，即通过银行贷款或者社会集资等方式筹集起来。

用公式表示就是：

$$G—G—W\cdots P\cdots W'—G'—G'$$

式中，第一个 G，是银行或社会资本；第二个 G，是房地产企业用于房地产生产与再生产资本；W 是房地产经济生产与再生产的各种生产要素；P 是房地产生产过程；W' 是房地产商品；第一个 G'，是由房地产商品转化来的货币；第二个 G'，是房地产企业归还银行等金融机构的贷款和利息；"—"是资本或货币流通过程；"…"是房地产生产过程。

房地产经济运行公式清楚地表明，只有通过前两个货币（即 G）过程，即筹集到足够的资本，才能启动房地产经济。没有一定数量的货币资本，就不可能从事房地产开发经营，这一定量的货币资本，就成为房地产经济运动的第一推动力，否则房地产开发经营就可能中断。这些不断投入房地产开发经营过程的货币资本，就成为房地产经济运动的持续动力。

2. 货币或货币资本利率对房地产经济的供给与需求两方面产生影响

在发达的市场经济条件下，无论是房地产投资，还是房地产消费，即生产和消费两头，都要依赖银行金融机构。由于银行金融机构利率不仅是房地产企业生产经营成本的构成要素，也是房地产消费者抵押贷款支出的构成部分。所以，银行金融机构利率的高低，既影响着房地产开发经营，也影响着房地产消费。总的影响趋势是：利率水平高，无论是房地产开发投资和经营，还是房地产消费，都会下降；利率水平低，则不仅会扩大房地产开发投资规模，也会促进房地产消费的增长。

3. 货币或货币资本的数量与货币政策对房地产经济有巨大的影响

西方一些经济学家认为，货币数量变动可以通过经济主体对其持有的资产结构进行重组，用于投资和消费，从而对实际经济活动产生影响。只要货币数量增加，房地产价格就会上升，从而刺激投资；房地产价格上升，使货币财富增加，从而提高消费，增加总需求。有的学者，研究了日本在20世纪八九十年代的经济发展状况之后指出，紧缩的货币政策导致土地和财产价值（货币价值）下降，使居民财富减少，从而导致消费和总产值下降。由此可见，货币数量和货币政策，通过影响土地和财产价值，对经济产生巨大的影响。

总之，货币或货币资本，以及房地产金融，为房地产经济供给与需求双方及融通资金，充分发挥其媒介、推动和调控作用，有力地促进了房地产业的发展。

12.1.3 房地产金融的特点

房地产金融是房地产商品化、货币化、证券化的结果。房地产经济的特点与它在国民经济中的地位和作用，决定了房地产金融的特点。

1. 房地产金融的整体性与系统性

房地产经济，特别是房地产经济中的土地经济，在国民经济的市场体系和价格体系中，都处于基础地位和源头地位。

市场体系基本可以分为要素市场和产品市场两部分。由于土地具有多方面的自然特性与经济特性，土地既是资源、也是生产要素，还是产品和资产。由此决定了房地产，特别是土地，必然全面作用于市场体系。

社会生产是一个不间断的过程，这种不间断就构成了社会再生产。为了生产和再生产，生产经营者必须支付利息，以取得资本使用权；支付地租，以取得土地使用权；同时还要取得利润。为此，生产经营者生产经营的产品价格，就必须由成本价格加剩余价值构成。成本是对已经耗费了的生产资料和劳动力价值的补偿；产品价格中包括的剩余价值，是必须用于支付利息、地租和利润的。生产要素所有权和使用权的分割决定了剩余价值分割为平均利润和超额利润。平均利润分为企业利润和利息，企业利润归生产要素的使用者，即生产经营者所有，成为生产经营者的报酬；利息则归资本所有者，成为资本所有权的报酬或资本这种生产要素的收入形式。超额利润则转化为地租，成为土地所有权在经济上的实现形式或土地这种生产要素的收入形式。房地产和土地作为生产要素，作为国民经济基础性的产业，必然成为所有社会产品价值和价格的构成部分。

2. 房地产金融的复杂性

房地产经济资金循环、周转以及运动条件和环境的复杂性，决定了房地产金融的复杂性。房地产金融是把社会货币信用融通与房地产经济实体运动连接起来的中介，是社会金融和房地产业的结合部。因此房地产金融，既不同于房地产开发、经营和消费主体，也不同于一般金融主体，有着自己特殊的运行规律和方式。尤其是房地产经济运行，不仅涉及一系列经济关系的变动，而且还涉及一系列产权关系的变动，这使得房地产金融在其运动中，必须处理一系列极其复杂的经济关系和产权关系。

3. 房地产金融的垄断性和政策性

土地是全部经济和房地产经济运行的基础，由于土地的有限性、经营的垄断性、住房的社会保障性，决定了房地产经济中存在"市场失灵"。为了弥补房地产经济运行中"市场失灵"的问题，国家必须对房地产经济和房地产金融进行干涉，这就使得房地产金融具有了垄断性和政策性。

12.2 房地产金融的发展与房地产金融组织体系

房地产金融与房地产经济运行是相适应的，并贯穿于房地产生产与再生产全过程。房地产是一个巨大的产业体系，由此决定了房地产金融也是一个巨大的金融体系。

12.2.1　我国房地产金融的发展

改革开放以来，随着住房制度改革、房地产开发经营的发展，房地产金融逐步恢复和发展起来。

1981年，广州市建设银行率先开设了商品房贷款业务。1982年，为了配合国务院批准的在常州、沙市、四平、郑州市进行的公有住房补贴出售试点，中国人民银行对城市居民个人，并对少数企业单位开办了购建房屋贷款业务。

1983年，根据国务院《关于中国人民银行专门行使中央银行职能的决定》颁布后，中央制度正式形成。中国人民银行不再办理企业与个人信贷业务，专职行使国家银行管理工作。为了满足住房制度对金融业务的要求，一些房改试点城市和大中城市的建设银行，积极开办了对住宅统建部门和开发企业发放流动资金的贷款业务。

1984年，国务院召开了基本建设和建筑业管理体制改革座谈会，并提出各地应当组建房地产综合开发公司，对城市建设进行综合开发。城市房地产综合开发企业需要的周转资金，由建设银行供给。1985年，根据国务院要求，建设银行调整了信贷结构，专门划出一块资金，设立了"土地开发及商品房贷款"科目。

1986年8月，建设银行在建筑经济部单独设立了房地产开发贷款处，成为我国在金融机构内第一家设立的专门从事房地产信贷业务的部门。

在房地产金融发展中具有特别重要意义的是，1987年12月山东省烟台市，1988年5月安徽省蚌埠市，经国务院批准，分别成立了住房储蓄银行。

1989年12月，中国人民建设银行颁发了《住宅储蓄存款和住宅借款暂行办法》。1992年9月，中国人民建设银行总行颁布了《职工住房抵押贷款暂行办法》和《单位住房贷款暂行办法》。1998年，国务院停止住房实物分配、实行住房货币分配的政策出台。这些政策、规定的出台促使我国房地产金融发展到一个新的阶段。同时，在这个时期，国家还出台了《政策性房地产金融业务管理暂行规定》、《商业银行自营性住房贷款管理暂行办法》、《个人住房担保贷款管理试行办法》等规定和办法，进一步为房地产金融的发展建立了相应的政策平台。我国房地产金融组织机构和信贷体系，就是在这种背景下发展和壮大起来的。

12.2.2　房地产金融组织体系

房地产金融是一个系统的体系，主要由房地产金融机构、房地产金融品种、房地产金融运行机构和操作体系构成。

我国从事房地产金融业务的银行及其他金融机构，主要是各大商业银行的房地产信贷部、住宅储蓄银行、住房公积金管理中心、住宅合作社以及其他一些信托投资公司和保险公司。

我国房地产金融机构如图12-1所示。

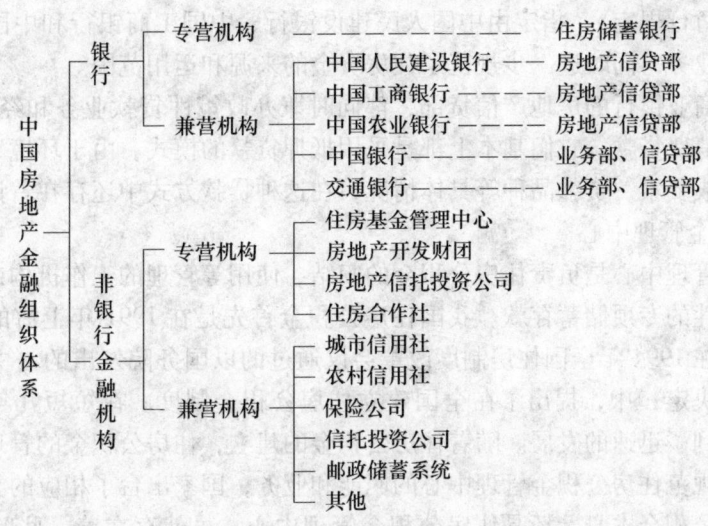

图 12-1 中国房地产金融组织体系示意图

1. 住房储蓄银行

目前我国住房储蓄银行只有两个，即 1987 年建立的山东省烟台市住房储蓄银行和 1988 年建立的安徽省蚌埠市住房储蓄银行。这两个住房储蓄银行的资金来源和运用，都是为了配合住房制度。

住宅储蓄银行的资金来源主要是企业存款（即由企业的留利、流动资金存款）、公有住房出售款、固定资产建设贷款、以及旧居住区的开发基金等构成的。单位存款约占全部资金的 84%；个人存款只占 16%。在资金运用方面，住宅储蓄银行的主要服务对象仍然是房地产开发企业和各单位，而不是居民的直接住房消费。

同时，住宅储蓄银行在存贷款的利率上，采取了"低进低出"的模式。住宅储蓄银行付给居民和企业的存款利率，比通常的银行活期存款要低；其贷款利率则比存款利率高出 1.5~2 个百分点。这种运行机制，就使得住宅储蓄银行与整个社会资金运行分离开，使资金运行具有强烈的行政强制性色彩和封闭性的自我循环状状态，从而造成了住房储蓄银行运行的困难。

自从住房储蓄银行建立以来，无论在金融界，还是学术界，都引起了许多争论。争论的问题主要是：在我国是否需要在商业银行以外，再建立独立的住房储蓄银行。这一争论直到现在也没有一个结论性的意见。但是，就目前来看，既然许多商业银行都能够从事房地产金融业务，而且它们的机构、布局、人员、设备等都是现成的，完全可以胜任房地产金融业务工作。因此无论从运行方面考虑，还是从效益和效率方面考虑，都不需要在现有的金融机构以外再建立独立的房地产金融机构。

2. 商业银行房地产信贷部

商业银行房地产信贷部最早是在政府支持下，为了配合房改建立起来的。首先是中国人民建设银行和中国工商银行，根据 1988 年国务院 11 号文件的规定，即"可由当地政府委托银行设立房地产信贷部，专门办理有关住房生产、消费资金的筹集融通和信贷结算业务"，分别设立了房地产信贷部，兼办政策性房地产金融业务和经营性房地产金融业务。

1994 年 12 月，中国人民银行、国务院房改领导小组和财政部联合颁发了《政策性房地产金融业务管理暂行规定》，指定由中国人民建设银行、中国工商银行和中国农业银行专门办理政策性信贷业务，同时进一步规范了住房资金的来源和运用范围。

目前这几大商业银行的房地产信贷部，都同时兼办政策性贷款业务和经营性贷款业务。而且对个人住房消费贷款，它们基本上都是采用抵押贷款的模式。由于环境、政策、机制以及抵押贷款的构成要素、贷款品种等具体情况，在这种贷款方式中还存在着许多问题。

3. 住房公积金管理中心

住房公积金管理中心是负责住房公积金的归结、使用等管理的工作机构或部门。住房公积金是一种强制性的专项储蓄存款。我国住房公积金首先是在1991年上海的住房改革方案中提出的，随后在1994年全国住房制度改革会议通过的以国务院发出的《关于进一步深化住房制度改革的决定》中，提出了在全国建立住房公积金制度。在短短几年内，住房公积金制度在全国得到了迅速的发展。随着住房公积金的建立，住房公积金的管理机构也相应地建立起来。为了规范住房公积金管理中心的职能和业务，国家出台了相应的文件。就目前来看，无论是住房公积金本身，还是住房公积金管理中心，虽然存在着一些问题（特别是住房公积金缴交和使用的问题较多），但都在逐步走向规范化。

4. 住宅合作社

住宅合作社是居民为了解决住房问题，自愿组织起来的群众性的互助团体。住宅合作社在国外已经非常普遍。我国的住宅合作社，是在20世纪80年代末、90年初发展起来的。20世纪90年代以来，它在全国各地得到了较大的发展，并在解决城镇居民住房问题上，显示出越来越重要的作用。但是，我国目前的住宅合作社仅仅是一种经济合作性组织，还远未形成能够独立融通资金的住宅合作性金融组织。因此，必须借鉴国外的一些有益经验，逐步完善住宅合作社的功能，即从合作建房逐步向资金融通的目标发展，努力寻求合作建房与金融系统之间的结合点，并凭借金融业的强大资金优势，推动住宅合作社的发展。

12.2.3 房地产金融工具及其证券化

房地产金融工具种类很多，如房地产股票、房地产债券、房地产保险、房地产信托、房地抵押贷款等。

证券化的含义很广，凡是通过金融市场发行证券筹集资金的行为，都可以叫做证券化。同时，证券化又是一个不断创新的过程，近几十年来，与直接采用证券融资的初级证券化不同的资产证券化，发展十分迅速。资产证券化，就是对那些不能立即变现，但有着稳定的预期收益的资产进行重组，将其转化为可以公开买卖的证券。资产证券化是证券化的高级阶段。

1970年，美国在世界上首次成功地发行了房屋抵押贷款证券（MBS），目前以MBS为代表的资产支持证券（ABS）的融资方式，在全世界得到了广泛的使用。

房地产证券化是房地产经济与房地产金融发展的必然趋势。获得1990年诺贝尔经济学奖的夏普和米勒指出："不动产证券化将成为金融发展的重点"。房地产证券化，就是将房地产实物投资变成证券投资，把投资者与投资标的物之间直接的物权关系，转化为证券形式的债权关系。

房地产证券化有广义和狭义之分。狭义的房地产证券化主要是指银行等金融机构把以抵押方式贷出去的不动产贷款债权，转化为可转让的有价证券，并把有价证券出售给投资者，从而达到在资本市场上融通资金的目的。这就是房地产抵押贷款债权证券化、房地产资产证券化。广义的房地产证券化是把不动产的价值由固定的资本形态，转化为具有流动性的证券形态，把投资者与投资标的物之间的物权关系，转化为拥有有价证券的债权关系。广义的房地产证券化不仅包括狭义房地产证券化的内容，而且还包括房地产企业的债券、房地产企业股票、土地信托、不动产所有权证券、受益凭证、共同投资基金等。后一层含义的房地产证券化，也叫做房地产项目融资证券化、房地产投资权益证券化、商业用不动产证券化等。房地产证券化如图12-2所示。

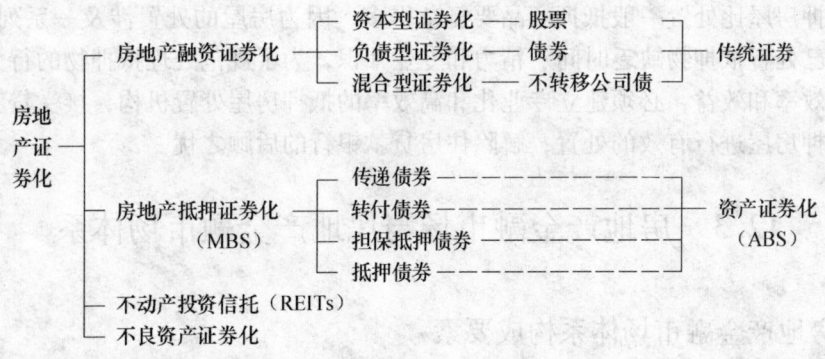

图 12-2　房地产证券化

12.2.4　房地产金融中介组织

房地产金融是一个体系，除了房地产金融机构以外，房地产金融工具，还需要有相应的配套项目及其机构。这些配套项目和机构，主要是保险、担保、法律、评估等。这些机构构成了房地产金融中介机构。

1. 政策咨询机构

在房地产交易和买卖中需要完成各种经济关系，办理各种不同产权产籍手续，取得各种证件。不论是完成各种经济交易行为，还是办理各种手续和证件，都需要具备一定的专业知识。为了促进房地产业的发展，提高经济效率，规范交易行为，必须建立一批具有一定规模的、高水平的房地产咨询机构，为房地产交易提供有关房屋买卖、租赁、借贷、评估、抵押等与房地产金融有关的专业服务和法律咨询。

2. 资信调查机构

目前我国在房地产金融中，对借款申请人的资信调查、评估，主要还是由贷款银行自己进行。限于人力、财力、物力等原因，贷款银行不可能对所有借款的申请人进行全面的资信调查。为防止借款人的道德风险，银行都采取了严格的贷款条件，但却抑制了住房抵押贷款的开展。为了使贷款银行能够真正了解借款申请人的资信，有必要建立相应的机构，专门从事对借款申请人的资信进行调查、评估工作。

3. 保险和担保机构

住房抵押贷款的借款基本上是居民个人，信用风险比较大，所以贷款银行要求借款人提供担保人。为了使担保机构具有较高的信誉，应由政府有关部门出面组建。银行在获得还款担保后，由于贷款信用风险的减低，贷款条件自然可以有所放松，有利于住房抵押贷款的开展。

4. 房地产评估机构

银行在发放抵押贷款时，必须对抵押房屋进行价格评估。但是，目前贷款银行大部分只认可自己评估的价格。出于自身利益的考虑，银行对抵押房屋的价格评估，或是不准确，或是有意低估，结果造成不必要的风险，或是借款申请人不认可银行的评估而放弃借款。为了准确地对抵押房屋的价值进行评估，并获得借贷当事人双方的认可，必须建立健全公正的房地产评估机构。

5. 抵押房屋的处置机构

处置抵押房屋比处置一般抵押商品要复杂得多，因为房屋的处置涉及一系列法律程序。贷款银行自己处置抵押物缺乏时间、精力和专业知识，为了规范处理抵押物的行为，提高处理抵押物的效率和效益，必须建立专业化和高效率的抵押房屋处置机构，接受贷款银行的委托，对被抵押房屋进行有效的处置，解除住房贷款银行的后顾之忧。

12.3 房地产金融市场与房地产金融市场体系

12.3.1 房地产金融市场体系构成要素

房地产金融市场是指房地产资金供求双方运用金融工具，进行各类房地产资金交易的总和。随着信用工具的日益发达和不断创新，房地产金融市场的业务范围日益扩大，包括各类住房储蓄存款、住房贷款、房地产抵押贷款、房地产信托、房地产证券、房地产保险、房地产典当等。多种多样的房地产金融活动，不仅为房地产金融市场增添了活力，而且将金融业与房地产业密切结合起来，便于国家运用有关金融运行机制对我国房地产业发展进行宏观调控。

房地产金融市场体系，基本上是由三个方面的要素构成的，即房地产金融市场主体、房地产金融市场中介、房地产金融市场融资工具等构成的。房地产金融市场融资主体主要是为了进行投资和需要房地产产品的企事业单位以及居民个人；房地产金融融资中介主要是为融资主体服务，开展各种融资业务的机构或组织；房地产金融融资工具是房地产融资主体根据自己对房地产经营或消费的资金供需要求，选择适当的融资工具，实行房地产资金的融通。关于房地产投融资主体等问题，前面已经作了介绍，这里主要研究房地产金融市场体系中的房地产抵押贷款、房地产抵押贷款债权证券化、房地产信托和房地产保险。

12.3.2 房地产抵押贷款

房地产是一种特殊商品（产品），可以满足经济社会发展多方面的需要。房地产价值巨大，无论是房地产开发建设，还是房地产消费，都需要支付巨额的资金。为了支持房地产开发建设（供给）和房地产消费（需求），在通常情况下，基本上都是通过房地产金融市场，采取发行股票、债券、基金，以及向银行等金融机构取得信用贷款、抵押贷款，甚至典当等金融工具，筹集或取得房地产资金的。房地产抵押贷款是房地产金融最重要、最基本的金融工具。

1. 房地产抵押贷款构成要素

房地产抵押贷款主要是由三个因素构成的，即首付款、还款期和利息。它们之间的不同组合,影响和决定着房地产抵押贷款的结构和作用。

房地产抵押贷款的首付款,就是作为抵押物的房地产价格与银行等金融机构发放的贷款额度之间的差额。所以,通常也把首付款看做是借款人的抵押物,即房地产的净资产权益。为了降低贷款的风险,银行在发放房地产贷款时,贷款金额总是要小于抵押物的市场价格。银行要求购房者在贷款时,一次性支付房地产市场价格与贷款额度之间的差额款项,或这个差额在房地产价格中所占的比率,就是首付款。首付款是衡量房地产抵押贷款风险的一个重要指标,也是衡量贷款人经济承受能力的重要指标。我国房地产抵押贷款首付款有一个变动的过程。在房地产抵押贷款起步的时候,首付款较高。中国人民银行于 1998 年前后颁布了几个房地产贷款管理办法,规定房地产抵押贷款的首付款不低于 30%。之后,根据经济运行环境的变化,为了鼓励居民购房,扩大房地产消费,中国人民银行又于 1999 年 9 月 21 日下发了《关于开展个人消费信贷的指导意见》,进一步将房地产消费贷款首付款的比例下调至 20%。在我国目前的条件下,20% 的首付款,已经处于一个较低的水平。

房地产抵押贷款实际上是整借零还,即贷款人一次性从银行等金融机构取得所需要的购房差额款项,然后按月偿还,直到全部还完贷款为止。偿还贷款的整个期间构成了贷款的期限。1999 年,经人民银行调整,个人房地产贷款最长期限从 20 年延长到 30 年。抵押贷款的期限是由多种因素决定的。由于每月的还款额由本金和利息两部分组成,所以在一般情况下,随着贷款期限的延长,每月还款额度虽然小,但是利息比较高;总的变动趋势是,还款总额逐渐递减,而且递减的速度比较快。

抵押贷款利息率,从一定意义上说,是资金的价格。资金买卖价格,自然包括风险报酬的因素。由于房地产消费贷款属于长期贷款,所以流动性风险就构成抵押贷款的一个主要风险。在抵押贷款二级市场还没有建立起来的情况下,即房地产抵押贷款还不能实行证券化的情况下,房地产抵押贷款的风险较大,按理说,银行等金融机构应当提高流动性风险的补偿率。但是,我国现行的房地产抵押贷款,只是以 5 年为界,分为两档利率,没有考虑银行经营中的风险报酬补偿规律。这是目前房地产抵押贷款中的一个问题。

2. 房地产抵押贷款金融品种创新

目前我国房地产金融工具少,品种单一,远远不能满足居民多方面的需求。应当借鉴国外经验,发展和推出房地产抵押贷款新的金融品种。由于抵押贷款是由贷款利率、支付次数以及偿还期限这几个要素构成的,只要对这几个要素进行不同的组合,便可以生成不同的金融品种。比如根据支付方式的不同组合,就可以形成以下三种不同抵押贷款方式。

(1) 平均支付、固定利率抵押贷款。这种抵押贷款品种的特征是:贷款期限固定;贷款利率固定;在整个贷款期间,每月支付的金额也是固定的(即平均支付)。这种抵押贷款是最常见的基本抵押贷款类型,国外抵押贷款一般为 30 年,但在向较短期限发展。

(2) 累进支付抵押贷款。累进支付抵押贷款利率和期限都是固定的,这是与平均支付、固定利率的抵押贷款是相同的。但是,累进抵押贷款的每月支付额,在开始的头几年,比具有相同抵押贷款利率和期限的平均支付、固定利率抵押贷款偿还的金额要少,在以后的年份中,还款金额则逐步增大。

(3) 可调整利率抵押贷款。可调整利率抵押贷款,是它的利率可以定期进行调整。比如利率在每半年、每一年、每两年或每三年进行一次调整。

发达国家的房地产抵押贷款形式很多,其中主要是固定利率抵押贷款、根据生命周期理论设计的抵押贷款、漂浮式抵押贷款、房地产抵押贷款与房地产储蓄相结合的住宅抵押贷款、逆年金抵押贷款等多种形式。

3. 房地产抵押贷款担保模式机构

建立和健全科学合理的房地产贷款担保体系，是发展房地产抵押贷款、完善房地产抵押贷款体系、防范贷款风险的重要手段。从各国房地产抵押贷款的担保实践来看，可选择的房地产抵押贷款担保模式主要有以下一些品种。

（1）房地产置业公司担保。房地产置业公司担保是借款人向银行申请贷款时，委托置业担保公司为自己提供连带保证责任的贷款。如果借款人在还款期限内不能如约偿还贷款，则由置业担保公司承担连带偿还贷款本息的责任。通过建立房地产抵押贷款担保公司，可以使消费信用增级。

（2）个人房地产抵押贷款保险。个人房地产抵押贷款保险在西方发达国家较为活跃，如美国的联邦住宅管理局、退伍军人管理局、联邦储蓄与贷款保险公司等，都成功地开办了这项保险业务。实践证明，完善的保险体系可以大大地促进住宅经济的发展。我国应当借鉴西方发达国家的成功经验，大力开展个人房地产抵押贷款保险业务，通过保险化解、规避个人房地产抵押贷款业务中出现的各种风险损失。

（3）多种抵押品担保体系。目前，我国银行开办的个人房地产贷款种类虽然品种很多（如房地产抵押贷款、房地产按揭贷款、商用房按揭贷款、公积金组合贷款等十几个贷款品种），但都是以抵押作为担保主体的。这类担保方式，虽然已经成为银行个人房地产贷款的主要品种，但是拓展的空间还很大，还应当进一步发展新的担保方式。

（4）保证担保等担保方式。对于收入水平高、个人资信好、借款期限在3年之内的借款人，可以采用第三人信用担保或质押，甚至信用贷款方式。采用第三人提供信用担保的放款方式不仅可以扩大市场，而且切实简化了借款的融资成本，简化了贷款手续；同时扩大了业务的覆盖面。

12.3.3 房地产抵押贷款债权证券化

1. 房地产抵押贷款证券化的含义

我国房地产贷款的资金来源，主要是期限较短的储蓄存款以及金融机构吸收的企事业单位结算资金。随着长期贷款在全部信贷资金中所占的比例不断上升，贷款规模不断增大，短存长贷的矛盾日益显露出来。从国外情况来看，当长期信贷占全部信贷资金20%以上时，银行有限的贷款资金与居民"无限的"贷款需求之间的矛盾不可避免。发展抵押债权证券化就成为解决房地产贷款资金供求矛盾的最佳途径。

房地产抵押贷款债权证券化是需要资金的金融机构将其所持有的抵押债权，汇集重组成抵押组群，经过担保和信用加强，以证券形式出售给社会公众（即社会投资者）的融资过程。由此形成的资金流通市场，称为抵押贷款二级市场，是资产证券化的重要内容。

2. 房地产抵押贷款债权证券化的必要性和可行性

推行房地产抵押债权证券化，对于解决房地产抵押贷款运行中形成的矛盾，具有十分重要的意义：①可以解决银行长期资产与短期负债的矛盾；②可以解决金融机构的资金流动性问题；③可以分散抵押贷款风险，增加金融体系的安全性；④扩大了居民及投资者的投资范围。

制约房地产抵押贷款证券化的因素很多，如抵押贷款的基数、制度与政策环境等。我国目前在这些方面，虽然还存在着一些问题，但是从房地产经济发展的趋势来看，建立和发展房地产抵押贷款二级市场不仅是必要的，而且是完全可行的。

（1）金融资产证券化是国际性潮流，特别是我国加入了WTO，也要求我国加速抵押债权证券化的发展。国际金融证券化潮流一方面会促进我国证券业的发展和证券市场的繁荣；另一方面又会加快我国金融业的国际化步伐，促进我国金融业的规范化和标准化，加速与国际金融惯例的接轨。同时，随着证券业的崛起，银行等金融机构面临着激烈的竞争，也在不断探索和开拓证券融资渠道。这将促使银行业的资产证券化，特别是房地产抵押债权证券化的出现。

（2）随着我国抵押贷款的全面开展，发放大量抵押贷款的银行，为了在日益激烈的竞争中摆脱资金周转不畅、收支难以平衡的困境，只有选择抵押债权证券化，才能从根本上解决房地产金融所固有的"短存长贷"的矛盾，加速抵押贷款的流动性，保证房地产抵押市场稳定而充裕的资金来源。

（3）住房制度改革的深化将有力促进房地产抵押贷款的发展，为抵押债权证券化创造条件。

（4）专业银行商业化改革、实行资产负债管理，关键在于引入风险机制，提高资产的质量，摆脱呆账死账的困境，这样才能保证银行正常赢利。商业银行要抵御房地产抵押贷款风险，最重要的一种方法，就是实行房地产抵押贷款债权证券化。

尽管目前我国发展抵押债权证券化，还有许多制约因素，但无论从房地产金融发展趋势看，还是从房地产抵押贷款本身发展来看，推行房地产抵押贷款证券化不仅是必要的，而且是可行的。

3. 房地产抵押贷款债权证券化模式

房地产抵押贷款债权证券是一种很好的投资工具或金融产品，它可以有力地支持居民的房地产消费，因而必须根据我国实际状况，选择恰当的模式。

抵押担保债券模式是贷款人将其办理的抵押贷款汇集成贷款组群，并在获得证券发行许可证和政府机构担保证书后，以抵押贷款组群及其他资产担保，直接向金融市场发行抵押担保债券，向投资者筹集资金。

（1）二级中介模式。房地产抵押贷款二级中介模式就是由专门的中介机构从事抵押贷款证券化管理和经营，即进行包括金融机构之间抵押贷款的再买卖和发行抵押债券等。市场主体是贷款银行、二级抵押中介和社会投资者；市场客体是抵押贷款组群、抵押债券等。二级市场在促进抵押债权流动，分散投资风险，提高债务清偿能力，调节抵押一级市场资金余缺，稳定房地产交易市场和资金市场，强化国家对资金市场宏观调控等方面，都有重要意义。

（2）转手证券运行模式。这种模式是贷款人将所办理的抵押贷款汇集归类为抵押贷款组群，并出售给证券发行人（可以是信托公司、其他银行或自己），并在取得发行证券许可证和政府部门的证券担保证书后，向证券市场发行转手证券。因为是转手证券，所以每月贷款人在收到借款人的还款时，扣除必要的手续费和担保费后，全部转给投资者，包括借款人提前清偿风险。

抵押贷款债权证券化可以有许多模式，但是不管选用哪一种模式，都必须成立政府担保机构，加强抵押债券信用，才能保证稳定而充裕的资金来源。

12.3.4 房地产信托

房地产金融市场上非银行金融机构的业务主要是指房地产信托业务和保险业务，它是房地产金融市场业务的重要组成部分。

信托是一种金融活动，它是指法人或自然人将自己拥有的资财委托给可信任的人或单位，让对方按照自己的目的或利益要求来运用与管理财产经济制度（即委托方将自己的财产或物品委托给受托方进行处理和管理），并令其向受益方交付信托收益的经济法律行为。

房地产信托是信托业务的重要领域，它是指信托机构代办房地产的买卖、租赁、收租、保险等代管代营业务以及房地产的登记、过户、纳税等事项。它是信托业与房地产业相互融合的产物。我国信托机构主要包括：各商业银行系统所办的信托公司、各地方设立的信托投资公司等。它们一般都进行房地产信托业务。房地产信托业务包括筹资业务和信托资金运用业务。

12.3.5 房地产保险

1. 房地产保险的种类

根据保险标的的不同，一般保险可分为财产保险和人身保险两大类。其中，财产保险包括：财产损失保险、责任保险、信用保险和保证保险；人身保险有多种分类方式，按保险责任不同可分为：人寿保险、人身意外伤害保险和健康保险，按承保方式不同可分为团体保险和个人保险等。

房地产保险涉及财产保险和人身保险，根据保险险种的作用，房地产保险包括以下几种类型：

（1）购房抵押贷款房屋保险。购房抵押贷款房屋保险是指贷款人为了保障住房抵押贷款的安全，而要求借款人将作为抵押的房屋向保险人投保的房地产保险。

（2）购房抵押贷款人寿保险。购房抵押贷款人寿保险的特点是其保险金每年递减，并同贷款本金余额相应，其保险期限为保单生效时贷款年期的余期。

（3）购房抵押贷款保证保险。购房抵押贷款保证保险是以借款人的信用为保险标的物的一种险种，或因所在单位倒闭、撤销、被兼并、政策性裁员等原因致使无法继续归还购房贷款时，由保险公司负责向贷款银行偿还贷款。

（4）房地产工程保险。房地产工程保险是一个综合性险种，保险标的为整个工程施工期间各种灾害事故损失，包括房屋建设过程中的火灾及其他灾害事故保险，工程范围内的货运险、盗窃险、建设工程勘探设计责任保险、建设工程一切险、工程第三者责任险、安装工程一切险。

（5）工程合同保证保险。工程合同保证保险属于信用保险，是以信用保险为标的的保险，它承保的是无形的经济利益。作为遵守合约履行义务的信用，包括财务信用、商业信用、预付款信用、保证信用等。

2. 房地产保险的作用

房地产保险是房地产市场风险管理的重要手段，其主要作用有：

（1）提高了房地产金融机构的抗风险能力，降低了住房抵押贷款的风险。抵押保险机制的建立，从金融市场的基础建设和制度安排上，保障了贷款机构在贷款违约或抵押品损失时，可以从保险机构得到全额或部分赔偿，其余部分通过拍卖房产得到补偿，从而减低了与住宅抵押贷款相关的诸多风险，为整个银行业创造了一个良好的运行环境。

（2）促进了住房抵押贷款业务和保险业的发展。房地产抵押保险机制的建立，大大增强了住宅抵押贷款一级市场上金融机构的信息，降低了呆账和坏账产生的概率，引导更多资金流向住宅抵押市场，从而大大扩展了住宅抵押贷款市场的资金来源，而住宅抵押贷款业务的增长又促进了房地产保险的发展。

（3）提高了居民购房的支付能力，促进住房建设和经济发展。如美国居民购房的第一大障碍就是首付款不足，在没有抵押保险的情况下，抵押贷款的借贷条件很苛刻，首期付款的比例高达40%以上，并多实行有利于贷方的浮动利率等。而抵押保险机制的建立，大大改善了借贷条件，抵押贷款逐渐从短期和浮动利率转变为30年期和固定利率，贷款房价比也从60%提高到70%甚至更高，从而使更多有固定收入，但储蓄比较少的居民进入了住房市场。住房消费的增长对住房建设又起到有力的促进作用，进而带动国民经济的增长。

（4）为抵押二级市场的发展提供了坚实的基础。完善的抵押保险机制，不仅降低了抵押贷款的信用风险，也加快了抵押贷款合约的标准化、规范化及抵押贷款组合保险的发展，从而提高了抵押贷款证券的信用评级。抵押贷款合约标准化、规范化是房地产证券化的基本前提，而证券化则为之提供了良好的条件。同时，二级抵押市场的发展反过来又进一步降低了贷款机构的流动性风险。

---------- 本章小结 ----------

房地产是商品，房地产商品是使用价值与价值的统一。房地产金融就是房地产的价值运动形式。房地产金融是由房地产经济运行决定的，并且是服务于房地产经济运行，房地产金融在房地产经济发展和运行中有着极其重要的作用。房地产金融是房地产经济发展和运行的第一动力和持续动力。房地产经济的特点和它在国民经济发展中的地位与作用决定着房地产金融的特点。

房地产金融是一个巨大的体系，这是由房地产经济本身的性质决定的。房地产金融体系是由房地产金融组织结构体系，房地产金融市场体系，以及房地产金融品种、房地产金融工具等构成的。我国房地产金融组织机构主要是由住房储蓄银行、银行等金融机构的房地产信贷部、住房公积金管理中心和住房合作社等构成的。房地产金融工具主要是房地产股票、房地产债券、房地产抵押贷款、房地产保险、房地产信托等。服务于房地产金融的中介组织主要是房地产金融咨询机构、评估机构和担保机构等。

房地产抵押贷款是房地产开发建设和经营以及居民购房最主要的金融工具。房地产抵押贷款主要是由首付款、还款期限和贷款利息构成的。

房地产抵押贷款是一种长期贷款，而且数巨大，容易引起流动性不足的问题。房地产抵押债权证券化是解决这个矛盾的金融工具或金融品种。

房地产金融市场除了银行等金融机构从事的房地产金融业务和经营品种外，还有非银行金融机构从事的房地产金融业务与金融品种，其中最主要的是房地产信托业务和信托保险业务。

复习思考题

（一）概念

房地产抵押证券化　住宅合作社　累进支付抵押贷款　漂浮式抵押贷款

（二）简答题

1. 房地产金融有哪些特点？它有哪些重要作用？
2. 什么是住房公积金制度？实施这个制度有何重要意义？
3. 简述房地产抵押贷款保险的内涵及其重要意义。

（三）论述题

4. 论述房地产抵押贷款债权证券化的必要性和可行性以及目前我国房地产抵押贷款证券化的障碍及问题。

第13章 房地产市场筹资方式与筹资方案选择

【学习提要】 通过本章的学习,应了解房地产股票及其特征、房地产债券的含义、房地产信贷方法以及房地产筹资方案的内容;熟悉房地产股票的种类、房地产债券的类型以及房地产筹资方式的种类;掌握房地产股票与房地产债券的发行、房地产企业流动资金贷款、房地产企业抵押贷款、房地产筹资方案的编制、房地产筹资方式的选择以及筹资方案的选择与确定。

【关 键 词】 房地产股票 房地产债券 房地产筹资方案

房地产经济是资金密集型的产业。总体上说,房地产企业自有资金都是有限的,都需要借助外部资金。房地产资金来源的渠道和融资方式也是多种多样的。但随着市场经济体制的建立,房地产投资主体多元化,房地产融资将主要采取市场方式,即主要通过银行等金融机构的信贷,实行间接融资以及通过发行股票、债券等资本市场进行直接融资。

13.1 发行股票筹集房地产资金

通过发行房地产股票筹集房地产经济资金,是房地产企业筹集房地产开发建设资金的一种重要方式。

13.1.1 房地产股票及其特征

在市场经济条件下,通过发行股票建立房地产股份有限公司,或者通过发行股票扩大房地产企业资本金等,是房地产企业筹资的一种重要方式。

1. 房地产股票及其类型

房地产股票是投资房地产的凭证,是以书面文件证明其在房地产企业中投资的事实。房地产股票是一种有价证券,可以在证券市场上转让或出售,通过转让或出售,也可以把股票转换为现金,从而收回投资。

房地产股票是房地产企业筹集房地产资金的重要方式和方法。投资于房地产的资金,按照其所有权的性质,可以分为国家股、法人股、个人股、外资股。国家股就是以国有的财产投向房地产企业的资金形成的股份;法人股就是具有法人资格的企事业单位、各类社会团体以及其他机构,根据国家允许经营的资产购买房地产股票形成的股份;个人股是个人以合法的财产购买房地产股票形成的股份。当然还可以根据投资资金的性质,区分为公有资产股和非公有资产股。公有资产股就是以国有资产和集体所有的资产形成的股份;非公有股就是除公有股以外的其他股份。

以发行房地产股票组织起来的企业,就是房地产股份制企业或股份公司。

2. 房地产股票的特征及其作用

房地产股票的特征与一般股票的特征基本上是相同的,即具有收益性、流动性和风险性。但房地产业本身的特殊性,使房地产股票进一步发挥了股票的以下作用。

第一，房地产股票的风险性。购买股票与购买企业债券、银行存款储蓄等投资方式相比，是一种风险较大的投资。房地产是不动产，投资金额大，周期长，变现难，从而加大了房地产股票的风险程度。但房地产股票发行，投资者增多，从而又分散了其风险。

第二，房地产股票的流动性。股票或房地产股票的流动性克服了或弥补了房地产特有的在地理位置上的不动性以及由于价值大而形成的流动的困难性。

第三，房地产股票市场价格波动的巨大性。房地产股票价格的变动不仅加大了房地产股票投资的风险性，而且也加大了房地产股票投资的流动性。

13.1.2 房地产股票的种类

1. 普通股和优先股

根据股东享有的权利和承担的风险程度的不同，股票分为普通股和优先股。

普通股是股票中最普遍的一种股票，其特征是股东的收益随房地产股份公司利润的变动而变动。普通股持有人可以享受红利的分配权、参与企业经营管理权、参与剩余财产分配权以及优先认股权等权利。

优先股是相对普通股而言的，它具有优先于普通股优先参与利润分配权和剩余财产优先分配权。

2. 记名股票和不记名股票

根据股票是否记名，分为记名股票和不记名股票。

记名股票是在股票上记有股东的姓名的股票。这种股票在转让时，必须进行过户登记。不记名股票是股票上不记载股东的姓名的股票，可以自由转让，无须过户登记。

3. 有面值股票和无面值股票

根据票面上是否标有面值，分为有面值股票和无面值股票。

有面值的股票是票面上标有金额的股票。无面值的股票是股票面上不标明金额的股票，它仅在票面上标明该股票所占企业全部资产的比例。

4. 国有股、法人股、A股、B股和H股

根据股票发行的范围和对象，分为国有股、法人股、A股、B股和H股。

国有股是以国有资产投资入股所形成的股票。国有股的股份由国有资产管理部门管理，由国有资产经营公司负责经营与转让。国有股享有与法人股、普通股同样的权利。

法人股是企业及其他法人组织所持有的股票。

A股即社会公众股，是向社会公开发行的普通记名式股票。

B股是以外币计价的、面向外资发行的一种普通记名式股票。

H股是在香港上市发行的以港币计价的记名式普通股票。

13.1.3 房地产股票的发行

1. 房地产股票的发行方式

（1）公开发行和定向发行。这种发行方式是根据发行的对象不同区分的。公开发行是向社会公开招股。采用这种方式，筹资的范围广，筹集的资金量大，而且有广阔的后续资金来源。公开发行股票必须经过有关部门严格审批，并规定程序发行。定向发行又称定向募股，即在小范围内筹集资金。如向企业内部职工定向募股，向企业法人定向募股等。

（2）直接发行和委托发行。这种发行方式是根据发行股票机构的不同区分的。直接发行是由房地产股份有限公司本身直接办理一切股票发行的事宜，承担股票发行风险。委托发行是房地产股份有限公司委托证券公司、商业银行等金融机构代理发行股票。

一般来说，房地产股份有限公司如果面向社会公开招股，大都是委托专门金融机构办理的。委托发行还便于股票发行后直接上市交易，扩大企业的影响。

2. 房地产股票发行价格

发行房地产股票通常有四种价格确定的方式可供选择。

（1）面额发行。就是按照股票的面值发行。在股票市场发展的初期，大都采取以面额价格发行股票。采用面额发行，容易使股票发行成功。

（2）市价发行。市价发行就是按照或接近股票市场上已发行的同种股票的买卖价格发行股票。参照市价发行股票，会使房地产企业获得溢价收入。

（3）中间价发行。就是按照股票面值与市价的中间值确定股票的发行价格。

（4）贴水发行。就是按照低于股票票面价值的价格发行股票。在通常情况下，很少使用这种发行方式。

3. 房地产股票发行程序

（1）准备工作。主要准备或起草以下文件：企业章程、招股说明书；联系、确定股票承销商以及与承销商签订股票承销合同。在承销合同签订的同时，还要办理委托金融机构代发股息、红利、代理转让、过户登记等事宜。

（2）按照发行股票的数额向主管机关提出公开发行股票的申请，即填制发行股票申请书，送呈公司章程、招股说明书及与股票承销机构的承销合同。如果筹资用于固定资产投资，还应提供有关部门的批准文件。

（3）印制股票认购书及股款临时收据。认购书上应注明：认购单位（个人）名称、认购金额、法人代表、认股份额、认购日期、经办人等事项。

（4）确定并公告认股办法、收款地点和日期。一般情况下，应在发行 7 日之前，在证券主管机关指定或认可的报刊上刊登招股说明书。发行时应向认购人交付招股说明书。

（5）由承销商（团）向社会公开发行股票。

（6）发行的股票要掌握在批准的限额以内，避免超限额发行。

（7）收缴股本并填制"实收股款报告书"。收缴股款时，应先将款划入企业的验资账户，待验资通过后，再转入企业账户。最后向主管机关填报实收股款报告书。

（8）建立健全股份有限公司机构组织，召开股东大会，产生董事会、监事会和法人代表，按照股份制企业行为规范开展经营活动，按招股说明书确定的资金投向，用好资金，确保股东应享有的合法权益，为增资配股创造良好的条件。

13.2 发行债券筹集房地产资金

13.2.1 房地产债券及其种类

房地产债券是一种有价证券，它是房地产企业为筹措资金而向债券投资者出具的，并且承诺按一定利率定期支付利息和到期偿还本金的债权债务凭证。通过发行企业债券，也是房地产企业筹集资金的一种重要方式。一般来说，发行企业债券，主要是筹集中、长期房地产开发建设资金。

目前我国房地产企业债券主要有两种，即国内房地产企业债券和国外房地产企业债券。

13.2.2 房地产企业发行债券的条件和程序

企业在国内发行债券，首先要向主管机关提出申请，并报送以下文件：发行企业债券的申请书、企业营业执照、企业主管部门或董事会同意发行债券的证明文件（如果发行债券是为了用于固定资产投资，还需要报送发展改革委员会准予进行固定资产投资的批复文件）；发行企业债券的章程或办法，企业上两个年度和上一个季度经主管部门或会计师事务所签证的财务会计报表等。经主管机关审查批准，即可公开发售企业债券。债券发行时，企业要向社会公布发行章程和办法。其主要内容应当包括：企业经营管理简况、自有资产净值、发行债券的目的、企业经济效益预测、债券发行总额、还本付息方式及风险责任等。企业发行债券的总额通常不得高于该企业自有资产的净值。

当企业在国外发行债券时，首先要向当地管理外汇的部门提出书面申请，并提交下列文件和资料：企业最近连续3年内的业务、财务及外汇收支情况报告，发行债券的市场、发行额、币种、期限、利率、方式及费用预算，受托银行的情况介绍，所筹资金的管理办法及对汇率、利率风险的管理措施，本息的偿还安排。如果所筹资金用于固定资产投资项目，还必须提供投资项目可行性研究报告、投资项目纳入国家或地方固定资产投资计划的证明文件、项目的配套人民币资金和物资的证明，以及所筹资金的使用计划等。经外汇管理部门批准后，才可以在国外发售债券。在发行过程中，企业要及时向外汇管理部门报告债券发行情况，并在发行结束后的20天内，将发行债券的有关文件及资料报送外汇管理部门备案。

13.2.3 房地产企业债券发行方式及承销人选择

房地产企业发行债券的方式，大体上可以分为两种，即直接发行和间接发行。直接发行，亦称自销，即依靠企业自身的力量组织销售；间接发行，主要是委托金融机构代理发行，亦称委托发行。

间接发行主要有三种方式：

（1）代销。承销人按照事先确定的发行条件，在约定期限内大力推销债券，如果到期还未售完，可将未售出的部分，退回还给企业；

（2）余额包销。承销人按约定条件推销债券，到期未售出的部分债券，全部由承销人承购，并按约定时间将全部债券资金支付给发债企业；

（3）全额包销。承销人按一定价格认购全部债券，同时向发债企业支付全部资金，然后再按高于认购价格的市场价格在证券市场上向投资者推销。

无论是代销、余额包销还是全额包销，都需要选择承销人。常用的承销人选择方法主要有两种：直接选择和招标选择。

直接选择承销人就是房地产企业直接对若干金融机构进行综合评价，选择有良好信誉和有利地位的机构或过去的合作伙伴作为承销人。这种方法的优点是简捷，节省发行费用（招标费用），容易与承销人形成良好的公共关系。但是这种选择方式往往由于过于相信发行单位的资信，忽略发行方案的审核与优化，从而影响发行效果。

招标选择承销人就是企业事先制订债券发行方案，确定债券发售期限、各项费用开支（手续费）等要求，然后向众多证券中介机构招标，投标者中最符合债券发行的企业，即为中标者。这种选择承销人的方法，不仅扩大了企业选择发行人的范围，而且由于投标者之间的竞争，还有可能降低发行费用，同时投标人还可能提出更优惠条件和更为有效的发行方案，有利于发行工作的顺利进行。其缺点是，增加了发行的工作量并增加了发行工作时间。

13.3 通过银行信贷筹集房地产资金

13.3.1 房地产信贷筹资方式

银行信贷资金是房地产资金的一项重要来源。随着市场经济的发展、金融体制改革的深入进行，银行和金融机构的信贷资金将越来越多。同时由于房地产企业投资具有安全性和增值性等特点，对银行的信贷也具有很强的吸引力。因此，利用银行信贷筹集房地产资金就具有十分重要的意义。

银行金融机构可供房地产企业利用的信贷方式很多，目前主要是房地产开发企业流动资金贷款和房地产抵押贷款。

13.3.2 房地产企业流动资金贷款

房地产企业申请流动资金贷款，必须符合银行规定的贷款条件。房地产企业提出贷款申请后，借款人所在的开户银行将按照贷款程序，对贷款人的资格、偿贷能力、项目可行性及企业资信等方面进行认真的调查和审核，并提出审查意见。对审查合格者，按贷款额度审批权限逐级上报审批。

贷款申请被批准后，房地产企业要在1个月内与具体经办行（企业或项目所在地行）签订借款合同。如果逾期未签借款合同，原批准的贷款指标即行作废。

签订借款合同后，房地产开发企业要及时向开户银行提供用款计划，经银行核定后，作为借款合同的附件。银行将按计划用款时间，一次或分次把贷款从贷款账户转入企业的存款账户，并开始计收利息。

房地产企业在取得贷款后，必须按流动资金贷款合同和规定的用款计划使用贷款。如果需要调整用款计划，应于计划调整前15日提出，经银行审查同意后，方可调整，重新安排使用贷款。

13.3.3 房地产企业抵押贷款

房地产企业申请房地产抵押贷款，需要有一定条件。一般来说，申请房地产抵押贷款应当具备下列条件：

（1）借款人保证贷款用途正当，有房地产物业做担保，具有偿还贷款的能力；

（2）借款人应提供指定地块的土地使用权有偿出让合同、开发建设方案、项目可行性报告、偿还贷款本息的途径、经有关部门批准的建设计划和贷款人要求提供的其他文件；

（3）借款人应用土地使用权及其地上建筑物、其他附着物设定抵押，向贷款人办妥抵押和登记公证的手续；

(4) 借款人应在贷款银行开立贷款账户和结算账户；

(5) 有健全的财务管理和经济核算制度，按照规定及时向房地产信贷部门报送有关资料。

房地产企业申请房地产抵押贷款，必须按照以下程序进行：

(1) 借款人填写房地产抵押贷款申请表，向银行提出贷款申请，并提供法人资格证明、抵押地产、房产的所有权证明等文件；

(2) 银行审查借款人的资格和抵押物及其证明文件；

(3) 审查合格后，双方签订抵押借贷合同，并到有关部门办理产权登记手续，经公证机关公证或律师签证后，合同开始生效。

抵押借贷合同的内容主要包括：借款企业的名称、地址和法人代表；贷款金额、用途、期限、利率、支付方式、归还本息的方法；抵押品情况及所投保的险种和赔偿方法；违约责任及争议解决的方式；签约日期、地点及其他约定事宜等。

作为抵押贷款合同的重要组成部分，"贷款抵押协议"应包括下列内容：抵押品名称、数量、价格、产权有效期；抵押率、抵押额，抵押品的占管人、占管责任以及毁损、丢失的风险责任；抵押权证的移交、保管；抵押品的处分以及其他抵押事项。

贷款合同生效后，企业即可获得合同约定数量的房地产抵押贷款。

13.4 通过房地产投资信托基金筹集资金

13.4.1 房地产投资信托基金的概念与特点

1. 房地产投资信托基金的概念

房地产投资信托（Real Estate Investment Trusts，REITs）（以下简称REITs），又被称为"房地产投资信托基金"。作为一种在房地产领域应用的投资信托制度，房地产投资信托在各个国家的定义和形式不尽相同。总体上，REITs是一种将按照信托原理设计、以发行受益凭证的方式公开或非公开汇集多数投资者的资金交由专门的投资机构进行投资经营管理，以投资房地产、房地产相关权利、房地产相关有价证券、或其他主管机构核准投资的标的，并将投资综合收益按比例分配给投资者的投资工具。

2. 房地产投资信托基金的特点

信托产品具有所有权和受益权分离、信托财产独立性、有限责任和信托管理连续性等四大属性。房地产投资信托除了具有上述信托产品的共性之外，还具有以下主要特点：

(1) 专业理财组合投资。REITs将所募集的资金委托专业化团队集中管理，通过专业人员进行经营管理，发挥房地产金融专业优势。REITs进行多元化投资组合，选择不同地区和不同类型的房地产项目及业务进行投资，可有效降低投资风险，获得相对理想的投资回报率，在资金安全性和收益性上实现平衡。

(2) 运作规范透明。法律对REITs的结构、资产运用和收入来源有严格的规制要求，大部分REITs公募并受到社会监督，与房地产业直接投资相比较，经营情况受独立董事、分析师、审计师、商业和金融媒体的直接监督。另外，REITs还有义务定期向外界公布各期的财务报表，因而其财务运作受到公众监督而提供投资人保障。

（3）税收优惠。在大多数国家，房地产投资信托具有良好的税务效益，投资REITs可免双重征税。特别在美国，独特的税收优惠政策让REITs减少税收支出，从而赋予REITs提高综合收益率的核心竞争力。

（4）收益稳定。长期来看，房地产的供给会因为土地的不可再生性而缺乏弹性，再加上REITs的专业化管理优势，使得REITs投资既稳定又收益不菲。

（5）抵御通货膨胀。房地产投资信托是一种很好的保值投资工具，可对冲通胀的影响。由于房地产的保值特性，在发生通货膨胀时物价上涨，REITs的资产价值随之上升，并且租金、停车费等的价格也随物价上涨，从而抵消了通胀的压力，起到保值的作用。

此外，房地产投资信托基金还具有资产配置、融资主体多元化以及资产增值潜力的特性。

13.4.2 房地产投资信托基金的不同类型

REITs可以根据不同的分类方法分为不同的类型，主要的分类方法和类型有：

1. 根据投资业务的不同，REITs可分为权益型REITs、抵押型REITs和混合型REITs

（1）权益型REITs（Equity REITs）。它又称收益型REITs，是直接投资并拥有房地产，以购买、管理、更新、维护和出租、出售房地产物业为主营业务，主要的收入来源是物业的租金收入。

（2）抵押型REITs（Mortgage REITs）。它主要以金融中介的角色将所募集资金用于向房地产项目持有人及经营者发放各种房地产抵押贷款，或经营被背书证券的抵押贷款（MBS）业务，收入主要来源于发放抵押贷款所收取的手续费和抵押贷款利息，以及通过发放参与型抵押贷款所获抵押房地产的部分租金和增值收益。

（3）混合型REITs（Hybrid REITs）。混合型REITs顾名思义即兼有前面提到的两种业务，此类REITs不仅进行房地产权益投资，还可从事房地产抵押贷款。混合型房地产投资信托具有权益型REITs和抵押型REITs的双重特点。

2. 根据组织形式分类，REITs可分为契约型REITs和公司型REITs

（1）契约型REITs以信托法为基础，根据当事人各方订立的信托契约，由基金发起人发起，发行基金凭证募集投资者的资金而设立。通过信托契约，投资者与房地产投资信托管理者作为信托当事人成为委托人与受托人，契约型REITs依照信托契约规范各方当事人的行为，构成代理投资的关系。

（2）公司型REITs是指以公司法为基础设立，通过发行房地产投资信托股份，将集中起来的资金按法规和公司章程投资于房地产。投资者购买了公司发行的股份以后成为REITs公司的股东，凭所持股份按比例享有房地产投资信托的收益权、剩余物索取权和表决权。

3. 按REITs规模是否固定，REITs分为开放式REITs和封闭式REITs

（1）开放式REITs是指资产规模总数是可以变动的REITs，即REITs证券是可以追加和减少规模进行申购与赎回的。

（2）封闭式REITs是指其股份或证券数目在设立时就已经确定，在REITs存续期内其数目一般不会改变，但是出现扩募增资的情况除外。

4. 根据资金募集方式，REITs分为私募REITs和公募REITs

私募REITs是指通过非公开方式向少数个人和机构投资者募集资金。私募REITs主要通过向机构投资者或由金融专业人士向投资者介绍推荐，其销售和赎回都是由 REITs 的管理者与投资者私下协商完成。

公募 REITs 是指以公开发行方式向社会公众投资者募集。上市交易的 REITs 就属于公募，它通过证券市场向不特定的投资者公开其发行的招募说明书，并可通过电视、报纸或电脑网络等方式推介，公开透明地在证券交易所的交易系统面向广大投资者募集房地产投资信托。

此外，REITs 可以依据期限的不同，可以分为有期限的 REITs 和无期限的 REITs；根据是否上市，可以分为公开上市 REITs、上柜交易 REITs 及未上市 REITs。另外还有一些随着 REITs 的发展进行一些创新性的产品分类等。

13.4.3 我国房地产投资信托（REITs）特点与融资选择

1. 我国房地产投资信托（REITs）概况

近年来，我国房地产业发展存在过热的现象，国家在这种情况下采取了宏观调控的措施，逐渐紧缩银根，开发商通过借款方式融资的壁垒越来越大。另外，随着我国商品房预售制度问题的涌现，要求改预售为现售的呼声越来越高，而房地产投资信托基金被看做是一个很好的补救融资手段。在 2003 年以后，我国的房地产投资信托业务得到了迅速发展，REITs 成为房地产开发企业新的融资渠道。我国 REITs 的运作除了要符合《民法通则》、《中华人民共和国合同法》之外，更直接受《中华人民共和国信托法》的调整。在具体实施细节上，主要受信托业主管部门中国人民银行发布的《信托投资公司资金管理办法》和《信托投资公司管理办法》的指导。

但目前我国尚未有专门针对 REITs 的专门立法和相关税收优惠政策，上述法律法规实际上只是投资信托公司开展 REITs 业务的框架性规定，现有的产业投资基金类的法律也相当不完善。由于信托业的快速发展，部分具体操作性制度和细则与现实情况产生了矛盾，如关于信托合同数量不得超过 200 份和每份金额不得低于 5 万元的要求，既限制了集合资金的数量，也使得投资门槛过高，限制了中小投资者的投资。由于 REITs 在我国大陆是一个较新的概念，国内相应的专业经验缺失，阻碍了 REITs 的发展。

2. 我国房地产投资信托（REITs）的特点

我国 REITs 的发展带有明显的政策推动特性，因此市场中的 REITs 产品具有较强的目的性和趋同性。具体来看，包括以下几个方面：

（1）以融资为主要目的。目前我国的 REITs 产品大部分为资金信托，信托机构对信托财产的运用也多是向房地产开发企业进行贷款融资。房地产开发企业通过以产权抵押作为担保，或者由其他企业提供连带担保责任保证来融得资金。

（2）高预期收益率。虽然根据《中国人民银行关于信托投资公司资金信托有关问题的通知》中规定，"在办理资金信托业务时，信托投资公司本身不得承诺任何明示或暗示性的保本保息条款，不得以支付信托赔偿金的方式变相保本保息"，但是在房地产行业快速发展阶段，REITs 产品仍然具有较高的预期收益率和实际收益率。

（3）涉及各类房地产项目。目前我国 REITs 产品广泛涉及各类房地产项目，包括公共基础设施类、经济适用住房类和高档商品房类。其中，公共基础设施和经济适用住房的建设可以得到地方政府的支持，相对应的 REITs 产品具有较高的信用等级和较低投资风险；而高档商品住房类 REITs 产品的收益保证主要依靠房地产开发企业的信誉和资金实力。

3. 我国内地房地产企业利用REITs融资的方式选择

目前，我国内地房地产企业可以通过以下两种方式来利用RIETs进行融资：

一是通过与海外房地产投资信托基金（REITs）联手形成战略伙伴关系进行房地产的投资。目前，此类海外基金主要以封闭式基金的方式进入我国，典型的方式有：①与开发商就项目合资，直接投资于项目，然后与开发商以股份关系进行利润分成，例如荷兰ING与复地集团松江项目的开发；②对开发企业直接投资参股或成立新的投资公司，例如摩根士丹利和顺驰集团，万通集团和美国房地产基金的牵手；③直接在内地成立投资公司，进行项目投资与开发，如麦格理银行投资的第一中国房地产发展集团。国内的房地产开发商通过提升项目的获利能力、项目风险的管理能力、开发商本身的企业发展能力并进一步规范财务管理等方式，将非常有利于获得境外房地产投资信托基金（REITs）的青睐，从而进一步拓宽融资渠道。

二是可以考虑通过以房地产投资信托基金（REITs）的方式在香港交易所或者新加坡交易所上市，以赢得境外投资者尤其是中小投资者的投资。《中华人民共和国证券投资基金法》规定，证券投资基金可以上市，但对于产业投资基金而言，由于缺乏配套的法律、法规，上市的流通市场还未确定。目前内地许多规模较大的房地产发展商以及一些境内外的投资机构均在探寻将中国内地的优质资产以房地产投资信托基金（REITs）的方式拿到中国香港、新加坡上市。我国香港特别行政区于2005年6月修改了《房地产投资信托基金守则》，放宽了房地产投资信托基金（REITs）的地域限制，允许在香港上市的此类基金投资香港地区以外的房地产。

13.5　房地产筹资方案及其选择

13.5.1　房地产筹资方案的内容

房地产筹资方案是房地产企业筹措资金的计划安排和具体行动策略的总称。科学策划筹款方案、根据企业的实际需要安排筹款活动，是提高房地产企业筹资效益、保证房地产资金到位的关键环节。

房地产企业筹资方案包括以下内容：

（1）欲筹资金的币种、数额。

（2）筹集的资金流量。即有计划地安排在不同的时间内筹集的资金和偿还资金的数量。要与房地产项目资金的投入和资金偿还要求相适应。

（3）资金来源构成。即各种筹资方式所筹集的资金占总筹资额的比重。

（4）资金筹集风险分析及风险管理措施。为了防止和消除筹资中的风险，必须进行筹资的风险管理。筹资风险管理采取的主要是避险、转嫁以及外汇套期保值等方法和安排。

（5）筹资成本预算。企业进行筹资也必须支付各种手续费、工本费、管理费等，因此在安排筹资方案时，必须对筹资成本进行估算。

（6）资金筹措方法。就是对直接筹资，还是委托筹资作出选择。

（7）对资金筹集中的一些具体工作作出明确的安排。也就是安排筹资工作各阶段的先后顺序以及各阶段的具体目标、任务、时间、地点和负责人等。

13.5.2 编制房地产筹资方案程序

科学地编制房地产开发经营管理企业筹资方案是房地产企业筹资的重要环节。房地产开发经营管理企业筹资方案必须注意以下的问题，遵循以下的程序：

(1) 根据开发建设项目所需的资金要求，科学地确定筹资的最终目标，并进行筹资方案的总体设计；

(2) 调查资金需求情况，根据项目工程设计的进度，确定开发建设准确的资金流量和不同资金流量对项目的影响；

(3) 认真研究资金来源渠道，根据资金的用途确定筹资的方式以及各种筹资方式可能产生的对筹资的数量、条件、期限、风险水平和筹资成本造成的影响；

(4) 根据项目需要和资金来源状况，确定筹资的币种、数量、平均期限，然后计算出总筹资成本；

(5) 全面分析研究筹资总风险水平，提出降低风险发生概率和控制风险损失程度的措施；

(6) 根据资金来源和企业筹资能力确定具体筹资途径。当需要委托筹资时，应客观评价和选择筹资代理机构，努力降低筹资成本；

(7) 制订筹集资金的分阶段工作计划；

(8) 准备筹资方案文件，草拟筹资协议、合同文本，收集所需各种文件、资料；

(9) 汇总上述内容，编制正式的筹资方案。

13.5.3 房地产筹资方式的种类

1. 人民币筹资方案

人民币筹资方案是以人民币为筹集币种的筹资方式。这种方法就是在本国范围内向本国居民、企业和金融机构筹集资金。这种方案的特点是无须外汇管理部门审批，无外汇风险，对筹资渠道较为熟悉，容易委托资信较好的代理筹资机构。但因国内资金紧张，筹资竞争激烈，因而筹资成本较高。

2. 外币筹资方案

外币筹资方案是以筹集外资为目标的房地产筹资方式。这种方案可以在国内外汇调剂市场或境外资本市场筹集房地产资金。由于外汇汇率经常波动，往往使这种筹资风险增大。而且进行外币筹资，还必须得到外汇管理部门的严格审查和批准，工作程序相对复杂。如果在境外筹资，必然涉及国际法规、条约，外国法律、政治、经济等多方面的因素，使得筹资活动增添了许多不确定性因素；同时，由于往往缺乏对外资来源渠道的了解，也不容易找到费用低而资信好的代理机构，从而加大了筹资风险。

但是，西方发达国家经济实力较强，资本（资金）比较充足，贷款利率相对低廉。因此，在开发大型房地产项目时，科学拟定外币筹资方案，是房地产企业筹资的一条重要渠道。

3. 财政筹资方案

财政筹资方案就是筹集财政资金。财政资金具有安全度高、使用条件优惠、筹资成本低等优点。财政资金筹资方案也有风险。财政筹资方案的风险主要是财政赤字风险。如果中央或地方财政计划执行中出现了赤字，财政资金不能按时拨付给房地产项目，或拨付资金减少，就会影响房地产项目的进度。

进行财政筹资、投标财政建设项目，需要房地产企业有强大的经济、技术实力和一定的经营规模。不过，中小房地产开发企业可以联合投标或争取中标的大型房地产企业二次转包的中小型建设工程，这样，也可筹集到一定的财政资金，但筹资成本会略有增加。

4. 银行信贷筹资方案

银行筹资方案就是通过向银行申请房地产各项贷款的筹资方式。通过银行信贷筹资，相对于股票、债券筹资来说，受到的限制要少得多。它只涉及房地产企业与银行两个当事人，而不涉及政府部门的干预。同时，银行通过吸收社会存款，资金来源有较为可靠的保障。房地产企业可以根据开发项目的大小和建设周期的长短，向银行申请不同金额、时间长短不等的各种信贷款项，减少了不必要的资金占用，降低了利息等成本支出。

信贷筹资方案的另一个优点在于筹资的时间短、见效快。股票、债券等筹资方案中有大量的基础性工作要做，审批环节也多，手续复杂，一项筹资活动少则一年，多则三五年才能使方案得以落实。而信贷筹资则不同，在商业化经营的银行申请贷款只需一两个月，甚至几天时间就可以筹到所需资金。

当然，通过信贷筹资的方案也有其不足之处，包括：①企业要承担利率风险，即有可能因利率上升而使企业蒙受经济损失；②使用银行信贷资金，通常要提供抵押品，且抵押率较低，迫使房地产企业处于较被动地位；③受国家政治、经济和金融政策变动的影响较大；④利用信贷筹资方案，还要受政府产业政策的影响和制约；⑤利用信贷筹资的规模相对较小。

总之，利用银行信贷筹资，对于房地产企业的流动资金、小项目开发所需资金的筹集是个简便、快捷的方案，尤其是筹资时间要求快的时候，更具独特优势。但也应注意筹资中的利率、政策、经济变动等风险。

5. 股票筹资方案

股票筹资方案就是利用发行股票方式筹集房地产资金的方式。这种筹资方案十分受房地产开发企业的青睐。这是由其所独具的如下优点所决定的：①利用股票所筹资金不用偿还，可以使房地产开发企业长期、永久使用；②股票筹资在分配上采取赢利则分红派息，无利则不分红派息，从而减轻了房地产企业的利息支出负担；③在溢价发行股票的情况下，可以获得巨额发行收入；④股票筹资的规模大，可以为房地产企业的长期发展起到较大的推动作用，有利于开发大型房地产项目；⑤通过发行股票并争取股票的上市交易，既可以促进销售及企业公共关系的改善，而且为企业拓宽了筹资渠道；⑥通过股票筹资，实行现代企业制度，转换经营机制，可以提高经营管理水平，提高经济效益。

但是，股票筹资方案也有它的局限性，主要表现在：①发行股票必须先进行股份制改造，这在现有的房地产企业经营过程中是一个大变革，需要时间；②发行股票需要具备政府主管部门规定的各项条件，需要履行严格的审批手续；③发行股票筹资必须按主管机关规定，定期向股东公布财务和经营管理等信息资料，接受政府和股东的查询；④房地产企业的优先股股息和普通股红利，通常都比债券利息和银行利息高，这也在一定程度上增加了企业筹资成本；⑤如果所发行的股票因故不能上市，缺乏应有的流动性，那么就会使相当一部分投资人失去购买房地产股票的兴趣；⑥发行股票需要支付较高的发行费用，这使其筹资成本较银行信贷筹资方案和发行债券等筹资方案要高得多；⑦股票筹资方案受发行时的股市行情影响较大。

6. 债券筹资方案

债券筹资方案是利用房地产企业发行债券筹集资金的方式。债券筹资手续的复杂程度，介于信贷筹资和股票筹资之间。它不用像股票筹资那样必须进行股份制改造，但也不像信贷筹资那样无须经政府审批，而是要经过政府主管金融市场的机关的审批。

债券筹资的优点主要有：①筹资量大，使用时间长；②利率固定，利率上涨风险小；③债券筹资不受债权人的行政干扰，可以完全独立地运用资金，而不像股票筹资那样，受到股东方面的影响较大。

但是，债券筹资在以下几个方面也使筹资承担一定的风险：①债券筹资的利率比信贷利率高，因而筹资成本相对较高；②如果发行浮动利率债券，将使企业承担利率风险；③有时，发行债券需有实物抵押或建立偿债基金，这也使发行房地产债券的企业承担一定的经济风险；④由于债券发行额一般较大，因而企业负债上升，资信水平则相对下降，若再次筹资必将加大筹资成本。

因此，利用债券筹资应权衡其利弊，并与其他方案比较，作通盘考虑。如要发行股票，就不宜大量发行债券，以免影响股票投资人的信心。特别是当企业在社会上影响不大的情况下，必须充分做好债券发行的宣传工作，必要时可以建立偿债基金或以房地产作抵押，从而保证发行的成功。

7. REITs 筹资方案

REITs 这种房地产金融创新工具是一种以发行收益凭证的方式，汇集特定多数投资者的资金，由专门投资机构进行房地产项目投资经营管理，并将投资综合收益按比例分配给投资者的一种信托制度。它不仅是房地产企业的一种新生融资渠道，也是投资者的新的投资渠道。然而，由于我国房地产投资信托的发展还不够成熟，相关法律规范也不够健全，REITs 的发展存在着较大的不确定性，很多方面都面临着风险，如赔偿责任风险、项目风险、操作风险和道德风险、单一运行模式风险、流动性风险以及房地产行业风险等。

8. 内部挖潜筹资方案

企业内部挖潜筹资方案，就是通过深挖企业内部的潜力，从企业的各个分公司、各个部门、各个项目和企业职工个人等多方面筹集资金的方式。这种筹资方案的好处在于筹资手续简便、筹资速度快、成本低、风险小，有利于将企业利益与各个部门、职工个人利益紧密联系在一起，提高企业的凝聚力和经济效益，而且不受外界的控制和干扰。

但是，挖潜筹资的规模毕竟是有限的，只能用来解决小型项目或部分流动资金不足等临时性需要，不适于大规模资金的筹集。

13.5.4　筹资方案选择和确定

各种筹资方案彼此既相互联系，又互相区别，各有利弊。因此，房地产企业在选择和确定筹资方案时，一般都不是单独地采用一种筹资方式，往往是综合使用各种筹资方案，即根据项目的具体情况，使用信贷筹资与挖潜筹资方案组合，或将股票筹资与信贷筹资组合成一个方案，或发行可转换企业债券，使债券筹资与股票筹资有机地组合在一起，等等。只有这样，才能为房地产企业筹集到更多的资金。

当然，房地产企业在最后确定筹资方案时，还必须采用比较分析的方法，对各个可行筹资方案的资金来源、筹资方式、筹资成本、时间和规模要求、筹资风险、当地的经济状况、资金供应水平以及各项政策进行深入细致的分析、预测和评价,并进行详细的比较,选择出安全性、经济性、可行性三项指标均最优或最满意的方案。

------------------------------- 本章小结 -------------------------------

随着市场经济体制的建立,房地产融资将主要采取市场方式,即主要通过银行等金融机构的信贷,实行间接融资以及通过资本市场(即发行股票、债券)进行直接融资。

房地产股票是投资房地产的凭证,是以书面文件证明其在房地产企业中投资的事实。房地产企业股票的购买者或房地产股票的持有人,就是房地产企业股东。股东一般拥有一系列权利。房地产股票特征与一般股票特征基本上是相同的,即具有收益性、流动性和风险性。由于房地产业本身的特殊性,使房地产股票进一步发挥了股票这些特征的作用。

房地产企业可根据不同时期、不同经营状况发行不同种类的股票。房地产股票根据不同标准,可以划分为很多类别,如普通股和优先股、记名股票和不记名股票、有面值股票和无面值股票,以及国有股、法人股、A股、B股和H股。了解股票类别,对于企业有选择地发行股票具有重要意义。

房地产股份有限公司根据自身的情况,选择不同的方式发行股票,包括公开发行和定向发行以及直接发行和委托发行。发行房地产股票通常有四种价格确定的方式可供选择:面额发行、市价发行、中间价发行以及贴水发行。发行股票必须按照国家规定的程序进行。

房地产债券是一种有价证券,它是房地产企业为筹措资金而向债券投资者出具的,并且承诺按一定利率定期支付利息和到期偿还本金的债权债务凭证。房地产企业以发行债券的方式筹集资金时,必须认真研究债券发行的有关规定、条件和程序。房地产企业发行债券的方式,大体上可以分为两种,即直接发行和间接发行。直接发行,亦称自销,即依靠企业自身的力量组织销售;间接发行,主要是委托金融机构代理发行,亦称委托发行。

银行信贷资金是房地产资金的一项重要来源。房地产企业申请流动资金贷款和房地产抵押贷款,都必须符合银行规定的贷款条件,遵循一定的程序。

房地产投资信托基金(REITs)是一种将按照信托原理设计、以发行受益凭证的方式公开或非公开汇集多数投资者的资金交由专门的投资机构进行投资经营管理,以投资房地产、房地产相关权利、房地产相关有价证券或其他主管机构核准投资的标的,并将投资综合收益按比例分配给投资者的投资工具。REITs是一种新型的投融资工具,具有自己的特点、类型和运作模式。

房地产筹资方案是房地产企业筹措资金的计划安排和具体行动策略的总称。编制房地产筹资方案需要了解房地产筹资方案的内容、编制程序以及筹资方式的种类及其特点。要根据项目的具体情况,使用信贷筹资与挖潜筹资方案组合,或将股票筹资与信贷筹资组合成一个方案,或发行可转换企业债券,使债券筹资与股票筹资有机地组合在一起。

复习思考题

(一)名词解释

房地产股票　房地产债券　房地产投资信托基金(REITs)　房地产筹资方案

(二) 简答题
1. 房地产股票有哪些特征？
2. 房地产股票有哪些种类？
3. 房地产股票有哪些发行方式？
4. 房地产股票的发行价格有哪几种方式可供选择？
5. 房地产股票发行程序具体如何？
6. 房地产企业发行债券的条件和程序如何？
7. 房地产企业债券发行方式有哪些？如何选择承销人？
8. 房地产企业申请流动资金贷款必须符合哪些贷款条件？程序如何？
9. 房地产企业申请房地产抵押贷款应当具备哪些条件？程序如何？
10. 房地产投资信托基金（REITs）具有什么特点？有哪些类型？
11. 美国及香港地区房地产投资信托基金的运作模式如何？
12. 我国房地产投资信托（REITs）有哪些特点？
13. 房地产企业筹资方案包括哪些内容？
14. 房地产开发经营管理企业编制筹资方案应遵循哪些程序？

(三) 论述题
15. 房地产筹资方案选择和确定。

第14章 房地产开发建设用地使用权的取得与城市土地使用权市场

【学习提要】 学习本章，主要掌握土地市场的结构，掌握我国法律对征收或征购集体所有土地的补偿规定及现实中土地征收的程序，掌握城市旧城改造中的不动产权关系和房屋拆迁的补偿及其程序，掌握城市土地使用权出让和转让及出租、抵押等城市土地一、二、三级土地使用权市场的法律规定和具体运作方式，掌握不动产市场价格体系，明确国家和政府对城市土地市场的管理和调控手段。

【关 键 词】 土地所有制结构 土地市场 土地征收 房屋拆迁 土地使用权市场

14.1 土地所有制结构与土地市场

根据社会主义市场经济体制和土地经济特性，国家必须对城市土地使用权一级市场，即土地使用权出让市场进行垄断。垄断城市土地使用权出让市场的关键是垄断城市土地增量市场，这是由我国土地所有制结构决定的。

我国社会主义土地公有制采取了两种所有制形式，即集体所有制和全民所有制。农村土地属于农民集体所有，采取了集体土地所有制的形式；城市土地属于全民所有，采取了国家所有制的形式。

随着工业化和城市化的进行，建设用地在不断地扩大。土地的有限性决定了建设用地的增加（无论是国家重点工程项目建设用地的增加，还是城市建设用地的增加）只能来源于两个方面：一是来自农村集体所有制的农业用地；二是来自城市范围内的国有土地。如果从土地所有制关系方面说，国有土地增加的最终源泉，只能是来自农村农民集体所有制的土地。

在我国目前的条件下，把农村集体所有的农业用地变为国家所有的建设或城市用地，采取了国家征收农民集体所有制土地的方式。国家征收农民集体所有制土地，具有以下几个特点：①征收集体所有的土地，必须符合国家有关规定；②征收农民集体所有的土地必须给予补偿。由于国家征收了农民的土地，农民丧失了其土地的所有权和使用权，从而丧失了赖以生存的生产资料，所以国家必须对被征收了土地的农民和农村集体经济组织给予经济补偿；③征收土地具有单方向性，即只有国家征收农村农民集体所有制的土地，农民无权征收国家所有的土地；④通过土地征收，改变了土地所有权关系，即把农民集体所有的土地变为城市国家所有的土地；⑤通过土地征收，同时改变了土地的使用性质，即把农业用地改变为城市建设用地。

随着社会主义市场经济体制的建立和发展以及国家建设规模的扩大，国家在征收农民土地过程中，特别是在补偿等问题上，市场行为越来越明显。

如果把国家征收农民土地看做是一种市场行为，就可以认为，我国土地市场是由三个部分或三种类型构成的，第一个部分或第一类市场，是通过国家征收农民土地的方式，把农民集体所有的农业用地变为国家所有的可以供给城市建设的用地；第二个部分或第二类市场，是通过旧城改造或房屋拆迁，即通过对房屋所有权人与土地使用权人进行拆迁补偿，把城市原有土地变成可供重新开发建设的城市建设用地；第三个部分或第三类市场，是把国家通过征收方式征收来的土地及需要旧城改造的土地，通过土地一级开发形成新的建设用地，然后国家通过出让和划拨的方式，把城市土地使用权转移到使用者手中或开发建设商手中。

这三种市场行为，发生的经济关系是不完全相同的。第一种市场行为不仅发生了土地所有权的变化，而且还发生了土地使用性质和使用方向的变化。第二种市场行为，即旧城改造，不发生土地所有权变化，只发生土地使用权和使用方向的变化。第三种市场行为，是国家通过城市土地使用权市场或城市土地使用权一级市场，把土地资源配置到需要土地使用权的使用者手中。因此，第一种市场行为与第二、第三种市场行为是两类不同的土地市场，这两类不同的土地市场构成了我国统一的土地市场。

如果从土地的供求关系来说，第一种土地市场行为和第二种土地市场行为可以看做是国家对土地的需求，即国家通过土地市场，把城市建设用地集中到了国家手中。然后国家把集中起来的城市建设用地，通过第三种土地市场行为，即通过城市土地使用权一级市场，把城市土地使用权供给城市土地的使用者。这样就形成了国家对城市土地使用权一级市场的垄断。

14.2 征收农村集体所有权土地的程序及补偿

14.2.1 征收农村集体所有权土地必须依法进行

城市土地第一次开发或新增土地开发的土地来源，主要是通过征收属于农民集体所有的农业土地进行的。

工业化和城市化都需要占用一定数量的土地。《中华人民共和国物权法》、《中华人民共和国土地管理法》等有关法律、法规规定：为了公共利益的需要，依照法律规定的权限和程序可以征收集体所有的土地。但是，我国人多地少，人地矛盾十分突出。所以，国家把"十分珍惜和合理利用每寸土地，切实保护耕地"确立为基本国策，对耕地实行特殊保护，严格限制农用地转为建设用地，控制建设用地总量。因此，不得违反法律规定的权限和程序征收集体所有的土地。

14.2.2 征收土地的程序

根据国家有关法律、政策规定，征收农地必须按照以下程序进行：

1. 申请建设用地选址

根据国家建设用地的有关规定，用地单位在征收土地时，必须按照以下步骤进行：①提出建设项目，拟定建设项目任务书，并报送主管部门审批；②建设单位持由主管部门批准的建设项目计划任务书，向所要征收的土地所在地的人民政府土地管理部门提出用地申请；③经有批准权的人民政府同意征收农业土地以后，由土地管理部门会同规划、建设等有关单位，根据建设项目的性质、规模、资金等状况，并按照当地土地和城市规划的要求进行选址；④通过选址，初步确定用地的数量、类别，同时在地形图上，用红笔画出建设用地的界线位置；⑤建设用地单位或征地单位与被征地单位，根据初步选址的意见，签订用地定点协议；⑥征收土地的协议书是建设单位编制初步设计的依据。

2. 拟定征地方案

拟定征地方案，要按照以下步骤进行：①根据建设用地协议书，建设单位进行用地初步设计，提出建设的总平面布置图；②根据建设用地初步设计的总平面布置图确定的用地面积、用地范围以及土地使用的类别，由土地管理部门向被征地单位说明征地的理由、征地的范围以及有关征地的各项方针政策；③组织征地单位、被征地单位以及有关部门共同协商拟定征地的数量、补偿的标准、安置的方式等具体方案。

3. 核定征收土地面积

核定征收土地的面积，需要按照以下步骤进行：①建设项目初步设计批准以后，用地单位必须将项目设计任务书及批准文件、初步设计说明书和土地平面布置图以及原来所画的红线图等文本向县、市土地管理部门正式提出用地申请；②县、市土地管理部门，对建设项目用地界线、用地类别、用地数量进行核实，并签署审批意见，按照国家法律规定的权限，报请有权审批的人民政府审查批准；③征收土地的申请批准以后，在土地管理部门的主持下，用地单位和被征地单位根据批准的各项内容正式签订征收土地协议；④土地管理部门根据建设项目的计划进度一次或分期划拨土地。

4. 申报验证，颁发土地使用权证

建设单位领取土地使用权证，必须按照下列步骤进行：①建设工程项目竣工以后，用地单位向县、市土地管理部门，申请验证；②土地管理部门认真复核建设项目用地的性质与占地面积是否与建设用地初步设计批准的文件相符，同时环境保护部门审查建设工程项目是否符合国家环境保护有关规定，如果各项指标都符合国家的有关规定，由土地管理部门发用地单位土地使用权证书；③土地使用权证书是征收土地和合法取得土地使用权的法律凭证。

14.2.3　征收土地审批权限

《土地管理法》规定，只有国务院和省级人民政府才有农用地转用和征地的审批权。

《土地管理法》规定，国务院和省级人民政府关于征地的审批权限划分如下：征收基本农田，基本农田以外的耕地超过35公顷的，其他土地超过70公顷的，必须由国务院批准。除了由国务院批准的征收土地，其他需要征收的土地，由省、市人民政府批准。省级人民政府批准征收的土地，必须同时报国务院备案。

14.2.4　征收土地补偿

国家建设征收农民集体所有的土地，必须给予补偿。《物权法》、《土地管理法》对征收土地补偿的步骤、标准和用途都作出了相应的规定。

1. 办理征收土地补偿登记

需要征收的土地，依照法定程序批准以后，由县级以上地方人民政府在当地予以公告，并组织实施。被征收土地的所有权人、使用权人应在公告规定期限内，持土地权属证书到当地人民政府土地管理部门办理土地征收补偿登记。

2. 确定土地补偿标准

根据我国《物权法》、《土地管理法》的规定，确定土地征收补偿标准时，必须根据被征收土地的原来用途，按照不同的标准给予补偿。

（1）征收耕地的补偿标准。如果征收的是耕地，补偿必须按照以下规定进行：①耕地补偿费的构成。按照国家的规定，耕地补偿费由以下几个部分构成：土地补偿费；安置费；地上附着物补偿费；青苗补偿费等。②耕地补偿费的标准。根据《土地管理法》的规定，耕地补偿费，是该耕地被征收前三年平均产值的六倍到十倍。③安置补助费的标准。根据《土地管理法》的规定，安置补偿费，由需要安置的农业人口数量决定。需要安置的农业人口数量，是由被征收的耕地数量，除以征地前被征收单位人均占有耕地的数量计算。每一个需要安置的人口的安置补助费标准，为该耕地被占用前三年平均产值的四到六倍。安置补助费在一般情况下的限额为：被征收耕地的安置补助费，最高不得超过被征收前三年平均产值的15倍。如果上述土地补偿费和安置补助费，不能够使需要安置的农民保持原有的生活水平，经省、市、直辖市人民政府批准，可以增加安置补助费。但是，土地补偿费与安置补助费的总和，不得超过土地被征收前三年平均产值的30倍。

《土地管理法》规定，国务院根据经济社会发展的水平，在特殊情况下，可以提高征收耕地的补偿费和补助费的标准。

（2）征收其他土地的补偿标准。根据《土地管理法》的规定，征收其他土地的土地补偿费和安置费标准，由省、市、自治区和直辖市，参照征收耕地的补偿费和安置费的标准确定。

（3）征收土地的附着物和青苗的补偿标准。《土地管理法》规定，被征收土地上的附着物和青苗补偿标准，由省、市、自治区和直辖市规定。

（4）征收城市郊区菜地的补偿标准。用地单位如果征收城市郊区的菜地，除了按照规定向被征地单位支付土地补偿费和安置补助费以外，还必须按照国家有关规定，缴纳新菜地开发建设基金。新菜地开发建设基金缴纳的标准是：城市人口在100万以上的市，每征收一亩菜地，缴纳7000~10000元；城市人口在50万以上，不足100万的市，每亩菜地缴纳5000~7000元；在中央直辖市所辖的县内，征收供应直辖市居民蔬菜的菜地，也按照上述标准征收；城市人口不足50万的市，每亩缴纳3000~5000元；各省、自治区和直辖市，在上述额度内，可以根据本地的情况，规定具体的标准。

3. 公布征地补偿安置方案并征求有关方面意见

征地补偿安置方案确定后，有关地方人民政府应当在当地发布公告，并听取被征地的集体经济组织和农民的意见。

4. 征地补偿费用的使用

《土地管理法》规定，被征地的农村集体经济组织，应当将被征收的土地补偿费的收支状况，向本集体经济组织的成员公布，接受监督。禁止侵占、挪用被征收土地单位的征地补偿费用和其他有关费用。

14.3 旧城改造与房屋拆迁补偿

城市建设用地的另一个来源，就是对旧城改造和房屋拆迁，即对城市土地进行的第二次开发或再开发。

14.3.1 旧城改造是城市发展规律的要求

城市是经济社会发展的产物。城市发展不仅表现在数量上，而且也表现在质量上。就数量上说，城市数量和城市的规模在不断地扩大；就质量上说，城市的职能结构和现代化的水平在不断地提高。城市在数量上扩张或发展，主要是通过新区开发实现的；城市在质量上的提高，必须对旧城区进行改造。旧城改造就是对城市土地进行的再开发，建立合理城市用地结构，使有限的城市土地资源得到有效利用，提高城市的整体功能。

对旧城区改造和更新，虽然是城市本身发展的一条客观规律，但是由于世界各国经济社会制度、历史文化背景不同，各国对旧城改造的方针政策也不完全相同，实施的结果和产生的效益也就各不相同。在美国，城市改造就是城市更新，因此是通过拆除影响城市整体功能发挥的老旧房屋、建设新的房屋与其他建筑物和构筑物实现的；在英国，城市改造是在城市原有基础上，通过对原有建筑和房屋的改造和修缮，使其达到现代化水平；在前苏联，则是把旧城改造和新区开发建设都作为城市改造，而实现城市更新。

我国的旧城改造主要是通过对城市用地结构调整和房屋拆迁实现的。城市用地结构调整和房屋拆迁，涉及各方面的利益，是一项政策性很强的工作，因此必须按照国家有关方针政策进行。

14.3.2 旧城改造与房屋拆迁的经济关系和产权关系

旧城改造和危旧房屋拆迁，涉及一系列复杂的经济关系和产权关系。为了适应房屋产权变化和市场经济体制发展的要求，国务院于 2001 年发布了新的《城市房屋拆迁管理条例》（以下简称《拆迁管理条例》），2001 年 11 月 1 日起施行。

1. 城市房屋拆迁补偿对象

随着市场经济体制的建立，房屋供应的主导方式已经基本上社会化、商品化了；住房制度改革的深入发展，使住房所有制结构发生了重大的变化，房屋拆迁已由拆除公有房产、单位房产为主，转向拆除居民个人房产为主。因此，保护房屋所有人的财产权已成为房屋拆迁管理工作的焦点问题。所以，明确了被拆迁人为房屋的所有人，重点对房屋所有人进行补偿，兼顾对使用人的安置。将房屋所有人与使用人的租赁行为作为拆迁法律关系的从属关系，尊重所有人和使用人的权利。在签订拆迁协议之前，能够解除租赁关系的，对房屋所有人进行补偿。解除不了租赁关系的，实行产权调换。这是与市场经济规则相符合的。

2. 城市房屋拆迁补偿方式

根据《拆迁管理条例》，城市房屋补偿既可实行货币补偿，也可实行产权调换。根据市场经济原则，拆迁补偿应当以货币补偿为主。具体到拆迁对象，究竟采取哪一种方式，可以由被拆迁人选择。

3. 城市房屋拆迁补偿价格及其评估

在市场经济条件下，城市房屋拆迁补偿价格，应当由过去房屋重置价结合成新补偿，转向以房地产市场评估价进行补偿，这是市场经济发展的需要。评估是否公正、评估价格是否合理，不仅关系到产权人的切身利益，而且也关系到能否按照市场经济规律办事。

原建设部要求各地根据《拆迁管理条例》制定实施细则。北京市根据该条例和《城市房屋拆迁补偿估价指导意见》出台的《北京市房屋拆迁评估规则》规定："本市拆迁房屋实行货币补偿的,补偿款根据被拆迁房屋的区位、用途、建筑面积等因素进行计算。"

为了规范房屋拆迁评估行为,维护房屋拆迁当事人的合法权益,北京市出台了《北京市房屋拆迁评估管理暂行规定》。该规定要求:"从事房屋拆迁的评估机构必须具备房地产价格评估资质,并经市国土资源和房屋管理局认定的房地产评估机构。拆迁人应当委托具有拆迁评估资格的评估机构,对被拆迁房屋进行评估。"

14.3.3 城市房屋拆迁管理

城市房屋拆迁涉及城市经济社会未来发展、城市规划实施、城市土地利用布局和效益,以及产权人和使用权人等的关系和利益,政策性很强,必须根据国家的有关法律、法规,加强对旧城改造和房屋拆迁工作的管理,规范旧城改造和房屋拆迁工作。

1. 实行拆迁许可制度

旧城房屋拆迁的基地,都是市区范围的国有土地,这些土地都已列入了城市规划控制区。因此建设单位要取得城市建设用地,必须按照国家有关规定,申请规划(建设)用地许可证。同时,还必须实行城市房屋拆迁许可证制度。房屋拆迁许可证是进行房屋拆迁的法律凭证。

2. 加强拆迁补偿安置资金监管

拆迁补偿安置资金应当全部用于拆迁的补偿安置。房屋拆迁管理部门要加强对拆迁补偿安置资金使用的监督。

3. 正确处理城市规划区外国有土地和城市规划区内集体土地的拆迁关系问题

随着城市化进程的加快,撤县改区,城市规划区不断地调整,城市规划区外国有土地和城市规划区内集体土地的拆迁纠纷不断发生,特别是城郊结合部,这类问题更为突出。在城市规划区外的国有土地上实施房屋拆迁,必须执行国家有关规定。在城市规划区内的集体土地上进行房屋拆迁,应当按现有法规规定,首先通过征收,把集体土地转为国有土地,才能进行房地产开发,集体土地上的房屋补偿只能在征地费用中考虑。

4. 改革城市房屋拆迁管理体制

应当按照建立社会主义市场经济体制的原则,根据政府主要负责公共事务管理的理论,深化城市房屋拆迁管理体制的改革者。政府部门必须从过去直接参与拆迁活动的具体事务中解脱出来,力求避免侵犯被拆迁人的合法权益。

14.4 城市土地使用权市场

14.4.1 城市土地市场的性质与土地产权市场的结构

中国是社会主义国家,城市土地属于是国家所有。在中国,城市土地所有权不是商品,不能进入市场交易,城市土地使用权可以作为商品进入市场交易。所以,中国城市土地市场实际上是城市土地使用权市场。

根据城市土地产权结构的性质,中国城市土地使用权市场(结构)是由三级构成的,即土地使用权一级市场、土地使用权二级市场和土地使用权三级市场。

14.4.2 城市国有土地使用权一级市场——国有土地使用权的出让

1. 城市国有土地使用权出让市场的性质

城市土地使用权出让是国有城市土地使用权进入市场的第一个环节,也是城市土地使用权作为商品经营的第一步。

根据《土地管理法》、《中华人民共和国城镇国有土地使用权出让和转让暂行条例》(以下简称《暂行条例》)的规定,国有土地使用权出让,从产权关系上说,是国家以土地所有权者或出让人的身份,将国有土地使用权,以一定的年期转移给受让人;受让人为此支付土地使用权出让金的行为。通过这种行为或这种交易方式,受让人取得了一种具有独立意义的城市土地使用权。在这种土地使用权中,包括了对土地的占有、使用、收益和一定程度的处分权。城市土地使用者取得的这些权能,在法律上表现为以下的民事权:对土地的使用权、转让权、出租权、抵押权等。

城市土地使用权出让,从经济关系上说,是通过商品交换的形式确立的一种土地所有者和土地使用者之间的一种权利和义务的关系。这种权利和义务关系的内容主要是:

(1) 国家作为城市土地的所有者,与城市土地使用者之间,通过城市土地使用权出让建立的权利义务关系,是一种平等的、自愿的、有偿的、有期限的经济关系。

(2) 在这种经济关系中,国家或出让者仍然是城市土地的所有者,即城市土地所有权的性质没有发生变化;城市土地的受让者只是取得了城市土地的使用权,可以按照城市规划的要求,充分地利用城市土地,通过对土地的投资经营获得投资利益。

(3) 城市土地的国家所有制,决定了只有国家才有权出让城市国有土地的使用权,也就是说,城市土地使用权出让市场,是由国家垄断的。

(4) 城市土地使用权出让,构成了城市土地使用权一级市场。城市土地使用权一级市场虽然是由国家垄断经营的,但是由于国家的职能以及土地本身的特性,决定了城市土地使用权的具体出让工作,是由城市地方政府或由城市地方政府委托某个职能部门实施的。

城市土地使用权的出让,是以土地受让人支付一定的代价为前提的。土地受让人为取得土地的使用权而支付的代价,称为土地出让金。城市土地使用权出让金,是城市土地国家所有权在经济上实现的形式。

城市土地使用权的出让,既是有偿的,又是有期限的。如果没有时间的限制,就等于把土地使用权无期限地交给了受让人。无期限出让土地使用权,实际上出让的就不仅是土地的使用权,而是土地的所有权。因此,明确规定土地使用权出让的期限,是城市国有土地使用权出让的重要内容,也是维护城市土地国家所有制的重要措施。

2. 城市国有土地使用权的出让方式

根据《土地管理法》和《暂行条例》的规定,城市国有土地使用权出让可以采取三种方式:协议出让;招标出让;拍卖出让。其中,协议出让带有浓厚的行政手段性质,招标和拍卖的方式比较符合市场经济的要求。当然具体到某一地块,究竟采用什么方式,必须根据具体情况而定。

(1) 协议出让方式。协议也称为私下协议。协议出让通常是,有意取得某块城市土地使用权的受让人,直接向国家土地管理部门提出有偿使用土地的愿望,然后由土地管理部门的代表与土地的有意受让人,进行一对一的谈判,具体协商出让土地使用权的有关事宜。双方在一些主要问题上取得一致意见后，即可签订土地出让合同。由于这种出让土地的方式不完全符合市场经济的要求，于是有些地方对协议出让土地的范围做了一定的限制。大体来说，以协议方式出让的土地，主要是非经营性用地。

（2）招标出让方式。招标出让和拍卖出让引进了市场机制，体现了商品交换中的公平竞争原则，适用于经营性用地出让。采取招标方式出让土地使用权，不仅要明确双方当事人的权利与义务，而且要明确投标的效力和招标人在招标期间应负的责任等。以招标的方式出让土地使用权，并不一定由报价高者获得土地使用权，而是由综合指标来决定的。

（3）拍卖出让方式。城市国有土地使用权的拍卖，又叫"竞投"，也叫"拍让"，是在公开场合完全以竞争的方式按照"价高者得"的原则确定土地使用权受让人的做法。这种方式与招标方式相比，对于欲取得土地使用权的受让人，更加具有公开性，同时也使他们获得了更多的竞争机会。

3. 城市国有土地使用权出让的产权关系

通过城市土地使用权出让市场的运行，在城市土地经济关系中，形成了新的土地产权关系。

（1）城市土地使用权出让市场是土地所有权和使用权分离的实现形式

国家虽然是城市土地的所有者，但却并不直接使用土地。由此决定了，在市场经济条件下，土地所有权和土地使用权必然是分离的。城市土地使用权出让就是两权分离的一种运动形式和实现方式。当国家作为城市土地所有者，以出让人的资格将土地使用权出让给受让人时，出让人与受让人之间便形成了一种新的土地产权关系。

（2）国家土地所有权的主体——出让人的权利

城市土地使用权一旦出让，就将完整的、统一的土地产权分解为两个部分，即以国家为代表的"所有者权利束"和以使用者为代表的"使用者权利束"。这两种权利束，就形成了新的土地产权结构。这两种权利束是互相联系又相对独立的一对矛盾。矛盾的核心是由于土地使用权的取得和土地使用权的放弃所引起的权利关系的调整。

当国有土地使用权出让以后，国家仍然保留着对土地的最终所有权、最终处分权和最终收益权，这种权利具体表现在以下几个方面。

1）出让的土地使用权是有一定年期的权利。根据《暂行条例》的规定，依据土地使用的性质的不同，使用期限大体上分为三类，即住宅等用地为70年、工业等用地为50年、商业等用地为40年。出让的土地使用期限届满，土地使用权连同其地上建筑物与构筑物全部收归国家所有，然后由国家重新处置。这一点充分表明，国家出让的只是土地使用权，而土地所有权始终归国家所有。

2）土地使用权的受让方，要向国家即土地所有者支付土地使用权出让金。土地使用权的出让金，实际上就是一定时期土地使用权的价格，是国家土地所有权在经济上的体现。另外，土地使用者除一次支付土地使用权出让金外，每年还必须向政府缴纳象征性的土地使用费，以便使使用者铭记土地所有权是属于国家所有的。

3）国家在出让土地使用权时有权决定土地使用权出让的价格，有权选择出让的对象。国家不仅是城市土地的所有者，而且是城市的管理者，在出让土地时，不只考虑经济上是否有利，而且要考虑整个城市经济和社会发展的需要。因此，在出让土地使用权时，要选择出让的方式、出让的价格、出让的对象，以使城市经济、社会能够协调地发展。

4) 国家有权监督土地的使用性质和使用程度。在出让土地使用权时，土地使用权出让合同已经明确地规定了土地使用的用途、建筑密度、土地的容积率、开发的条件等，用地人或受让人不得任意变更。如果需要变更，必须经过土地出让方的同意。违背合同的必须受到应有的处罚，直到收回土地使用权。

(3) 土地使用权受让人的权利

以出让方式取得土地使用权的用地者，称为受让人。受让人通过出让方式获得了国家土地使用权，这项权利包括的权能主要是：占有权、使用权、收益权和部分处分权。

部分处分权是土地出让的一个重要的特征。通过出让，土地使用者获得了部分处分权，这就意味着土地使用者也有了与土地所有者部分类似的权能。这种部分所有权与所有者的所有权相比，主要差别是：所有者对土地的处分权是无限的、无期的，使用者的处分权是有限制的、时间上也是有期限的；只有在土地出让的期限内，土地使用者才享有部分的收益权；所有权的权利价格与使用权的权利价格也是不一样的，土地所有权的价格就是土地价格，土地使用权的价格就是土地使用权的价格，这两个土地价格是有差额的；另外，拥有土地使用权的土地使用者，要对土地所有者承担与享有权利相对称的义务和责任，土地所有者则只有绝对的权利，不承担任何义务。

(4) 土地产权关系的意义

通过出让城市土地使用权建立起来的土地产权关系，对于建立和发展城市土地市场有着重要的意义。第一，土地出让使城市土地产权结构发生了新的变化，进一步明晰了国家与用地者之间的产权关系，为城市土地使用权市场奠定了坚实的基础。第二，在新的土地产权关系中，受让人具有占有、使用、收益、处分土地的权利，可以获得土地利用中的利益，由此刺激了土地使用者的积极性和责任心，提高了土地利用效率。第三，新的土地产权结构，还形成了对土地利用者使用和处分土地的约束和限制。土地使用者不仅要向国家缴纳土地出让金，还必须按照合同使用土地，保证了国家对土地使用者的监督和管理。第四，国家通过出让土地使用权，使土地所有权在经济上得到实现，并且获得了巨大的收益，增强了国家作为土地所有者的经济实力，筹集了城市建设和发展的基金，促进了城市土地的开发和利用，进一步发展了城市土地使用权市场。

中国城市土地使用权出让市场虽然有了一定程度的发展，但是，还存在着许多问题。这些问题主要是：国家土地所有权产权的代表问题；土地使用权出让的形式问题；土地供给总量的问题；土地出让价格的问题。这些问题，有些上面已经谈过，这里不再重复。有些问题以下将进一步展开。

14.4.3 城市国有土地使用权二级市场——国有土地使用权的转让、出租和抵押

1. 城市国有土地使用权二级市场的性质

城市土地产权是一个多层次的整体，只有土地使用权出让市场，还不能满足经济社会发展的需要，因此还必须允许获得土地使用权的受让人，将土地使用权再进行转让。这种对城市国有土地使用权的再转让的经济活动，就构成了城市土地使用权的二级市场。只有建立起城市土地使用权二级市场，才能使市场更好地成为配置土地资源的基础。土地使用权二级市场主要是由土地使用权转让、出租和抵押构成的。

2. 城市国有土地使用权转让市场

土地使用权转让是指土地使用者将土地使用权再转移的行为，包括出售、交换、赠与。土地使用权转让以后，原土地使用权的受让人与国家所确定的权利义务关系，就全部转让给新的受让人。

（1）城市国有土地使用权出售。按照中国民法的有关规定，出售指的就是买卖。土地使用权出售或土地使用权的买卖，是以出让方式从国家手中取得土地使用权的受让者，对经过开发的土地或把具有土地使用权的地上建筑物、地上设施等卖给第三人，由此也将土地使用权转让给第三者的行为。这种出售与通常的商品交换有所不同。普通商品的买卖在交换过程中，不仅转移了商品的使用权，而且也转移了商品的所有权。但在土地二级市场上，买卖的只是一定期限的土地使用权，土地的所有权仍然归国家所有。当土地使用权的期限届满时，土地使用权拥有者要把土地连同地上的建筑物、构筑物及其附着物全部无偿归还国家。

（2）城市国有土地使用权交换。国有土地使用权的交换，就是物与物的交换。这在性质上与土地使用权出售是等同的，所不同的是，从它交换的内容来看，只是物物交换，而不是商品与货币交换。

（3）城市国有土地使用权赠与。根据中国民法的规定，赠与是赠与人自愿地将自己的财物无偿地交给受赠人的经济行为。赠与行为要在法律上成立，不仅需要赠与人将自己的财物无偿地交给受赠人，而且还需要得到受赠人的同意，并签订赠与合同。

土地使用权的赠与是赠与人，即原土地受让人或土地使用权再受让人，将自己拥有的土地使用权无偿转移给受赠人的经济的或法律的行为。这样受赠人就成为新的土地使用权的受让人。

3. 城市国有土地使用权出租市场

土地使用权出租是以土地使用权出让或转让方式取得土地使用权的受让人，将土地及土地上的建筑物及其他附着物，全部或部分提供给他人使用的经济行为或法律行为。前者称为出租人，后者称为承租人。承租人在取得土地使用权时，要支付一定的租金。

在土地使用权出租的场合，土地受让人与国家即土地所有者的权利义务关系仍然保留着，但同时又与承租人建立了另一种权利与义务的关系。土地受让人在这种情况下，成为双重经济人。

4. 城市国有土地使用权抵押市场

土地使用权抵押是土地使用权市场的一种重要交换形式。土地使用权抵押是土地使用权的受让人为了取得贷款，把土地使用权作为履行债务的担保物，当土地使用权人在规定的时间内不能归还贷款时，债权人有权处理土地的使用权，并从处理土地的收益中优先偿还债务。

土地使用权抵押时，其地上建筑物、其他附着物随之抵押。地上建筑物、其他附着物抵押时，其使用范围内的土地使用权随之抵押。

土地使用权抵押属于不动产抵押。土地使用权抵押有两个重要的特点：一是不转移抵押的标的物，也就是土地使用权仍然由土地使用权抵押人使用；二是要进行抵押登记，要把土地使用权证书，交给债权人，由债权人保管。

5. 城市国有土地使用权转让市场的产权关系

（1）城市国有土地使用权出让和转让市场关系

土地出让市场和土地转让市场有着密切的联系。土地出让市场是土地转让市场的基础和前提。土地受让人在取得土地使用权后，投入资金进行土地的开发建设，然后把开发出来的土地向土地使用者转让或出租。土地转让市场又是土地出让市场的发展的条件和动力。如果没有土地使用权转让市场，土地资源的有效配置就不可能实现。

（2）城市国有土地使用权转让市场的特点

土地转让市场与土地出让市场相比，有以下一些特点：

1）土地转让市场是竞争型的市场。在土地转让市场上，政府干预较少，市场运行主要按照市场经济进行。

2）在土地使用权转让中，往往伴随有地上房屋和其他建筑物的转移。由于土地使用权转移时伴随着房屋的转移，而房屋产权也是多元的，因此在土地转让市场中，就形成了复杂的土地产权关系。

3）土地转让市场的产权关系十分复杂。由于土地不是一个平面，而是一个立体。因此在土地占有和使用中，不仅涉及土地位置的"四至"，而且涉及地上和地下的空间，所以，在交易和使用过程中，特别容易与其他土地使用者发生利益纠纷。

4）在土地转让市场中，土地的经济利益关系虽然主要发生在土地使用权交易的双方，但也涉及国家，影响到国家的权利。影响主要来自两个方面，一是土地使用权转让时也把原先受让人的权利与义务转移给再受让人；二是土地具有增值性质，在土地使用权转让时，由于社会、经济的进步，土地发生的增值应当通过增值税的形式转归国家所有，以便更好地调节土地收益的分配，加强对土地的管理。

（3）城市国有土地使用权转让市场的产权关系的变化

土地使用权转让市场的产权关系是十分复杂的。如果按照土地转让市场上土地产权流转的关系，可以分为三种类型：

1）土地使用权转让的产权关系。土地使用权转让，是把土地使用权受让人对国家承担的权利和义务也转让了出去，所以是权利的全部转移。

2）土地租赁产权关系。在土地租赁关系产权中，出租人不改变对国家承担的权利与义务的关系。

3）土地使用权抵押产权关系。由土地抵押形成的产权关系是一种土地的债权与债务关系，土地实际使用权仍然留在土地使用者手中，转移出去的只是土地使用权证书。抵押人如果不能履行债务，他对土地的权利才告终。

14.4.4 城市国有土地使用权三级市场——土地使用权之间的交换

城市国有土地使用权三级市场，一般是由土地使用单位之间转让和交换土地使用权。在土地三级市场上交换土地使用权时，要事先经过国家有关部门的审查和批准。这是一种互通有无的交换。

14.5 城市土地价格体系

14.5.1 土地价格体系结构

根据城市土地产权制度和产权结构，以及土地市场和土地价格运行的实践，目前中国城市土地价格体系、结构的主要关系如图14-1所示。

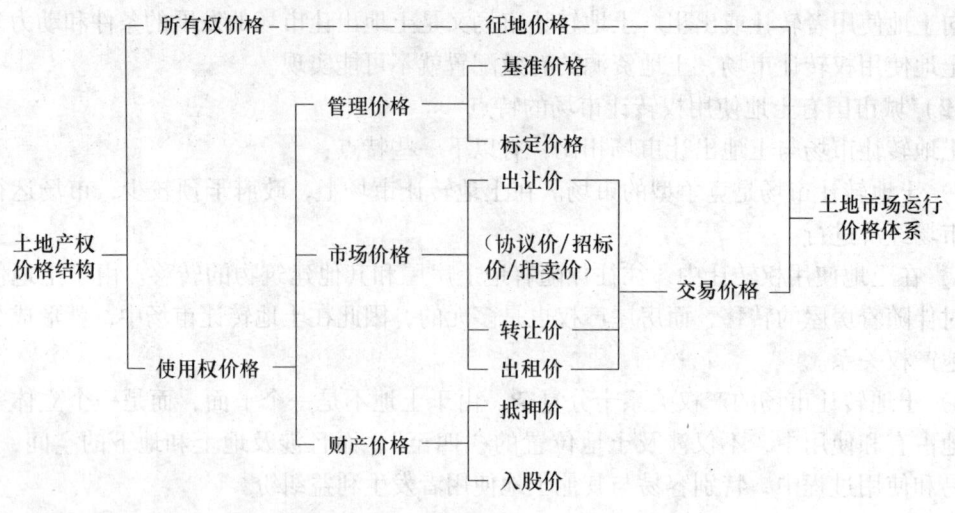

图14-1 中国城市土地价格体系

14.5.2 土地所有权价格——征地价格

目前，中国土地公有制采取了两种形式，即农村土地的集体所有制和城市土地的国家所有制。随着社会生产力的提高、城市化的进行，城市用地也在不断地增长。城市用地只能来源于农业用地。把农村集体所有的土地通过征地变为城市国家所有的土地，不仅改变了土地使用性质，而且也改变了土地所有权的性质。这种有计划、有偿地改变土地使用方向和所有权性质的经济行为，从经济过程的实质上来说，是一种特殊的交易行为，因而构成了一种特殊的土地商品交易市场，这是在中国存在的唯一的土地所有权市场。

土地征收费或土地征收价格，按照《土地管理法》的规定，主要是由土地补偿费和安置补助费构成的；如果占用的是菜地，还得加上新菜地开发建设基金等。

14.5.3 城市土地使用权价格

城市土地的国家所有制决定了在城市土地市场上买卖的只是城市土地的使用权而不是城市土地的所有权。所以，中国城市土地价格不是本来意义上的土地所有权价格，而是土地使用权价格。

根据城市土地的经济特性、城市土地价格的特点以及土地市场出让方式和转让方式的不同，城市土地使用权价格也有着不同的形式。在土地一级市场上，土地使用权价格是由土地基准价格、土地标定价格以及土地出让价格构成的。

（1）城市土地基准地价。基准地价是同种用途、同一级别土地的平均评估价格。基准地价主要是确定城镇内部地价总体变化的趋势以及各级和各类土地的平均价格。它的主要功能是为国家对土地进行宏观调控和管理，同时也是国家征收土地使用税的重要依据。目前城市土地基准地价是由征地拆迁费、土地开发建设费、城市基础设施的配套费构成的。

（2）城市土地的标定价格或宗地价格。它是对某一块需要出让、转让、出租、抵押的地块，通过科学的评估方法评估出来的具体价格。宗地价格的确定，是以基准地价为依据，根据土地市场的供求情况、土地使用性质、土地面积的大小、容积率、形状、微观区位以及土地使用年限等，评估出来的某一时间的具体价格。

（3）城市土地的出让价格。它是在土地出让过程中形成的实际交易价格或出让价格。这种出让价格可以分为三种形式，即协议出让价格、招标出让价格、拍卖出让价格。

基准地价、标定地价是市场出让地价的基础和依据，市场出让地价是基准地价和标定地价的实现形式。这三种地价是城市土地一级市场土地价格的形态，在一定程度上具有垄断的性质。

（4）在土地二、三级市场上，由于土地经营者与使用者之间相互转让或交换土地使用权采取了不同的交易方式，因而形成了不同形态的土地价格，即不同类型的土地市场交易价格。土地交易价格主要是由土地转让价格、土地出租价格、土地抵押价格、土地入股价以及土地交换价格构成。这是土地自由交易形成的价格，即考虑到了土地市场的供求状况，所以也可以把它叫做城市土地市场交易价格。

14.6 城市土地使用权市场的建设和管理

我国城市土地使用权市场已经建立起来，并逐步向规范化方向发展。但是还有一些问题需要进一步加以解决，其中主要是进一步完善土地使用权一级市场，建立土地使用权有形市场，建立土地收购和储备制度等。

14.6.1 城市土地使用权一级市场的管理

加强和规范城市土地使用权一级市场，必须解决好以下几个问题：

（1）城市国有土地的所有者与城市国有土地所有权的代表者问题。根据我国《宪法》的规定，城市土地属于国家所有，所以，国家是城市国有土地唯一所有者；各级地方政府只能是城市国有土地所有权的代表者。因此，无论中央部委，还是地方政府中的职能部门，既不是城市国有土地的所有者，也不是城市国有土地所有权的代表者，只能履行或执行国家或各级政府赋予它的职能。

（2）城市国有土地使用权出让决策者与经营者问题。城市土地一级市场虽然是由国家垄断经营的，但是无论是中央国家部委，还是地方政府职能部门，都不应当直接从事土地出让或具体经营业务。根据政企分开的原则、市场经济运行的规则，各级政府及其主管部门主要是确定土地出让或供应计划，具体出让工作则应当委托专职机构实施。

（3）城市国有土地使用权出让方式问题。根据国家有关规定，城市国有土地使用权一级市场，可以有三种出让方式，即拍卖、招标投标、协议出让。无论根据市场经济运行方式，还是20世纪90年代以来城市土地使用权出让的实践，都清楚地表明，除划拨用地外，其他用地，特别是经营性用地，必须坚持以拍卖和招标投标方式进行。只有这样，才能杜绝城市国有土地使用权出让工作中的不良现象和问题，才能够坚持城市国有土地使用权出让工作中的公开、公平、公正的原则。

（4）城市国有土地使用权出让年限的问题。根据国家有关政策规定，按照用地性质确定的城市国有土地使用权出让年限，一次收取几十年的土地出让金，形成了许多不好解决的问题。比如，一次出让几十年土地使用权，不仅造成了房屋产权复杂的情况，而且还造成了交易中的许多矛盾，比如居民购买向国家交纳了土地出让金的商品房只有70年的使用权，没有缴纳土地出让金的房改房、经济适用房对土地的使用则是无期限的；如果出售存量住房时补交了土地出让金，住房就又成为有限期的这样的矛盾。解决住房经济中这些矛盾的最好办法，就是把一次性收取几十年土地出让金的制度改为年租金制度。

14.6.2 土地供应计划管理

为了垄断城市土地使用权出让一级市场，加强对国有土地资源和资产管理，必须坚持土地供应计划管理，严格控制建设用地供应总量。

（1）坚持建设用地集中统一供应，这是垄断土地一级市场的基础。

（2）严格控制土地供应总量，是规范城市土地市场的基本前提。

（3）各级政府，应当根据土地利用总体规划、城市规划、产业政策、年度国民经济和社会发展计划，以及土地市场需求状况，编制统一的土地供应计划。

（4）根据年度土地供应计划，制定年度土地出让计划。对那些未取得土地使用权的建设项目，有关部门不能为其办理任何审批手续。

14.6.3 建立健全土地收购储备制度

土地收购储备制度是由国家（政府）依照法律规定，运用市场机制，按照土地利用总体规划和城市总体规划，通过收回、收购、置换和征收等方式取得土地，直接或进行前期开发后储备，然后根据土地供应计划，以公开招标、拍卖等方式把土地推向市场。建立土地收购储备制度，是加强土地使用权一级市场垄断、增强国家对土地市场的调控能力重要组织措施。

---------------------------- **本章小结** ----------------------------

本章的主要内容是在城市土地国有制下土地市场的结构、运行及其管理和调控。

在土地市场结构上，我国土地市场是由三个部分或三种类型市场构成的，第一类土地市场，是国家通过征收集体土地，并将农用地变为城市建设用地。第二类土地市场，是通过旧城改造或房屋拆迁，把城市原有土地变成可供重新开发建设的城市建设用地。第三类土地市场，是把国家通过征收方式征收来的土地及需要旧城改造的土地，通过土地一级开发形成新的建设用地，然后由国家通过出让和划拨的方式，把城市土地使用权转移到使用者手中或开发建设商手中。

在第一类土地市场上，土地征收涉及的是土地所有权关系和土地使用性质的变化。征收农村农民的土地必须严格按照国家的有关法律法规（如《物权法》、《土地管理法》）的规定程序、审批权限以及对征收的土地进行补偿等具体规定进行。《管理法》规定，只有国务院和省级人民政府才有农用地转用和征地的审批权。在土地征收补偿中，如果征收的是耕地，补偿费主要由土地补偿费、安置补偿费、地上附着物补偿费、青苗补偿费等构成；征收其他土地的土地补偿费和安置费标准，由省、市、自治区和直辖市参照征收耕地的补偿费和安置费的标准确定。

在第二类土地市场上，旧城改造和房屋拆迁涉及土地使用权和房屋所有权、使用权的变化。城市房屋拆迁实行拆迁许可制度，在拆迁中可采取货币补偿、实物补偿以及实物加货币等多种补偿方式，补偿价格通过房地产市场评估确定。

在第三类土地市场上，主要由城市土地使用权流转形成。根据土地使用权的流转方式，可以分为一级、二级和三级市场。城市土地所有权一级市场指的是土地使用权出让，土地使用权呈纵向流转，即由国家有偿让渡给土地使用者，出让可采用协议、招标和拍卖等不同方式；城市土地所有权二级市场指的是土地使用权转让、出租、抵押等，在转让市场中，土地使用权在使用者之间呈横向流转，具体可采用出售、交换、赠与等方式；城市土地所有权三级市场指的是由土地使用单位之间转让和交换土地使用权形成的市场。

由于土地本身的有限性及不动性等特点，土地市场具有一定的特殊性，需要加强管理和进行宏观调控。目前较为重要的是应进一步完善土地使用权一级市场、建立土地使用权有形市场、建立土地收购和储备制度等。

土地价格是土地市场的晴雨表，也是宏观调控和管理土地市场的重要杠杆，应建立合理的房地产价格体系。

复习思考题

（一）名词解释

土地所有权市场　土地使用权出让　土地使用权转让　土地使用权出租　土地使用权抵押

（二）简答题

1. 土地征收中涉及哪些产权关系？熟悉土地征收的法律依据、征收程序及土地补偿。
2. 旧城改造和房屋拆迁中涉及哪些产权关系？
3. 简述我国城市土地价格体系。

（三）论述题

4. 详细阐述我国土地市场的结构与运行。
5. 你认为当前我国土地使用权市场建设和管理中的关键问题有哪些？

第15章 房地产开发建设市场与房地产开发建设工程管理

【学习提要】 学习本章，主要了解房地产开发建设市场运行和管理的主要内容，其中主要是关于房地产开发建设的主要阶段和基本程序、前期工程主要内容和招投标管理、开发建设阶段的基本程序和管理，以及对开发建设招投标市场的管理；了解房地产开发建设工程监理和竣工验收管理。掌握房地产开发建设的过程及审批管理的程序及内容，对于房地产经营管理十分重要。

【关 键 词】 工程建设阶段 工程建设程序 工程建设管理

15.1 房地产开发建设的主要阶段和基本程序

15.1.1 房地产开发建设的主要阶段和过程

房地产开发建设是一项巨大的系统工程，涉及的方面多，运行的周期长。在我国，根据房地产生产和再生产运行顺序以及各阶段要完成的任务和建设的内容，房地产开发建设大体上可以划分为七个阶段或运行过程：建设工程项目的设立和企业组建过程；建设项目规划和审批过程；土地使用权取得和审批过程；征地拆迁和审批过程；建设工程实施过程；房地产市场销售过程；物业管理和服务过程。

1. 建设工程项目设立和企业组建

建设工程项目设立，也就是决策立项阶段。这是房地产开发建设的第一步。这个阶段的主要工作是搜集信息资料、寻找投资机会，其中最重要的是对拟建项目进行可行性研究。在可行性研究的基础上，根据自己投资能力和对项目收益的预期，最后作出投资决策，报主管部门批准，建设工程项目才能设立。由政府主管部门批准的建设工程项目立项文件是以后运行的每一个环节和办理相应手续时的法律依据。

如果是新组建的房地产开发经营企业，在建设工程项目批准以后，还必须根据国家的有关规定，办理资质等级审批、企业名称预先核准、企业注册登记和税务登记，组建新的开发经营企业或项目公司，并缴纳相关税费。

2. 房地产建设工程项目规划与审批

房地产建设工程项目必须符合城市规划的要求，根据房地产建设项目管理的要求，向城市规划建设主管部门办理各种申报和批准手续，取得"两证一书"，即《建设用地规划许可证》、《建设工程规划许可证》、《审定设计方案通知书》。

3. 土地使用权的取得

房地产开发企业在取得建设用地规划许可证以后，就可以办理取得土地使用权的手续。根据《土地管理法》的规定，取得土地使用权的途径有：

（1）通过出让方式获得，即通过协议、拍卖、招标投标方式直接从国家手中获得出让土地使用权；

（2）通过转让获得土地使用权，即受让他人已经获得的国有土地使用权；

(3) 通过划拨土地商业化利用或转变性质，取得土地使用权；

(4) 其他合法取得土地使用权的方式，如合资共建方式等。

以出让、转让方式取得的土地使用权，国家颁发的是《国有土地使用权证》；以划拨方式取得的土地使用权，国家颁发的是《建设用地批准书》。

4. 征地与拆迁

房地产建设工程项目如果使用的是集体所有的土地，在取得建设用地规划许可证后，必须按照法定的程序，报请有批准土地使用权变更的政府审批，并按有关规定对土地及其地上物进行补偿后，才能够将集体的土地变更为国有的土地，这一过程及其所履行的经济和法律行为，就是征地。只有将农村集体所有的土地转变为国有的土地时，才能进行开发建设。

房地产建设工程项目如果使用的是城市国有土地，在取得建设用地批准书或土地使用权证件后，就可以申请进行拆迁工作。拆迁就是对建设用地上的房屋和其他建筑物进行拆除，使土地符合施工的要求，并按规定对原土地使用者进行补偿和安置，就是城市土地的拆迁。

征地和拆迁，以及对建设场地进行的"三通一平"或"七通一平"等工程，都是房地产建设工程重要的前期工作。

5. 开发建设阶段

房地产开发企业在取得土地使用权以后，就要向发改委申请列入年度施工计划，同时与"四源"供应单位签订供源协议，按规定支付有关费用。然后向建委提出申请开工报告，填报建设开工审批表；到招标投标办公室，办理招标投标手续，选择工程建筑或施工单位；到工程建设质量管理总站，办理质量监督手续；到建委申请领取建设工程开工证，进行开发建设。建设工程项目竣工后，报请建设主管部门进行综合验收。

6. 房地产流通营销阶段

这是房地产商品的流通阶段。这个阶段的主要任务是通过房地产商品的租售，收回投资，取得利润。在市场经济条件下，这是经营者最关键的时刻。正如马克思说的，是商品的致命飞跃。开发商总是期望在预定的时间内能以预计的租售价格水平为项目找到买方，把商品推销出去。这里的关键因素，是房地产市场的供求状况和房地产企业的推销方式和操作技巧。

不管房地产市场状况如何，也不管房地产开发企业以什么方式出售房地产商品，但都必须取得房地产主管部门颁发的房屋出售许可证件后，才可以出售或出租、抵押，而且买卖契约和租赁契约，都必须经过房地产主管部门鉴证后，方才有法律效力。

7. 房地产消费和物业管理阶段

对于一般商品来说，商品一旦进入消费过程，就完全是个人行为。房地产商品则不同，房地产商品的消费还伴随着房屋维修、管理和服务的过程。房屋维修管理和服务，对于房地产业来说，就是物业管理。物业管理是房地产经济运行过程中的重要经营管理活动。

为了加强对房地产经济的管理、规范房地产经济运行，国家实行了垄断土地一级开发市场和土地出让市场，房地产企业在土地出让市场上取得土地使用权时，也就取得了建设项目的经营权。在这种情况下，房地产开发建设即房地产生产再生产过程也发生了相应的变化。这时，房地产开发建设过程大体上变成：①到国家工商管理部门申请设立房地产开发企业；

②到资本市场上筹集开发建设资本；③到土地出让市场上取得土地使用权与工程项目开发权；④进行前期工作，主要是项目规划设计；⑤通过招标投标，确定施工单位；⑥进行开发建设和工程施工管理；⑦销售房地产商品；⑧从事物业管理等。

15.1.2 房地产开发建设的基本程序和管理

1. 房地产开发建设基本程序

房地产开发建设是房地产经济运行的重要内容。这个阶段，运行和管理是否规范，不仅关系到房地产企业经济效益，而且关系到房地产项目的社会效益和环境效益。

为了加强对房地产开发建设的管理、规范房地产运行行为、提高房地产经营管理效益，各地或各个城市根据房地产开发建设主要阶段，都出台了相应的规范房地产开发建设运行的基本程序。虽然房地产业具有地域性的特点，各地或各城市情况、价格等不完全相同，但是房地产开发建设运行规律和阶段基本是相同的，或类似的。目前，北京市人民政府有关部门根据房地产经济运行规律和国家有关政策，对房地产开发建设基本程序或流程作出了有价值的规范。主要程序或流程如图15-1所示。

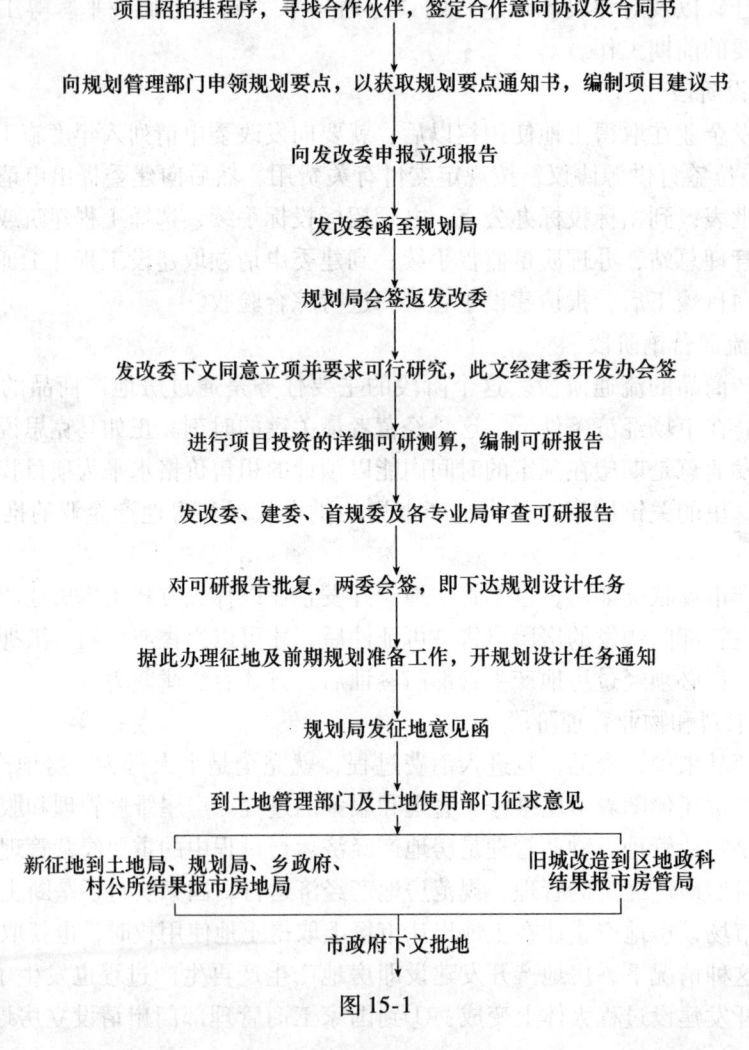

图 15-1

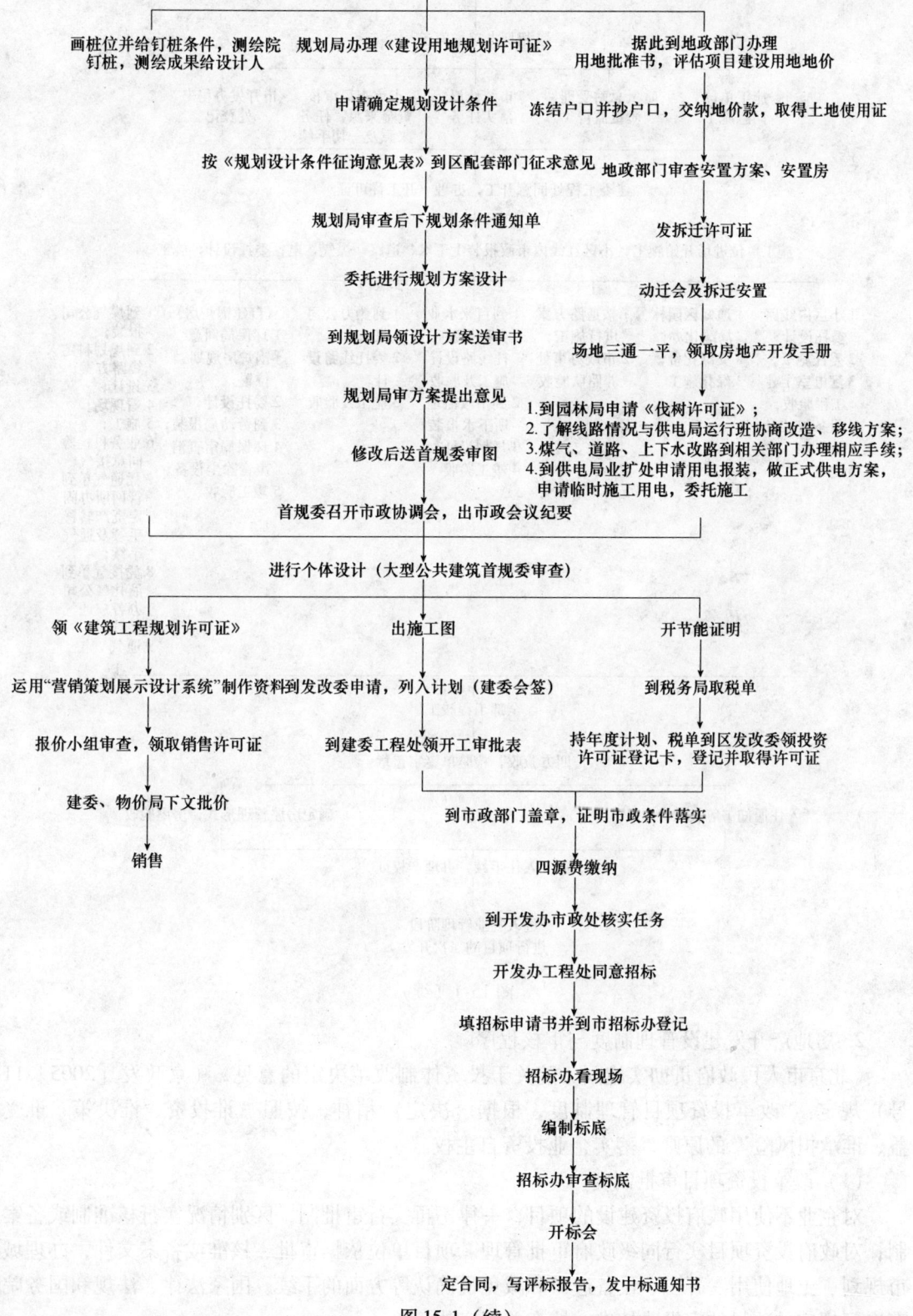

图 15-1（续）

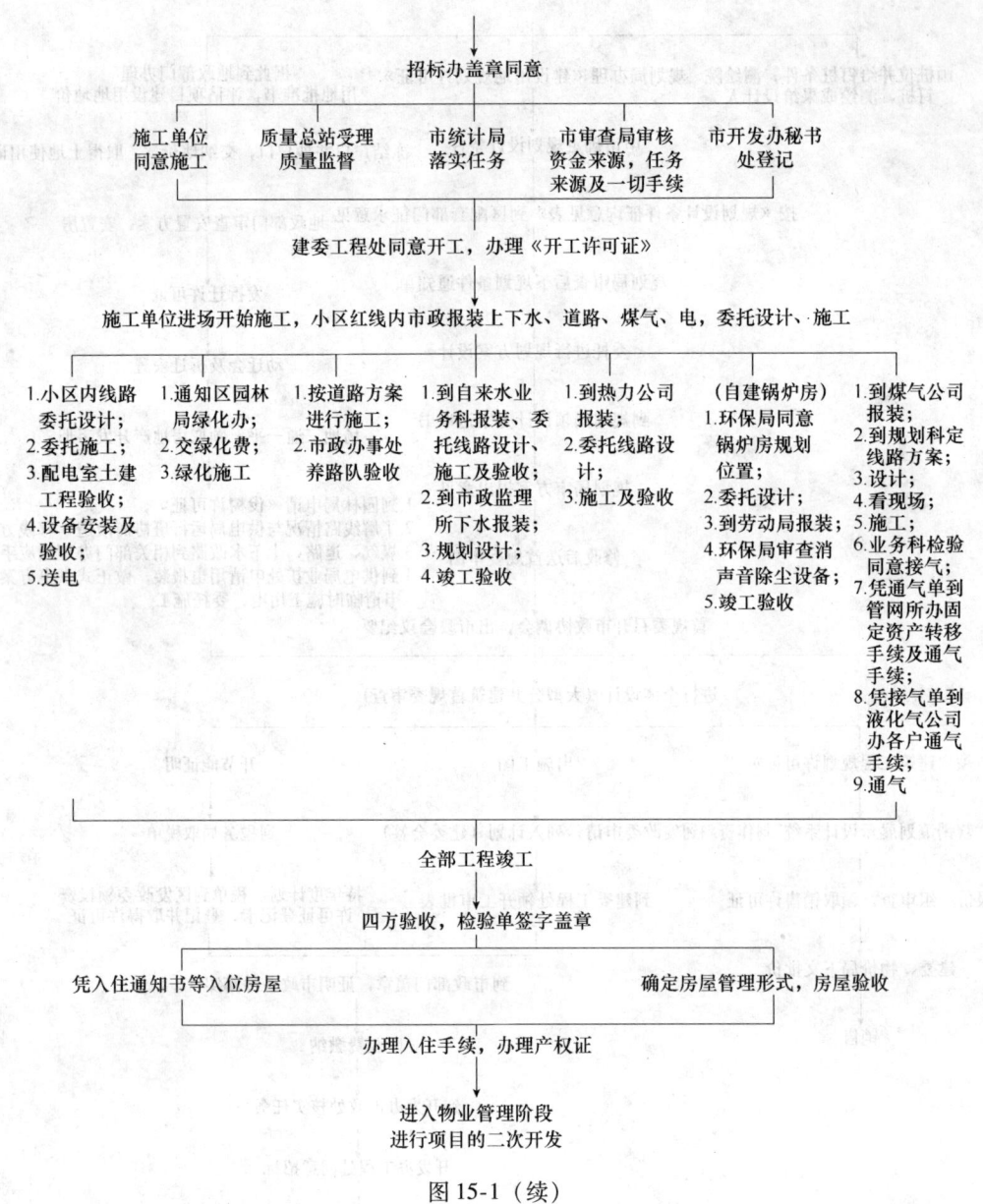

图 15-1（续）

2. 房地产开发建设管理制度与审核程序

《北京市人民政府贯彻实施国务院关于投资体制改革决定的意见》（京政发 [2005] 11号）规定："改革投资项目管理制度，根据《决定》精神，按照'谁投资、谁决策、谁受益、谁承担风险'的原则，落实企业投资自主权。"

（1）改革投资项目审批制度

对企业不使用政府投资建设的项目，一律不再实行审批制，区别情况实行核准制或备案制；对政府投资项目实行同级政府审批管理。项目单位依据审批、核准或备案文件，办理城市规划、土地使用、开工、设备进口和减免税确认等方面的手续。国家法律、法规和国务院有专门规定的项目的审批或核准，按有关规定执行。

(2) 规范核准制

对国务院《政府核准的投资项目目录》(以下简称《目录》)内的企业投资项目,实行核准制管理。根据《目录》,结合本市实际,由市政府投资主管部门会同有关部门研究提出《北京市政府核准的投资项目目录细则》(以下简称《目录细则》),报市政府批准后实施。《目录细则》具体明确实行核准制的投资项目范围,划分市及区县政府投资主管部门的核准权限。市及区县政府对企业提交的项目申请报告,主要从维护公共安全、合理开发利用资源、保护生态环境、优化产业布局、保障公共利益、控制交通流量、防止出现垄断等方面进行核准。

对核准制管理的项目,企业应当在项目取得规划、国土资源、环境保护、交通等部门的预审意见或批准文件之后,向政府投资主管部门提交项目核准申请报告,政府投资主管部门按照规定要求进行核准。其中,报市政府投资主管部门核准的项目,各类预审意见或批准文件应由市政府相关部门出具。

权限内企业投资项目核准暂行实施办法,由市政府投资主管部门依据《企业投资项目核准暂行办法》(国家发展和改革委员会第19号令)另行制订,报市政府批准后实施。

对外商投资项目,政府投资主管部门除按照内资企业投资项目核准内容进行核准外,还要依据《外商投资产业指导目录》规定,从市场准入、资本项目管理等方面进行核准。鼓励和支持有条件的企业进行境外投资。对境外投资的项目,按资源开发类和用汇类管理,政府投资主管部门从维护国家经济安全、保持国家经济和社会的可持续发展等方面进行核准。权限内外商投资项目、境外投资项目核准暂行实施办法,由市政府投资主管部门根据《外商投资项目核准暂行管理办法》(国家发展和改革委员会第22号令)、《境外投资项目核准暂行管理办法》(国家发展和改革委员会第21号令)另行制订,报市政府批准后实施。

(3) 规范备案制

对《目录》以外的非政府投资项目,实行备案制管理。对按照备案制管理的项目,投资企业应按属地原则,在项目实施前向政府投资主管部门提交项目备案文件。备案制的具体实施办法,由市政府投资主管部门按照国家发展和改革委员会《关于实行企业投资项目备案制指导意见的通知》(发改投资〔2004〕2656号)要求另行制订,报政府批准后执行。

加强和改善投资调控与管理,加强政府职能部门工作衔接,按照"简化、衔接、透明、高效"的原则,理顺发展改革、财政、规划、国土资源、建设、环境保护等部门在固定资产投资项目监管过程中的协调关系。固定资产投资管理程序主要包括项目核准(审批、备案)、规划、土地、开工(含年度投资计划和施工许可证)和竣工验收等环节。固定资产投资管理的程序和流程,由市发改委牵头会同市有关部门研究提出,报市政府批准后执行。

2007年6月,按照《北京市人民政府关于改革本市固定资产投资项目办理程序的通知》(京政发〔2005〕15号)和《北京市人民政府办公厅转发市编办等部门关于梳理和规范本市固定资产投资项目办理流程意见(试行)的通知》(京政办发〔2006〕40号)的要求,市固定资产投资项目审批程序改革工作领导小组各成员单位对部门内部固定资产投资项目办理流程和办理条件进行了认真梳理和规范,由市投资促进局统一汇总,组织编印《北京市固定资产投资项目办理指南》(以下简称《办理指南》)。

《办理指南》以相关部门报送的内部办理流程和办理条件为基础,以40号文件明确的五套办理流程为主线,分企业投资项目办理指南和政府投资项目办理指南两部分,对五套流程所涉及的办理事项逐一进行了详细说明。五套流程图如图15-2~图15-6所示。

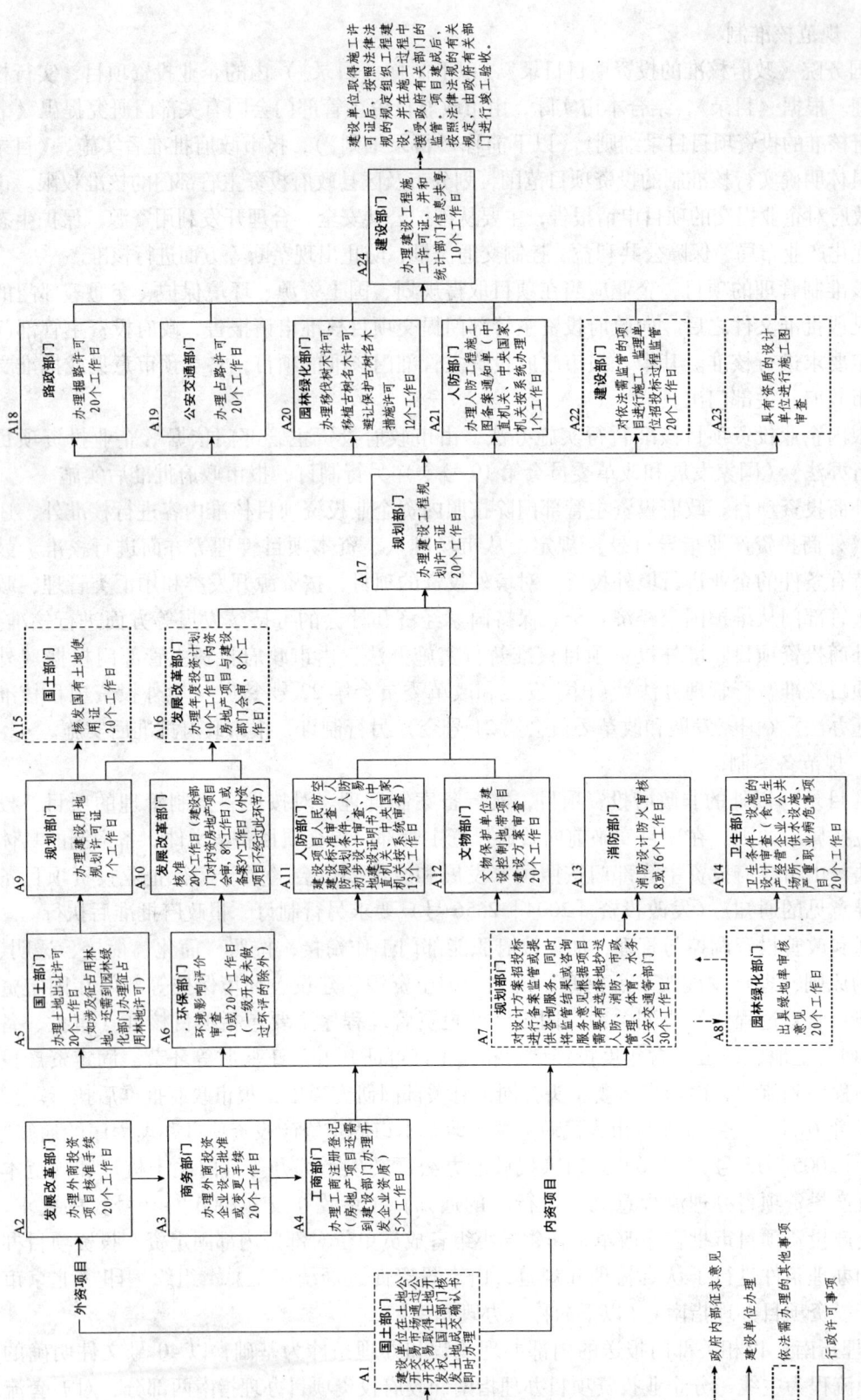

图15-2 通过土地公开交易市场取得土地开发权的企业投资项目（具备规划意见书）办理流程图

注：本流程为一般项目办理流程，法律法规规定的其他办理环节，按其规定执行。

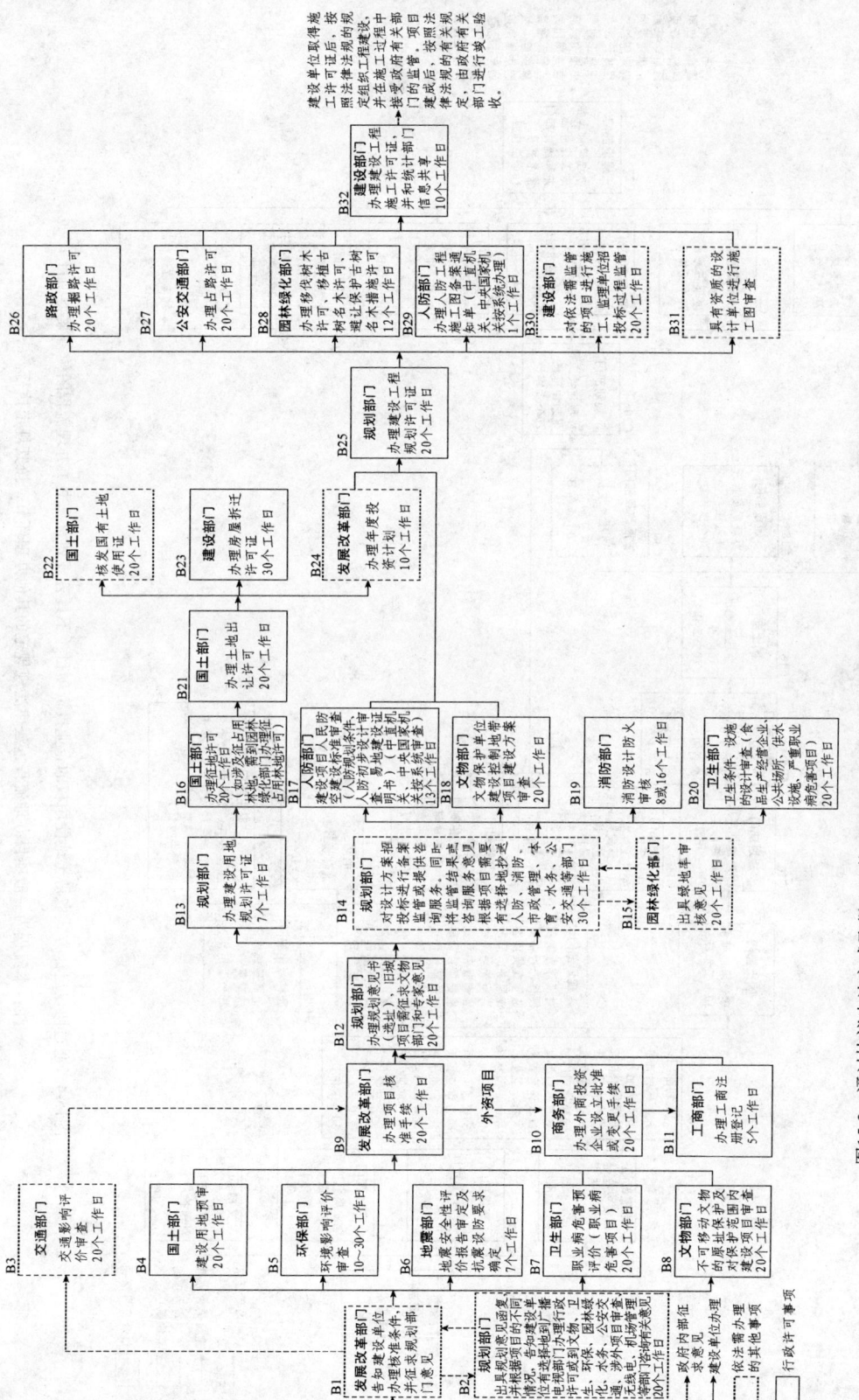

图15-3 通过协议出让方式取得土地使用权的企业投资项目（不具有规划意见书）办理流程图（核准类项目）

注：本流程图为一般项目办理流程，法律法规规定的其他办理环节，按其规定执行。

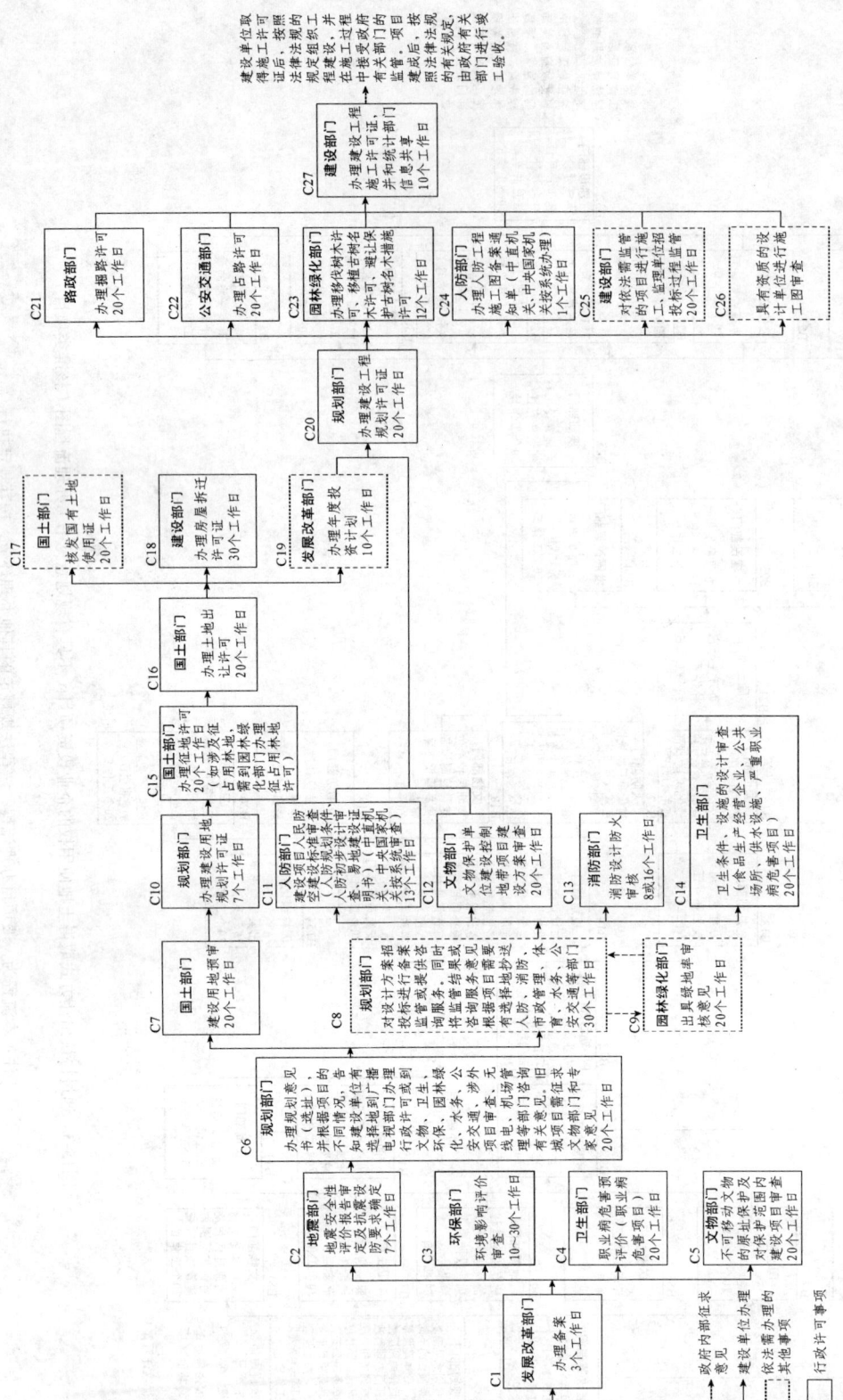

图15-4 通过协议出让方式取得土地使用权的企业投资项目（不具有规划意见书）办理流程图（备案类项目）

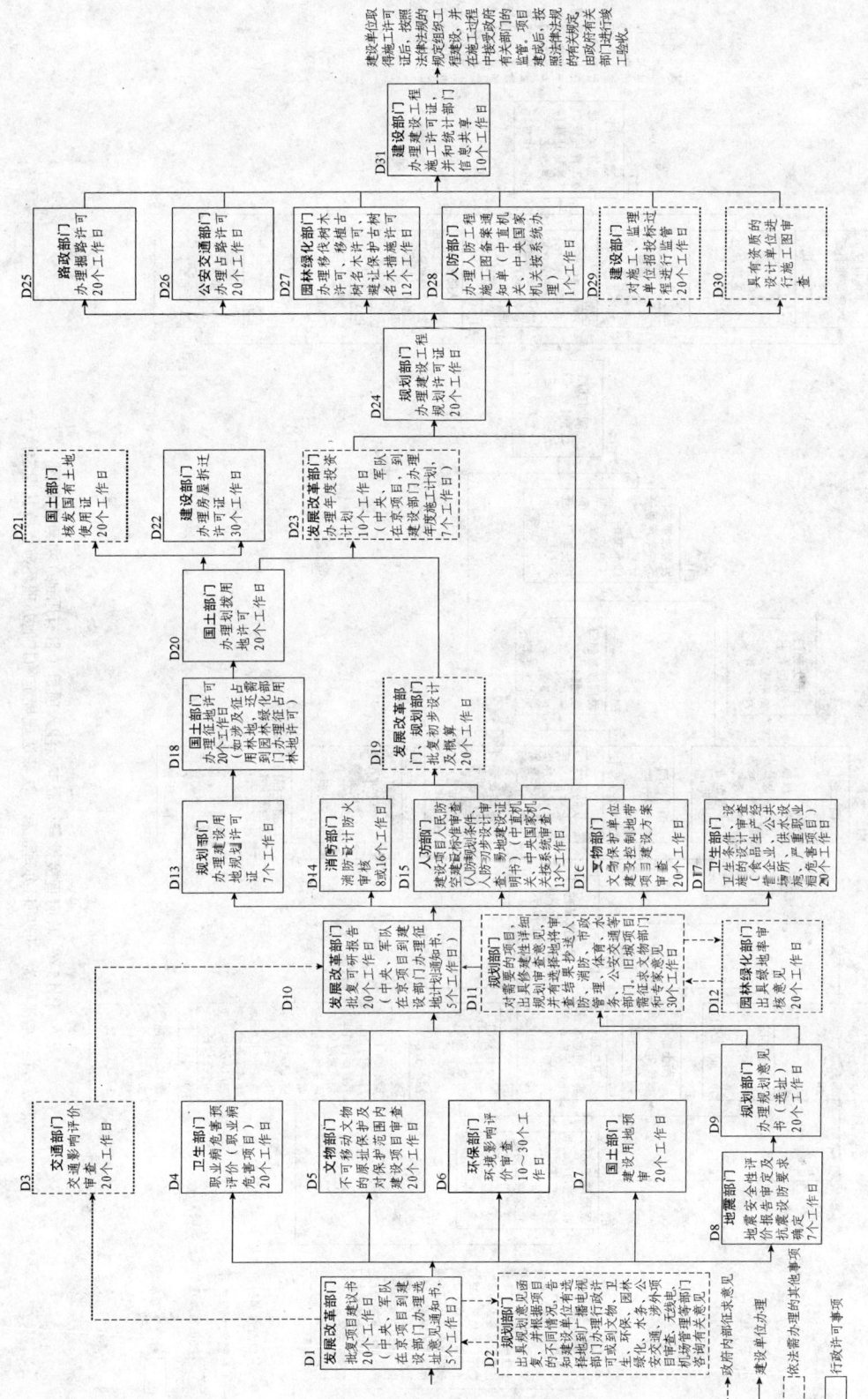

图 15-5 政府直接投资或资本金注入项目(新征占用地)办理流程图

注：本流程为一般项目办理流程，法律法规规定的其他办理环节，按其规定执行。

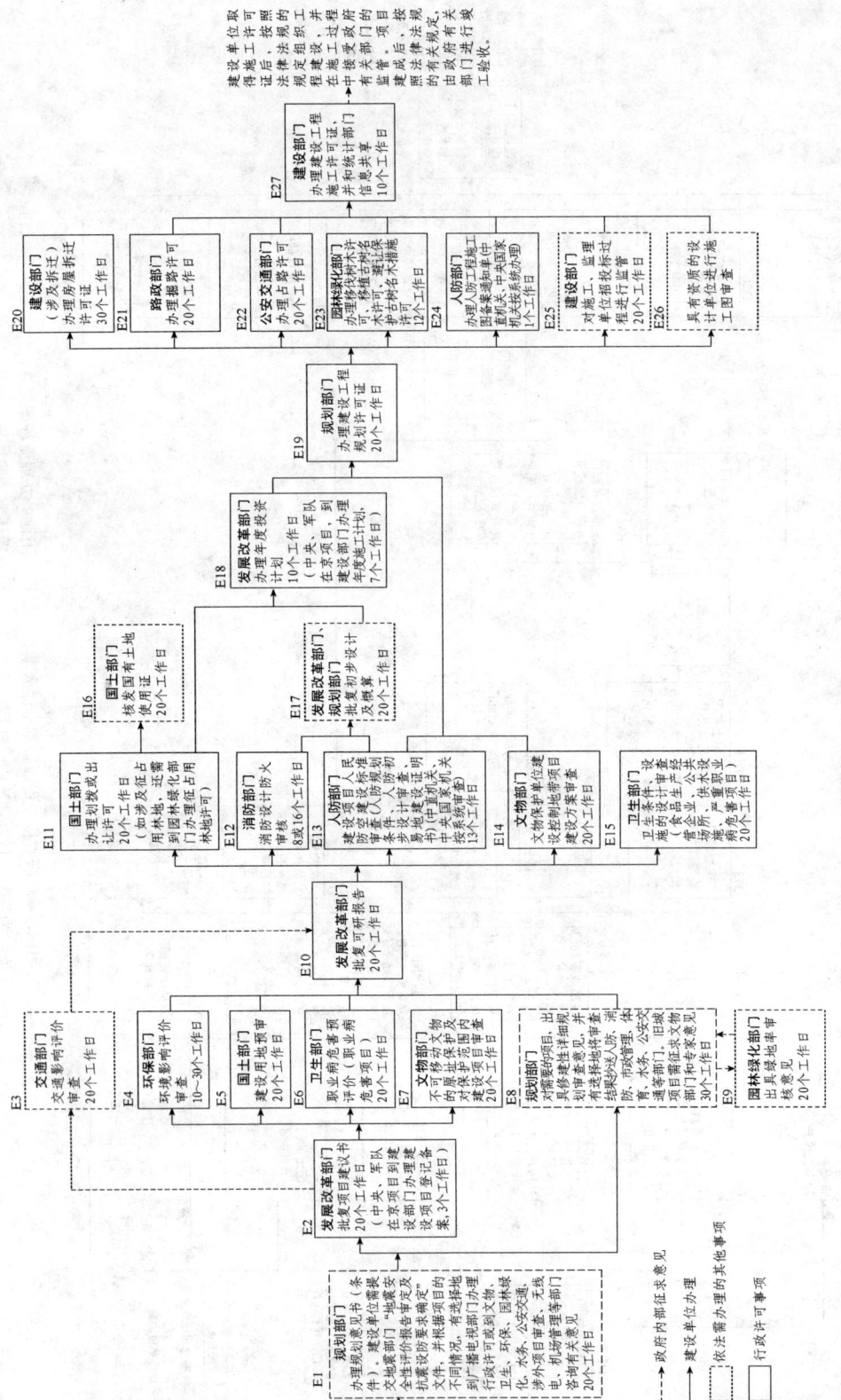

图15-6 政府直接投资或资本金注入项目（自有用地）办理流程图

注：本流程为一般项目办理流程，法律法规规定的其他办理环节，按其规定执行。

15.2 房地产开发建设前期工程与招标投标管理

15.2.1 房地产开发建设工程管理的意义

房地产开发建设工程，就是房地产商品生产的实施过程。房地产开发建设管理，就是对房地产生产和再生产过程进行的计划、组织、监督、协调和控制工作。房地产开发建设工程管理在整个房地产经济运行中占有重要的地位，具有极其重要的意义。

房地产开发建设工程项目经可行性研究立项申报后，从征地或者从勘察设计开始，直到工程竣工验收、交付使用为止，其间所有的工作都属于工程项目管理的范围，包括工程项目正式实施过程中的全部职能活动。因此，开发建设工程项目管理是房地产经济活动过程中主要的管理活动，同时也是房地产管理工作量最大的一个阶段。

房地产开发建设工程项目管理关系着房地产商品的（建筑）质量。房地产商品是耐用品，其质量好坏关系到社会生产和生活的各个方面。房地产工程质量的好坏，与房地产工程项目在建设中管理的水平高低有着极其密切的关系。加强房地产工程项目的管理，是提高房地产建筑质量的重要措施。

房地产工程项目管理关系到预算和概算的实现。房地产工程项目管理阶段是整个房地产开发建设管理中的主要投入阶段，投入量大、投入周期长，所以加强房地产工程项目的管理，是保证概算与预算实现、降低建筑成本、提高经济效益的重要手段。

房地产工程项目管理是整个房地产经营管理中的综合性基础管理工作。它是项目建设过程中的现场管理，与工程项目施工建造的每一道工序、每一个环节、每一项作业相联系。这些基础性的管理工作有技术性的（如审阅图纸，制订施工规程，新材料、新技术的运用等），有财务商业性的（如资金的筹措、调拨，材料、设备的采购供应等），还有组织协调和公共关系处理以及其他业务工作等。这些工作的成效直接关系到整个工程项目的成败，而房地产工程的质量又决定着其流通和消费。

15.2.2 房地产开发建设前期工程与招标投标管理

房地产开发建设工程管理大体上可以分为三个阶段，即开发建设工程前期管理、开发建设过程管理和竣工验收管理。

房地产开发建设工程在正式施工以前，必须先进行可行性研究、技术经济论证等。通过可行性研究和经济技术论证，把建设项目确定下来，或者通过城市土地出让市场取得建设项目以后，就着手编制设计任务书。然后根据设计任务书，进行工程设计和其他前期准备工作。在社会化大生产条件下，房地产开发建设工程前期的许多工作是通过招标投标市场，委托专业部门进行的。开发建设工程的前期管理工作主要包括以下一些任务。

1. 可行性研究工作与招标投标管理

可行性研究工作与招标，一般由房地产开发企业向若干家专业咨询、设计机构等发出邀请函，同时向其提供政府有关主管机关批准的项目建议书副本和有关拟建项目的目标、规模、技术要求、材料、市场、资金来源等资料和说明，请这些单位编制可行性研究报告的报价单，然后从中选择资信卓著、报价合理的单位，经协商，签订委托合同。

在一般情况下，招标单位需要向中标单位提供以下主要背景资料和基础资料：

（1）与项目有直接关系的国家经济建设的方针、政策和长远规划；

（2）政府主管部门批准的有关国土规划、区域规划、城市规划、交通网线规划等；

（3）工程项目所在地的自然、地理、气象、水文地质和经济、社会等基础资料；

（4）有关经济法规和工程技术方面的法规、标准、规范等资料；

（5）政府主管部门规定用于项目评价的参数和指标，如足额回收期、基准收益率、折现率、利率、折旧率及汇率等。

中标单位应当按照项目可行性研究的要求和内容，根据协议的规定，按时完成可行性研究报告。

2. 工程设计任务书的编制与招标投标管理

工程设计任务书的编制与可行性研究一样，通常也是由房地产开发企业通过招标投标的方式，委托给有资质的专业设计部门或单位进行的。

3. 勘察设计工作与招标投标管理

房地产开发建设企业在取得土地使用权、办妥用地手续、取得当地主管机关的批准文件后，就需要进行勘察设计工作。勘察设计的主要任务是查明工程项目建设地点的地形、地貌、地质构造、水文条件等自然条件，获取工程建设的基础资料，并作出鉴定和综合评价，为建设工程项目设计和施工提供可靠的依据。勘察设计工作也是通过招标投标方式，由中标的专业勘察设计单位完成勘察任务。工程勘察承包单位必须持有主管部门核发的资格证书和营业执照，勘察费按有关部门规定的标准收取。

4. 建筑工程设计与招标投标管理

房地产开发企业在取得项目可行性研究报告、设计任务书和勘察报告等基础资料以后，就可以进行开发建设工程的设计工作。开发建设工程设计一般分为初步设计和施工图设计两个阶段。对于复杂的工程，如住宅小区的综合开发建设等则分为初步设计、技术设计和施工图设计三个阶段进行。

开发建设工程设计工作也是通过招标投标方式委托专业部门进行的。建筑工程设计招标投标文件内容，主要包括设计任务书、项目综合说明书（包括对工程内容、设计范围和深度、图纸内容、图幅、建设周期和设计进度）、投标须知，以及对投标方式、地点、时间的说明。

投标单位报送投标书应当包括方案设计综合说明书、方案设计内容和图纸、建设工期安排意见、对主要施工技术的要求、工程投资估算和经济分析以及设计进度和报价。

5. 建筑材料设备供应与招标投标管理

房地产建筑材料设备供应招标投标，是为了择优选定制造供应单位。材料设备供应可以由开发建设单位直接向材料设备制造供应单位招标，也可以委托工程承包公司或设备成套机构招标。投标人应当是具有法人资格、符合投标条件的材料设备制造、供应、采购单位和设备成套公司等。

材料设备供应招标文件的主要内容是：初步设计或设计单位确认的材料设备清单；设备性能要求；交货期限、方式、地点及检验方法；材料设备的价格清单、引进设备的外汇解决途径以及招标的其他必备文件。

材料设备供应的投标文件主要内容是：材料设备的样本、质量性能、技术参数、价格等；各种数据表，包括费率和价格表、进度安排等；投标书，包括投标单位名称、标价、落实材料设备的渠道和手段，材料供应、设备交货与质量保证措施，技术服务内容等；投标和履约保证书等。

6. 工程总承包招标投标

工程总承包招标投标，也称全过程招标投标，是对项目实施全过程，包括勘察设计、材料设备供应、工程施工直至竣工交付使用进行一揽子招标投标。投标者必须是具有总承包能力的工程承包企业。

工程总承包的招标文件主要内容应包括：工程概况，包括项目名称、建设规模、设计任务书的主要内容等；建设地点及外部条件；工程总平面初步规划及工艺技术或功能要求；建设时间及交付使用时间要求；质量要求；可提供的材料设备品名、规格、数量、单价；主要合同条款以及投标须知等。

投标文件的主要内容应包括：综合说明；总包工程的名称、地界、范围、工期、工程造价及质量保证等；工程总平面布置图及工艺技术或功能方案；工程进度安排、总工期及交付使用时间；承包造价、单位工程造价、总造价及主要计算依据；设计、设备、施工各环节的质量保证措施；主要合同条款的确认等。

7. 落实开发建设工作各项配套工程

各类建设工程项目进行施工建设的前提条件，就是必须落实与工程建设有关的各项配套建设事宜，如申报用电量、用水量、排水量，确定变电所等级、煤气增压量、上水泵房、接市政下水口径等，有时还要联系公共交通设立站点，以及教育、人防、绿化等一系列有关配套事宜。

15.3 房地产开发建设工程招标投标市场与管理

15.3.1 房地产建设工程项目招标投标的方式与程序

建设工程项目招标投标是招标人与投标人之间进行的交易活动。招标投标包含招标发包和投标承包两方面的内容。招标是房地产开发企业或发展商按照规定的招标程序，采用一定的招标方式，择优选定承担施工单位的一种手段；投标是具有合法资格和能力，并愿意承包的单位，按规定的投标程序和投标方式，提出标价，供招标人选择成交。

1. 房地产建设工程项目的招标方式

房地产开发建设工程招标，主要有以下三种方式：

（1）公开招标

由招标单位在报刊、广播、电视及专业性刊物等传播媒介上刊登或播出招标通告，公开招请各投标人竞争。公开招标的根本特征是最大限度的公开性。公开招标使招标人有较大的选择范围，可以在众多的投标者中选择报价合理、工期较短、信誉良好的承包商为工程项目的承包人。

公开招标有助于企业之间展开竞争，打破垄断，促使承包企业加强管理、提高工程质量、缩短工期、降低工程成本。而且，这种招标在各方面均体现了机会均等的公平竞争原则，加之有一套严格的程序和监督机制，具有极高的透明度，可有效地防止不正当竞争，故深受广大投标者欢迎。不足之处是招标工作量大，手续烦琐、旷日费时。

（2）邀请招标

这是非公开招标方式中的一种，也称有限招标，即由招标单位向预先选择的承包商发出邀请信，邀请他们参加某工程的投标竞争。被邀请单位的数目是有限的，通常为3～10个。

为提高招标效果，邀请招标一般由招标者邀请有能力胜任拟建工程建设的投标人参加。这不仅可以节省招标费用，而且还能提高每个投标者中标的几率，所以对招标投标双方都有利。但是，这种招标方式限制了竞争范围，把许多可能的竞争者排除在外，不符合自由竞争机会均等的原则。

邀请招标方式主要适用于下列情形：①金额不大的招标；②可得到的投标单位有限的招标；③按规定不宜公开招标的项目；④时间紧迫的项目；⑤公开招标的结果未能产生中标单位；⑥由于工程性质特殊，要求有专门经验的技术人员和熟练技术及专用技术设备的项目等。

（3）议标

这种方式同邀请招标一样，属于非公开招标方式的一种，即由建设单位或其代理人直接邀请某一承包商进行协商，然后达成协议的招标形式。这种招标形式适用于下列情形：①因特殊原因而只能考虑某一家承包商；②工程规模较小，且同已发包的大工程紧密相连；③紧急工程；④保密的军事工程等。由于这种招标方式不公开举行，因此具有选择对象单一、缺乏竞争性等不足之处。

选择何种方式招标，要根据开发建设工程情况、招标单位的实力及有关其他规定等具体情况决定，其中主要考虑以下一些因素：①工程规模的大小。一般以投资规模划线，超过一定投资额，则必须采取公开招标的方式，以确保工程质量和投资效益；②工程技术的复杂程度。如一些专业性极强的工程项目，只能邀约几家企业投标或只能指定某一单位议标；③可投标企业的数量；④开工的紧急程度；⑤工程的保密程度等。

2. 房地产建设工程项目招标投标程序

招标工作由开发建设单位主持，没有组织招标和编制标底能力的开发建设单位，可委托工程咨询公司等招标服务公司代理。但这类服务机构必须具备一定技术资质，具有法人资格，并具有良好的职业道德。

招标投标工作必须按照以下程序进行：

（1）审查招标单位的资格；

（2）报批招标申请书；

（3）编制招标文件，编制标底并送审，制定评标、定标方法；

（4）发布招标公告或招标邀请书；

（5）审查投标单位资格；

（6）分发招标文件及有关技术资料、图纸等，组织投标单位现场踏勘和招标文件答疑；

（7）编制和寄送投标文件；

（8）开标、公开标底，审查投标书和保函；

（9）评标、定标、决定中标单位；

（10）发出中标通知书，招标单位与中标单位签订承发包合同。

15.3.2 房地产建设工程项目招标投标文件的编制及其原则

房地产建设工程项目招标投标,必须编制完整的招标文件和投标标书。招标文件和投标标书一经发出,除另有规定者外,一般不得变更。

招标必须依据国家有关规定编制标底,并送政府主管部门或委托单位审查批准。编制标底人员的资格必须经过审核批准。一个招标的建设工程,只能编一个标底。

标底是招标单位对标的物造价或费用所进行的估算。标底可以作为衡量投标单位报价的准绳和评标、决标的主要尺度。还可以作为开发建设单位的上级主管部门核实建设规模和投资概(预)算的依据。标底须经工程所在地政府主管部门或建设银行审查通过,才能生效。

在编制标底时必须坚持以下一些原则:

(1)标底不得高于上级有关部门批准的总概算(或修正概算)或投资包干的总额,如有突破,须报原批准单位同意,方可实施;

(2)标底应按国家、地方规定的有关费用项目及标准进行编制;

(3)标底应当考虑价格变动因素。

投标单位在提交投标书的同时,必须提交由其开户银行出具的投标保证金证书。投标单位中标后,如果拒绝承担中标的工程任务,招标单位有权向为其出具保函的单位索取投标保证金。

招标投标单位双方在签订建设工程项目中标合同时,必须严格履行标书的各项条件,不得修改和变更;双方应当互换各自开户银行出具的履约保证金证书。保证金额在合同期满后应当退回。合同双方任何一方毁约,对方有权持履约保证金证书向其担保银行索取保证金。由于违约给对方造成的损失如超过履约保证金数额的,还应当补偿履约保证金的不足部分。

15.3.3 房地产建设工程项目招标投标的开标、评标与决标

为了保证招标的公正性,应当以招标单位为主,约请有关部门及专家成立评标领导小组或评标委员会进行评标、决标。如果决标结果有损于国家利益,政府主管招标投标的部门有权予以否决。

1. 开标

开标是在招标文件规定的日期、时间和地点,由招标单位向投标方及邀请参加的有关人员当众将各家报来的投标文件开封,并逐一宣布,同时宣布标底。开标应注意以下一些问题:

(1)开标日期、时间和地点应严格按招标文件执行,在一般情况下是不允许提前或延期的。

(2)国内开标活动,应按规定请公证部门当场公证。

(3)招标单位在开标会上应宣布评标机构的组成名单。

(4)标书如有下列情况之一者,招标方应在公证人监督下宣布为废标:投标书未密封;未按规定要求填写或字迹辨认不清、内容不全;逾期送达标书;未加盖单位公章及其法人代表的签章;投标方无故不参加开标会议;投标报价超过标底允许的幅度(一般以标底为中准价,上浮5%,下浮10%);其他违反投标方须知的情况;开标后,任何单位均不得对报价或投标内容进行修改;开标当场并不决定哪家投标单位中标,也就是说,并不一定投标报

价最低者就可中标。

2. 评标

评标是对投标书进行评价和比较，以确定中标单位。评标是一项专业性很强的工作，一般由专门的评标机构（或委员会，或小组）对各投标单位的报价、工期、施工方案、设计方案、保证质量措施、社会信誉和优惠条件等进行多方比较，综合评议。一般大中型工程项目的公开招标投标，由招标人邀请上级主管部门、当地发改委、建设主管部门、建设银行和公证、审评部门等单位派员共同组成评标班子，并在开标会上宣布名单。

评标一般采用评分法对各项指标评分、计分。它通常以报价、工期、设计施工质量水平等三项为主要指标。其中报价占首要地位，但不是唯一标准，应对投标单位进行较全面的考核。评标的结果应当选定中标单位。

3. 决标

决标也称定标，即招标单位根据评标机构评议的结果，决定中标单位，发出中标通知书和落标通知书。

在决标过程中，招标单位应邀请候选的投标人就有关问题进行蹉商，以进一步澄清该投标人在其投标书中的有关问题和所包含的意愿。对蹉商的结果应作书面记录，经双方签字作为投标书的组成部分。

一经定标，招标人应当立即发出中标通知书和落标通知书，向落标人退回投标保证金证书，并向有关上级主管部门报送评标、决标的情况。

招标者与中标者经过充分磋商后，对项目招标投标所有有关问题形成一致意见，即可起草合同文件。有关招标投标的成果应全部体现在合同中，在合同签订后，招标投标工作即全部完成。

15.4 房地产建设工程监理市场与管理

15.4.1 房地产建设工程监理制度

房地产开发建设工程监理是对工程建设中的技术经济活动进行监督和管理，使这些活动符合有关法规、政策、技术标准、规范及合同的规定，促使工程进度、质量、造价按计划实现。

工程监理制度作为国际惯例，在西方国家已有悠久的发展历史。特别是自20世纪50年代末和60年代初开始，许多大型、巨型工程，投资多、风险大、规模浩繁、技术复杂，无论投资者和承建者都难以承担由于投资不当或项目管理失误而造成的损失，从而迫使人们重视工程建设管理，由此发展了工程建设监理制度。近些年来，工程建设监理制度不断趋于成熟和完善，形成了较为完善的体系，具有严密的法律规定、完善的组织机构以及规范化的方法、手段和实施程序等。

中国工程监理制度是从20世纪80年代中后期开始的，1988年7月，建设部发出通知，要求开展工程建设监理试点工作，逐步建立起有中国特色的监理制度，这标志着中国工程建设监理制度逐步走向完善发展阶段。

15.4.2 房地产建设工程监理机构及其职能

中国工程建设监理工作是由政府建设管理部门和经过政府有关部门认证、取得资格的监理单位担任的。

建设部于1988年成立了建设监理司，国务院各有关部门相继成立或指定了负责管理工程建设监理工作的机构。在地方，许多省、市、自治区也指定了相应的机构归口管理监理工作。

对于一个具体的建设项目来讲，开发建设单位可以委托监理单位依据建设合同，对工程建设的全过程或某一阶段实施监理。

在中国承担工程建设监理任务的监理单位主要是工程建设监理公司或事务所，它们是依法成立的法人。符合监理条件的独立的工程设计、科研、咨询等单位，经政府主管部门批准后，也可以承担监理任务。

15.4.3 房地产建设工程监理内容与程序

房地产建设工程监理，无论是对建设工程全过程实行全面监理，还是对工程的某一阶段进行监理，其主要内容都应当是：审查工程计划及施工方案；协助开发建设单位与承建单位签订承包合同；监督施工单位严格规范、标准施工；审查技术变更；控制工程进度；检测工程质量；检查安全防范措施；测试原材料和构配件质量；认定工程质量等级和工程数量；验收工程和签发付款凭证；审查工程价款；整理合同文件和技术档案资料；提出竣工报告和审查工程结算；调解开发建设单位与承建单位之间的争议。

房地产建设工程监理工作必须按照以下程序进行：

（1）取得监理任务和签订监理合同。监理单位承担的监理业务可以由建设单位直接指名委托，或者由建设单位通过竞争的方式择优委托。监理单位取得监理任务后，要与委托方签订监理合同，明确委托内容及各自的权利和义务。

（2）制定监理目标及规划。监理单位要确定建设项目的工期目标、质量目标和费用目标，具体还要编制项目组织机构方案，明确参加项目建设单位的组织关系；制定工作职能分工表；明确各单位的责任和权限；编制工作条例等。

（3）工程监理的实施。根据确定的监理目标以及项目具体实施过程中有关进度、质量、费用等方面的信息，运用科学的方法，采取一系列手段跟踪检查。

（4）监理总结。一项工程监理结束后，要进行监理总结，为下一次进行监理工作总结经验教训。

15.4.4 房地产建设工程进度监理

1. 房地产建设工程进度监理的目的

工程进度监理的目的主要是采取有效的管理措施，纠正施工进程的偏差，保证预定工期目标的实现。

2. 房地产建设工程进度控制内容

房地产建设工程进度控制的主要内容是：

（1）对项目建议总周期目标进行具体的论证与分析；

(2) 编制项目总进度计划，包括设计、采购、施工等有关工作在内的综合进度计划；

(3) 编制阶段详细进度计划。编制该计划要以房屋开竣工时间为中心进行安排，整个工程的竣工日期应和合同工期相吻合；

(4) 监督阶段详细进度计划的执行；

(5) 施工现场的调研与分析。

3. 房地产开发建设工程进度监理的主要工作

(1) 注意设计图纸进度对施工进度的影响，了解设计进度情况、预计完成日期对施工进度的影响；

(2) 设备材料采购的进度情况，包括各项设备是否按计划完成，计划运到现场的日期，检查验收办法及检测手段的落实；

(3) 各种预制构配件加工日期。具体到货日期和到货情况；

(4) 施工进度情况。及时了解各单项工程的完成情况，实际开工日期和完成期。

15.4.5　开发建设工程质量监理

工程质量监理单位受建设单位委托，以合同及其规定的标准为目标，对形成质量的诸因素进行检测、核验，对差异提出调整、纠正措施的活动。工程质量监理的任务主要包括：

1. 督促承包单位建立工程项目质量保证体系

监理单位要在项目开工前督促承包单位设置质量保证体系，包括设置质量管理目标、程序和办法，设立质量检查负责人，建立 TQC 小组等。

2. 设计过程的质量监控

监理单位要认真进行设计方案、图纸的审核，对其中的质量问题提出质疑，并要求有关单位修改。

3. 材料设备的质量监控

监理单位要严格督促有关方面按合同规定的质量组织订货、采购、包装及运输，监理单位更要严格按标准进行检查和验收，并按要求组织堆放、储存、保管和加工。

4. 施工过程的质量监理

监理方要督促建设单位选择合格的、有信誉的施工单位，认真审查施工单位的技术水平、设备水平和管理水平等，在合同中明确对质量的规定及责任；督促承包单位认真执行工艺标准和操作规程，提高项目质量的稳定性；监理人员要对每个阶段、每个分部分项工程，甚至每道工序进行检测与验收；监理人员要作好质量记录，并进行统计数字的分析处理，对不符合质量标准的活动加以处理。

15.4.6　房地产开发建设工程造价监理

1. 工程造价监理的主要任务

工程造价监理的任务是确保工程投资与资源充分利用和工程合同计划的实现；防止预算超概算，决算超预算，争取工程项目取得最大经济效益。造价监理应在项目建设实施过程中，按预算成本分阶段、分部位地进行成本控制，不使其某一部位或某一项目超出预算规定成本；对出现的问题，进行分析比较，找出原因，提出改进建议。

2. 对工程项目的全过程进行造价控制

（1）设计阶段的造价控制。对工程项目的造价控制始于设计阶段，监理人员在这个阶段要注意对设计方案进行审核，如果发现设计方案的费用估算超出控制投资额的范围，应及时对设计方案提出修改意见。

（2）施工阶段的造价控制。施工阶段的造价控制，要从审查每个工程和分部分项工程清单的单价入手，并按进度拟定拨款计划。要选择最佳的施工速度，严格把好按进度拨款关。

3. 对工程造价构成的控制

从工程造价构成的角度进行控制，可以分为直接费用的控制和间接费用的控制。

（1）直接费用的控制。直接费用是构成工程造价的主要部分，因此是进行造价控制的重点。监理人员要注意对实物工程量、所费工时、所用机械台班、所耗材料等进行详细统计，为科学分析直接费用提供依据。

（2）间接费用的控制。间接费一般按合同规定的直接费用的百分数提取，其变动与直接费用的变动直接相关联。监理方对间接费用的控制采取两项措施：一是审核承包单位计算间接费用依据的合理性，二是根据直接费用的变动处理间接费的提取。

15.5 房地产建设工程竣工验收管理

15.5.1 房地产建设工程项目竣工验收的要求和依据

1. 房地产建设工程项目竣工验收的作用

房地产建设工程项目竣工验收是建设过程的最后一个程序，是全面检验设计和施工质量、考核工程造价的重要环节。对符合竣工验收条件的开发建设项目，房地产开发商必须按照国家的有关规定和工程质量标准，及时对已经竣工的建设项目进行验收工作。

2. 房地产建设工程项目竣工验收的提出

当房地产建设工程项目竣工时，应当由施工建设单位正式提供竣工报告以及提出竣工验收申请，然后由开发商负责组织现场检查、测试以及资料收集与整理等工作。房地产建设工程项目的设计单位和施工单位应当向房地产开发商提供有关资料和竣工图纸。

3. 房地产建设工程项目竣工验收条件

要求验收的房地产竣工工程项目必须符合以下条件。

（1）工程项目按照设计图纸要求已经全部建成。

（2）所有设备（如电梯、采暖通风装备）均按照设计规定安装完毕，并能正常运行和使用。

（3）上下水道架设完毕，所有沟道、管道通畅，无渗透现象；照明及动力电路与控制回路结构清晰，操作方便；室内、外道均已建成；卫生装备、煤气设施均能正常运转、性能稳定。

（4）整个工程质量经有关部门按施工技术经验规范进行评定，达到合格标准；核实建筑安装工程的完工程度，列出已交工的工程和未完工程一览表；提出财务决算分析；对工程质量作出评价，对不合格工程提出返回复修意见。

(5) 要求建筑物四周 2 米以内的场地平整，由本项目施工造成的障碍已清除。

15.5.2 房地产建设工程项目竣工验收工作程序和方法

1. 房地产建设工程项目竣工验收的工作程序

一般来说，房地产建设工程项目的竣工验收工作程序大体可以分为两个阶段或两种方式。

（1）单项工程竣工验收。在房地产小区开发建设的总体项目中，如果某一个单项工程完工后，也可以根据承包商的竣工报告，房地产开发商首先进行检查，然后组织施工单位（承包商）和设计单位，认真整理有关施工技术资料（如隐蔽工程验收单，分部分项工程施工验收资料和质量评定结果，设计变更通知单，施工记录、标高、定位、沉陷测量资料等）以及竣工图纸。最后由房地产开发商组织施工单位（承包商）、设计单位、质量监督部门、建设主管部门，以及客户（或使用方）等，正式进行竣工验收，验收合格，开具竣工验收合格证书。

（2）房地产建设工程项目综合验收。房地产建设工程项目综合验收，是在房地产建设工程项目按规划、设计要求全部建设完成，并且符合竣工验收标准时，根据国家有关规定要求组织的综合验收。综合验收准备工作，首先是以开发商为主，组织设计部门、施工单位（承包商）、客户（使用方）、质量监督部门进行初步验收；然后邀请城市建设有关管理部门，即建委、发改委、建设银行、人防、环保、消防、开发办公室、规划局等，参加正式综合验收，验收合格，应当签证验收报告。

2. 单项验收与综合验收的关系

在综合验收时，如果单项工程已经通过验收，达到了验收标准，并且取得了验收合格证书，可以不再办理验收手续。但在综合验收时应将单项工程的验收，作为全部工程的附件加以说明。

3. 不符合验收标准工程的解决方法

房地产建设工程项目的验收，应当对工程质量进行全面鉴定。如果工程的主要部分或关键部位不符合工程质量要求，必须进行返修和加固，然后再进行质量评定。

房地产建设工程项目验收的主要方法是：召开现场会；现场验收；按照国家有关规定审查全部工程资料。

15.5.3 房地产建设工程项目竣工验收管理

房地产建设工程项目涉及的方面很多，因此验收工作的内容也很广泛。

1. 房地产建设工程项目竣工验收依据

对房地产建设工程项目竣工验收的主要依据是：主管部门审批的项目建议书；年度开工计划；施工图纸和说明文件；施工过程中的设计变更文件；施工技术规程；施工验收规范；质量检验评定标准；建设施工合同中有关竣工验收的条款。同时，房地产建设工程项目的建设规模、工程建筑面积、结构形式、建筑装饰、设备安装等必须与各种批准文件、施工图纸、标准保持一致。

2. 竣工验收准备工作

为了使验收工作顺利进行，在正式办理竣工验收之前，开发商必须作好准备。首先需要进行初步检查。初步检查是在单项建设工程或整个建设工程项目即将竣工或完全竣工之后，由开发商自己组织统一检查工程质量情况、隐蔽工程验收资料、关键部位施工记录、按照图纸施工情况及有无漏项等。然后根据初步检查情况，由工程项目的监理人员对一些不符合要求的地方，列出清单修补，以便达到最终验收的标准。最后，通过初步检查加快扫尾工程进度，提高工程质量和配套水平，促进全面竣工和完善验收条件。

3. 编制竣工技术资料（档案）

房地产建设工程项目的技术资料是开发项目的重要技术管理成果，也是使单位安排生产、住户适应生活的需要。房地产使用者与管理者不仅可以依据建设工程项目的技术资料进行管理，还可以利用技术资料进行改建、扩建。因此，房地产建设工程项目竣工后，必须认真组织技术资料的整理工作，编制完整的竣工档案，并且按规定分别移交给使用者和城市档案馆。

房地产建设工程项目的技术资料主要内容包括：

(1) 前期工作资料。包括：开发项目的可行性报告、项目建议书及批准文件，勘察资料、规划文件、设计文件及其变更资料，地下管线埋设的实际坐标、标高资料，征地拆迁报告及核准图纸、原状录像、照相资料，征地、拆迁安置的各种许可证和协议书，施工合同、各种建设事宜的请示报告和批复文件等。

(2) 土建资料。包括：开工报告、建（构）筑物及主要设备基础的轴位定线、水准测量及复核记录、砂浆和混凝土试块的试验报告、原材料检验证明；预制构件、加工件和各种钢筋的出厂合格证和实验室检验合格证，地基基础施工验收记录；隐蔽工程验收记录、分部分项工程施工验收记录、设计变更通知单、工程质量事故报告及处理结果，施工期间建筑物或构筑物沉降测定资料，竣工报告和处理结果；竣工报告及竣工验收报告。

(3) 安装方面的资料。包括：设备安装记录，设备、材料的验收合格证，管道安装、试漏、试压和质量检查记录，管道和设备的焊接记录，阀门、安全阀试验记录，电气、仪表检验及电机绝缘、干燥等检查记录，照明、动力、电信线路检查记录，工程质量事故报告和处理结果，隐蔽工程验收单，设计变更及工程资料，竣工验收单等。

4. 绘制竣工建设工程项目图

开发项目的竣工图是真实地记录各种地下、地上建筑物、构筑物等详细情况的技术文件，是对工程进行验收、维护、改建、扩建的依据。因此开发商应组织、协助和督促施工单位（承包商）、设计单位，认真负责地把竣工图编制工作做好。竣工图必须准确、完整。如果发现绘制不准或遗漏时，应采取措施修改和补齐。

绘制竣工图的基本做法是：

(1) 按施工图施工而无任何变动，则可在施工图上加盖"施工图"标志后，直接作为竣工图。

(2) 结构形式改变、建筑平面改变、项目改变以及其他重大改变，不宜在原施工图上修改、补充，而应重新绘制竣工图。

(3) 基础、地下构筑物、管线、结构、防空工程等，以及设备安装等隐蔽部位，都要绘制竣工图纸。

(4) 竣工图一定要与实际情况相符，要保证图纸质量，做到规格统一、图面整洁、字迹清楚，一经施工技术负责人签认，不得任意变动。竣工验收阶段主要的任务是：对施工项目管理的全过程进行系统的总结；对工期、质量、成本进行分析，安排好竣工计划及收尾工作；办理竣工结算、工程档案资料移交、工程保修手续等有关竣工验收的准备工作。

5. 审查工程决算

竣工决算是反映项目实际造价的技术经济文件，是开发商进行经济核算的重要依据。每项工程完工后，承包商在向开发商提出有关技术资料和竣工图纸的同时，都要编制工程决算，办理财务结算。工程决算一般应在竣工验收后一个月内完成。

------ 本章小结 ------

房地产开发建设是房地产经济运行中的生产与再生产阶段。房地产开发建设是一项巨大复杂的系统工程，大体上包括建设工程项目的设立和开发企业组建、建设项目规划和审批、开发建设用地取得和审批、征地拆迁和审批、建设工程实施、房地产市场销售、物业管理和服务过程等。

房地产开发建设管理，就是对房地产开发建设工程进行计划、组织、监督、协调和控制。房地产开发建设管理过程基本上可以分为开发建设前期工程管理，开发建设工程管理，工程竣工验收管理。

房地产开发建设工程在正式施工以前，必须先进行可行性研究、技术经济论证等。通过可行性研究和经济技术论证，把建设项目确定下来，或者通过城市土地出让市场取得建设项目以后，就着手编制设计任务书。然后根据设计任务书进行工程设计和建设工程的其他前期准备工作。在社会化大生产条件下，房地产开发建设工程的许多前期工作是通过招标投标市场，委托专业部门进行的。

建设工程项目的建设，基本上是通过招标投标方式委托给建筑企业进行的。所以，对房地产开发企业来说，主要是通过招标投标工作确定中标单位。招标投标是招标人与投标人之间进行的交易活动。招标是房地产开发企业或发展商按照规定的招标程序，采用一定的招标方式，择优选定承担施工单位的一种手段；投标是具有合法资格和能力，并愿意承包的单位，按规定的投标程序和投标方式，提出标价，供招标人选择成交。

建设工程监理是对工程建设中的技术经济活动进行监督和管理，使这些活动符合有关法规、政策、技术标准、规范及合同的规定，促使工程进度、质量、造价按计划实现。这是房地产开发建设企业对建设工程管理的一项重要工作。

房地产建设工程项目竣工验收是建设过程的最后一个程序，是全面检验设计和施工质量、考核工程造价的重要环节。房地产开发商对符合竣工验收条件的开发建设项目，必须按照国家的有关规定和工程质量标准，及时对已经竣工的建设项目进行验收工作。

复习思考题

（一）名词解释

公开招标　邀请招标　议标　评标　决标

（二）问答题

1. 当前我国固定资产投资管理体制改革的指导思想、目标和内容是什么？

2. 房地产开发建设的主要阶段和过程是怎样的?
3. 房地产开发建设管理制度与审核程序是怎样的?
4. 房地产开发建设建设工程管理的意义是什么?

(三) 论述题

5. 论述我国房地产开发建设招投标市场存在的问题及其解决办法。
6. 论述我国房地产建设工程质量保障体系存在的问题及其解决办法。

第16章 房地产(房屋)买卖(转让)市场和租赁市场

【学习提要】 通过本章的学习,主要了解房屋买卖及租赁市场的特点;熟悉房屋买卖和租赁之间的区别和联系、房屋买卖市场与房屋租赁市场的主要形式;掌握房屋买卖的条件、程序及国家的相关规定,房屋买卖合同的主要条款,房屋租赁的条件、程序与合同以及房租租金的性质及构成因素。

【关 键 词】 房屋交易 房地产买卖市场 房地产赠与 房地产继承 房屋买卖合同 房屋租赁 房屋租金 房屋租赁合同

16.1 房地产(房屋)买卖和租赁是房地产(房屋)流通的两种基本形式

房地产或房屋买卖市场与租赁市场是房地产商品价值与使用权价值实现的场所,也是房地产所有权和使用权变更的场所。

在市场经济条件下,城市房地产交易(或住房流通)有两种最主要的形式,即住房出售和住房出租(或住房买卖和住房租赁)。按照恩格斯的说法,"出卖商品就是所有者交出商品的使用价值而取得它的交换价值"。所以,房屋交易是有偿取得或转让房屋所有权、使用权及他项权利的经济过程与法律行为。通过交换,房地产商品的所有者交出了房地产商品,取得了货币,从而实现了房地产商品的价值;货币所有者交出了货币,取得了房地产商品,以满足自己生产与生活的需要。由于房地产是一种特殊商品,在交换过程中,还引起了一系列权利关系的变化,即他项权利变化。在我国目前的条件下,房地产交易中的权利关系主要是土地使用权、房屋所有权、房地产抵押权、典权等。这些权利关系的变化,只有通过在国家房地产主管部门登记并得到确认,才具有法律上的效力。

房地产出售与出租相比,具有以下一些经济性质与特征:第一,房屋出售是一次性地同时让渡住宅的所有权和使用权,对购买者而言,在市场交易中一次取得了住宅的所有权和使用权,而不是一定期限内的使用权;第二,为适应不同购买者的需求和支付能力,住房出售可能采取分期付款出售、补贴出售等多种形式;第三,住宅出售能够较快地收回预付资本和应得利润;第四,住宅出售时流通过程与消费过程是分离的。

由于房地产商品和其他商品有着许多不同的性质和特点,因此在房地产商品的买卖过程中,还具有以下一些特点:第一,房地产商品买卖双方在达成协议时,必须订立具有法律约束力的、买卖双方必须遵守的房地产买卖契约;第二,房地产买卖契约必须遵守国家的法律和法规,并且接受房地产行政管理部门的监督与管理;第三,房地产买卖成交后,必须按照规定到房地产行政管理部门办理房地产立契手续以及房产所有权和土地使用权权属转移登记手续,领取房产所有权和土地使用权证书,交易才算完成,也才能得到国家法律的保护。

16.2 房地产(房屋)买卖市场及其形式

在我国目前情况下,房屋出售通常有四种类型或四种性质:现房出售、商品房预购预售、房屋拍卖、房屋出售的其他形式。

16.2.1 现房出售

房屋是一种特殊的商品,由于其价值大、使用期限长,因此形成了许多交易形式。由于在每一种交易形式中发生的所有权、使用权和价格不相同,所以,每种交易形式都有着自己的特殊性。

1. 传统体制下的私有房屋出售

在我国目前条件下,私房或私有房屋是指在计划体制下居民个人拥有的房屋或房产。根据国家有关政策规定,私房出售限制在居民个人之间,一般不允许国家机关、团体、部队、企事业单位购买或变相购买私有房屋,如因特殊情况必须购买,须经县级以上人民政府批准。

2. 商品房出售

改革开放以来,为了适应经济和社会的发展,房地产开发企业按照有关政策规定,建设了各类商品房。这些商品房,在取得合法手续后,可以在市场自由买卖。房屋价格在国家批准的限度内,可以根据市场供求状况确定。目前我国住房市场主要是由这部分房屋构成的。

3. 公房出售或房改房出售

公房出售是在住房制度改革中形成的一种房屋出售方式,就是拥有房屋产权的国家机关、企事业单位,按照房改政策的规定,把公有房屋出售给单位职工的一种经济和产权转让行为。公房出售的主要对象是国家党政机关、部队、事业单位、人民团体;全民、集体企业中执行国家统一规定工资制度的在职干部、职工或离退休干部职工中的房屋现住户,以及属于正常工作调动和人才流动调离原单位的房屋现住户;中外合资、合作和外资企业中工资收入中不含有住房消费基金的中方职工。用于出售的公有住房,必须是经过房地产管理部门确认,产权来源清楚,并且没有产权争议的房屋。出售公房时,必须经过住房制度改革管理部门审查批准,按照有关住房制度改革的具体政策规定,缴纳购房款,签订房屋买卖协议书,并且买卖双方还应持购房协议,到房产管理部门登记并领取房屋所有权证和国有土地使用证。职工购买住房后,允许进入市场出售。出售收益按照国家有关规定执行。

4. 经济适用住房出售

根据我国住房供应体系的规定,经济适用住房是具有一定程度社会保障性质的住房,在这类住房开发建设中,国家减免土地出让金等一些税费,因而价格较商品房价格低,实行国家指导价。这种住房供应对象主要是城市低收入群体。

16.2.2 商品房预购预售

商品房预购预售实际上就是房地产的期货交易,它是房地产开发商在房屋建设以前或竣工以前,以预售的方式把房屋卖出去,也就是所谓先付款、后交货的买卖方式。在我国香港地区,也叫买卖楼花,或炒楼花。

房地产期货交易是房地产市场运行的一种方式。它是房地产开发商大力推行的一种交易方式，因为在房地产工程建设之初，按照房屋建设的图纸预售房产，房地产开发商就可以筹集到一部分开发建设资金以弥补建设资金的不足。所以，卖楼花就成为房地产开发商筹集资金的一条重要渠道。对于购房者来讲，从购买楼花到房屋交付使用之间，有一段很长（1～5年）的建设时期，在此期间内，由于种种原因，特别是房地产市场的变化，有可能使房屋或楼宇的最终出售价格高于购买楼花时的价格，这样购买者就会受益，即取得一个价格的差额（差价）。如果楼花可以转让，楼花就成为购买者的投资品。在这种情况下，投资者购买楼花，就不是为了取得房地产的使用权，而是预测楼花的价格会上涨，把房地产作为投资品，通过抛出预购房地产或楼花赚取差价（即投资或投机利润）。

但是，预售房地产（房产）往往会产生很多问题，如开发商在预售后，不能按时完成工程交付楼宇，或携款出逃，都会加重购买者的风险程度。所以，许多国家和地区对预售房地产（房产）都有严格的监督和管理。

预售房买卖购买的仅仅是房屋销售部门的承诺，也就是说，只要购买者承诺认购房屋业权，交付一定的定金，签署临时买卖契约，预售房的买卖就算完成了交割，所以购买时需要办理的买卖手续比较简单。一旦房屋建成，就可凭预购的买卖契约，签署正式的买房契约，履行经济和产权手续，只有这时房屋买卖的整个过程才算结束。

如果购买者需要申请抵押贷款，在办理完预售购买手续之后，就可向金融机构提出抵押贷款申请。经过金融机构审查批准，就可签署抵押贷款合同，并开始还款。当房屋建成并交付购买者之后，购买者还可将预售房抵押贷款合同改为房屋抵押贷款合同。

预购房屋可以转让。预售房转让就是购房者将购买的预售房转让给他方的行为。预售房转让有两种情况：一种是因为不可预见的原因决定的，如因预购房屋以后，由于资金发生困难，或需要转让给亲友等；另外一种情况就是纯粹的炒楼花。当然，这两种情况可能交叉发生，所以有时也很难分清。炒楼花是由于预售房未来的价格是不确定的，所以在预售房转让时必然伴随房屋价格的变动，从而为炒楼花提供了可能。炒楼花也是一种有偿转让的买卖行为。但是，炒楼花的弊端是显而易见的。所以在一些国家或地区是严禁炒卖楼花的。我国《城市房地产管理法》也明确规定严禁炒楼花。

转让预售房有以下两种情况：一种情况是，原来的购买者与房地产开发企业通过协商，并订立一份文件，取消已签订的临时买卖合同，然后房地产开发商（公司）与新的购买者另行订立一份新的买卖合同；另一种情况是，由转让人及承让人直接达成协议，承让人向转让人购买其与房地产开发公司原先所订立的买卖合同的一切权益，待房屋落成后，转让人才把房屋转让给承让人。这种方法与前者的不同之处在于，前者的转让人在与承让人签署协议后，无需负任何法律责任及义务，而后者的转让人则在达成买卖合同后，依然负有一定责任，原来转让人需取得房屋以后，再以中间人的身份把产权（业权）正式转交给承让人。

16.2.3 房地产（房屋）拍卖

房产拍卖是房产买卖的一种特殊方式。拍卖是由卖家以房产作为拍卖物品，在特定场合，由众多的可能买家竞逐承购的一种买卖方式。

1. 房屋拍卖的类型

以拍卖方式出售的房地产（房产）都是一些特殊类型的房地产。适合拍卖的房地产（房

产),大体上有以下几种情况:

(1) 抵押房屋拍卖。为了取得贷款,贷款人将房屋作为担保抵押物抵押给银行等金融机构,当抵押贷款到期时,如果抵押人无力偿还贷款,银行等机构就可以行使抵押权,将作为抵押担保物的房屋推向市场,通过拍卖收回银行等金融机构发放的贷款。

(2) 罚没的房地产。根据有关规定,司法等机构依法没收的房地产,往往通过拍卖的方式处理。

(3) 为特殊目的拍卖房屋。比如有人为了筹集资金,在某段时间内出售手中的房产,通过拍卖就可以迅速筹集所需的资金。

(4) 特殊房屋拍卖。特殊房屋,由于它们替代性差,比较适合拍卖。特别是那些地理位置优越、环境优美、装修豪华或带有纪念性质的房屋,替代性几乎等于零,因而在市场上形成了垄断地位。虽然需求者不多,但购买者支付能力极高,采用拍卖方式出售房产(房地产),不仅可以最大限度地取得这类房屋的拍卖价值,而且拍卖活动本身还具有特殊的意义和作用,即进一步提高这类房屋的知名度和附加价值。

2. 房地产拍卖的意义

采取拍卖方式出售房地产,与房地产其他交易方式相比,有优点,也有缺点。

以拍卖方式出售房地产的优点主要是:房屋出售者可以自行决定房屋出售的条件和价格;拍卖的曝光率较高,可以找到感兴趣的买家,容易实现卖家的出售意愿。

3. 房地产拍卖的方式

房地产拍卖大都是由房屋出卖人委托拍卖机构(简称拍卖人)进行。一般房地产拍卖通常是按照以下规定,由房地产出卖人与拍卖人办理委托拍卖手续,即填写委托拍卖房屋情况表、提交房屋产权证、提交批准房屋拍卖的有关文件、交验房地产完税证明、出卖人与拍卖人签订房屋拍卖委托合同、出卖人预付房屋拍卖开价1%的手续费。

如果是人民法院委托拍卖的房屋,则必须按照下列规定办理委托手续:签发委托拍卖通知书;填写委托拍卖房屋情况表;提交拍卖房屋的法律文书。拍卖人在核实了拍卖房屋的现状,审核了出卖人提交的证书、文件并认为合格后,方可接受房屋拍卖委托。拍卖的房屋可以确定底价,也可以不确定底价;可以由出卖人确定底价,也可以委托拍卖人采用估价的方式确定拍卖底价。委托拍卖人评估底价的,委托人应当支付房地产价格评估费用。

房屋拍卖成立后,买受人应当按照规定付清房屋价款;逾期付款的,出卖人可解除拍卖房屋的约定,买受人预付的定金不再返还。出卖人在收到买受人房屋价款的同时,应将房屋腾空移交买受人,并由拍卖人协助双方签订房屋买卖合同。出卖人如在规定时间内未将房屋腾空移交买受人,买受人可解除拍卖房屋的约定,出卖人则应双倍返还定金。

拍卖机构收费大体有两种方式:一是从拍卖成交价与拍卖底价的差额中提取一定比例;二是按房屋拍卖价的一定百分比收取,预付的手续费可以抵交部分收费。由人民法院委托拍卖机构拍卖的房屋,在房屋拍卖以后,拍卖手续费从房屋拍卖价格中扣除。

16.2.4 房地产(房屋)出售的其他形式

1. 房地产物物交换或互换

在我国具体情况下,房地产互换通常是指住宅的互换。在传统住房制度下,房屋不是商品,不能流通。因此,住宅一旦分配,进入消费领域,基本无法变动。但是,职工家庭人口、职工工作单位或地点随时可能发生变动，为了适应职工家庭和工作变动的需要，合理调配住宅资源，互换房产就成为解决职工住房困难的一种良好的交易方式。

房产的互换包括所有权和使用权的互换，是房屋当事人双方以自愿为原则，双方以等价或不等价交换的方式，互换房屋所有权或互换承租人承租的房屋使用权。房屋所有权的交换，即是说换房双方各自均拥有所换房屋的产权，因此当换房行为发生并成立后，双方不仅各自占用了对方的房屋，同时双方的产权也发生了更换。房屋使用权的交换，是双方在换房前各自拥有房屋的使用权，交换后只是使用权发生了互换，房屋产权仍然归原房主所有。

使用权的交换必须征得房屋产权人的同意。我国《城市私有房屋管理条例》规定：承租人不得擅自将承租的房屋转租、转让或转借，否则构成解除租赁合同的条件。所以，在进行房屋互换时，必须事先征得出租人即产权人的同意。如果出租人不同意，房屋使用权的交换就不能成立。为防止这种情况发生，租赁行为发生时，即在订阅租赁合同时，必须详细说明承租人是否可以交换房屋使用权。

房产互换是一种房屋交易行为，所以应当各自按市场价格定价，出现差额时，又称"补差性"互换，或差价换房。即取得较好房屋使用权的人向失去较好房屋使用权的人支付一定的补偿金。

房屋互换工作一般由城市房管所主持。房管所设有信息服务中心，提供交易场所，同时起监督鉴证的作用。过去是无偿服务，现在可以收取服务费。

互换的房屋主要有：房产管理部门出租的直管房产和企业、事业单位自管房的职工住宅，以及自住私房或租赁私房。

对于有下列情况的房屋，不得进入调换市场：房产和使用权属不清的房屋；部队、公安、司法、档案等部门和大专院校、军工企业等单位的房屋；属于违章建筑和危险建筑的房屋；因城市建设需要，短期内即将拆迁改造的房屋；损坏房屋及其附属设施，未按规定赔偿者；未按规定缴足房屋租金者；私自转让、转借、转租房屋者；其他违反房屋管理政策、规章者。

2. 房地产赠与

房地产赠与和继承，都是无偿转让房地产权利的行为，严格地讲，不属于房地产交易的范畴。但在办理房地产的赠与和继承手续及对其进行管理时，与交易有很多相似之处，同时也是房屋产权变化中经常发生的情形。

房地产的赠与就是将土地使用权和房屋所有权无偿地赠给他人的行为。赠与行为一般发生在亲属或朋友之间。房地产赠与常见的是房产（含房基地）的赠与。房产赠与具有以下特点：

（1）房产的赠与并不是赠与者单方的意愿，这种意愿只有在受赠人表示接受的情况下才能成立。如果受赠人不愿接受赠与，则赠与就不能成立。

（2）房产的赠与完全是无偿的。房地产（房屋）赠与行为不涉及房地产的价值关系，仅仅与所有权转移有关。

（3）房产的赠与作为一种法律行为，只有当赠与者和受赠者确立书面协定，并进行产权过户转移登记后，才可生效。

3. 房地产继承

房地产继承也是房地产转让的一种方式，是公民依法接受房屋遗产的一种房屋权属转移行为。

房地产继承的形式有两种：一种是法定继承，即是说死者在生前没有交代，所以继承的顺序以法律规定的程序进行；第二种是遗嘱继承，是死者在生前留有明确指定的继承人。

房地产法定继承的范围包括：配偶、子女（包括非婚生子女、养子女、继子女）、父母（包括养父母、继父母）、兄弟姐妹（包括同父异母或同母异父的兄弟姐妹、养兄弟姐妹、继兄弟姐妹）以及祖父母（包括外祖父母）。

房地产继承的第二种情形即房地产的遗嘱继承，是按照被继承人产生的意愿以及由此产生的遗嘱形式发生的继承。与法定继承不同，遗嘱继承的继承人范围可以打破法定继承人的范围和程序，凡被遗嘱人指定为遗嘱继承人的，均有同时继承其遗产的权利，而不论该继承人的原先的法定继承顺序中排列的先后。当然，原先并不属于法定继承人范围的人，也可按遗嘱中的指定获得继承权。同时，遗嘱继承不仅指定继承人的范围和先后次序，而且还有权划分遗产的分配。

遗嘱的方式有两种：一种是以书面文字形式表达的遗嘱，它可由遗嘱人亲自书写，也可由他人代写，但代写的遗嘱在设立时必须有两个以上的在场见证人；第二种是以口头形式表达的遗嘱，口述遗嘱也需有两个以上的在场见证人，并由见证人作书面的或口头的证明。

为避免遗嘱纠纷，遗嘱最好到公证机关公证。公证遗嘱的真实性最强，其他任何遗嘱形式，如自书、代书、录音、口述遗嘱等都不得变更、撤销公证遗嘱。

房地产无人继承大致有以下几种情形：无法定继承人，同时也未立遗嘱留给他人；法定继承人全部放弃或全部丧失其继承权。对无人继承的房地产，一般的做法是收归公有。

16.2.5　房屋买卖的条件、程序与合同

1. 房屋买卖条件

在我国目前的条件下，不管是私房出售，还是已购公有住房、经济适用房出售以及商品房出售，都必须符合以下条件：

（1）房屋的产权必须是清楚的，有合法的产权证件。

（2）经过改建和扩建的房屋，产权的所有者必须在房地产管理部门办理变更登记手续，才能进入市场进行交易。

（3）享受补贴或以优惠价格购买、建造的房屋，在不满原定使用期限出售时，需补齐差价。

（4）出售已经出租的房屋，必须提前三个月通知承租人。在同等条件下，承租人有优先购买的权利。

（5）出售共有的房屋，出售人必须提交共有人同意或委托出售的证明文件。在同等条件下，房屋共有人有优先购买权。

（6）对于继承、赠与等方式取得的房屋，必须在办理合法手续后，才能投入房地产交易市场。

具有以下情况的房屋，不能投入房地产交易市场进行交易：

（1）没有合法证件的房屋（包括违章建筑的房屋）；

（2）有产权争议的房屋；

（3）已经批准征用或划拨土地使用权范围内的房屋；

（4）经人民法院裁定限制产权转移或经人民法院批准代管的房屋；

（5）未领取房屋所有权证的外国侨民的房屋；
（6）因其他特殊情况不能出售的房屋。
进入房地产市场的交易主体，必须符合国家的有关规定：
（1）房地产开发经营企业出售新建的商品房，必须持有工商行政主管部门核发的营业执照；
（2）居民个人购买城市房屋，必须符合当地政府的有关规定；
（3）居民个人出售房屋必须符合国家的有关规定；
（4）单位购买公房，必须有市级主管部门的或区县有关政府的批准证明；
（5）企业、事业单位购买私房，必须经过主管部门审批。

2. 房屋买卖程序

根据原建设部、国家物价局、国家工商行政管理局《关于加强房地产交易市场管理的通知》，进行房地产交易的单位和个人，必须持有关的证件，到当地房地产管理机关办理登记、鉴证、评估、立契过户的手续。办理房地产立契过户的手续，必须遵循以下程序：

（1）受理。房地产商品买卖双方，必须按照当地确定的分工范围，到有关部门办理房地产买卖立契过户手续。
（2）验证。房地产交易管理部门，在受理房地产交易立契申请后，必须严格审查以下证件：①产权证，主要是房屋所有权证和土地使用权证；②身份证；③有关部门的审批证件；④其他有关证件，如已出租的房屋、共有房屋等的有关证明文件。
（3）确权。主要是对房地产产权进行审查，确认房地产产权的权属是否清楚，有无权属纠纷以及他项权益不清的问题等。
（4）调查。在房地产交易时，除进行验证、确权等，还必须到现场进行调查研究，以避免买卖发生纠纷。
（5）估价。进入市场进行交易的房地产，必须进行价格评估，以便确定房屋的现行价格。
（6）报批。在房地产买卖时，当完成上述工作后，还必须报有关负责人审查批准。经批准后，才能立契成交。
（7）立契。经有关部门批准房地产交易以后，经办人要通知房地产买卖双方，办理立契手续。立契通过房地产交易管理网网上签订合同并打印，由当事人双方签名、盖章。
（8）过户。办完立契手续后，交易双方需缴纳签证手续费和有关税费，由房管部门核发产权证书。此时，房地产的产权归属从卖方转移到买方，房地产管理部门的产籍档案中该房地产产权亦归属于买方。至此房地产交易才算完成，并受到国家法律的保护。

3. 房屋买卖合同

房屋买卖合同是指由国土局统一编制，房屋买卖当事人之间签订的用于明确各方权利、义务关系的协议。房屋买卖时，应当上网签订合同并打印存档。合同的内容由当事人协商拟定，一般应包括：

（1）双方当事人的姓名或者名称、证件号码；
（2）房地产权属证书的名称和编号；
（3）房地产坐落位置、面积、四至界限；
（4）土地宗地号、土地使用权取得的方式及年限；

(5) 房地产的用途或使用性质；
(6) 成交价格及交付方式；
(7) 违约责任；
(8) 双方约定的其他事项。

16.3 房地产(房屋)租赁市场

16.3.1 房屋租赁经济关系及其特征

房屋租赁是房屋出租人将房屋交承租人使用，承租人按照租赁双方约定的期限和租赁金额向出租人交纳租金，在租赁关系终止时，将承租的房屋完整无损地退还给出租人。恩格斯说："对消耗期限很长的商品，就有可能把使用价值零星出卖，每次有一定的期限，即将使用价值出租。"

房屋租赁的运行或房屋租赁关系的确立，必须是租赁双方根据国家有关法律、法规，经双方协商，通过租赁契约以文字形式确定下来的经济关系。房屋租赁具有以下一些特征：

(1) 房屋租赁也是一种商品交换关系，在住宅租赁契约中，出租人将房屋交给承租人使用，同时收取租金；承租人取得房屋使用权，同时向出租人交付一定数量的租金。双方是按照等价交换原则进行的。

(2) 承租人取得的只是房屋的使用权，而不是房屋的所有权。在房屋买卖中，买卖行为产生的后果是房屋所有权从一方转移到另一方手中。在房屋租赁中，承租人取得的只是房屋的使用权，房屋的所有权仍然属于出租人。出租人出租房屋取得租金，正是行使房屋所有权的一种表现。

(3) 在房屋租赁关系中，由于承租人没有取得房屋所有权，所以，租期届满，承租人就必须按照规定，将租用的房屋完好无损地返还给出租人。

(4) 在房屋租赁期限未满的情况下，出租人有权将其出租的房屋的所有权转移给第三人，但原先确定的租赁关系仍然有效。

(5) 房屋租赁契约确立的是一种债权关系，但这种关系同时又具有某些物权的特征。即对物直接使用并排除他人干涉的权利。在房屋租赁关系中则表现为，当第三人或房屋所有权人在租赁关系存续期间侵害承租人对房屋的使用权时，承租人有权请求法律保护。

16.3.2 房屋租赁类型与经济内容

在我国目前的条件下，进入租赁市场的房屋，按照租赁房屋用途的不同，可以划分为住房（包括公寓）出租、办公楼出租、商业用房出租、工业用房出租等几种类型。

1. 住房租赁

住房出租，包括普通住房出租、高档住房出租两种类型。

普通住房主要是一般居民居住的房屋，这类住房的建筑面积和质量基本上由政府控制。在住房制度改革之前，这类住房是全部用于"出租"的，同时带有福利性质，大部分是通过单位进行分配，只是象征性地收取少量租金。所以，这类住房不具有严格意义上的租赁性质。

住房制度改革以来，各省市陆续出台了一些提高租金的政策。随着住房制度改革的深入进行，以及停止住房实物分配和住房分配货币化政策的实行，住房租赁关系也将由福利型市场方式转变。随着城市化的进行，农村人口向城市转移，城市住房租赁将会得到很大的发展。

高档住房主要是指高级公寓和别墅两种类型。它相对于普通住房来说，设计标准较高、装修档次较高、设备配置先进、功能齐全、环境条件较好。

高档住房与别墅相比，环境质量要求稍低，每户占地面积较小，价格相对便宜，在使用上可兼有居住、办公等多项功能，深受短期居住者或租不到写字楼而改租高档公寓用户的欢迎。

租用高档公寓居住的主要是港、澳、台同胞，外资、合资企业中的老板和高级管理人员以及国内私营和个体企业的老板等。这类住房租赁是完全按照市场方式进行的。

别墅一般以购买为主，出租较少，主要是长期居住的高收入者购买。

2. 写字楼租赁

写字楼也叫做办公楼，它主要是供企业和行政事业单位进行商务、办公活动的房屋和建筑物。

根据写字楼所处的位置、环境和建造标准不同，可分为高、中、低三个档次，当专门的写字楼供不应求时，各类酒店、饭店、招待所可以成为其补充。出租写字楼的租金一般高于出租房屋的租金。写字楼的租金收入与三个因素直接有关：单位租金（即每平方米租金水平）；租户信用；租期。单位租金愈高，租金总收入就愈多；租户的信用好，租金就会按时支付；租期愈长，今后出现空房的风险就愈小。为吸引长期租户，不能频繁地使用提高租金的办法来弥补费用的增加，而主要通过有效的管理降低成本，通过开展多种优质有偿服务扩大收入。

所以，出租写字楼一定要提高服务质量，首先，要保持场所的清洁和安全、设施的完好和通畅，公用设施和建筑物外表应得到精心的保养；其次是设施优良和齐全，如有迅速、便捷的通讯设施，齐全的冷暖系统等；第三是交通便利，即位置明显，便于寻找，有停车场等。

3. 商业用房租赁

商业用房主要是指各类用于零售业的房屋和建筑物，大到购物中心、大商场，小到铺面房、小商店。它的突出特点是要有利于对外营业。租金的多少主要取决于商店的零售额，而租户的营业额主要取决于商店的位置和租户的经营能力。

商业用房的租金形式一般有：固定租金、百分率租金、固定租金或百分率租金和固定租金加百分率租金四种形式。

固定租金是指在租赁期内确定固定的租金数额，它不随通货膨胀的变化而调整。租用商业用房的经营者通常最喜欢这类税金形式，但业主通常不愿意采取这种形式。

百分率租金是指在租赁期内，租金的数额要按照经营者的营业收入总额的一个百分率逐月支付。这个百分率有时也随着营业收入总额的提高而变化。

固定租金或百分率租金是指在租赁期内，经营者要根据固定租金或百分率租金数额较高的一种方法来支付。当营业收入总额低于某一数额时，经营者支付固定租金；营业收入总额超过一定数额时，就按双方商定的百分率支付租金。

固定租金加百分率租金，是指经营者不仅要支付最低的固定租金，还需根据营业收入总额的某一百分率增付租金。这是业主最乐意采用的一种租金形式。因为即使经营者营业收入减少，业主仍可收取固定租金，具体做法是：先确定最低租金限额即基本租金，租金支付的上限则取决于所租商店的营业额，即相对于最低租金限额有一个最大毛利收入，当超过最大毛利收入，就要按百分比支付给房主额外的租金，所以实际租金应该是最低的基本租金加上销售收入超过基本租金总收入的一个百分比。这与其他类型的房产租金的确定很不相同，其他类型房屋的租金通常在房主和租户之间商定，一旦确定下来，租金也就固定下来了。变动通常发生在一个租期期满后，下一个租赁期限开始时。商业用房出租，由于租房者要稳定他的客源，所以一般租期也比较长。

4. 工业用房租赁

工业用房一般包括厂房和仓库。工业用房出租市场一般比较狭窄。因为工业用房一旦建成，结构就固定下来了，同一建筑对不同租户的适应性极差，在更换新的租户时，一般都要重新对建筑物进行改造，以适应不同工业生产的用房要求。

工业用房由于一般不需要建在市郊或开发区内，土地价格相对便宜。工业用房使用寿命长，其租金一般也不很高，但适宜长期出租，稳定租户。工业用房出租，一般都在租约中规定由租户负责维修和保养，并负责支付包括房地产税、保险费在内的经营费用，所以房地产业主很少介入管理事务。

16.3.3 房屋租金及租金标准

1. 房屋租金的本质及租赁价格

房屋租金就是房屋的租赁价格。房屋的租赁价格就是房屋一定时期使用价值所包含的价值的货币表现，或者说是零星出售房屋使用权的价格。就经济关系来说，出租自己所有的房屋，房屋所有者叫做出租人，租赁房屋者叫做承租人。房屋承租人要取得一定时期的房屋使用权，就必须向房屋所有者（即出租人）支付一定的货币额，即给出租人一定的经济补偿，这种经济补偿就是租金。房屋租金通常是以面积（平方米）为单位，按时间（年或月）计算的。房屋出租人通过出租房屋的方式收取租金，实现房屋再生产（$G—W—G,$）；房屋承租人以租赁方式得到房屋一定时期的使用权。以房屋出租为内容形成的出租人和承租人的经济往来关系，就构成了房屋租赁市场。房屋租赁价格是房屋租赁市场的核心问题。

按照马克思的劳动价值论和价格构成理论，房屋租金是由出租房屋的一定时期的价值决定的。房屋租金的价格与其他商品的价值一样，也是由 C、V、M 三个部分组成。其中，C 是物化劳动，即已消耗的生产资料转移的旧价值；V 和 M 是活劳动创造的新价值，即在建造房屋的过程中新创造出来的价值。具体地说，V 是劳动者为自己的劳动所创造的价值，M 是劳动者为社会劳动创造的价值。价格作为价值的货币表现，也是由三部分构成的：C 是物质消耗支出，即转移价值的货币表现；V 是劳动报酬支出，即劳动者为自己的劳动所创造的价值的货币表现；M 是盈利，即劳动者为社会的劳动所创造的价值的货币表现。在现实经济运行中，房屋租赁价格是由两个部分构成的，即房屋价值中的 C 和 V，是商品生产和经营过程中已经支出的物质消耗和劳动报酬，是通过出售房屋时必须收回的，否则就无法进行正常的房屋生产和经营，或者说无法进行简单再生产。在经济学中，把这两部分的总和叫做成本或成本价格。商品价值的货币表现中的另一部分 M，就是盈利，通常表现为利润和税金。

2. 房屋租金构成因素及其确定

在现实的房屋租赁市场运行中，房屋租金是由八项因素构成的，即折旧费、维修费、管理费、利息、地租、保险费、利润、房产税。

折旧费是房屋建筑装修的生产价格，即房屋出租经营的固定成本以特殊方式转移的价值的货币表现。

维修费是房屋修缮的生产价格，即房屋出租经营中，为维持房屋使用价值追加的流动资本所转移的价值的货币表现。

管理费包括两部分：一是房屋出租经营过程中所消耗的办公用品的价值或货币支出的表现；二是管理人员工资支出的货币表现。

利息是债务人向债权人支付的使用其资本的经济补偿，是剩余劳动所创造的价值的一部分。房屋租金中的利息是出租人的预付资本不能一次收回，而以加价方式得到的补偿，虽然类似补偿成本的性质，但从社会经济运行总体上看，本质上属于利润中分割的部分。

地租是土地所有者凭借其所有权获得的收入。房屋是建在土地之上的，房屋承租人租用房屋的同时也租用了房屋所依托的土地，因此，房屋租金中应包括地租。

房屋租金中的保险费包括两部分：一是出租经营部门为预防各种自然灾害，如水灾、火灾等造成的损失，对房屋固定资产所作的财产保险；二是对房屋经营管理部门的职工因年老、疾病、伤残等原因丧失劳动能力而设立的社会保险。这两部分保险或列入房屋保险费支出，或列入职工劳动保险支出。

房屋租金中的房产税，在房屋出租经营中类似于其他商品经营中的营业税，是房屋出租经营中必须支出的，是由税法的强制性决定的，不是成本性支出。

利润是剩余价值的一种转化形式。在社会主义条件下，是商品销售收入成本和税金之后的余额。在我国，利润一般专指企业利润，是房屋租赁价格的重要构成部分。

在房屋租金的八项构成因素中，如果从租赁价格构成上说，折旧费、维修费、管理费属于成本构成因素或房屋租金的成本范畴；其他五项属于盈利构成因素，或属于房屋租赁价格的利润范畴。

在现实生活中，或在房屋租赁市场运行的实践中，常常也把房屋租赁价格中属于为社会所创造的价值中的一部分（如银行借款利息支出，土地使用费的支出、保险费支出）纳入成本范畴中，这主要是为了经济核算，精确计算房屋租赁经营中全部货币费用支出，以及利用成本这个指标，加强对生产经营管理的全面考核和分析。但是，决不能因为房屋租赁实践中的这些现象，在理论上也认为这些因素属于房屋租金成本的构成部分。

3. 租金成本构成及其决定

成本是房屋租价构成的主要部分，是维持房屋再生产的最基本条件，是制定房屋租赁价格的最低界限。正确核算房屋租赁价格成本，使房屋出租最大限度地反映社会必要劳动消耗水平，并接近出租房屋的价值，才能适应房屋再生产的要求，满足城市人民对房屋的需求。根据房屋成本的构成，房屋租赁价格的成本由房屋的折旧费、维修费和管理费构成。

4. 房屋租金中赢利构成及其决定的方法

房屋租金中的赢利是由投资资本的利息、土地使用费、保险费、房产税和利润构成的。

房屋租金中的利息是把投入房屋租赁经营的固定资本作为借贷资金，以出租人为贷方、承租人为借方，由借方向贷方支付的经济报偿。计算利息的本金是投入房屋的固定资本，虽然由于它在租金中通过折旧费逐日收回而递减,但是租金不能逐日变动,故在房屋租金中采取平均计息的方法。在采用平均计息法计算利息时,应当按照让资本一部分一部分带着利息流回的特点,采用计算终身年金的动态公式计算,然后减去以直线法计算的折旧费(逐年偿还的本金),即为利息。

租金中的土地使用费,本质上是社会主义条件下的地租,包括绝对地租和级差地租。在社会主义社会,城市土地属于国家所有,由于种种原因,现在对地价的确定还不规范,但国家在征用农村集体所有的土地时支付的征地补偿费,实际上就是土地所有权转移时支付的代价。故应以它作为计算绝对地租地价的依据。级差地租应按级差投资和级差收益确定。

房屋租金中的保险费,属于财产保险的部分应按规定费率计算;属于社会保险的部分应当按照国家的有关规定确定和计算。

房屋租金中的利润是房屋出租经营中的企业利润,应按社会平均利润率确定和计算。

房屋租金中的房产税是一个独立租赁价格构成部分,它是根据国家有关税收规定,按照租金总额、一定的税率确定和计算的。

16.3.4 房屋租赁的条件、程序与合同

1. 房屋租赁条件

对于房屋出租的单位和个人有明确的政策规定,按照国家工商行政管理局《关于进一步加强房地产市场监督管理的通知》的要求,凡非国家定价出租的各种所有权房屋,其交易行为均应纳入房地产市场管理。从事房屋出租经营的单位和个人(居住用房租赁暂除外),须经工商行政管理部门依法核准登记,颁发营业执照后,方可开展出租活动。按照《城市房地产管理法(2007年修正)》的规定,"住宅用房的租赁,应当执行国家和房屋所在城市人民政府规定的租赁政策"。

原建设部发布的《城市房屋租赁管理办法》(1995年6月1日起施行)规定,有下列情形之一的房屋不得出租:

(1) 未依法取得房屋所有权证的;
(2) 司法机关和行政机关依法裁定、决定查封或者以其他形式限制房地权利的;
(3) 共有房屋未取得共有人同意的;
(4) 权属有争议的;
(5) 属于违法建筑的;
(6) 不符合安全标准的;
(7) 已抵押但未经抵押权人同意的;
(8) 不符合公安、环保、卫生等主管部门有关规定的;
(9) 有关法律、法规规定禁止出租的其他情形。

2. 房屋租赁程序

(1) 出租人向管理部门提出申请,领取《房屋租赁证》。出租房屋的单位或者个人首先向房屋所在城市区、县房屋主管机关的基层管理机构提出申请。属于涉外出租房屋的,向城市房地局房政处提出申请。经房屋主管部门审核符合规定的,发给房地局统一印制的《房屋租赁证》。属于涉外出租房屋的,在《房屋租赁证》上加盖"涉外"印章;属于临时房屋的,发给《临时房屋租赁证》。需提交资料:①房屋出租申请书;②房屋产权证明或批准建

房的合法文件和证明材料；③个人应提交房主的居民身份证明，单位应提交单位法人资格证明；④出租共有房屋的，应提交其他共有人同意出租的证明或委托书；⑤涉外的房屋须有公安部门的批准书。

(2) 寻找交易伙伴，签订租赁契约。

(3) 房屋租赁登记备案。房屋租赁双方达成协议并签订书面合同后，到房屋主管部门办理租赁备案手续。需提交文件：①房屋租赁合同；②房屋所有权证；③《房屋租赁证》或《临时房屋租赁证》；④当事人双方合法证件。

房屋租赁登记备案不等于简单的备案，登记本身包括审查的含义。房屋租赁审查的主要内容包括：①审查合同的主体是否合格，即出租人与承租人是否具备相应的条件；②审查租赁的客体是否允许出租，即出租的房屋是否是法律、法规允许出租的房屋；③审查租赁合同的内容是否齐全、完备，如是否明确了租赁的期限、租赁的修缮责任等；④审查是否按有关部门规定缴纳了税费。

主管部门审查合格后，核发房屋租赁证。房屋租赁证是租赁行为有效合法的凭证。租用房屋从事生产、经营活动的，房屋租赁证作为经营场所的有效凭证。租用房屋用于居住的，房屋租赁证可作为公安部门办理户口登记的凭证之一。通过登记的租赁活动，受法律保护。

3. 房屋租赁合同

《城市房地产管理法（2007年修正）》第54条规定："房屋租赁，出租人和承租人应当签订书面租赁合同，约定租赁期限、租赁用途、租赁价格、修缮责任等条款，以及双方的其他权利和义务，并向房产管理部门登记备案。"

房屋租赁合同是房屋出租人将房地产（租赁标的物）交付承租人使用、收益，承租人支付租金的合同。房屋租赁合同的主要条款包括以下五个方面：①租赁房屋的基本情况；②租赁期限；③租金及其支付期限和方式；④租赁物维修；⑤违约责任。

房屋租赁合同可以由房屋出租人与承租人双方自行签订，也可经由租赁代理机构代为签订。

16.4 发展和完善住房市场

为了保持国民经济的持续、快速、健康的发展，进一步发展房地产经济，切实解决居民的住房问题，必须全面发展多种形式的住房市场，即既要发展新建商品房市场，又要发展存量房市场，还要发展公有住房使用权市场。

16.4.1 住房市场构成及其发展

在我国条件下，城市住房由两种类型构成，即增量住房，也就是新建的住房；存量住房，也就是城市原有的住房，或者说在使用中的住房。存量住房的产权关系，存在两种情况：一种是产权属于居民的住房；另一种是房屋产权属于国家，职工拥有使用权（又称承租权）的住房。与此相适应，我国城市住房市场存在着三种情况，即增量住房市场，存量住房市场和公有住房使用权市场。增量住房市场和存量住房市场，都可通过买卖、租赁、抵押、交换、转让等方式进行交易，公有住房使用权市场只能通过转租、转让、互换、置换等方式进行交易。

发展住房市场，就是将增量住房市场、存量住房市场以及公有住房使用权市场全部向社会开放，允许居民以买卖、租赁、抵押、交换、转租、转让、互换、置换等多种方式进行交易。

16.4.2 发展住房市场，优化住房资源配置

发展住房市场，对于社会主义市场经济体制的建设、深化住房制度改革、激活住房市场、合理配置住房资源、促进居民住房消费、扩大内需、拉动经济增长，都有重要的意义。

(1) 住房市场是社会主义市场体系的有机构成部分，大力发展住房市场，不仅可以促进房地产市场经济体系的建设，而且可以促进社会主义市场经济体系的建设。

(2) 发展住房市场是深化住房制度改革的重要内容。我国城镇住房制度改革的目的，就是实现住房商品化。要实现这个目标，首先，就要把住房作为商品，纳入市场经济运行的轨道。不仅要把公有和私有的住房所有权作为商品，也要把公有住房使用权作为商品；其次，要全面开放住房市场，就必须允许所有的住房进入市场流通，既允许住房所有权进入市场流通，也允许公有住房使用权进入市场流通。

(3) 发展住房市场，有利于优化住房资源的配置，改善居民的住房条件。改革开放以来，我国城镇居民随着收入水平的提高，生活条件有了显著改善，但与经济发达国家相比，城镇居民收入水平还是比较低的，居住条件还是比较差的。就我国工薪阶层来说，要想购买住房，恐怕要花掉毕生的积蓄。相当多的职工家庭，要想改善住房条件，就必须将已购的住房卖掉，或将承租的公有住房使用权转让给他人，自己再增添一部分钱或向银行贷一部分款，才有可能购买新房。所以，只有大力发展住房市场，才能最大限度地增加居民住房消费，提高居民住房水平。同时，大力发展住房市场，才能满足不同住房消费群体的需求，使住房资源得到合理的配置，充分发挥住房资源在社会经济发展中的作用。

(4) 发展住房市场，才能使新建商品住房、存量商品住房、公有住房使用权住房，即各类住房进入市场，自由流动，激活存量，扩大增量，拓宽市场领域，带动房地产经济，从而促进整个国民经济的发展。

16.4.3 完善住房市场配套政策和制度建设

发展住房市场，必须进行住房市场配套政策和制度建设。

(1) 进一步完善住房市场法律、法规。随着社会主义市场经济体制建立，我国政府出台了一系列发展和规范房地产市场运行的法律、法规，特别是出台了一批关于已购公房、经济适用住房以及公房使用权上市交易的条例、规章、制度，这对于发展、规范和全面开放房地产市场有着重要的意义。但是这些法规、规章、条例和政策，有的还不够完善，有的适用范围较小。为了发展和规范住房市场，一方面，必须认真贯彻执行已经出台的政策法规，大力促进住房市场的发展；另一方面，还要继续完善住房市场的法律、法规，以便进一步发展和规范住宅与房地产市场。

(2) 降低住房交易税费，扩大住房交易数量。在市场经济条件下，住房交易必须缴纳有关税费。根据分税制设置的原则，住房与房地产交易税费，大都属于地方财政收取税种和规费项目等，可以由各地政府自己决定收取的种类和收取的标准。实践证明，凡是在住宅与房地产交易方面税费项目设置得少、收取标准低的城市，住宅与房地产市场，特别是存量房

市场，发展的就快，交易量就大；否则，住宅与房地产市场，特别是存量房市场，发展的就慢，交易量就小。因此，降低住宅与房地产交易税费，降低进入住房与房地产交易市场的门槛，对于全面开放和发展住宅与房地产市场有着重要的意义。

（3）简化手续，提高政府主管部门办事效率。简化住宅与房地产交易手续，提高政府主管部门的办事效率，是增加住房交易数量、促进居民住房消费的重要环节。近年来，国家主管部门一再要求各地政府简化交易手续、提高办事效率，并采取了许多有力措施，收到了明显的成效。但是，从房改房、经济适用住房，特别是公房使用权上市交易的情况来看，交易手段仍然比较复杂。这种状况主要是由两方面的原因引起的：一是关于划拨土地使用权转让问题，二是关于交易程序和房屋权属登记程序。

关于交易划拨土地使用权房屋简化手续的问题，各个城市的做法不同，效果也就不同。例如，交易一起以划拨方式取得土地使用权的房改房，有的城市要求买方到房地产行政管理部门签订土地使用权出让合同，交纳土地使用权出让金，然后才能进行交易。而办理缴纳出让金手续，至少要花费一周时间；有的城市则只要求卖方缴纳1%的土地收益金，不需办理出让手续，从而达到简便、合理、省时省力、方便群众的目的。按照我国《城市房地产管理法》第39条的规定，"以划拨方式取得土地使用权的，转让房地产报批时，有批准权的人民政府按照国务院规定决定可以不办理土地使用权出让手续的，转让方应当按照国务院规定将转让房地产所获收益中的土地收益上缴国家或作其他处理"。这就是说，以划拨方式取得土地使用权的房改房上市交易时，可以办理土地使用权出让手续，也可以不办理土地使用权出让手续，办与不办出让手续，由地方政府决定。实践证明，不办理土地使用权出让手续，改收土地收益金，就可以简化交易手续，提高办事效率。

（4）加强管理，规范中介服务。随着住房制度改革的深化、住宅与房地产市场的发展，住房与房地产市场成交量越来越大。由于住宅与房地产交易的特殊性和专业性，交易双方都需要中介机构提供咨询、评估、经纪代理服务。但目前中介服务市场运行还不规范，存在某些混乱现象。住宅与房地产市场交易当事人，一方面需要中介机构为他们提供多方面的服务，另一方面又害怕受骗上当。出现这种现象固然有多方面的原因，但最主要是政府主管部门对中介市场的管理比较薄弱。所以，必须加强房地产中介行业管理，提高房地产中介机构的资质条件，制定房地产中介服务标准，健全房地产中介服务体系，规范房地产市场交易行为，才能适应房地产市场发展的要求。

（5）严格执法，认真查处房地产市场的违规违法行为。全面开放住房市场，必须依法保护交易者的合法权益。建立正常的市场交易秩序，必须严格执法，做到有法可依，有法必依，执法必严，违法必究。对于违章违法行为，一定要依法查处。要建立市民投诉举报制度，并给投诉者以认真负责的答复，使住宅与房地产市场逐步走上规范化的道路。

-------------------- 本章小结 --------------------

房地产（房屋）在流通或交易中的两种最基本的形式是房屋的买卖和房屋的租赁。房屋买卖是一次付款，同时转移房屋的所有权和使用权；房屋的租赁是只转移使用权不转移所有权，一次付款取得的只是一定时期的使用权。

房地产（房屋）买卖市场的主要形式是：现房出售、商品房预购预售、房地产拍卖、以及房地产互换、赠与、继承等。房屋买卖必须签订房屋买卖合同,并到房地产主管部门登记备案,取得房地产权属证件才告完成。

房地产租赁市场包括住房出租、写字楼租赁、商业用房租赁和工业用房租赁。房屋租金是房屋一定时期(即租赁时期)使用权的价格。房屋租金或租赁价格是由成本和利润构成的。房屋租赁成本由房屋折旧费用、维修费、管理费构成;租赁价格利润由投资利息、地租、保险费、房产税、出租利润构成。房屋租赁应符合国家有关规定,签订租赁合同,才能在法律上得到保障。

我国房地产(房屋)交易市场虽然已经建立起来,并且有了一定程度的发展,但是发展的程度还不太高,运行还不太规范。所以进一步发展房地产交易市场、规范房地产交易市场运行,是发展房地产经济的一项重要任务。

复习思考题

(一) 名词解释

房屋交易　公房出售　商品房预购预售　房屋拍卖　房地产赠与　房屋租赁　商业用房　房屋租金

(二) 简答题

1. 简述房屋买卖与房屋租赁的区别与联系。
2. 简述房屋买卖的特点。
3. 房屋买卖的主要形式有哪些?
4. 预购房屋可以转让吗?转让预售房有哪几种情况?
5. 房地产拍卖包括哪几种情况?
6. 简述房屋买卖的条件与程序。
7. 房屋买卖合同必备的条款有哪些?
8. 房地产赠与的特点是什么?
9. 房地产继承的形式有哪几种?
10. 按照租赁房屋的用途不同,房屋租赁可分为哪几种类型?

(三) 论述题

11. 试述房屋买卖市场。
12. 试述房屋租赁市场。
13. 房屋租金的本质及构成因素分析。

第17章 房地产价格与房地产价格体系

【学习提要】 通过本章的学习，主要了解房地产价格的本质、功能和作用；掌握房地产价格决定因素和影响因素以及房地产价格的种类；了解房地产价格结构与体系，并懂得规范房地产价格的主要措施。

【关 键 词】 房地产价格　房地产价格决定因素　房地产价格影响因素　房地产价格体系　房地产价格管理

17.1 房地产价格的本质与功能

17.1.1 房地产价格的本质与构成

1. 房地产价格是房地产经济运行的核心

房地产价格是房地产市场经济运行的核心问题。根据马克思劳动价值理论的原理，价格是商品价值的货币表现。价值由生产商品时耗费的社会必要劳动时间决定。在商品市场上，商品价格的高低还受到市场供求状况的影响。价格同需求呈正比例关系，同供给呈反比例关系。

2. 房地产价格的构成

房地产商品作为一个总体，是由房产价格和地产价格综合构成的，这是由房地产的物质构成决定的。土地作为建筑地段起承载体作用，没有土地房屋便失去了依托。城市土地是投入大量人类劳动形成的，从产权的角度来说就是地产。城市地产是建筑地段和各种城市基础设施的总称。房屋是建筑工人按照规划和设计的要求，通过施工、安装，将各种建筑材料组合而成的总体结构。故在说到房地产的时候，总是指它们的综合体，房屋坐落在土地上，与土地不可分离。城市土地作为建筑地段如果脱离了其地上建筑物和构筑物，也就不成其为城市土地。房地产在物质上虽然是不可分的，但在理论价格构成上则可以把它们分为两个部分，即土地价格和房屋价格。

3. 房地产价格的本质

土地价格和房屋价格虽然都是价格，但是，房屋价格和土地价格的经济性质在本质上是不同的。

房屋是人们劳动的产物，房屋的价值和价格与其他商品的价值和价格在本质上是一样的，房屋的价值是由生产房屋时耗费（凝结）的社会必要劳动时间形成的与决定的。房屋价值是生产工人在生产房屋时，由具体劳动转移过来的生产资料价值和由抽象劳动形成的新价值构成。建筑工人新创造的价值可分为两部分，即为自己劳动形成的等于工人工资的价值和为社会劳动形成的分为税金和利润的剩余价值，用公式来表示就是：$C+V+M$。C是生产资料转移过来的价值，V是建筑工人的工资，M是建筑工人为社会劳动创造的剩余价值。该价值的货币表现就是房屋的价格。即房屋的价格是房屋价值的货币表现，是房屋价值的价格。

土地价格与房屋价格是不完全相同的。按照马克思主义的价值理论和地租与地价的理论，土地是自然生成物，不是人类劳动的产品，没有人类劳动物化在里面，所以土地本身是没有价值的。土地价格是地租资本化的价格。但是城市土地是人类长期劳动的结果，投入了人类的大量劳动，这些劳动形成的价值就是马克思所说的土地资本。在现实经济运行中，土地价格由地租和土地资本价值构成。进一步就是由土地的绝对地租、级差地租（有时还加上垄断地租）以及土地资本构成的。即是人们所说，土地价格由土地的资源价格和土地的资本价格构成。

在中国城市土地国家所有制的条件下，城市土地价格实际上是城市土地使用权价格。但不管怎样，由土地投资或土地资本所形成的价格，是价值的价格，这与普通商品的价格是一样的，是由劳动形成的；由土地本身或由地租形成的价格，不是土地价值的价格，而是土地使用权的价格，是土地所有权在经济上实现的形式。由此决定的土地的价格，以及由土地价格和房屋价格结合而成的房地产价格，与普通商品的价格存在着一些本质上的差别。研究房地产价格的一个重要方面，就是认识这些本质上的差别，或房地产价格的特性。

17.1.2 房地产价格的功能与作用

在市场经济条件下，房地产价格在房地产经济发展和房地产经济运行中有着重要的功能和作用：

（1）传导信息的功能和作用。房地产价格是房地产市场供求状况的反映，房地产市场主体可以通过房地产价格，判断房地产市场供求状况，为房地产生产、分配、流通和消费领域的各类经济主体提供可靠信息，使他们在房地产经济活动中作出正确决策；

（2）配置资源的功能和作用。房地产价格变动可以引起供给和需求、生产和消费的变动，进而引起房地产资源的流向变化，起到调节社会资源分配的作用；

（3）促进技术进步，提高社会劳动生产力的功能和作用。房地产企业为了在市场竞争中取胜，需努力改进技术、提高劳动生产率、降低成本，使房地产个别价值低于社会价值，取得超额利润，从而促进房地产和整个社会的技术进步，提高房地产部门的劳动生产力水平，促进社会生产的发展。

17.1.3 房地产价格的特点

土地价格是房地产价格的构成部分，它不是土地价值的价格，而是地租资本化的价格。因而，土地的价格和房地产价格不是完全由劳动形成的价值所决定，它们与普通商品的价格有许多不同的地方，具有特殊的运动规律。具体来说，有以下特点：

（1）土地价格是地租资本化的价格。因此，土地价格不是由价值决定的，而是由地租和利息决定的；

（2）土地的有限性和稀缺性决定了土地的价格主要是由土地市场的需求决定的；

（3）土地位置的不动性，使房地产（土地）的价格具有地方性；

（4）土地位置的不动性或固定性，以及自然的差别性，使房地产（土地）价格具有个别性；

（5）随着经济社会发展和城市化的进行，对土地的需求不断地增长，而土地的有限性则决定了土地（房地产）价格随着社会经济的发展呈不断上涨的趋势。

17.2 决定和影响房地产价格的因素与房地产价格的种类

17.2.1 决定房地产价格的因素

房地产价格是由土地价格和房屋价格决定的。虽然土地价格的决定因素和房屋价格的决定因素不完全相同,但最终都是由生产和再生产它们的社会必要劳动时间和社会经济关系决定的。

17.2.2 影响房地产价格的因素

影响房地产价格的因素很多,除了房地产在生产和流通中的因素之外,还有另外一些因素,其中主要的是:自然因素、社会因素、经济因素、行政因素等。这些因素还可以进一步分解为物理因素、环境因素、行政因素、经济因素、人口因素、社会因素、心理因素、国际因素和其他因素等。

1. 经济因素

影响房地产价格的经济因素主要是经济发展状况;储蓄、消费和投资的水平;财政收支和金融的状况;物价水平,特别是建筑材料价格的水平;建筑人工的费用;银行利率;房地产投资,特别是房地产的供求等。大体来说,经济发展速度越高,储蓄消费和投资水平越高,财政和金融状况越好,对房地产的需求就越大,房地产的价格也就越高;否则就相反。房地产建筑费用越高,建筑工人水平越高,房地产价格也就越高,对房地产的需求就会减少,房地产价格也会下降;否则就相反。物价水平对房地产价格也是呈正比例的影响。

在房地产价值一定的情况下,房地产的价格决定于房地产的供求。在房地产供给一定的情况下,如果需求增加,房地产价格就上涨;如果需求减少,房地产价格就会下降。在房地产需求一定的情况下,如果供给增加,房地产价格就会下降;如果供给减少,房地产价格就会上涨。一般来说,房地产的供求大体上有以下几种类型:全国房地产的供求状况;地区房地产的供求状况;某类房地产的供求状况;某地区某类房地产的供求状况等。由于房地产位置的固定性,使用方向变更的困难性,由此决定的房地产供求对价格的影响,主要是由某地区和某类房地产的供求状况决定。

2. 物理因素

影响房地产价格的物理因素,主要指房地产自身的自然或物理的性质等因素。包括以下内容:

(1) 位置。房地产坐落的位置不同,价格就会有很大的差别。房地产位置可分为自然位置和社会位置。自然位置虽然是固定不变的,但社会位置却是在不断地变化。

(2) 地质。地质条件决定着土地的承载力。凡是地质坚硬的地段,土地的承载力就大,从而成为优良的建筑地段。地质条件与土地价格呈正比例关系。

(3) 地势。地势是一块土地与相邻地块相比较来说的。地势对房地产价格的影响,主要是由与周围道路的衔接程度决定的。在一般情况下,地势高的房地产其价格高于地势低的房地产。

(4) 地形。地形是同一块土地内部表面的起伏程度,亦即平坦的程度。一般情况下,地面平坦的土地价格较高，地面不平坦的土地价格较低。

（5）土地面积。在相同的情况下，一般来说，土地面积越大，土地的价格就越贵；土地面积越小，土地的价格就越便宜。

（6）土地形状。土地有的形状规则，有的形状不规则。一般来说，土地形状规则的，土地价格较高，土地形状不规则的土地价格较低。

（7）日照程度。一般来说，日照程度好的房地产价格就高；相反，日照程度差的，房地产价格就低。

（8）通风、风向及风力。在正常情况下，通风情况好的，房地产价格一般来说较高，通风状况差的一般来说房地产价格较低。房地产处于上风向地区，房地产价格较高；下风向地区，房地产价格较低。风力对房地产价格的影响在不同的地区是很不相同的。在风灾存在的情况下，风力越大，房地产价格越低；风力越小，房地产价格越高。在正常的情况下，风力大，通风好，房地产价格较高。

（9）温度、湿度和降水量。在正常情况下，温度、湿度和降水量对房地产价格影响不是太大。在特殊情况下，即在温度、湿度和降水量过剩或不足的地区，则会对房地产价格产生明显的影响。

（10）天然周期性的灾害。天然灾害主要是由于江、河、湖、海等形成的周期性水灾。一般来说，存在天然周期性灾害的地方，房地产价格自然较低。但是，如果投资建筑了防灾工程，由于成本增加，房地产的价格也就会提高。

（11）建筑物的外观。建筑物的外观包括建筑物的样式、风格和颜色，对于房地产价格也有很大的影响。一般来说，建筑物外观样式新颖、颜色协调、消费者感觉好，房地产的价格就高；反之，价格就低。

（12）建筑物的朝向、结构、内部格局、设备、施工质量等对房地产价格均有影响。

3. 环境因素

环境因素主要是指房地产周围环境的状况。包括以下内容：

（1）噪声。汽车、工厂、建筑工地、人群等，都会形成各种噪声。噪声大的地方，房地产价格相应地比较低；噪声小的地方，房地产价格相应地比较高。

（2）空气状况。空气清新的地方，房地产价格比较高；空气污染的地区，房地产的价格比较低。

（3）环境整洁程度。一般来说，环境卫生好、环境整齐、景观美丽，房地产的价格就比较高，否则就比较低。

4. 行政和政策因素

行政政策因素主要是关于影响房地产价格的制度、政策、法规、行政措施等因素。包括以下内容：

（1）土地制度。土地制度对于房地产价格的影响是很大的。在中国传统土地管理体制下，土地不是商品，因而根本不存在地租和地价。在商品经济条件下，或在市场经济条件下，土地是商品，有价格，而且土地的价格随着社会经济的发展、对土地的需求不断的增长，越来越高。

（2）住房制度。住房制度对于房地产的价格影响是十分巨大的。在传统体制下，住房不是商品，住房是作为福利设施提供给居民的。因此房租和房价都很低。改革开放以来，根据社会主义市场经济发展和运行的规律，逐步把住房纳入了市场经济运行的轨道，实行住房商品化的政策，住房价格逐步接近或者基本上符合住房商品的价值，因而使房地产的价格不断提高。因此，是否实行住房商品化的政策，成为决定房价高低的重要因素。

（3）城市规划、城市发展战略和城市土地利用规划。这些因素对于房地产价格都有着重大的影响。特别是城市规划对于土地用途、容积率、覆盖率以及建筑物高度指标的规定，对于土地价格的影响极大。

（4）房地产价格政策。国家关于房地产价格政策一般采取三种形式，即计划价格、指导价格（幅度价格）和市场价格。计划价格就是由国家计划决定房地产的价格，任何人不能轻易变动；幅度价格，就是国家规定房地产价格变动的一个幅度，房地产买卖者或经营者可以在一定的幅度范围内变动价格；房地产市场价格就是由房地产买卖者根据市场供求等情况，在市场上自由决定房地产的价格。

（5）税收政策和税收制度。不同的房地产税收政策和税收制度，对于房地产价格的影响是很大的。税种不同，税率不同，对房地产价格的影响也就不同。

（6）交通状况。交通状况对于房地产价格的影响来源于交通是否便利和交通管理两个方面。处于交通便利的地方，房地产价格就高；否则，房地产价格就低。同时，交通虽然便利，但是受交通管制较多，房地产价格也会受到影响。

（7）行政隶属关系的变动。在国家行政建制中，把农村升为集镇，把集镇升为城镇，把城镇升为市，把县级市升为地级市，把地级市升为省辖市等，每升一级都会引起房地产价格的上涨。同样，把比较落后的地区划归先进的行政区领导，也会使原来落后的地区的房地产价格上升。所以，行政隶属关系对于房地产价格也有重大的影响。

5. 社会因素

社会因素主要是政治安定状况、社会治安程度、房地产运行的状况、城市化的水平、人口状况等。

（1）政治安定状况。政权稳定，政治生活安定，房地产价格就比较高；政治不安定，政权不稳固，房地产价格就比较低。

（2）社会治安程度。社会治安状况较好，房地产的价格就高；否则，房地产的价格就低。

（3）房地产投机。房地产投机对房地产的价格是会发生影响的，而且影响的程度和方向在不同的情况下是不同的。

（4）城市化的状况。城市化是社会生活的大变动，是农村人口向城市转移的一个过程。由于农村人口大量地、迅速地向城市转移，造成对城市房地产的大量需求，在房地产的供给赶不上房地产的需求时，房地产的价格就会上升。一般来说，在城市化时期，房地产的价格总是处于上涨的趋势。

（5）人口因素。人是房地产需求的主体，人口数量、人口素质、人口家庭构成、人民生活水平等，对房地产价格都会产生影响。人口数量与房地产价格呈正比例关系。人口素质越高，对房地产的质量与数量以及房地产周围环境的要求也就越高，由此决定的房地产的价格也就越高。家庭的数量和家庭人口的构成，对房地产价格也有着重要的影响。一般来说，家庭数量多，家庭人口的数量多，都会增加对房地产的需求数量，房地产价格就会上涨。收入越多，家庭生活水平越高，对房地产的需求也就越大，房地产的价格也就越高，反之亦然。

6. 心理因素

人们的心理状态对房地产价格也有重大的影响。主要表现为：购买或出售的心态；欣赏趣味；时尚风气；接近名家的心理状态；讲究门牌号码和土地号码；讲究风水；价值观的变化等。

7. 国际因素

国际因素主要是：国际政治状况；国际经济发展状况；国际军事状况；国际竞争状况等。

17.2.3 房地产价格的种类

房地产是一个巨大的产业体系，房地产经济和房地产市场运行极其复杂，适应房地产经济不同的运行情况以及房地产交易的关系，决定着房地产价格有不同的种类和不同的运行类型。

根据不同的标准，可以把房地产价格划分为不同的类型或种类。

1. 地产价格、房产价格、房地产价格

在物质形态上，房地产由地产和房产构成，是不可分的。但是，在价值形态上，房地产可分为地产价格、房产价格、房地产价格。地产价格即土地价格，简称地价。在一定的情况下，土地是可以单独存在的。房产价格即房屋本身的价格，是在建筑房屋花费的劳动所形成的价格；房地产价格即房产、地产结合在一起所形成的价格，是地产价格和房产价格的综合体。这三种价格形态存在的基础是：单纯的地产；单纯的房产；房地产的综合体。

2. 房地产理论价格、评估价格、市场价格

房地产理论价格即由房地产的价值决定的价格，它是由在生产房地产商品时消耗的社会必要劳动时间决定的。房地产评估价格，是根据估价理论、方法和程序，评估出来的房地产价格。房地产市场价格，是房地产商品在市场交易中形成的价格，它是房地产的买卖价格。

3. 房地产总价格、单位价格、楼面地价

房地产总价格，是关于一宗房地产或一个单位房地产的总体价格。房地产总体部位不同，房地产的总价格也就不同。房地产总价格不能表明房地产的价格水平。房地产单位价格，是单位土地面积或单位房屋建筑面积的价格。房地产单位面积计算方法，在不同的国家，也是不相同的。住宅的单位还可以分为建筑面积、使用面积、居住面积等。以它们作为计价的单位就成为楼面地价。

4. 所有权价格、使用权价格

房地产所有权价格，是由于房地产在买卖过程中不仅转移了房地产的使用权，而且转移了房地产的所有权，这样形成的价格就是房地产所有权的价格。在房地产买卖过程中，不转移房地产所有权，只转移房地产使用权，这样形成的价格就是房地产使用权价格。房地产使用权价格就是房地产的租赁价格。

在中国，城市土地属于国家所有，土地市场上交易的只是土地的使用权，土地价格也是使用权价格。在现实生活中，房地产所有权价格是房地产的买卖价格；房地产使用权价格则是房地产的租赁价格。

5. 协议价格、招标价格、拍卖价格

这些土地价格形态，是与城镇土地使用权出让形式相联系的价格形态。中国是社会主义

国家，城市土地是属于国家所有的。因此在城市土地市场买卖的只是土地的使用权，而不是土地的所有权。由于土地出让的方式不同，所以土地使用权价格就采取了不同的形态。以协议方式出让土地使用权的，土地价格就采取了协议价格的形态；以招标方式出让土地使用权的，土地价格就采取了招标价格的形态；如果以拍卖方式出让土地使用权的，土地价格就采取了拍卖价格的形态。

6. 抵押价格、课税价格、征用价格

抵押价格是为了向银行取得贷款，把房地产作为抵押品而对房地产评估的价格。课税价格是政府为了课征税收，对房地产评估出来的价格。这种价格是政府向房地产所有者征收税收的依据。房地产征用价格是政府为了特定的目的，对被征用的房地产进行补偿的一种价格形态。这三种价格形态都是经过评估人员评估得出来的，都是为了服务于特殊的目的的。

7. 基准地价、标定地价、市场地价

国家为了发展房地产经济、发展房地产市场，以及对房地产市场进行有力的调控，在对城市土地分等定级的基础上，对各级土地确定一个最基本的价格，就是基准地价。这也是土地出让的底价。标定地价是在基准地价的基础上，考虑了每块土地的具体情况，也就是说考虑了影响土地价格的其他因素而确定的土地的价格，标定地价接近于土地的市场价格。土地市场价格是在土地市场的交易过程中形成的价格。这是土地现实的价格。土地的基准价格是土地的标定价格和土地的市场价格的基础。

8. 公告地价、申报地价、公告现值

这是中国台湾地区土地经济运行中的一组土地价格。公告地价，相当于中国大陆的标准地价。申报地价，是土地的所有者根据公告地价向政府申报的自己的土地的价格。公告现值，是政府对其管辖范围内的土地，根据市场的状况，每年编制和公布的土地的现时价格。

另外，在房地产经济运行中还有一些价格形态，如最高限价、最低限价，以及计划价格、指导价格、平均价格、成本价格、销售价格等。

17.3 房地产价格体系

房地产的不同构成以及房地产的巨大体系，决定了房地产价格也是一个复杂的构成体系。大体上说，房地产价格可以分为土地价格系统和房地产价格系统。在土地价格中，由于土地产权关系的不同以及其在运行中交易方式的不同，呈现出不同的形态；在房地产价格中，主要是房地产（房屋）买卖价格、房地产（房屋）出租价格和抵押价格。在房地产出售中，价格又有不同的形态，如房屋的出售价格和房屋的租赁价格的比价等。房地产各种价格形态的总和，就构成了房地产价格体系。

17.3.1 房地产价格体系分类

房地产本身或房地产物质是一个复杂的体系，它是由各种类型的房屋构成的，其中主要是住宅、办公楼、商业楼、工厂厂房等。各类房屋又有不同的档次、不同的地段、不同的朝向、不同的质量等，由此决定了房地产的价格也是各不相同的。房地产的价格是多种多样的，根据不同的标准，可以把它们划分为不同的类型，构成不同的体系、结构。如果从房地产经济运行方面，或者从房地产生产和再生产方面看，在完善的市场经济下，房地产价格体系主要是由房地产生产价格（社会成本加平均利润）与房地产市场价格（考虑到供求关系）构成的。如果从我国房地产运行的实际情况出发，即在我国转轨时期，除放开的商品房价格外，其余房地产价格都不同程度地受到国家的干预，即国家的管理与调控。因此在目前的条件下，房地产价格的体系大体构成如图17-1所示：

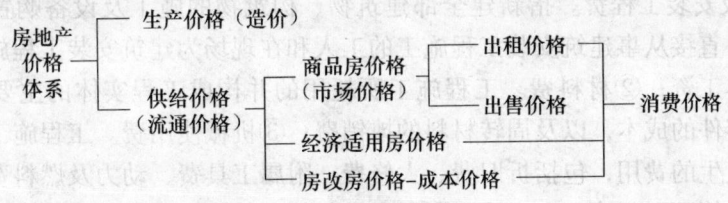

图17-1 房地产价格的体系构成

从房地产价格体系图表可以看出，我国房地产价格是由生产价格，即造价；供给价格（或流通价格），即商品价格、经济适用住房价格、房改房价格；消费价格，即从消费者方面看，主要是商品房出租价格、商品房出售价格、经济适用住房价格、房改房的成本价格等构成的。

17.3.2 房地产生产价格（房地产造价）

目前，中国城市房地产生产和建设都是以综合开发形式进行的，房地产的生产价格一般都以综合开发造价的形式出现。中国各地的房地产综合开发造价虽然由于地区的不同而有所差别，但是它们的主要内容是相同的。目前房地产综合开发造价大体包括以下内容：

1. 土地开发成本

土地开发成本构成为：

（1）土地征用及拆迁费。新区开发含对土地所有者的安置费、树木青苗补偿费、土地附加物补偿费、土地补偿费及迁坟、鱼塘、养殖场的拆迁赔偿费等。旧城区开发含动迁户临时安置的安置费、自行安置的补助费、私房征购费等。

（2）土地购置费。双方在土地交易中发生的价款。

（3）出让金。国家收取的款项，包括市国土资源局收取的和国家收取的两部分。

（4）七通一平费。指开发区内的市政工程建设费，包括开发区内的供水、供电、排洪、排污、供气、通讯及道路建设费用。

（5）耕地占用税。

（6）耕地开垦费。

（7）征地管理费。指为组织与管理土地开发工程而支付的各种费用。包括管理人员工资、生产工人辅助工资、工资附加费、办公费、差旅费、职工教育费、固定资产使用费、检验试验费、劳保技安费等。

（8）占耕地教育费附加。

（9）新增建设用地有偿使用费。

（10）南水北调费。

（11）新菜田开发基金。

（12）出让金业务费。

（13）契税。

（14）利息。目前，国内外银行提供贷款均是以复利法计算利息的，所以开发工程的贷款利息应以复利计息计入成本。

2. 建筑及安装工程费

（1）建筑及安装工程费。指新建全部建筑物、构筑物的施工及设备购置费用，主要包括：①人工费。直接从事建筑安装工程施工的工人和在现场为建筑安装工程施工操作服务的辅助工人的基本工资；②材料费。工程施工所耗用的并构成工程实体的主要材料、其他材料、结构物及零件的成本，以及周转材料的摊销费；③机械使用费。工程施工过程中使用的机械动力设备发生的费用，包括折旧费、大修费、附属工具费、动力及燃料费等；④施工管理费。为组织和管理工程施工和为施工服务而支付的各种费用，主要包括工作人员工资、工资附加费、办公费、差旅费、检验试验费；⑤设备购置及安装。包括各种设备的购置及安装费，涉及供热及换热站，供电设备、安装（外接及配电室、配电箱费用），电梯安装。

（2）小区内公共服务及建设费。指按规划要求兴建中小学校、幼儿园，健身设施或用房，医院，派出所，环境卫生用房，物业管理用房（保安监控室），居委会，商店，停车场（洗车场），其他服务设施的费用。

（3）小区内公共设施配套工程建设费（单指工程施工费用）。指按规划要求兴建道路、停车场、地面硬化、围墙、排水、排污管道，供水管道、二次加压，监控系统，供电线路、路灯，宽带及机房，有线电视，通讯线路，供热管道及换热站，园林、绿化工程的费用。

3. 基础工程费

主体工程基础费用。

4. 城市基础设施配套费

该项费用主要包括：渣土费、人防费、中学增建费、城市基础设施配套费、旧城改造费、公建地费、墙改费、便道占用费、环境保护监察费、城市绿化费。

5. 前后期费用

该项费用主要包括：勘察设计费，监理费，招标费，质检费，测量、放线费，价格评估费，综合开发管理费，房屋所有权登记费，房屋所有权登记工本费，物业前期费，散装水泥限袋费，工程质量监督费，工程造价管理费，安全监督费，劳动定额测定费，外省承包工程管理费，施工图纸审查费，预算费，施工噪声管理费，以及专家评审费。

6. 预备费

该项费用主要包括：热力补贴费、专家评审费、供暖、煤气集资、煤气施工、供电、供水外接以及排污费。

7. 经营管理费

企业运行项目管理过程中所发生的费用。具体包括：监察审计费、资质年审费、营业执照年审费、治安费、卫生费、行业管理部门培训费、城市交通集资费、报刊费、街道管理费、计划生育管理费、社会统筹以及教育基金。

8. 贷款利息

项目贷款或投资款项的计息，各银行是以复利计息的。

9. 不可预见费

不可预见费是建设期可能发生的风险因素导致的建设费用增加的部分。

10. 销售、广告费

该项费用主要包括：销售提成费用、广告费以及销售营业税。

11. 各种税费

国家和地方政府征收的企业所得税、印花税等。

12. 利润额

利润额是房地产销售收入减去各种成本、费用和税金后的余额。

目前，中国房地产的综合造价基本上就是由上述12类项目构成的。

17.3.3 房地产流通价格

在房地产交易市场上，房地产的交易可以采取两种不同的方式，即房地产的出售和房地产的出租。因此房地产的价格可以分为售价和租价。

房地产的出售价格是房地产开发企业向社会销售房地产商品的最终价格。房地产商品的出售价格，是由以下部分构成的：房地产商品的进价＋流通成本＋税金＋利润。

房地产租赁价格就是租金。房地产的租赁价格是房地产的所有者分期出售房地产的使用权得到的价格补偿，也是房地产市场价格的一种主要形式。

根据马克思的劳动价值理论、固定资本折旧理论和固定资本更新理论，房地产的租金，是由房地产在再生产过程（即在房地产的生产、维修、管理过程）中所耗费的全部劳动决定的。具体地说，房地产租赁的理论价格是由折旧费、维修费、管理费、利息、税金、地租、利润、保险费构成的。

17.3.4 房地产的消费价格

在中国目前条件下，居民住房消费价格就是房地产企业或国家向城市居民出售住房的价格。居民购买住房的消费价格，目前大体上可以分为两种情况：一种是根据《国务院关于深化城镇住房制度改革的决定》和近年来的有关住房政策，向城镇居民出售住房，并采取三种不同的价格形式，即市场价格、成本价格或微利价格、廉租价格。这是按照住房供应新体制确定的住房价格形态。另一种就是房改售房的价格。

根据住房供应新体制的要求，高收入家庭购买商品住宅，实行市场价格；中低收入家庭购买经济适用住房，实行政府指导价格；低收入家庭承租廉租房，国家给予一定的补贴。商品房的价格是由房屋的建造价格加流通成本再加流通利润构成的。向中低收入的家庭出售的住房，是按照房屋的成本价格或微利价格出售的。成本价格是由征地拆迁补偿费、勘察设计和前期工程费、建安工程费、住宅小区市政设施配套费、管理费、贷款利润、税金七项构成。如果加3%的利润，即成为微利价格。廉租房的租金价格低于房屋的成本价格。

17.4 房地产价格管理

改革开放以来，随着房地产市场发展，国家宏观经济调控逐步到位，社会主义市场经济体制逐步建立，房地产价格也逐步向规范化方向发展。但是，在房地产价格方面还存在着许多问题。这些问题，就构成为房地产价格管理的主要任务。

17.4.1 房地产价格运行基本状况及其原因

20世纪90年代以来,特别是21世纪初期以来,我国房地产价格基本上处于偏高的状态。尤其是2003年以来,在一些大城市,房地产价格上涨较快,涨幅较高,成为社会各方面关注的"热点"问题。

我国一些大城市的房地产价格偏高,主要表现在以下三个方面:

(1) 房地产价格上涨的幅度高于其他产品价格上涨的幅度。

(2) 我国一些大城市的房地产价格水平高于发达国家大城市,如日本东京、美国纽约、法国巴黎等的房地产价格水平,但我国大城市的居民收入水平却远远低于这些发达国家大城市的居民收入水平。

(3) 居民收入与住房价格比大大高于国际公认的标准,国际上公认的标准是1:(3~6),而我国高达1:(10~20)。

我国一些大城市住房价格偏高,大体上是由于住房价格构成以及各个构成部分在房价中所占的比重不合理所造成的。我国大城市的住房价格构成大体如下:

(1) 土地成本(费用)不断提高。包括土地出让金、城市基础设施和各种配套费用等,大约占住房价格的20%~40%。

(2) 建安成本费用上涨。包括勘察、设计等费用,材料、建筑、安装等方面的费用,开发商的开发经营成本(即招投标费用、融资成本或费用、管理费用等),大约占住房价格的30%~40%。

(3) 税费偏高。包括开发经营中各种税费、规费、手续费等,大约占住房价格的20%~30%。

(4) 开发企业利润过高。大约占住房价格的15%~30%。

在国外的住房价格构成中,地价、税费等约占住房价格的20%,建安成本占73%,房地产开发企业利润只占7%。

17.4.2 规范房地产价格构成,理顺房地产资金运行渠道

1. 深化经济体制改革,理顺房地产资金运行渠道

深化经济体制改革,理顺资金运行渠道,是规范房地产价格的首要任务。我国房地产价格构成因素中带有许多计划经济体制下的经济运行因素。这些因素作为房地产价格(特别是住房价格)的构成部分,完全由居民个人承担,显然是不合理的。这些因素主要是:

(1) 小区附属工程费。这部分费用应当随着城市经济体制改革的深入进行,由煤气、热力、电力等部门按照市场方式经营,由它们投资,然后直接向居民收取费用,而不应当包括在住房价格中。

(2) 小区内公共服务配套工程及建设费。按照性质划分,小区内的公共服务配套工程大体上可以分为商业网点、文教卫生、行政事业配套工程三类。第一类是经营性的配套工程,可以通过经济体制的改革,由自负盈亏的经营性实体解决;第二和第三类,应当通过文教卫生和行政事业单位的行政拨款予以解决。

(3) 四源费。包括自来水厂、污水处理厂、煤气厂、热力厂的建设费用。根据这些费用的经济性质,应当通过自来水厂、煤气厂、热力厂对使用者实行收费制度加以解决,不应

当把它们包括在房地产的开发建设成本中。

（4）大市政费。应当根据市政公用设施的经济性质，通过城市公用设施改革和城市税收制度改革，逐步地加以解决。

2. 规范政府行为，理顺税费关系

严格根据市场经济运行规律，科学地确定房地产价格中应当包含的税费种类和税费收取标准，是规范房地产价格的一个很重要的问题。中央和各级地方政府，在规范房地产市场运行和房地产价格构成方面，虽然针对房地产收费方面存在的问题进行了整顿，调整和废除了一些明显不合理的房地产收费项目。但是，问题的关键是要按照市场经济体制的要求，根据房地产经济运行的特性，规范房地产收费项目和收费标准，使房地产收费工作走上规范化的道路。

3. 规范土地市场和土地使用权价格

我国房地产价格不合理的一个重要原因，是由于土地价格运行不规范造成的。因此要规范房地产价格，就必须进一步垄断土地一级市场，逐步建立土地有形市场，规范土地出让、转让行为和土地使用权价格。

（1）进一步规范征地行为和土地征用价格。地方各级政府在征购或征用农村集体经济组织土地时，必须严格执行国家有关规定，进一步规范征地行为，科学地确定土地的征购价格。

（2）进一步规范土地出让行为和土地出让价格，应当坚决禁止"炒卖"土地的行为。在土地出让方式中，尽量采用比较符合市场经济运行的招标、拍卖方式。在协议出让土地使用权时，也必须对土地价格进行评估，最大限度地减少协议出让土地过程中的不规范行为，增加土地出让市场的透明度，逐步把土地使用权市场交易纳入公开、公正、公平的轨道。

（3）建立健全土地使用权市场，尽快把划拨存量土地纳入市场经济运行的轨道。

（4）建立健全土地基准地价制度，规范市场主体行为。政府可以把基准地价作为房地产市场宏观调控的重要杠杆和手段，充分利用基准地价，规范房地产市场价格形成机制，发挥它控制地价、指导市场、优化土地资源配置的巨大作用。

4. 规范房地产开发企业利润

房地产业是一个巨大的产业体系，房地产业的产品生产投资数额大，产品生产期长，每一件产品都是由成千上万件部件构成的。因此产品的部件构成和投入资金的情况以及现金流量是各不相同的，这些都影响着产业的成本及利润。业内人士说得很清楚：在房地产开发总成本中，"土地价格"（系指在"炒作"以后形成的土地价格）大体上要占到产品成本的20%～30%。但是，进入房地产成本的土地价格与土地出让金是不同的，土地出让金是国家把土地使用权出让给开发企业时的土地使用权价格，"土地价格"是通过"炒作"以后形成的。而且这种"炒作"往往是在内部进行的，即在一个大的房地产集团公司内部有许多子公司，当一个子公司获得一块土地使用权后，就把它转让给另一个子公司，然后这个子公司再把它转让给另一个子公司。这样通过几次"炒作"之后，土地价格就涨上去了。房地产企业就把这种"炒"上去的名义"土地价格"作为费用，计入住宅与房地产成本。

另外，开发成本也不等于开发商的实际开发费用。开发商往往向公众表白，为了开发建设几万甚至几十万上百万的某个工程项目或住宅小区，总投资约几亿元甚至几十亿元，开发商就是按照这个投资额加到房地产价格中去的。实际上，房地产开发建设有一个周期，少则几年，多则十几年，资金是逐步投入的。而且投入的资金的来源也有很多渠道，并不完全是开发商自己的资金。开发商可以从银行等金融机构取得贷款，也可以通过房屋预售取得现金，事先收回投资。并且在工程项目招标中，开发商往往还要求建筑商带资承包。所以，开发商开发建设的工程项目的投资总额，与其实际投入的资金有很大的差距。但是开发商的利润，则是以总投资额计算的，从而形成虚假的利润。

17.4.3 建立市场形成价格机制，加强对房地产价格的调控

我国经济体制是市场经济体制，我国房地产经济是房地产市场经济。根据市场经济的要求，理顺和规范房地产价格的最重要的措施是逐步建立通过市场形成房地产价格的机制。但由于房地产市场不是完全竞争的市场，具有一定程度的垄断性，所以国家还必须加强对房地产市场的调控和管理，把"有形的手"与"无形的手"有机地结合起来。

(1) 建立和健全房地产价格政策体系。根据房地产价格的特殊性以及其功能和作用，国家应当建立和健全各类房地产价格政策体系。根据住房的性质及住房供给体系，住房价格采取了三种形式，即对供给最低收入者的廉租房实行国家定价；对供给中低收入者的经济适用住房实行国家指导价；对于高收入者，供给商品房的价格由市场决定。楼堂管所等高档房的价格实行市场价格，以价值规律和供求规律自发调节价格。对于其他厂房、商业店堂、服务场所等一般用房的价格，实行以市场调节价格为主的形式，即由市场形成价格。

(2) 完善房地产价格评估机构和制度。这主要包括两方面的工作：一方面，所有进入市场的房地产，都必须经过国家批准的房地产价格评估机构评估，按照法定程序办理评估手续。凡未评估或未经过国家认可的评估机构评估的房地产不得进入市场；另一方面，国家应尽快出台房地产价格评估的法律法规，制定房地产价格评估的管理方法以及公正、合理、科学的房地产价格评估标准，实现房地产价格评估规范化、制度化，同时努力提高房地产价格评估人员的业务水平和职业道德水平，加大房地产价格监督检查的执法力度。

(3) 做好房价收入比的测算工作，规范住房供应体系价格。房价收入比作为综合反映住房供应与住房需求关系的一个比数，是衡量居民对住房价格承受能力的重要指标，也是国家研究和制定住房补贴政策、补贴标准及确定保障性住房比例的重要依据。同时国家还可以根据这个比值，有目的地进行价格的间接调控，使之趋于合理。由于在测算房价收入时，涉及很多因素，这些因素又多为变量，所以必须对房价收入比的测算和确定作出具体的规定。房价和收入都是地域性和时效性很强的市场要素，只有经过认真测算才能科学地确定其合理的比值，并根据其比值，调整有关政策。

(4) 提高住房质量与调控住房价格。住宅的质量问题涉及到住宅的设计、施工、材料、设备等因素。目前，住房质量在总体上是不断提高的，但是局部的质量问题还很多。但每一个局部问题，对于某一个置业者来说，就不再是局部问题，而是一个全局的问题。所以在住房质量上不能满足于总体，必须对每一个消费者负责。住房标准问题，除了面积大小之外，更多的是涉及住房性能及舒适度，如用地的容积率，环境的生态质量，单体的节能、节水性能，智能通讯、供热、空调水准等。随着居民生活水平的提高，住房标准也将相应提高。当然这也会加大住宅的成本，使房价上涨。所以，一定要根据国情和市场需求，把握好住房标准，充分注意其对市场房价影响的敏感性，避免对市场造成误导。

(5) 引进竞争机制，规范竞争行为。

(6) 加强房地产价格信息工作，建立房地产价格信息库和全国信息联网工作。

---------------------------- 本章小结 ----------------------------

　　房地产价格是房地产市场运行的核心问题。房地产价格是由土地价格与房屋价格构成的,它是房地产资源配置的重要经济机制。

　　决定房地产价格的主要因素是土地价格与房屋价格。房屋价格是由生产房屋时耗费的劳动决定的;由于土地不是劳动产品,所以土地价格主要由地租和土地资本决定。由于房地产涉及面很广,因而影响房地产价格的因素很多。除了生产和流通因素以外,还有自然因素、社会因素、经济因素、行政因素等。房地产是一个巨大的体系,涉及的方面与因素很多。适应不同的经济和市场运行的要求,在现实经济运行中形成了房地产价格的不同种类或类型。其中主要的是土地价格、房屋价格、房地产价格;使用权价格、所有权价格;抵押价格、课税价格、征用价格;基准地价、标定地价、市场地价等。

　　房地产是一个有机的巨大的整体。房地产经济运行的系统性和整体性决定了房地产价格是一个有机的体系。根据房地产生产再生产运行过程,房地产价格体系主要是由房地产生产价格、房地产供给价格、房地产消费价格构成。

　　房地产价格管理,首先是规范房地产价格构成,其次是完善房地产价格形成机制,再次是建立房地产价格政策体系。

复习思考题

（一）名词解释

　　房地产价格　地产价格　房产价格　房地产理论价格　评估价格　市场价格　房地产总价格　单位价格　楼面价格　协议价格　招标价格　拍卖价格　抵押价格　课税价格　征用价格　基准地价　标定地价　市场地价　公告地价　申报地价　公告现值

（二）简答题

1. 房地产价格的构成有哪些?
2. 如何理解房地产价格的本质?
3. 房地产价格的主要功能是什么?
4. 决定和影响房地产价格的主要因素有哪些?
5. 简述房地产价格体系构成。

（三）论述题

6. 论述我国应如何加强房地产价格管理,规范房地产价格构成和运行。

第18章 房地产经济中介与房地产中介组织

【学习提要】 通过本章的学习,主要了解房地产中介组织是房地产经济的重要构成部分,懂得房地产中介组织的性质、特点和职能;了解房地产中介组织设立的程序、必须具备的条件,中介组织资质认证制度,房地产中介人员考试和从业资格认证制度,房地产中介服务价格决定与管理,以及如何提高房地产中介服务水平。

【关 键 词】 房地产中介组织 房地产中介组织认证制度 房地产中介从业人员资格认证制度 房地产中介服务价格 房地产中介组织规范化

18.1 房地产中介是房地产经济的重要组成部分

房地产中介是联结房地产生产经营者与消费者,以及房地产经济活动内各种社会经济关系的环节与纽带。根据房地产中介活动的范围,可以分为广义的中介和狭义的中介。广义的房地产中介,即在房地产经济中,从生产到消费为房地产运行提供服务的一切组织和机构。狭义的房地产中介,即专门为房地产市场交易主体服务的活动和组织。

房地产中介包括的范围很广,主要有:①房地产信息中介;②房地产咨询中介;③房地产金融中介;④房地产价格评估中介;⑤房地产经纪代理中介;⑥房地产财务会计中介;⑦房地产法律中介;⑧房地产管理或物业中介。

房地产中介的产生和发展是由房地产经济运行的客观规律决定的。房地产经济在运行和发展过程中,产生了许多联系和关系;没有这些联系和关系,房地产经济就无法运行和发展。在房地产经济发展的初级阶段,房地产中介是包括在房地产经济组织内部的,是由房地产企业自己完成的。随着房地产经济的发展,业务量和业务范围的扩大,房地产中介的业务活动就从房地产开发经营企业中分离出来,成为一种独立的活动,并由专职人员完成。随着房地产产业的进一步发展,房地产中介业务活动也就逐步扩大和专门化,并且成为社会分工的一个独立部门,房地产中介也就发展成为房地产中介服务业。作为独立的、专门为房地产经济提供服务的中介行业,也就从所谓无偿的服务,变为有偿的服务。所以说,房地产中介服务业,是房地产经济和社会分工深入发展的必然结果。

18.2 房地产中介组织的经济性质与特点

18.2.1 房地产中介的性质与作用

房地产中介是为房地产经济运行服务的专业组织,是房地产经济有机的和重要的组成部分。由于房地产经济与其他经济部门相比,有着自身的一系列特点,从而决定了房地产中介组织在房地产经济运行中有着特殊的重要作用:

(1) 房地产市场与一般商品市场的重要区别之一就是房地产商品物质本身的非流动性。为了克服房地产市场上因缺乏物流而引起的困难,就需要有专门的房地产中介组织机构和人员为房地产交易双方提供各种服务。

（2）房地产市场是一种极其复杂的涉及面很广、专业性很强的市场，它不仅包括单纯的地产市场、单纯的房产市场以及房地产市场，而且还包括房地产金融市场、房地产开发建筑市场等。由于每一种市场结构都很复杂，流通方式多种多样，交易形式繁多，专业性和个案性都很强，一般人很难具备这么多的政策法规、市场行情和价格，以及相关的经济技术等方面的知识和技能。为了完成房地产市场的交易，就需要有房地产的中介组织。

（3）由于决定房地产价值和价格的要素相当复杂，涉及建筑成本、建筑结构、设备安装、朝向、楼层、地理位置、交通条件、城市基础设施、生活服务设施等多种因素，因而交易过程中存在一系列问题和一些困难。为了完成房地产交易，必须有中介组织提供信息、价格评估以及经纪代理服务等。

（4）房地产的价值量大、权属关系比较复杂，只有通过房地产中介组织提供服务，才能较好地实现权属关系的变更。

（5）市场经济理论认为，只有信息是充分的、商品是同质的、买卖双方可以自由出入市场、交易双方数量是众多的，市场才能成为竞争性的市场。房地产商品的异质性、房地产信息的封闭性或不易获得性，决定了房地产市场是一种不完全竞争的市场。因此收集、处理、发布房地产市场的信息，代理房地产买卖双方完成房地产交易，就只能依靠房地产市场的中介组织。

18.2.2 房地产中介的特点

房地产中介作为房地产经济的重要构成部门，主要通过房地产经济信息，依靠房地产中介专业人员的专业知识、行业特有的活动方式和方法，为房地产市场各类主体提供服务。由此也就决定了房地产中介组织的经济活动，具有以下一些特点：

（1）房地产中介组织或中介机构，既不占有商品，也不占有货币，主要是依靠自己的专业知识，为房地产经济各类主体提供各种服务。

（2）房地产中介组织不直接从事房地产经营管理活动。房地产中介组织在进行房地产中介业务活动时，只能提供服务，不能从事房地产开发和经营管理。

（3）房地产中介活动具有非连续性和流动性的特点。房地产中介组织在为客户提供服务时，就形成了委托人与中介人的关系，即服务和被服务的关系，从法律上说，这是一种合同关系或契约关系。这种关系不是长期的和固定的，服务活动一旦完成，契约关系也就解除。

（4）房地产中介服务具有极大的灵活性。由于房地产中介组织或中介机构，既不占有商品，也不占有货币；与服务对象也没有固定的联系或关系，因而既不受交易对象的限制，也不受交易主体的制约，从而具有极大的灵活性。

（5）房地产中介活动的有偿性。房地产中介组织向房地产经济活动提供专业服务的目的，也是为了取得报酬、获得利润。房地产中介活动的报酬和利润，就是房地产中介业务活动的劳务和服务价格。

18.2.3 房地产中介组织的职能

房地产中介组织在房地产经济运行中的地位，决定了它在房地产经济发展和房地产经济运行中的职能。

(1) 房地产中介是政府的帮手和企业的助手。房地产中介组织向房地产企业和政府主管部门提供的关于房地产市场的信息和服务，是房地产企业进行经营管理决策和房地产经营运行，以及政府主管部门进行房地产经济管理和宏观调控的重要依据。

(2) 房地产中介提高了房地产的生产力水平和房地产经济效益。房地产中介服务有利于提高房地产市场效力，强化竞争机制，降低交易成本，发展房地产流通，促进房地产市场交易的成功，提高房地产经济效益。

(3) 房地产中介是房地产市场体系的重要组成部分。房地产中介服务中的估价服务机构和估价制度是健全房地产市场体系，特别是完善房地产市场价格体系的重要构成部分。

18.3 房地产中介组织设立程序、条件及资质认证制度

18.3.1 建立健全房地产中介组织管理制度

建立和健全房地产中介组织机构、完善房地产中介组织设立程序、实行房地产中介组织资格审查和资质认证制度，是建立房地产市场经济体制和规范房地产市场运行的重要内容。

为了规范房地产中介组织的建立和确立房地产中介组织资质认证制度，《城市房地产管理法》、《城市房地产中介服务管理规定》（原建设部于1996年颁布，2001年修改后重新颁布）以及《经纪人管理办法》（国家工商行政管理总局于2004年颁布）等法律、法规，都对房地产中介机构的设立和资质认证制度作了明确的规定。

18.3.2 房地产中介服务组织机构设立的条件

2007年8月，经全国人民代表大会常务委员会修改通过的《城市房地产管理法》的第57~59条规定：房地产中介服务机构包括房地产咨询机构、房地产价格评估机构、房地产经纪机构等。房地产中介服务机构应当具备下列条件：第一，有自己的名称和组织机构；第二，有固定的服务场所；第三，有必要的财产和经费；第四，有足够数量的专业人员；第五，法律、行政法规规定的其他条件。设立房地产中介服务机构，应当向工商行政管理部门申请设立登记，领取营业执照后，方可开业。国家实行房地产价格评估人员资格认证制度。

原建设部于2001年7月修改并重新颁布的《城市房地产中介服务管理规定》（以下简称《规定》）指出："本规定所称的房地产中介服务，是指房地产咨询、房地产价格评估、房地产经纪等活动的总称。"对房地产组织机构，《规定》的第10条、第11条、第12条、第14条作出了相应的规定：从事房地产中介业务，应当设立相应的房地产中介服务机构。房地产中介服务机构，应是具有独立法人资格的经济组织。设立房地产中介服务机构应具备下列条件：第一，有自己的名称、组织机构；第二，有固定的服务场所；第三，有规定数量的财产和经费；第四，从事房地产咨询业务的，具有房地产及相关专业中等以上学历、初级以上专业技术职称人员须占总人数的50%以上；从事房地产评估业务的，须有规定数量的房地产估价师；从事房地产经纪业务的，须有规定数量的房地产经纪人。跨省、自治区、直辖市从事房地产估价业务的机构，应到该业务发生地省、自治区人民政府建设行政主管部门或者直辖市人民政府房地产行政主管部门备案。设立房地产中介服务机构，应当向当地的工

商行政管理部门申请设立登记。房地产中介服务机构在领取营业执照后的一个月内，应当到登记机关所在地的县级以上人民政府房地产管理部门备案。房地产中介服务机构必须履行下列义务：第一，遵守有关法律、法规和政策；第二，遵守自愿、公平、诚实信用的原则；第三，按照核准的业务范围从事经营活动；第四，按规定的标准收取费用；第五，依法缴纳税费；第六，接受行业主管部门及其他有关部门的指导、监督和检查。

《经纪人管理办法》对经纪人，包括房地产经纪人的一系列问题作了具体规定。

房地产中介组织，在经济性质上，可以分为全民所有制房地产中介组织、集体所有制房地产中介组织、外资房地产中介组织、中外合资房地产中介组织以及个人的房地产中介组织。

房地产中介组织，在组织形式上，有的以事务所的形式出现，有的以公司的形式出现，有的以股份企业形式出现，还有少数中介在一定场合下，是以个人名义出现的。

18.3.3 房地产信息咨询机构的设立及其职能

在我国目前条件下，专门从事房地产信息咨询的中介组织比较少。房地产中介业务活动基本上都包括信息咨询服务。所以，国家房地产主管部门、国家市场主管部门都没有关于房地产中介服务业信息咨询机构设立的具体规定。

现在有一定影响、专门从事房地产信息的组织机构是中外建设信息有限责任公司和中房的顾问公司，以及一些计算机网站等。它们通过网络和报刊，定期或不定期地发布房地产信息。

房地产信息咨询机构的主要职能，就是向房地产经济部门和社会各界发布房地产经济活动的信息，为之提供各方面的信息服务。

18.3.4 房地产价格评估机构的设立及其职能

房地产是一个巨大的体系，房地产价格的种类又十分繁多，根据我国目前运行和管理部门的不同，房地产价格评估机构及其设立的条件和要求也不完全一样。

1. 房地产价格评估机构

原建设部于 1992 年颁布了《城市房地产市场估价管理暂行办法》，对城市房地产估价机构作了一些原则性的规定："国务院建设行政主管部门负责全国房地产市场估价管理工作……县级以上人民政府房地产行政主管部门负责本行政区域内房地产市场估价管理工作。"

房地产估价机构必须具备《城市房地产管理法》和《房地产估价机构管理办法》（2005年9月）所规定的设立条件，到工商管理部门申请设立登记，经审查批准、领取营业执照后才能营业。

各地由于情况不完全相同，在执行《城市房地产管理法》和《房地产估价机构管理办法》的基础上，根据各地方的具体情况，又出台了一些地方的具体条例，以加强对房地产评估机构的管理。

2. 土地价格评估机构

为了加强对土地估价机构的管理，保证土地估价成果的科学性、公正性、权威性，促进土地市场的健康发展，原国家土地管理局于 1993 年颁布了《土地估价机构管理暂行规定》，对土地估价机构设立等一系列问题作了明确的规定。

国家对土地估价机构实行资格认证制度。土地估价机构资格认证，分别由国家土地管理局，省、自治区、直辖市土地管理部门批准。A级土地估价机构的资格由国家土地管理局批准；B级土地估价机构的资格由省、自治区、直辖市土地管理部门批准。

设立土地估价机构必须具备国家规定的条件。土地估价机构资格实行注册登记制度，有效期3年。有效期满前，土地估价机构按照规定到发证机构申请重新登记。重新登记时，土地估价机构要提供3年的工作报告、人员现状和5个典型估价实例等材料。土地管理部门要按照有关规定，对土地估价机构进行审查，经审查合格的，由土地管理部门办理注册登记。凡连续2年无估价实例，或不按国家有关法规进行土地估价的，或者在其他条件方面，已经不具备从事土地估价工作的机构，取消其土地估价资格，收回土地估价机构资格证书。

3. 资产评估机构

在市场经济的条件下，为了适应市场经济运行的需要，企业资产也成为商品进入了市场，通过产权市场配置资源，提高企业资产的利用效益。《国有资产评估管理办法》（1991年，中华人民共和国国务院令第91号）规定：国有资产占有单位（以下简称占有单位）有下列情形之一的，应当进行资产评估：①资产拍卖、转让；②企业兼并、出售、联营、股份经营；③与外国公司、企业和其他经济组织或者个人开办中外合资经营企业或者中外合作经营企业；④企业清算；⑤依照国家有关规定需要进行资产评估的其他情形。占有单位有下列情形之一，当事人认为需要的，可以进行资产评估：①资产抵押及其他担保；②企业租赁；③需要进行资产评估其他情形。

资产评估中的资产，主要是指国家、企业、事业单位以及其他单位所拥有的或者长期控制的各种财产、债权以及其他权利。按照资产在市场经济运行中的方式、地位和作用，可以分为流动资产、固定资产、长期投资、无形资产以及其他专项资产等类别。房地产属于固定资产，是资产的重要组成部分。

根据国家的有关规定，资产评估机构是由持有国家或省、自治区、直辖市以及计划单列市的国有资产管理部门颁发的资产评估资格证书的资产评估公司、会计事务所、财务咨询公司、审计事务所等社会公证机构以及国家国有资产管理部门认可的其他机构组成的。资产评估机构可以对国有资产和非国有资产进行资产评估。

18.3.5 房地产经纪机构的设立及其职能

房地产经纪人员通过国家统一考试，取得了房地产经纪人和房地产销售员的资格以后，还必须组建或参加一个房地产经纪机构，经过房地产主管部门的资格审查，在工商行政管理部门注册登记取得营业执照以后，才能从事房地产经纪活动。

1. 房地产经纪人组织

取得房地产经纪人资格证书的个人，一般不能单独从事经纪业务活动。要从事经纪业务活动，必须设立经纪人的机构或经纪人的组织。经纪人组织是经纪人从事经纪业务活动的企业。

2. 房地产经纪公司的设立程序

根据市场经济运行规律和房地产经纪公司规范性的设立程序，建立房地产经纪人组织或机构，首先应当通过考试，取得房地产经纪人资格证书；其次是到房地产主管部门进行资格和资质审查，符合条件者，才可以到工商行政管理部门注册登记；经工商部门审查合格，发给营业执照，才可以开业经营。

《城市房地产中介服务管理规定》中明确规定："设立房地产中介服务机构的资金和人员条件，应当向当地的工商行政管理部门申请设立登记。房地产中介服务机构在领取营业执照后的一个月内，应当到登记机关所在地的县级以上人民政府房地产管理部门备案。跨省、自治区、直辖市从事房地产估价业务的机构，应到该业务发生地省、自治区人民政府建设行政主管部门或者直辖市人民政府房地产行政主管部门备案。"这就清楚地说明，设立房地产中介服务机构，必须首先到房地产管理部门审查，经审查合格后，再到国家工商管理部门注册登记。

各地建立房地产中介服务机构的具体做法虽然不完全一样，但大同小异。大体都是先到房地产管理部门进行审查，然后再到工商行政管理部门进行注册登记。

3. 房地产经纪企业内部组织机构

由于房地产经纪企业规模大小、经营范围、经营作风和经营习惯、企业领导体制等的不同，它们在内部机构的设置上就存在着很大的差异。中国台湾地区的信义房屋、中国香港地区的中原集团等大型房地产中介公司资金雄厚、经营规模较大，所以内部组织机构设置较多，管理和运行都比较规范。

18.4　房地产中介人员考试和资格认证制度

为了提高房地产中介服务人员的素质和业务水平，规范房地产中介服务的行为，必须建立房地产中介人员的培训教育制度、考试制度和资质认证制度。

18.4.1　房地产中介人员必须具备的条件

按照国家有关文件的规定，从事房地产中介业务的中介人员必须具备下列条件：

1. 房地产中介人（自然人）必须有行为能力

房地产中介人必须具有完全的行为能力。所谓完全的行为能力，包括三个方面的内容：

（1）年龄的限制。只有公民，或者只有具有公民资格的人，才能成为房地产经纪人。这是世界各国的通例；

（2）精神健康（正常）的人。房地产中介人必须是精神健康的人；

（3）保持行为能力的人。已经取得房地产中介资格的人，如果因为特殊的原因丧失了行为能力，应当取消房地产中介人的资格。

2. 房地产中介人必须具有的业务素质

房地产中介是一项专业性很强的业务工作，所以从事房地产中介活动的人员，必须具有一定的专业知识或业务素质。房地产中介人必须具备以下几个方面的知识：

（1）社会主义市场经济理论知识。中国是社会主义国家，社会主义经济是市场经济。掌握市场经济运行的规律，把自己的经纪活动自觉地纳入社会主义市场经济运行的轨道，这是做好房地产中介业务必须具有的最基本的理论知识基础，也是从事房地产经纪活动最起码的基础。

（2）市场专业知识。房地产中介业虽然是一种专业的经纪业，但是它也要服从一般经纪业的运行规律，因此房地产中介人首先必须具备一般市场理论知识。主要是：市场学和市场分析的专业理论知识；财务会计的理论和操作知识；金融证券以及财政税收等的理论和操作知识；信息和计算机的理论和操作知识；公共关系和心理学的理论与知识；文学语言理论和知识等。

（3）法律方面的知识。房地产中介人必须懂得社会主义主要法律和房地产方面的专项法律。其中，主要应当掌握和熟悉以下一些法律、法规：《中华人民共和国宪法》。宪法是国家的根本大法，是一切法律和法规的基础，也是一切法律和法规的母法；《中华人民共和国民法通则》；《中华人民共和国民事诉讼法》；《中华人民共和国继承法》；《中华人民共和国经济合同法》；《中华人民共和国经济合同仲裁条例》。

（4）房地产专业知识。房地产中介人必须掌握房地产专业的知识、房地产专门法律法规和政策。其中主要是：城市规划的理论和知识，制图识图的基本知识，房地产建筑工程的理论和知识，房地产工程概算和预算方面的理论和知识。

（5）地区房地产基本情况。房地产是不动产，房地产市场是一种地方市场。因此从事房地产经纪业务，还必须熟悉当地房地产的具体情况以及当地的风俗习惯、风土人情。不懂得当地的风俗习惯和风土人情，是无法进行房地产经纪活动的。

3. 房地产中介人必须具备的职业道德品质

房地产经纪人不仅要具备一般经纪人的素质和房地产方面的专业理论知识，同时还应当具有崇高的职业道德品质：

（1）诚实。向客户诚实、客观地介绍情况，实事求是地为顾客服务。

（2）严格履行合同。经纪人在接受经纪业务后，一定签订经纪合同。经纪合同一旦签订，就要严格履行合同，经纪人要对双方当事人负责。

（3）遵纪守法。经纪人必须遵守党和国家的一切政策与法律、法规，一定要按照国家的政策、法律、法规行事，不得从事违法的经纪活动。

（4）公开、公平和公正。无论是从事房地产经纪业务，还是从事房地产价格的评估，都必须坚持公开、公平和公正的原则。

18.4.2　房地产中介人员国家考试与教育培训制度

要成为房地产中介人，必须根据国家有关规定，学习指定的课程，通过国家举办的考试，由主管部门发给合格证书，才能取得中介人的资格。

房地产中介人的资格考试制度，是从事专业工作人员的资格认证制度。由于从事房地产经纪活动的人员，工作性质不同或岗位不同，因此有着不同的要求。例如，房地产价格评估人资格可以分为房地产价格评估师和房地产价格评估员；房地产经纪人则分为房地产经纪人和房地产经纪人助理等。房地产估价师可以独立地从事房地产价格评估业务，房地产估价员只能协助房地产估价师进行工作。房地产经纪人可以独立地完成房地产经纪业务。由于他们担负的职责不同，完成的任务不同，因此对他们的业务要求也就不同，考试的课程不同，取得的资格也就不同。

中国目前已经设立了土地估价师考试制度、房地产估价师考试制度。2006年11月，国土资源部颁布了《土地估价师资格考试管理办法》，对土地估价师考试作了最新规定。2006年12月，原建设部颁布了《注册房地产估价师管理办法》，对于房地产估价师考试、注册和执业等方面的问题作出了最新规定。

18.4.3　房地产中介人员资格证书和执业制度

《房地产经纪人员职业资格制度暂行规定》和《房地产经纪人执业资格考试实施办法》（人发［2001］128号）规定：经过国家房地产经纪人考试中心考试，考试合格者，按照国家的有关规定申请注册，申请注册的人员必须同时具备以下条件：①取得房地产经纪人执业资格证书；②身体健康，能坚持在注册房地产经纪人岗位上工作；③经所在经纪机构考核合格。

房地产经纪人执业资格注册，由本人提出申请，经聘用的房地产经纪机构送省、自治区、直辖市房地产管理部门（以下简称省级房地产管理部门）初审合格后，统一报建设部（现为住房和城乡建设部）或其授权的部门注册。准予注册的申请人，由建设部（现为住房和城乡建设部）或其授权的注册管理机构核发《房地产经纪人注册证》。

房地产经纪人执业资格注册有效期一般为2～3年，有效期满前3个月，持证者应到原注册管理机构办理再次注册手续。在注册有效期内，变更执业机构者，应当及时办理变更手续；再次注册者，还须提供接受继续教育和参加业务培训的证明。

房地产经纪人资格证书只是证明证书的持有者有资格进行房地产经纪业务活动，如果要从事房地产经纪业务活动即执业，还必须办理其他有关手续，如向工商部门申请登记，领取营业执照等。

18.5　房地产中介服务价格

房地产中介服务企业或房地产经纪机构从事房地产经纪活动的目的是为了取得收入。房地产中介服务是第三产业。房地产中介服务收费是房地产中介服务的报酬，也就是房地产中介服务的价格。

18.5.1　房地产中介服务收入的性质

房地产中介服务费或房地产中介服务价格的性质，是由房地产中介服务行业性质决定的。房地产中介服务是房地产经济内部社会分工进一步发展和深化的结果。社会分工和社会联系是一个事物的两个方面。在商品经济或市场经济条件下，社会分工和社会联系形式是通过商品交换或劳动交换形式实现的。

在社会分工发展和深化过程中发展起来的社会服务业，是以服务的形式为社会提供劳动或实现社会劳动交换的。服务的方式可以采取两种形式，即物的形式（也就是商品的形式）也可以是活劳动的形式。马克思指出："服务无非是某种使用价值发挥效用，而不管这种使用价值是商品还是劳动。"[1] 马克思在说明服务特性时强调指出，某些服务的结果可能以商品形式出现；也可能不以商品形式出现，而是以劳动形式出现。"某些服务，或者说，作为某些活动或劳动的结果的使用价值，体现为商品，相反，其他一些服务可能不留下任何可以捉摸的、同提供这些服务的人分开存在的结果，或者说，其他一些服务的结果不是可以出卖

---

[1] 《马克思恩格斯全集》第23卷，人民出版社，1972年，第218页。

的商品。"①

根据马克思服务存在方式的理论，可以把服务分为两种类型：通过提供物质产品实现的服务和通过活劳动提供的服务。房地产中介服务既不直接作用于物质产品，也就是说，它不是通过提供物质产品实现服务的，也不直接作用于人，即不是通过活劳动直接作用于人实现的，而是通过房地产物品为中介，实现为房地产运行服务的。

有些服务虽然不提供物质产品，即不以物质产品的形式出现，但是不能因此就否认这些服务也有使用价值和价值，或者说，也形成使用价值和价值。马克思关于服务的理论指出，没有实物形式的服务也有使用价值和价值，因为在这些服务中，既消耗了具体劳动，也消耗了抽象劳动，因此这些劳动既创造使用价值，也创造价值。马克思着重指出，在纯粹的非物质商品服务领域中，不仅可以创造劳动力再生产基金，而且也可以创造剩余价值和利润。他指出："一部分纯粹的服务（它不采取实物的形式，不作为物独立存在，不作为价值组成部分加入某一商品），能够（由直接购买劳动的人）用资本来购买，能够补偿工资并提供利润。"②

房地产中介服务在大多数情况下是提供产品实现的，主要是通过提供信息咨询、进行价格评估、从事经纪代理实现的。这些服务既作用于生产领域，也作用于流通领域和消费领域。也可以说，既为生产服务，也为生活服务。

18.5.2　房地产中介服务收入的形式

房地产中介服务收入虽然可以叫做房地产中介服务价格或房地产中介服务报酬，但是由于房地产中介服务的内容和形式不完全相同，因此它们的报酬或收入的具体形式也是不完全相同的。

按照国家有关规定，中国目前房地产中介组织主要是由房地产信息咨询、房地产价格评估、房地产经纪代理等中介组织构成的。这些中介组织，由于业务活动以及服务对象和内容不同，工作方式不同，收费方式不同，因此收费的名称也就各不相同。房地产信息咨询收费，叫做信息费和咨询费；房地产价格评估就叫做房地产价格评估收费；房地产经纪代理收费名称则很多，而且很乱。房地产中介业中的经纪服务业是为房地产买卖双方提供服务，沟通买卖双方的信息，建立房地产交易关系，完成房地产的交易过程的中介业务活动。房地产经纪业是活动于房地产流通领域中的，通常都把房地产经纪人的报酬称为佣金。房地产经纪服务活动的佣金，就是房地产经纪人服务的收入。佣金是在经纪活动完成以后才取得的。佣金是房地产经纪业存在和发展的基础。没有佣金，房地产经纪业就不会存在。佣金与房地产信息费、好处费、手续费、回扣、差价是根本不同的。

18.5.3　房地产中介服务费用或价格的构成与决定

房地产中介服务收费既然是房地产中介服务的价格，在市场经济条件下，也要服从于商品价值规律和价格运行规律。

房地产中介服务价格，从理论上说，也是由价值规律决定的。房地产中介服务的价值，

---

① 《马克思恩格斯全集》，第26卷第1册，人民出版社，1972年，第346页。
② 《马克思恩格斯全集》，第26卷第1册，人民出版社，1972年，第158~159页。

也由社会必要劳动形成的；房地产中介服务价格，也是由房地产中介服务的成本和利润构成的。

房地产中介服务价格的成本，也是由不变资本和可变资本构成的。房地产中介服务价格中的不变资本，也是由房地产中介服务中的固定资本和流动资本中的不变资本部分构成的。房地产中介服务业中的固定资本主要包括：办公房屋、办公家具、现代化设备（如微型计算机及其他现代化的通信工具等）。房地产中介服务业中的流动资本主要是由各种消耗品和中介活动费用构成的，如笔墨纸张、各种服务费用和活动费用等。这些费用也叫做房地产中介活动的经费。房地产中介服务价格中的可变资本是由房地产中介服务人员的工资转化来的，或者说由房地产中介企业中的人员工资支出构成的。

房地产中介服务业中的利润，是房地产中介企业收费超过房地产中介企业的支出的余额构成的，或者说是房地产中介服务业的人员超过必要劳动时间以上的剩余劳动时间形成的价值。在发达的市场经济条件下，在正常的情况下，房地产中介组织或者中介企业也只能获得社会平均利润。

依据世界各国房地产中介服务价格确定的实践，或根据各国房地产中介服务价格确定的习惯，房地产中介人或房地产中介服务企业的服务价格，大体上采取了四种确定方式：按照交易额根据一定的比例提成的方法；封顶的方法；保底的方法；包价的方法。

所谓按照房地产交易额的一定比例提成方法，就是以房地产成交额为根据，然后按照一定的百分比决定提成的数量。在一般情况下，提取的百分比不超过交易金额的10%，通常在1%~3%之间。提取的基本规则是：交易额越小，提取的比例越大；交易额越大，提取的比例也就越小。总的原则是：房地产中介服务价格提取的百分比与房地产交易额呈反比例变化。

所谓封顶和保底的方法，实际上是比例提成法的具体运用或具体操作方法。所谓封顶，就是说对于交易额巨大的中介业务，明确规定只能收取多少服务费或服务价格，即确定一个数额，不得突破。所谓保底，就是对交易额过小的中介业务，也要确定最低的限额，以保证中介服务获得一定的利益。

所谓包价，就是房地产中介人或房地产中介服务企业，为了完成某项任务，委托人规定了一个最低价格，在实际交易过程中，超出委托最低价格的部分，就可以作为房地产中介服务人或房地产中介服务企业的报酬或房地产中介服务的利润。

中国房地产经济和房地产市场发展程度还比较低，无论是房地产经济运行，还是房地产市场交易，都不太规范。尤其是房地产中介服务业或中介服务市场发展得比较迟缓，运行不太规范，收费比较混乱。为了培育和发展房地产中介服务市场、规范房地产中介服务收费的行为，1995年，原国家计委和原建设部发出了《关于房地产中介服务收费的通知》，对房地产中介服务收费作出一些具体规定。

房地产中介服务收费，或房地产中介服务价格的构成和确定，是一个十分复杂的问题。解决这个问题的困难主要是：一方面，房地产中介市场作为社会主义市场经济市场体系的重要组成部分，房地产中介服务价格必须遵循商品经济的基本经济规律（即商品经济的价值规律）。也就是说，房地产中介服务价格必须由房地产中介服务的价值决定；另一方面，房地产市场以及房地产中介市场的服务价格，与其他商品的价格构成和价格决定，又有许多不同的地方，也就是有它的许多特殊性。因此，在解决房地产中介价格时，既要遵循商品经济的基本经济规律（即商品的价值规律），又要考虑到房地产市场和房地产中介服务价格形成和构成的特点。只有把两者很好地结合起来或统一起来，才有可能较好地解决房地产中介服务的价格问题。

18.5.4 房地产中介服务价格的收取和支付方式

房地产中介服务费收取和支付的方式，在不同的国家或同一国家不同的历史时期，以及在不同的情况下，是不完全相同的。但是大体来说，房地产中介服务费或房地产中介服务价格，在通常的情况下，是由房地产中介合同预先规定好了的；在支付时间上，一般来说，是在房地产中介服务任务完成以后才能得到支付。

房地产中介服务费用或房地产中介服务价格，在通常情况下，是由房地产委托方负责支付的。但是，也有的国家规定，房地产中介服务费用或房地产中介服务价格，是由交易双方共同承担的，即由房地产交易双方各负担一半。

在规范的房地产市场经济条件下，房地产中介人或房地产中介企业服务费用或服务价格，一般不用现金方式支付，而采用转账的方式。如果用现金方式支付，不仅违反了现金管理规定，而且也为偷税漏税提供了可能或创造了条件。由此决定了房地产中介服务费用或价格，必须严格按照国家规定的结算和支付方式进行，并且严格按照税法规定缴纳税款。因此房地产中介服务机构或服务企业，必须在银行建立自己的账号，通过银行账号或支票结算方式，结算房地产中介服务的费用或价格。

18.6 房地产中介服务规范化

18.6.1 房地产中介服务规范化的必要性

随着房地产经济的发展，以及党和国家关于建立房地产中介组织的各项方针政策的逐步明确，房地产中介组织得到了极其迅速的发展。据有关部门统计，目前全国房地产交易市场已经发展到几千家；取得国家土地管理局资格认定的土地估价师和原建设部资格认定的房地产估价师资格几万人；各类土地估价机构几百家；房地产估价机构几千家。房地产中介组织的发展，对于推动房地产经济和房地产市场的发展，起了积极的作用。

为了规范房地产中介组织的发展和运行，原建设部于1992年颁布了《城市房地产市场估价管理暂行办法》；原国家土地管理局于1993年颁布了《土地估价管理机构暂行规定》；国家工商行政管理总局于1995年颁布了《经纪人管理办法》（2004年8月修改并重新公布）；原建设部于1996年颁布了《城市房地产中介服务管理规定》（2001年7月修改并重新公布）。这些法规和规章，对于发展房地产中介市场、规范房地产中介市场的运行、提高房地产中介服务水平，都有着极其重要的意义。

中国房地产中介组织虽然有了很大的发展，在房地产经济的发展中也发挥了很大的作用，但与建立社会主义市场经济体制和发展规范化的房地产市场的要求还是有一定的距离的，要建立和健全与社会主义市场经济体制相适应的房地产中介组织，还需要进一步规范化。

18.6.2 政企分开,加强房地产主管部门对房地产中介组织的管理

为了建立社会主义市场经济体制、发展房地产经济和房地产市场、规范房地产市场的运行,必须严格贯彻执行政企分开的方针,理顺房地产管理部门与房地产中介组织的关系,加强房地产管理部门对房地产中介组织的管理,规范房地产中介组织的运行。

18.6.3 建立健全房地产中介组织管理体系

要加强对房地产中介组织的管理,就必须建立和健全房地产中介组织的管理体系。首先,要理顺政府主管部门对房地产中介组织管理的关系,其中主要的是关于房地产主管部门和工商行政管理部门对房地产中介组织管理的关系。其次,建立和健全房地产中介组织的行业协会。其主要任务是沟通政府和房地产中介组织之间的关系。再次,完善的房地产中介组织体系。在这个组织体系中,房地产主管部门是房地产中介组织的管理部门;房地产中介组织协会或行会是沟通政府和中介企业之间的行业组织;房地产中介组织是房地产中介市场运行中的主体。

18.6.4 认真贯彻执行党和国家关于房地产中介组织的法律、法规

市场经济本质上是一种法制经济。随着房地产经济、房地产市场和房地产中介组织的发展,房地产法律、法规和规章也逐步建立了起来。其中涉及房地产中介组织的主要有:1987年原建设部、国家物价局、国家工商行政管理总局等部门联合颁布的《关于加强房地产交易市场管理的通知》;1992年国务院颁布的《关于发展房地产经济若干问题的通知》;1993年第十四届三中全会通过的《中共中央关于建立社会主义市场经济体制若干问题的决定》;1994年7月,人大常委会通过的《城市房地产管理法》(2007年8月修改并重新公布);1995年10月,国家工商行政管理总局颁布的《经纪人管理办法》(2004年8月修改并重新公布);1996年年初,原建设部颁布的《城市房地产中介服务管理规定》(2001年7月修改并重新公布)等,都对房地产中介组织作出了一系列法律政策规定,对于发展房地产中介组织、规范房地产中介组织运行,有着极其重要的意义。

18.6.5 完善房地产中介人和中介组织资质和资格认证制度

房地产中介人的资格认证制度,就是对房地产中介人从事房地产中介业务素质和能力的确认。根据国际经验,对房地产中介人资格确定的主要方法就是进行资格考试。只有考试合格者才有资格从事房地产中介业务活动。房地产中介人的资格也不是终身的,国家规定的任职资格一旦到期,还必须再进行考试,考试合格,才能继续从事房地产中介业务工作。

取得房地产中介人合格证书者,虽然可以从事房地产中介业务活动,但是必须依附在一个房地产中介组织中。对于房地产中介组织也必须实行资格认证制度或资质审查制度,也就是许可证制度。这就是要求按照一定的程序,经过业务主管部门的审查批准,然后到工商行政管理部门注册登记,经过注册登记,才可以从事房地产中介业务工作。这一整套制度,就构成了房地产中介组织的资质认证制度或许可证制度。

18.6.6 规范房地产中介活动程序

房地产中介活动程序是：房地产中介组织必须严格执行党和国家的方针政策，严格按照批准的经营业务范围从事中介业务工作；房地产中介组织在从事房地产中介业务时，必须与委托方签订委托协议书或委托合同；房地产中介组织必须按照国家的有关规定收取中介服务费，并使用国家税务机关统一印制的税务发票；房地产中介组织必须按照国家主管部门的要求，定期向有关部门报送中介业务活动的状况。

中国房地产中介组织将随着房地产经济和房地产市场的发展逐步壮大，并且将随着房地产法律、法规的完善，逐步走上规范化的道路。房地产中介组织运行的规范化，不仅可以促进房地产市场运行的规范化，而且将进一步促进房地产经济和房地产市场的发展。

---------- 本章小结 ----------

房地产中介组织是房地产经济的重要构成部门。房地产中介组织是联结房地产生产与消费，专门为房地产市场交易主体服务的组织和机构。房地产中介组织既不占有商品和货币，也不直接从事房地产经济管理活动，主要是为房地产经济各类主体提供服务，并取得收入的经济组织和机构。

房地产中介组织必须根据国家有关规定，按照国家法律、法规规定的设立的程序和必须具备的条件设立，并通过国家有关主管部门进行资质认证，才能从事与其资质相应的中介经济活动。

房地产中介服务是一种专业服务。从事房地产中介服务的人员必须根据国家有关规定进行专业培训，通过考试，达到要求，才能取得从业资格。国家对房地产中介实行资格认证制度。

房地产中介专业服务是有偿服务。房地产中介组织向各类房地产经济活动主体提供的是服务商品。房地产中介组织通过提供服务取得的收入，本质上是服务商品价格。

规范房地产中介服务行为、提高房地产中介服务水平，是规范房地产市场运行、提高房地产市场运行效率的重要内容。

复习思考题

（一）名词解释

房地产中介　房地产中介服务价格　佣金

（二）简答题

1. 房地产中介组织包括的范围有哪些？
2. 房地产中介组织的特点是什么？
3. 房地产中介组织的作用有哪些？
4. 房地产中介组织的职能有哪些？

（三）论述题

5. 试述房地产中介是房地产经济分工和深化改革的结果。
6. 试述房地产中介服务价格是怎样决定的？
7. 试述房地产中介服务规范化。

第19章 物业管理市场与物业管理服务

【学习提要】 通过本章的学习,重点了解物业管理服务的性质;掌握我国物业管理服务市场主体构成、各自的权利义务以及彼此之间的关系,物业管理的基本内容以及公共服务、专项服务和特约服务。

【关 键 词】 物业管理服务　物业管理服务市场　物业管理服务内容

19.1 房地产物业管理的性质

《物业管理条例》(2007年修订)第2条指出,所谓物业管理,是指业主通过选聘物业服务企业,由业主和物业服务企业按照物业服务合同约定,对房屋及配套的设施设备和相关场地进行维护、养护、管理,维护物业管理区域内的环境卫生和相关秩序的活动。

党的十一届三中全会以来,党和国家为了解决群众住房问题,缓解住房供求矛盾,积极进行了住宅建设体制、投资体制、分配体制和管理体制等方面的改革。住房逐步商品化,投资主体多元化,住宅开发也从分散、零星建设发展到统一规划、合理布局、综合开发、配套建设的新阶段。

适应住房产权多元化、住房管理社会化以及社会主义市场经济体制的需要,对住房等物业,实行社会化、专业化、企业化、经营型的物业管理也逐步发展了起来。房地产物业管理就是与社会主义市场经济体制相适应的房地产物业管理方式。

19.2 物业管理市场的主体

19.2.1 物业管理市场构成

在市场经济条件下,物业管理关系也是通过市场,按照市场方式建立起来的。物业管理市场的主体主要是由经营型的物业服务公司与业主委员会构成的。

19.2.2 物业服务公司

1. 物业服务公司的特点

物业服务公司是专门从事地上建筑物、基础设施及周围环境现代化的管理,为业主或用户提供良好的生活或工作环境,具有独立法人地位的经济实体。物业服务公司的主要职能,是遵照国家有关政策和法规,运用现代管理的科学手段和先进的维修养护技术管理物业,有效维护业主合法权益,为业主和用户创造一个优雅、舒适、宁静、安全的居住和工作环境。物业服务公司的基本特点,是按照企业化、专业化、社会化、制度化的要求管理物业,坚持"统一管理,综合服务";"取之于民,用之于民";"以区养区";"自我运转,自我发展,自我完善"的宗旨。物业管理公司或组织是一种经营型的经济实体。

2. 物业服务公司的性质

物业服务公司是根据建立与社会主义市场经济体制相适应的房地产管理模式，适应住房制度改革形成的住房产权多元化格局以及居住区现代化建设和居民住房消费水平不断提高的要求而产生的。物业服务公司具有以下经济性质和法律地位：

(1) 物业服务公司具有独立法人的资格。物业服务公司符合中国法律规定的企业法人的一般特征：有独立的财产，以自己的名义享有民事权利，承担民事责任等。物业服务公司，除了本行业自身的专业特色以外，在市场经济中的地位、经济运作方式、社会法律地位等方面，与市场经济中的其他企业一样，都要追求本身的利益或保本求利，在经营中讲究效率、质量、信誉，在同行业竞争中遵循优胜劣汰等市场法则。

(2) 物业服务公司属于服务性行业。物业服务公司与物业业主或使用人之间的关系是服务者与被服务者、委托人与被委托人之间的关系。双方之间在地位上是一种平等的关系，不是领导与被领导、管理与被管理的关系。随着住宅商品化的发展、物业产权关系的明确，将逐渐形成规范的以业主或使用人委托形式为主、政府指定和产权单位自管形式为辅的物业委托管理模式。随着物业管理方式的普遍建立和发展，物业服务公司与业主或使用人之间的法律关系更加明确化和具体化。双方的权利和义务，无论是在内容上，还是形式上，都主要靠法律、法规或合同的形式予以确定。

(3) 物业管理是现代化城市建设和管理的重要组成部分。中国城市管理体制还处在改革的过程中，随着城市管理体制的深入发展、城市政府职能的转变，物业服务公司承担着住宅小区大量的城市基础设施、社会设施和社会活动管理工作，在城市管理中的地位和作用越来越重要。

3. 物业服务公司的权利和义务

根据我国有关法律、规章以及规范性的物业服务合同的有关规定，大体来说，物业服务公司在物业管理中，有以下一些权利和义务：

(1) 物业服务公司的权利主要有：①根据有关法规规章，结合物业管理实际情况，制定小区管理办法；②依照物业服务合同和管理办法对住宅小区实施管理；③依照物业服务合同和有关规定收取管理费用；④有权制止违反规章制度的行为；⑤有权要求业主委员会协助管理；⑥有权选聘专业公司（如清洁公司、保安公司等）承担专项管理业务；⑦可以实行多种经营，以其收益补充小区管理经费。

(2) 物业服务公司的义务主要有：①履行物业服务合同，依法进行经营管理；②接受业主委员会和住宅小区内居民的监督；③重大的管理措施应当提交业主委员会审议，并经业主委员会认可；④接受房地产行政主管部门、有关行政主管部门及住宅小区所在地人民政府的监督指导。

19.2.3 业主、业主大会和业主委员会

1. 业主及其权利义务

《物业管理条例》指出，房屋的所有权人为业主。

业主在物业管理活动中，享有下列权利：按照物业服务合同的约定，接受物业服务企业提供的服务；提议召开业主大会会议，并就物业管理的有关事项提出建议；提出制定和修改管理规约、业主大会议事规则的建议；参加业主大会会议，行使投票权；选举业主委员会成

员,并享有被选举权;监督业主委员会的工作;监督物业服务企业履行物业服务合同;对物业共用部位、共用设施设备和相关场地使用情况享有知情权和监督权;监督物业共用部位、共用设施设备专项维修资金(以下简称专项维修资金)的管理和使用;法律、法规规定的其他权利。

业主在物业管理活动中,履行下列义务:遵守管理规约、业主大会议事规则;遵守物业管理区域内物业共用部位和共用设施设备的使用、公共秩序和环境卫生的维护等方面的规章制度;执行业主大会的决定和业主大会授权业主委员会作出的决定;按照国家有关规定缴纳专项维修资金;按时缴纳物业服务费用;法律、法规规定的其他义务。

2. 业主大会及其权力

业主大会由全体业主组成。《物业管理条例》规定,同一个物业管理区域内的业主,应当在物业所在地的区、县人民政府房地产行政主管部门或者街道办事处、乡镇人民政府的指导下成立业主大会。一个物业管理区域成立一个业主大会。业主大会应当代表和维护物业管理区域内全体业主在物业管理活动中的合法权益。

《物业管理条例》规定,下列事项由业主共同决定:制定和修改业主大会议事规则;制定和修改管理规约;选举业主委员会或者更换业主委员会成员;选聘和解聘物业服务企业;筹集和使用专项维修资金;改建、重建建筑物及其附属设施;有关共有和共同管理权利的其他重大事项。

业主大会决定筹集和使用专项维修资金以及改建、重建建筑物及其附属设施的,应当经专有部分占建筑物总面积 2/3 以上的业主且占总人数 2/3 以上的业主同意;决定上述规定的其他事项,应当经专有部分占建筑物总面积过半数的业主且占总人数过半数的业主同意。

3. 业主委员会及其职责

业主委员会是业主为了大家的共同利益而组织成立的一种基于物权的群众性团体。《物业管理条例》规定,成立业主大会时需要选举产生业主委员会。但是,只有一个业主的,或者业主人数较少且经全体业主一致同意,决定不成立业主大会的,由业主共同履行业主大会、业主委员会职责。

业主委员会执行业主大会的决定事项,履行下列职责:召集业主大会会议,报告物业管理的实施情况;代表业主与业主大会选聘的物业服务企业签订物业服务合同;及时了解业主、物业使用人的意见和建议,监督和协助物业服务企业履行物业服务合同;监督管理规约的实施;业主大会赋予的其他职责。

19.2.4 物业服务公司与业主委员会的关系

物业服务公司和业主委员会都是物业管理机构,它们共同管理着一定范围的物业。它们之间的区别主要是:业主委员会管理的是其所代表的业主们自己的物业;物业服务公司管理的是他人的即业主们的物业,并为业主和物业使用人提供各种劳务。由此也就决定了它们之间的特定关系。

1. 法律方面的平等关系

专业化的物业服务公司与业主委员会之间,在法律地位上是一种平等的关系:①物业服务公司和业主委员会,是在平等的基础上,以合同或协议的方式确立起来的一种受托者和委托者之间的关系。②物业服务公司和业主委员会之间既不是领导和被领导的关系,也不是管理和被管理的关系。这就是说,它们之间在地位上是一种完全平等的关系。③物业服务公司和业主委员会,在权利与义务方面同样也是一种平等的关系。

2. 权利与义务方面的服务与被服务关系

物业服务公司和业主委员会,是在平等的基础上通过合同或协议的方式确立起来的服务和被服务关系的。即一方提供服务,它方在享受服务的同时给予对方报酬,所以是一种有偿服务的关系,即商品交换关系。

3. 工作方面相互协商和相互帮助的关系

物业服务公司和业主委员会虽然是通过合同或协议确立起来的一种服务和被服务的关系,但是在工作中,由于它们管理和服务的是同一物业和人群,所以它们之间是一种互助合作的关系。

19.2.5 物业管理市场

在市场经济条件下、在规范的物业管理状态下,物业服务企业与物业管理委员会是在物业管理市场上发生联系的。物业服务公司在物业管理市场上是作为物业管理供给者出现的;物业管理委员会在物业管理市场上是作为需求者出现的。它们通过物业管理市场的竞争,达成协议,签订物业管理合同,建立物业管理委托与被委托的关系。

19.3 物业管理的基本内容

物业管理的范围相当广泛,包括各类建筑,如住宅小区、高层与多层住宅楼、综合办公楼、商业大厦、旅游宾馆、工业厂房、仓库、停车场等。尽管物业类型各有不同,使用性质差异很大,但物业管理的基本内容是一样的。

社会化、专业化、企业化、经营型的物业管理实质是一种综合的经营性管理服务,融管理、经营、服务于一体,在服务中完善经营与管理。根据物业管理的基本内容,按照物业管理提供服务的性质和方式,物业管理内容大体上可分为:常规性的公共服务、专项服务和特约服务三大类。

19.3.1 公共服务

物业管理中的公共服务是物业管理企业向所有住用人提供的最基本的管理与服务。通过服务可以确保物业的完好与正常使用,保证正常的工作和生活秩序,保持较好的生活和工作环境。物业管理中公共服务的具体内容和要求,通常是在物业管理委托合同中明确规定了的,是物业内所有住用人都能享受到的。

物业管理公共服务主要包括以下八项内容:

(1) 房屋建筑物主体管理。主要包括:①掌握房屋基本情况,即房屋的数量、建筑形式、产权情况、完好程度、使用状况等;②房屋修缮管理。包括房屋的日常保养、维修等各项工作;③房屋装修管理。包括房屋装修的申请与批准手续,以及对装修的设计、材料、安全等各项管理工作。

(2) 保持房屋及其配套附属的各类设备、设施的完好,保证房屋的正常使用所进行的管理与服务工作。主要包括：掌握各类房屋设施的基本情况，掌握各类设备的基本状况，保养、维修与更新的管理以及努力保持房屋设施和设备正常运转。

（3）环境卫生管理。主要包括物业内外环境的日常清扫保洁、垃圾清除外运等工作。

（4）绿化管理。主要包括园林绿地的营造与保养、物业整体环境的美化等。

（5）治安管理。主要包括楼宇内外的安全、保卫、警戒等以及对各种突发事件的预防与处理，还可进一步扩展到排除各种干扰，保持物业区域的安静。

（6）消防管理。主要内容包括火灾的预防，以及发生火灾时的救护与处理工作。

（7）车辆道路管理。主要内容包括车辆的保管、道路的管理、交通秩序的维护等。

（8）公众代办性质的服务。主要是为业主和使用人代收代缴水电费、煤气费、有线电视费、电话费等公共事业性费用。

19.3.2 专项服务

物业管理中的专项服务，是指物业服务企业为了满足其中一些住户、群体和单位的某种特定需要而提供的服务工作。物业管理专项服务的特点是，物业服务企业事先设立各类服务项目，并将服务内容与质量、收费标准向住用人公布，当住用人需要这种服务时，可自行选择。专项服务是物业服务企业开展多种经营的主要服务项目。

专项服务面向千家万户，涉及日常生活的方方面面，内容也比较繁杂。物业服务企业应当根据所管辖物业的基本状况，住用人的收入水平、消费习惯、需求状况等，开展全方位、多层次的专项服务，并且要不断地补充和拓展服务项目的范围和内容。专项服务的内容主要包括以下几大类：

（1）日常生活类专项服务。主要是物业服务企业为广大住用人提供的日常生活中衣、食、住、行等方面的家务服务。

（2）商业服务类专项服务。主要包括各商业网点的开设与管理以及各项经营活动的开展。如开办小型商场、饮食店、美发厅、修理店等；安装、维护和修理各种家用电器和生活用品等。

（3）金融类专项服务。代办各种财产保险、人寿保险等业务，开办信用社等。

（4）经纪代理专项中介服务。物业服务企业为了拓展业务开展的经纪、代理与中介服务工作，主要包括：①物业市场营销与租赁服务；②房产评估、公证服务；③其他中介代理服务，如请家教、请保姆、房屋交换、代理广告业务等。

（6）社会福利类服务。如照顾孤寡老人、拥军优属等。这类服务，一般应当以低酬或无偿的方式向使用者或服务对象提供。

19.3.3 特约服务

物业管理中的特约服务，是为了满足物业产权人、使用人的个别需求，并受其委托所提供的服务。特约服务的内容既不包括在物业管理的委托合同中，也不包括在物业管理的专项服务中。特约服务，实际上是专项服务的补充和完善。当某种特约服务成为许多产权人或使用权人的需求时，物业管理企业可以把特约服务变为专项服务。

19.3.4 物业管理经营服务

物业管理实际上是通过管理，为用户提供各种服务或劳务。在市场经济条件下，服务是有偿的，或者说，劳务是一种商品。通过提供服务或劳务，取得报酬，所以物业管理本身就是一种经营活动。

1. 物业管理经营服务

本来意义上的物业管理，也就是物业经营管理。但是由于物业管理服务涉及面很广，各项服务的性质也不完全相同，有些服务是经常性的，有些则是临时性的；加上服务对象的不同，从而形成了物业管理的不同经营方式。

在物业管理中，公共服务和一些专项服务是物业管理企业的基本服务，涉及全体或大部分住用人。对这些服务的基本要求是"有法可依，有章可循，有据可查"，服务项目的内容、质量与收费标准等都要公开、明确、一致，便于服务对象的监督。同时，这类服务一般都在物业管理委托合同中，已经以契约形式把全体住用人和管理服务人员的相互责权关系以及行为规范都作了明确的规定。服务工作的质量、工作人员的表现，都要受到住用人的监督。

在专项服务中，有一部分属于专业性强、技术要求高、责任较大的，也应在合同或契约中作出明确的规定。特别是对其技术标准应有详细说明，并且注意划清责权利的界限。对于这类服务，如有可能，也应当在合同中作出说明。

特约服务是物业管理企业因受个别人的要求与委托承担的，所以，服务内容、要求与收费，完全由物业管理企业与服务对象之间协商确定，必要时双方也可签订委托协议。

2. 物业管理专项经营服务

物业管理企业为了给业主或使用人提供更多的方便，同时也是为了弥补物业管理经费的不足，应当开展一些经营性的活动，如开办商店、饮食店、美发店等，都属于物业管理企业开展多种经营活动的内容。

3. 物业管理出租经营

在物业管理中，有一类物业管理、物业服务企业不仅为业主提供日常的管理服务，而且还受业主委托，为业主代理物业使用权的经营。这种情况通常是业主在保持物业所有权的同时，通过签订租赁或承包协议的方式，将物业出租或承包给物业服务企业。物业的使用权由物业服务企业代理，由其负责该物业的出租经营与管理服务；业主通过定期收取租金或上缴承包金的方式收回投资，并获取利润。在这种情况下，物业服务企业不仅拥有物业的管理权，而且也拥有物业使用权的经营权。物业管理工作也由主要从事物业管理，变为出租经营和管理服务并重，甚至出租经营占有更重要的地位。

物业服务企业一旦拥有物业出租经营权，物业服务企业的经营职责不只是简单地将一层楼或一套单元房租赁出去，而应当根据市场的需要和居民消费倾向的变化，通过细心策划，对经营的物业及时更新，如进行室内装修、对空间重新分隔等；改造与完善物业的使用条件（如电信通讯、楼层交通等），提高物业的档次和消费适应性，同时调整租金，不断提高物业管理企业的经营管理水平和经济效益。

一般来说，这类型的物业管理主要适用于经营性的物业，如写字楼、综合楼、商厦等。当然，也包括以租赁为主的高档居住物业，如高级公寓、别墅等。

19.4 物业管理体制建设

物业管理体制的建立和发展是我国市场经济体制建立和发展，房地产物业产权制度建立，以及居民对物业消费与服务要求不断提高的结果。根据我国物业管理发展的状况，加快我国物业管理体制建设，提高物业管理水平，必须做好以下工作：

19.4.1 贯彻执行相关法规，推动物业管理体制转轨

1. 认真贯彻执行《物权法》和《物业管理条例》

国务院于2003年颁布的《物业管理条例》（于2007年8月26日进行了修订）和于2007年颁布的《物权法》，是指导我国物业管理体制发展的重要法律法规。《物业管理条例》确立了一系列重要的物业管理制度，对业主及业主大会、前期物业管理、物业管理服务、物业的使用与维护等方面都作了明确的规定，同时明确了相应的法律责任。《物权法》对业主的建筑物区分所有权作了明确的界定。认真贯彻执行《物权法》和《物业管理条例》，不仅对于维护物业管理市场秩序、规范物业管理活动、保障业主与物业管理企业的合法权益提供了法律保障，而且对于促进物业管理健康发展、进一步改善人民群众的生活和工作环境，都具有十分重要的意义。

2. 自管公房和直管公房向物业管理体制转轨

住房制度改革的深入进行，改变了自管公房和直管公房的产权结构；随着经济社会发展，居民对物业消费水平要求也不断地提高，这一切都要求改变传统的住房管理体制，要求把物业管理纳入市场经济的轨道。

由于单位自管公房与城市房地产管理部门直管公房，在传统体制下，在管理体制方面也存在着一定的差别。因此，在把它们纳入物业管理轨道时，就不能采用完全一样的办法。

（1）单位自管公房向物业管理体制的转轨

单位自管公房向物业管理体制转轨时，必须做好以下工作：

1）从抓转变观念入手，解决单位领导和职工的思想问题，提高他们对物业管理的认识，主动推动自管房向现代物业管理转变工作的进行。

2）统一规划，分类指导。自管房管理体制改革是一项复杂的系统工程，政策性较强。所以，城市政府和企事业主管部门应将自管房管理体制改革列为企事业单位改革的重要内容，全面部署，明确要求，同时还要根据各个城市社会经济发展情况和企事业单位的具体情况，制订出分类指导和分步实施的计划。有条件的城市，还可以确定一批不同类型的企事业单位作为试点单位，把政府倡导和具体帮助结合起来，形成重点突破、分批推进的局面。

3）制定相应的配套政策和措施。由于我国单位自管房数量巨大，福利性较强，房屋管理体制改革直接关系到单位与职工的切身利益。因此，改革既要考虑企业的承受能力，又要考虑政府、社会和住户的承受能力。所以，在推进改革时，制订政策和措施时，一定要考虑企事业单位和职工的承受能力。

4）加强引导，抓好典型。近年来，许多单位，如大庆油田、胜利油田、鞍山钢铁公司等，都组建了物业管理公司，在人员方面，从内部或从外面聘请了有经验的物业管理公司的负责人；对物业公司的一般服务人员，或者从原来后勤职工中选择，通过培训，取得"培

训合格证"和"上岗证"后上岗,或者是对下岗分流职工进行培训,培训合格后上岗,或者直接从社会上招聘。在资金方面,由单位一次性划拨给物业公司一定的物业管理基金,保证其正常运作。同时,单位应将住宅区内的办公和经营用房无偿划拨或优惠价租给物业公司办公和经营,帮助其逐步走上规范化的发展道路。

(2) 城市房地产管理部门直管公房向物业管理体制的转轨

直管公房推行物业管理、进入物业管理市场的关键是抓好房管所的转型和转制工作。我国城市绝大多数房管所虽然已经转型为物业管理公司,但是许多问题需要进一步研究解决。如直管公房产权关系问题,房管所原有债权、债务问题,改制后启动资金问题,等等。为此,还必须从以下几个方面入手,解决好转制工作:

1) 组织有关方面作好公房产权清查,进行房屋产权和使用权的重新登记;

2) 全面清理债权、债务。如催促承租人交清房屋租金(债权),督促房管所向专业维修养护单位支付有关费用(债务)等;

3) 制定有关政策,为转制后的房管所提供造血机能;

4) 尽快割断房管所转型后的物业公司与政府有关部门在人事上、经济上的"脐带",帮助其走向市场、面向业主,提高经营管理水平。

19.4.2 建立健全物业管理领导体制

物业管理涉及的方面多,处理的关系比较复杂,为了协调各方面的关系,提高物业管理水平,必须建立健全物业管理领导体制。

1. 建立物业管理协调机构

为了协调物业管理中各方面的关系,必须在城市政府中建立高层次的物业管理领导机构。有的城市为了加强对物业管理工作的领导,成立了由分管副市长、市建委、房地局、公安、规划、财政、工商、物价、环卫园林、市政、公用等部门负责人和城区分管区长组成的"住宅小区物业管理工作领导小组",负责全市物业管理的宏观决策和组织领导工作。同时在行政主管部门,成立了"物业管理办公室",负责物业管理的日常工作。这样就可以加强物业管理中的协调,形成物业管理合力,保证物业管理各项决策的实施和政令的执行。

2. 建立物业管理协会、物业管理研究会等社会团体

物业管理协会是由物业管理企业依法自愿组成的行业性社会团体,是社会团体法人。物业管理协会主要承担政策宣传、信息交流、人员培训、制定行业规范与标准等工作,是政府和物业管理企业的桥梁和纽带。中国物业管理协会已经成立,应当充分发挥它在物业管理中的作用。

3. 建立业主委员会联合会

建立业主委员会联合会,对于加强业主自治管理、提高物业管理水平有重要的意义。建立业主委员会联合会可以效仿上海的做法。上海市早在几年前就已成立了该联合会,而且制定了联合会的管理规定,极大地促进了上海业主委员会的成熟和上海物业管理的发展。

19.4.3 加强物业管理市场主体的建设和竞争机制的培育

1. 加强业主委员会的建设,提高物业管理水平

业主委员会是物业管理的重要管理机构,在物业管理中担负着重要的职能。按照国家规

定，业主委员会应当在房地产行政主管部门指导下，选聘和续聘物业服务公司；审议和批准物业公司的年度管理计划，小区管理服务措施、收费项目及收费标准等；负责对物业服务公司进行监督等。为了提高业主委员会的管理水平，必须做好以下工作：

（1）加强业主委员会管理人员，特别是正副主任的培训

区、县房地产管理部门要分期、分批对自己管辖范围内的业主委员会成员进行培训，提高他们的思想、政治和民主素质，使他们明确自己的责、权、利，以便更有效地运作业主委员会。对业主委员会的培训，除了对其成员进行物业管理法律、法规知识和其他有关知识培训外，还要进行一些房屋、设备维修、养护以及环境保护、绿化等知识的培训。有关部门还应指导他们正确选择物业管理公司和发挥其应有的作用。

（2）加强业主委员会主任规范化的制度建设

主要是建立以下四个制度：

1）职业化制度。建立管委会主任的职业化制度，使管委会主任成为社会各种职业的重要组成部分之一。只有这样，才有可能使物业管理委员会真正成为物业管理市场的需求主体，才有可能更好地发挥选聘、监督、辞聘或续聘物业公司的积极作用，也才有可能更快地促进我国物业管理市场的发展和成熟。

2）"准入"制度。物业管理委员会主任应该有一定的资格条件，除了有一定的组织能力与领导能力以外，还必须通过物业管理委员会主任专业教育培训，取得"培训合格证"，并经主管部门的注册认可，才能上岗。为此，应当建立有关"准入"规则和考试考核注册制度。

3）主任负责制。我国许多住宅小区虽然建立了物业管理委员会，但是并没有发挥应有的作用。根本原因是，物业管理委员会主任没有明确的权力、责任和应得的经济利益，于是造成了物业管理委员会委员及其主任在工作上没有积极性、主动性、创新性和负责精神。为了克服上述弊端，就必须建立和实施物业管理委员会主任负责制，使物业管理委员会主任成为专职工作人员，并建立主任公开聘用制和责、权、利协调机制。

4）公开聘用制。物业管理委员会主任职业化以后，可以实行面向社会公开招聘的制度。不论是否是社区物业的业主或使用人，只要具备条件，就可以聘为社区物业管理委员会的主任，承担起管委会主任的职责。

（3）建立业主委员会主任责、权、利协调机制

物业管理委员会主任职业化、负责制以及公开聘用制的实施基础是物业管理委员会主任责、权、利的统一，即既要确定物业管理委员会主任的责任和权力，同时也要给予相应的经济利益。

通过强化物业管理委员会的主任的职责和提高物业管理委员会主任的水平，提高物业管理委员会在物定管理工作中的作用。

2. 加强物业服务企业建设，规范物业管理服务

为了进一步规范和发展物业管理，有关部门应当制定系列规章制度，加强对物业服务企业的管理、规范物业服务企业的运行。这些制度包括：物业服务企业资质审批制度（许可制度）；从业人员执业资格考试和资质认证制度；资质等级划分制度；企业指标考核（含行业管理标准）和年检制度；承诺达标制度和行风检查制度等。通过建立和推行这些管理制度，规范物业服务企业运作，促进物业管理健康与迅速地发展。

(1) 建立物业服务企业（资质审批）许可制度

组建各类规范化的物业公司及其专业化的服务公司，是培育和发展物业管理行业的基础工作。对物业公司组建，应当实施注册和许可制度。经过政府有关部门严格的资质审查和登记备案，发给《资质合格证》或《经营物业管理许可证》，经工商部门注册登记后，方可营业。定期（如每年）检查物业公司的经营情况，根据物业公司的经营水平、范围和住户反映评审资质等级。同时，搞好调查和统计工作，建立起全市物业服务企业档案和管理信息网，形成对物业服务企业的监督、管理、服务体系和市、区两级管理的框架，以强化行业管理。

我国已经有了物业服务企业准入或资质审查制度，建议有关部门尽快出台经营资质审查管理细则，使其更具有操作性。

物业服务企业准入（资质审批）制度要与其注册制度联系起来，工商部门与房地产行政主管部门要加强联系，尽快实现两部门有关信息的联网，以减少不必要的工作失误。

(2) 建立物业服务企业资质等级制度

1999年10月31日，原建设部发布《物业管理企业资质管理试行办法》（以下简称《办法》），把物业管理企业划分为一级、二级、三级三个资质等级和临时资质，同时明确了一、二、三级的资质标准。应当根据《办法》的规定，对所有物业管理企业进行资质等级认定，并严格按照《办法》，对物业管理企业进行资质等级管理。

(3) 建立物业管理企业从业人员执业资格考试和资质认证制度

建立物业管理人员执业资格考试和资质认证制度，是规范和提高物业管理水平的重要举措。这项措施的主要内容是：从事物业管理的人员必须经过执业资格考试，考试合格，方可取得上岗（证）资格；专业技术人员工作岗位不同，考试内容不同，专业技术证书也不同。

物业管理人员的级别，根据国外的做法，可以划分为物业管理师和物业管理员两类。例如在美国，物业管理师是由美国全美房地产经纪人协会物业管理学会颁发给在经验、教育和职业道德规范方面有杰出表现的专业物业管理者。要获得执照，必须经过候选和正式获取两个阶段。取得正式执照必须符合五个方面的要求：一是五年以上的管理经验；二是成功地念完三门以上的专业课；三是至少有一年以上的全职、有效地进行物业管理计划的决策和组织活动经历；四是成功地接受有关职业道德的教育；五是必须获得分会和总会的批准。尤其严格的是，一旦违反职业道德条款，即被取消CPM资格。美国对物业管理人员的划分与管理，我们可以借鉴。

物业管理企业从业人员执业资格考试和资质认证制度的建立，要与建立持证上岗制度联系起来，这样做有利于主管部门对从业人员的考核和管理。

(4) 建立物业管理企业指标考核（含行业管理标准）和年检制度

为了加强对物业管理企业的管理，必须建立物业管理企业考核指标体系（包括行业管理标准）和年检制度。考核指标要先进合理、内容具体、易于操作、便于检查监督，并尽可能使各项管理制度服务项目细化和量化。原建设部关于优秀物业管理小区（含大厦）的评优标准（服务质量标准），给我国物业管理的发展和完善指出了一个方向。此外，国际标准化组织（ISO）于1987年颁布的系列国际标准ISO 9000（即国际通用的科学管理方法标准），也是我国物业管理企业应采用的管理方法标准。目前我国已有一些物业公司通过了ISO 9002质量体系认证，有关部门要确实加强经验的总结，加快向我国其他物业公司推广的进程。同时，物业管理企业的指标考核应与年检结合起来。因为只有经过年检，才能发现新问题，才能了解物业管理企业的现状，也才能提出有针对性的对策，以更好地发展和完善我国的物业管理。

(5) 推行物业管理企业服务承诺达标制度

为了规范物业管理、提高管理水平，应当推行行业规范服务达标或服务承诺制度。物业管理企业服务承诺制度，应当主要从服务内容、服务标准、服务时限、违诺责任等方面公开向社会承诺，接受社会的监督。同时，有关部门也要加强对物业管理企业服务承诺的监督检查，开展物业管理服务承诺达标活动。

(6) 推行物业公司前期介入物业管理的制度

物业公司前期介入物业管理可以有效避免物业管理的各种先天不足，更好地保护业主和物业公司的正当权益。原建设部于1999年10月14日发布的《前期物业管理服务协议》（示范文本）的通知指出，物业公司前期介入可以"规范物业管理市场行为，保障前期物业管理活动当事人的合法权益，减少物业管理纠纷"。

(7) 培育和树立一批物业管理的骨干企业和名牌企业典型

有关部门要尽快采取有效措施，培育和树立一批物业管理的骨干企业和名牌企业，推动物业管理上档次，上品牌。

3. 培育物业管理市场竞争机制和双向选择机制

培育和发展、完善物业管理市场，除了培育物业管理市场需求主体——业主委员会，供给主体——物业管理公司以外，就是引进竞争机制，推广物业管理招标投标制度和双向选择机制。

建立物业管理招标投标制度，就是要建立物业管理招标投标市场，让物业公司和业主委员会进入物业管理市场，通过招标投标方式选择或聘请物业公司，建立物业管理关系。

建立双向选择机制，就是建立和推广物业管理的供求双方互相选择对方的机会或权力。也就是说，业主（管理委员会）可以选择物业公司，物业公司也可以选择物业和业主（管理委员会）。这种选择是双向的，只有通过双方互相选择，才能建立或确定物业管理关系，不存在强买强卖的情况（目前，我国的住宅小区基本上都是开发商所属的专业物业公司"强行"实行物业管理的）。培育物业管理市场双向选择机制的关键，主要是理顺物业管理服务的供给体制，杜绝物业公司强行供给；同时使业主委员会能够行使自主选聘物业公司的权利，具有相应的法律地位。

物业管理市场竞争机制建立的最基本的前提，就是要在法律上规定物业必须实行专业化管理，而且只允许物业管理公司通过市场选择物业和接受业主管委会的选择，当然也必须允许物业管理公司通过专业化的物业管理活动获得一定的利润。总之，就是使物业管理成为市场经济条件下的一个集经营、管理、服务于一体的营利性行业。只有这样，才能提高物业管理水平，建立起与社会主义市场经济体制相适应的房地产物业管理体制。

另外，根据我国加入WTO的日程安排，国外物业公司将进入我国，它们或者成立合作型物业管理企业，或者建立独立物业管理企业，这不仅加剧了物业管理市场的竞争，同时也给我们带来了国外先进的物业管理经验，无论是竞争，还是给我们带来先进经验，都有利于加强我国物业管理与国际交往，提高我国物业管理水平，促进我国物业管理与国际物业管理的早日接轨。

19.4.4 建立和完善物业管理资金良性循环系统

物业管理费用,一直是我国物业管理发展中的一个难题。根据国家有关规定,目前物业管理公司可以使用的费用,基本上是由三个部分构成的。

第一部分,小区物业管理启动基金或小区公共部位维修基金。在1998年以前,根据《居住小区物业管理办法》第14条的规定,"居住小区物业管理的启动性经费由该居住小区的开发建设单位按照建安费2%的比例,一次性交付给物业管理委员会或物业管理企业"。由于各种因素的影响,物业公司或业主委员会很难取得这笔费用,严重地影响了物业管理工作的开展。1998年11月9日,原建设部、财政部联合颁布了《住宅公用部位设备设施维修基金管理办法》(建房字[1998]213号)。根据这个《办法》,不再要求开发商向物业公司或业主委员会支付启动性经费,而是要求购房者向房地局或其委托的交易管理部门交付"住宅共用部位、共用设施设备维修基金"。当前的主要工作是搞好住宅共用部位、共用设施设备维修基金的归集与管理工作。

第二部分,物业所有人或使用人缴纳的物业管理和服务费用。这部分费用存在两个方面的问题:一是业主认为收费太高,而物业管理公司认为收费低,入不抵支,双方矛盾较大。解决这个问题的关键是科学地确定收费标准。从理论说,收费标准应当根据物业公司提供的物业服务数量和质量确定,同时还应当考虑居民的经济承受能力;另一问题是物业管理公司应当按照物业管理协议的承诺,按质、按量提供服务;业主在享受了服务以后,应当按时、按量主动缴纳物业管理费。

在提高物业管理费用收缴率方面,香港的经验很值得借鉴。香港物业管理费的追缴一般采取通告—仲裁—法院的途径解决。小额物业管理费用款项通过小额钱债审裁处解决,大额物业管理费用款项则可向法院提出控诉。若物业公司无法与欠债业主或单位联系时,可向田土厅登记,当该单位转让物业时须付清欠款,方可转让;对于出租单位,则可向法院申请封租令,以租金偿还管理费。如数额庞大时,法院可强迫业主将该物业出售,售款用于偿还物业管理费。

第三个部分,开展多种经营服务,试行社区经营权费用抵付物业管理费,弥补物业管理经费的不足。

在有条件的小区,或者说,在社区服务项目较多、社区有偿服务收入较多的情况下,可以试行以社区经营权费用抵付物业管理费的做法,以减轻业主或使用人的经济压力。物业公司的任务是按照合同和业主委员会的意志,搞好物业管理和社区服务。物业公司可以自行组织人员开展社区服务,也可以通过招标投标和合同,聘请专业公司和其他部门来进行。

这样做的好处是:①有利于社区管理服务的一体化,便于物业公司的统一管理和服务,减少分歧和纠纷;②业主委员会和物业公司通过合同,规定了双方的责、权、利,减轻了业主委员会管理上的负担,而且经营权费用来源和数额等都比较清楚,杜绝了不正之风的发生;③物业公司出于赢利和长远发展的考虑,会主动增加社区服务项目,提高社区服务质量等。当然,社区经营权费用抵付物业管理费的做法也有不可避免的缺点:首先,社区服务经营权费用目前难以确定(但可以根据历年社区经营数据推算);其次,物业公司易于过分追求短期利润。但只要有关方面加强对物业公司的监督管理,并给以政策支持,这些问题还是比较容易解决的。

试行社区经营权费用抵付物业管理费的做法,当前首先需要做的就是建立科学、合理的利益分配机制。主要也就是指社区服务收益的分配问题。我们设想,社区服务收益可以划分为两大部分,第一部分为社区服务经营权费用。这一部分归业主委员会管理。其具体使用方向是:一部分划归居委会使用,作为居委会日常办公和开展各种社区活动,如创建"五好家庭"、创建"文明楼"等活动的开支;一部分作为业主委员会日常办公和组织物业管理与社区服务招标投标等活动的开支;一部分(也是大部分)用于小区物业的大修保养、增加设备、设施,开展各种扶贫帮困活动的开支等。对于居委会和业主委员会合二为一,作为一个整体的社区,则不再有居委会的开支。第二大部分,社区服务成本费用和物业管理费用。这一部分归物业公司使用或管理。社区服务收益将有相当部分用于补偿社区服务的成本,如支付人员工资,管理费用、设备费用等;还有一部分作为物业公司的利润,也可以说是物业公司的发展基金;第三部分主要用来补偿物业公司社区物业管理管理经费的不足等。

只有解决好物业管理费用问题,才能推进物业管理工作。

---------- 本章小结 ----------

房地产物业管理服务是随着房地产市场经济发展产生的,专门进行房地产物业专业化、市场化、社会化管理服务的经济活动。从事房地产物业管理服务的组织,是物业管理组织或机构(企业)。

物业管理服务市场,主要是由物业管理服务企业(公司)以及业主、业主委员会构成的。物业管理服务主体通过物业服务市场建立物业管理服务关系,通过物业服务合同或协议,确立各自的权利义务和彼此之间的关系以及物业管理服务的基本内容(即常规性的公共服务、专项服务和特约服务等管理服务项目)。

我国物业管理服务制度虽然基本建立起来,但是还不完善,不规范。必须根据《物权法》、《物业管理条例》等法律和法规,加强物业管理服务制度建设;规范物业管理服务企业、物业业主、业主委员会的行为;不断提高物业管理服务水平。

复习思考题

(一) 名词解释

物业管理　业主　业主委员会　物业服务公司　物业管理市场

(二) 简答题

1. 物业服务公司的权利与义务有哪些?
2. 业主委员会的权利与义务有哪些?

(三) 论述题

3. 试述物业管理市场。
4. 试述物业管理的基本内容。
5. 试述物业管理体制建设。

第5篇

房地产宏观经济效益与房地产收益分配

按照可持续发展理论，在房地产经济活动中，不能单纯追求经济效益，而应当追求综合效益，即包括经济效益、社会效益和环境效益在内的房地产综合效益。因此在房地产开发建设、经营管理和使用或消费的过程中，应力求实现三个效益的统一。

房地产经济效益包括房地产宏观经济效益与微观经济效益。房地产宏观经济效益，主要是指房地产经济发展与国民经济其他部门发展的关系，以及对国民经济发展的贡献；房地产微观经济效益，主要是指房地产企业的经济效益，即房地产企业在开发建设和经营管理的经济活动中取得的效益或收益。

房地产经济微观效益或收益，是房地产开发建设和经营管理企业追求的主要目标。它主要通过房地产企业的财务管理，以成本与利润的形式表现。房地产企业的财务管理，就是对房地产投资资本或房地产生产再生产过程表现出来的价值运动过程的管理。在现实资本运行过程中，按照国家有关规定，房地产企业的财务管理具体表现为房地产企业资本金制度。房地产企业资本在生产再生产过程中，根据资本周转方式的不同，区分为流动资产与固定资产。房地产企业在生产再生产中耗费的资本，形成了成本；在生产过程中增值的新价值就形成了企业的利润。根据国家有关规定，在价值上反映房地产企业资本运行状况的各种报表，就是房地产企业的财务报表。房地产企业财务管理是房地产企业管理的重要构成部分；房地产企业财务报表是国家或社会（上市公司）对房地产企业管理和监督的重要依据。

根据国家有关规定，为了使房地产经济正常运行，必须对房地产收益进行分配再分配。房地产租税费体系就是国家作为城市土地的所有者以及国家政权组织与管理部门，参与房地产收益分配再分配的形式。由于我国房地产经济发展的特殊情况，目前我国房地产租税费体系中还存在一些问题。随着房地产市场经济制度的建立以及房地产租税费改革的深入进行，房地产收益分配关系或房地产租税费设置和租税费体系将进一步完善，房地产租税费行为将进一步规范化。

第 20 章 房地产综合效益与房地产收益

【学习提要】 学习本章，重点掌握房地产综合效益的含义；了解房地产经济效益、社会效益、环境效益，深刻了解房地产综合效益是三个效益的有机统一；了解房地产经济效益与房地产收益的关系，着重掌握房地产收益的形成与分配。

【关 键 词】 房地产综合效益　房地产经济效益　房地产社会效益　房地产环境效益　房地产收益

20.1　房地产效益是综合效益

房地产效益是一种综合效益。这是由房地产经济本身的性质决定的。房地产经济是以房地产为客体形成的人与人之间的关系。房地产客体，即房地产物质，是由土地、土地上的建筑物和构筑物，以及在其上面形成的各种权利构成的。房屋是建立在城市土地上的。城市土地是一个自然的、经济的、社会的巨大综合体。房地产（房屋）要满足人们多方面的需要，即要满足人们各类生产活动、各种生活要求以及各种社会活动的需要。人们在开发建设、经营、使用或消费房地产的过程中，要与自然界、与社会生活各个方面以及与各类市场经济主体发生各种各样的关系，即自然生态的、社会生活的以及经济的关系。所以，房地产效益是包括房地产经济效益、社会效益和环境效益在内的一种综合效益。

我国经济社会发展已经进入工业化和城市化加速发展时期，资源供应不足、能源严重紧缺、环境压力加大已经成为社会主义现代化建设的关键制约因素，节约资源、保护环境，已经成为实现经济社会可持续发展的根本要求。所以，如果不改变传统发展思维和模式，继续沿袭高投入、高能耗、高排放、低效率的粗放型增长方式，走先污染后治理、边污染边治理的发展道路，建设现代化的国家就难以实现。因此，必须在科学发展观的指导下，走出一条投入少、产出多、科技含量高、资源消耗低、经济效益好、环境污染小、人力资源得到充分发挥的新的发展道路。

我国房地产业已经发展成为国民经济的支柱产业。但是，房地产业的发展需要消耗大量的土地资源，投入大量的资本和劳动力资源，消耗庞大的环境资源和能源。也就是说，不仅房地产开发建设需要占用大量的、有限的土地资源，需要投入大量的资本和劳动力，而且在开发建设过程中改变了自然环境。在房地产使用和消费过程中，也要消耗大量的环境资源和能源，同时还要排放大量的废弃物等。因此，房地产的经济发展，涉及经济、社会和自然环境等一系列问题。所以，研究房地产效益，绝不能只考虑经济效益，而不考虑社会效益和环境效益。

20.2　房地产的经济效益、社会效益和环境效益

房地产业或房地产经济涉及人类生活或城市生活的各个方面，因此在房地产开发建设、使用和消费过程中，必须正确处理房地产经济运行的经济效益、社会效益和环境效益的关

系，也就是说必须重视提高房地产经济运行中的经济效益、社会效益和环境效益，即房地产经济的综合效益。

20.2.1 房地产经济效益

房地产经济效益包括房地产宏观经济效益和微观经济效益。房地产宏观经济效益是房地产国民经济效益；房地产微观经济效益是房地产经营单位（企业）投资经营效益。这里着重研究房地产宏观经济效益，即房地产经济发展给国民经济发展带来的效益。

（1）房地产经济的发展满足了国民经济各部门和人们生存对空间的需求。这是由房地产产业的先导性和基础性决定的。房地产是国民经济的基础产业。这是因为，人类任何经济、社会和居民生存，都需要有一定的空间。人类活动的这些空间，都是由房地产经济提供的。没有房地产，就不可能有与人类经济、社会和居民生存相适应的空间。

（2）房地产经济的发展带动了相关产业的发展。这是由房地产产业是国民经济的支柱产业的地位决定的。房地产经济关联度广、带动性强，与50多个经济部门、几万种产品有着极其密切的联系。或者说，房地产经济的发展可以带动50多个经济部门、上万种产品的发展。它对GDP增长贡献率大。

（3）房地产经济的发展提高了城市土地整体经济效益。通过房地产开发再开发以及城市基础设施和市政设施的建设，极大地提高了城市土地的利用效益和经济价值，使土地的各种收益成为城市政府重要的财政收入来源，有力地支持了城市公共产品与准公共产品的建设。

（4）房地产经济的发展提高了区域与区位经济效益。房地产经济的发展，特别是房地产经济在城市空间的布局，使城市形成了各种功能区，极大地提高了这些功能区的经济效益、社会效益和环境效益。

（5）房地产经济的发展促进了经济聚集，提高了聚集经济效益。房地产开发，特别是城市各种功能区、经济技术开发区和高科技园区的建设，形成了各类产业聚集区。在产业聚集中产生了聚集高效益，形成了城市品牌价值，提升了城市竞争力。

20.2.2 房地产社会效益

"社会效益"是指从社会整体利益出发来衡量的某种社会活动的效果和收益，是指人们的社会实践活动对社会发展所起的积极作用或产生的有益效果。社会效益是相对于经济效益而言的，经济效益是指获得的利润回报。社会效益有广义和狭义之分，广义的社会效益包括政治效益、经济效益、思想效益和文化效益等；狭义的社会效益是指经济活动给社会带来的收入，社会成本则是其带来的消耗，两者之差就是社会收益，即经济活动所提供的社会贡献净额。

房地产经济的社会效益主要是由于房地产经济发展促进了社会进步，满足了社会生活对房地产的需求，为居民生存、发展和享受提供了空间和活动的场所，促进了社会主义和谐社会的建设和发展。具体来说，有以下方面：

（1）根据城市发展的需要，通过房地产开发建设，建设了相应的城市基础设施和市政设施，满足了城市社会生活和社会发展的需要。

（2）在城市和住宅小区开发建设中，根据城市规划和住宅小区规划设计的要求，建设了科技、教育、文化、卫生、体育等社会设施，对于满足城市居民学习科学技术、享受教育、满足文化生活以及健康等方面的需求，提供了场所和便利的条件。

（3）建设了许多住宅，满足了居民生存、发展和享受的需要，促进了社会主义和谐社会的建设。

（4）根据城市规划和布局的要求，通过房地产开发建设，营造了各类城市人文景观，满足了人们视觉和艺术的需要和享受。

（5）促进了建筑文化的发展，发展了空间艺术。因为，建筑是艺术，是空间造型艺术；艺术是文化，所以建筑是文化；建筑文化是建筑理论与建筑实物综合表现。摆在建筑领域面前的一个重要任务，就是反思建筑领域中存在的问题，比如"临时建筑文化"的现象（即急功近利式的城市建设、"拉锁马路"等现象），充分利用现代科技成果，努力提高建筑水平，继承和发扬优秀的建筑文化，使每幢建筑物和构筑物都能体现建筑文化的价值。因此，在房地产经济发展中发展和创新了建筑艺术和建筑文化。为人类文化艺术增加新内容。

房地产开发当中的社会和人文历史因素及原生态建筑因素包括：

（1）社会经济环境、文化资源环境。考察可能恢复的场所、文化历史资源，保护并尽可能利用场地内已有的历史建筑资源。

（2）开发针对人群。评估开发项目内容针对服务人群的总量，以及他们的自然、社会行为特征和消耗资源方式对地块的影响。

（3）传统城市文脉和建筑技术。考察该地区的建筑风格、地方材料及地方生态建筑技术，并将其融入建筑设计中，力求采用与历史相协调的建筑类型。在城市传统街区的建造行为应考察原来的建筑性质，并尽可能加以维护。

20.2.3 房地产环境效益

房地产经济的环境效益，就是房地产经济发展遵循了自然发展规律，实现了生态平衡，避免了生态的破坏，促进了人与自然的协调发展。

在房地产开发建设中，由于注意尊重自然发展规律，实行保护性开发，避免了对自然资源和生态的破坏，维持城市原有的生态环境，保护了环境效益。

房地产经济发展使人口、经济、社会生活实现了或形成了在一个地区或城市的高度聚集，庞大的人口规模虽然消耗了巨大的物质、社会和自然资源，把大量的废弃物抛向自然，改变了或破坏了原来的生态平衡关系，但是通过环境建设，比如通过废物利用、污水处理、园林绿化建设等，建立了新的生态平衡关系，促进了人与自然的协调发展，甚至提高了房地产的环境效益。

在城市房地产开发建设中，贯彻节地、节能、节水、节材等建设原则，减少对自然和环境资源的消耗，有利于提高房地产环境效益。

在房地产使用和消费过程中，努力实行适度消费的原则，减少对自然资源和城市土地的占用和消费以及污染物的排放，也有利于提高房地产环境效益。

建设人工环境，特别是通过房地产开发建设，建立循环经济，力求实现生态平衡。

总之，只有在房地产开发和再开发中，实行保护性开发方式，加强生态环境建设，才能取得房地产环境效益。

房地产开发中涉及的生态评估要素和内容有：

（1）地区纬度和气候特征。要最大限度地满足人类的舒适要求，保护基地资源及未来的房屋设施就必须考虑。例如：地区地理纬度与地区气候特征及局部小气候特征、主导风的风向、风速及制冷效果等，同时要考虑日照、太阳能可再生能源利用及阳光光影的美学效果，建筑的体量选择、朝向和布置应与之结合，调查年降雨量和考虑雨水的收集方式以及循环用水的可能。

（2）地形环境特征。要尽量避免占用耕地和熟地作为建筑用地，考虑地块特征和相邻土地形式。在山区城市中探讨如何利用坡地地形进行建筑处理的手法，衡量开挖和回填土地的可能性，避免过量开挖，注意节地和岩体保护。

（3）水环境。了解地区和基地地下水与地表径流特征；基地所处水流域的径流保护，避免渗漏铺地面积过大；建筑本身选择合适的排水系统，使整个区域的排水及整个建筑覆盖区与场地协调一致；做好水的有效利用和节约以及中水和下水的处理系统，同时评价侵蚀、淤积和地下水污染的可能性。

（4）土壤、生态环境和植被特征。为保护基地的整体性，尽可能保护地方植被。通过识别和保护敏感性的地方植被种类，可以鼓励生物多样性及保持土壤养分，同时植被的保护会带来视觉上的美感，创造绿阴。保护一定比例的原土壤，它的肥力不仅支持该地区特有生物、植物的生长，还能分散和过滤水，并使空气和水中的污染物无害化或固化。

（5）地质条件与矿物资源。了解地区资源情况，避免侵害和污染。地区的地质条件影响着基地上所能建设的内容，评估土壤构造及其承载力以及对回填、斜坡结构和渗透的适宜性；岩床的深度和强度影响着结构、挖掘和费用。

（6）基地容量和密度。每个基地承载开发及人类活动都有一定的限度。详细的环境分析应基于对基地资源及再生能力的分析来确定容量，应仔细权衡集中和分散的相对价值。分散有助于自然景观的延续，集中有助于较少地占用自然地域。

（7）基地能源及设施。任何聚居地都需要供水、动力、电力及废水的管理系统。评估该地块周边已有基础设施条件，考虑未来的系统与气候、地形及自然资源协调方式。

（8）声环境、视觉环境和形象特征等。对基地周围的噪声源进行跟踪测量，评估对基地的干扰级别；对基地周围已有建筑、自然景观情况及邻里待开发项目规划情况进行总体预测性评估，确定建筑形态特征。

（9）历史灾害和环境毒害等。收集、记录地区曾经发生的灾害情况和原因，并与开发内容进行对照。对环境中潜在的有害物进行了解并作出评估，以决定开发行为。

（10）环境污染情况。如：大气污染情况，土壤及水污染、辐射情况。

20.2.4 房地产综合效益是三个效益的有机统一

房地产效益是三个效益的有机统一。在微观层次上，房地产经济效益、房地产社会效益与房地产环境效益三者之间存在着一定的矛盾；在宏观层次方面，三者则是统一的。

1. 提高房地产综合效益是房地产经济发展的根本任务

房地产经济发展，特别是房地产开发建设，首先涉及的是对土地的开发和利用。土地是自然资源和自然环境的承载体。城市土地开发利用改变了原来土地的利用方式和使用性质，提高了土地的生产力和经济效益，同时也改变了原来的自然资源和自然环境，破坏了原来的生态平衡关系。这就是说，在房地产开发再开发过程中，不仅使城市成为人口、经济、社会的聚集地区，而且在生产、生活中还要排放出大量的废物，污染了城市的环境，使城市出现了一系列新的问题。

当代经济社会发展实践表明，城市是一个国家或一个民族或一个地区的经济、政治和文化的中心。城市优良的生态环境标志着一个国家或一个城市的经济社会发展水平和文明程度。通常认为，城市现代化的标准主要表现在以下几个方面：第一，适度的城市规模和人口密度；第二，经济、社会和环境有机统一的城市综合效益；第三，与城市性质相适应的高度化的产业结构；第四，优良的生态环境；第五，高水平的城市基础设施、市政设施和社会设施；第六，发达的文化教育、卫生等；第七，高尚的精神文明；第八，协调的城乡关系；第九，广泛的国际联系；第十，科学的城市管理等。这就要求在城市开发建设或房地产开发建设中，坚持合理开发的原则。也就是说，在房地产开发建设中必须坚持把控制新的环境污染与治理原有的环境污染结合起来；根据城市性质、职能与产业结构，处理好新房地产开发建设布局与原来城市布局的关系；协调好城市经济效益、社会效益和环境效益的关系，提高城市和房地产综合效益；特别是要注意增强城市与房地产生态系统调节功能，使人流、物流、能量流和信息流处于优良循环的状态中，从而实现城市的可持续发展。

根据经济科技现代化发展的要求，人们越来越重视建设人与自然环境的和谐关系。瑞士生态学家弗伦茨·惠勒所提出的"21世纪新城镇"设计的主要目标，就是改善居住环境、防止环境污染、保持生态平衡以及注重美学的价值。惠勒认为，现代化城市必须是无污染、绿地和公共空间比例合理、建筑单体设计良好、城市各个规划单元之间联系紧密、人与自然和谐的良性循环的人造生态系统。城市应当成为由自然环境与人文环境构成的，具有鲜明个性特征的整体。也就是说，现代城市应当成为经济效益、社会效益和环境效益高度统一的有机的统一体。

房地产综合效益应该包括以下方面：地区的和平稳定、自然景观和国民素质；城市生态平衡；社区周边教科文环境、就业和受教育情况等。从宏观方面分析主要包括：城市GDP、自然条件、人文底蕴和生态环境。从微观方面分析大体包括：社区环境、房型、户型、容积率、人均绿地、小区建筑景观、人口密度、承建商信誉、综合造价和物业管理等。

2. 房地产综合效益存在的问题及原因

当前在市场经济中，城市房地产开发大多趋向于高密度的建筑，造成人口密度、建筑密度和容积率过高，加速城市环境的恶化。追求经济效益而忽视生态效益的房地产开发活动使得城市的生态环境、人们的居住环境面临沉重的压力，造成了污染严重、绿地减少、挤占公园用地、填湖造地、城市生态压力增大等严重后果。

我国目前在房地产经济中，或者说在房地产开发中存在的主要问题，是过分注重经济效益，忽视社会效益和环境效益。或者说，当前房地产开发中的主要问题是过度开发。主要表现为：土地出让规模太大；土地使用不合理；重视新区开发，忽视旧城区开发建设；在旧城区开发建设中忽视古迹和文物保护；总的来说，不注意开发建设中经济效益、社会效益和环境效益协调发展。具体表现为：在城市建设上，不注意城市功能和产业合理布局；不注意生态和环境建设，绿地相对减少，噪声、垃圾、空气污染加重；忽视城市布局艺术、建筑艺术、雕塑艺术、园林艺术等；城市新建小区缺少足够的文化、艺术、体育、娱乐等社会设施；居住区距离工作地点太远，给城市道路、交通、市场等造成了巨大的压力。房地产开发的这种状况，不仅严重地影响了城市经济社会发展，给居民生活造成不便，增加了居民的经济负担，而且制约了房地产综合效益的发挥，妨害了房地产资源的优化配置。特别是破坏了城市生态环境，违背了自然生态规律，极大地影响了城市的可持续发展。

房地产过度开发的原因是多方面的。有体制方面的原因，有制度方面的原因，有开发主体方面的原因，也有房地产开发中经济效益、社会效益和环境效益本身存在着差别或矛盾的原因。其中，主要的原因是房地产开发商过分地追求经济效益，国家与城市政府管理滞后等造成的。或者说是由于没有处理好房地产开发中的微观经济与宏观经济的关系造成的。

在房地产开发建设中，必须坚持合理开发利用的原则，努力做到经济效益、社会效益和环境效益的有机统一。

3. 提高房地产综合效益的指导思想和政策措施

在房地产开发建设中，要实现经济效益、社会效益和环境效益的有机统一，就必须转变房地产开发的指导思想，加强国家与城市政府对房地产开发建设的管理，尊重生态发展规律，坚持合理开发与保护性开发的原则。

(1) 坚持以科学发展观为指导的房地产开发建设思想

在现实经济发展中，人们可以对自然进行改造并使之为其所用，但必须以建立新的良性循环的生态平衡为前提，从而保证生态系统的持续性和稳定性。土地是一个生态系统，土地资源利用不能破坏生态平衡，应以维护或重建生态平衡为基础。

科学发展观要求在房地产开发中应避免掠夺式地利用有限的自然资源，实现自然资源的集约利用，为后代留下生存空间，同时创造良好的生态环境。因此要提高土地利用率，实现土地的集约利用。首先，应该考虑到土地资源的可持续利用。我国土地资源短缺，人均耕地面积只有世界平均水平的47%，并且耕地总量每年还在以一千多万亩的速度递减。我国的国情要求，城市土地和房地产开发应立足于土地的节约利用，走城市空间布局低密度、郊区化的道路。

(2) 坚持建设资源节约型、环境友好型社会的思想

房地产开发是通过改变原有的土地利用方式，对土地这一城市生态基础提供的自然资源和环境进行合理的调整和配置。这就需要在土地利用时，考虑其与生态环境之间的相互制约关系。因为城市生态环境是取得城市房地产开发综合效益的基础，它所提供的城市生存空间、活动空间决定并直接影响着城市房地产开发的规模、速度和效益。一方面，房地产开发须以尊重和符合环境生态规律为前提；另一方面，城市生态环境的保护，又为城市土地的开发和再开发创造出更为有利的发展条件。

建设环境友好型社会，改善生态环境，首先要积极发展城市绿化，增加城市自净能力，改善城市小气候。其次，要保护好城市中原有的自然生态系统（如城市湿地系统）、城市自然景观，加强对重点敏感景观地段的保护，加强自然保护区的建设，保护生物多样性，提高和增强区域的生态环境功能。

(3) 坚持建立科学合理的房地产建设和消费模式

温家宝总理在第十一届全国人民代表大会第一次会议上所作的政府工作报告中指出：建立科学合理的住房建设和住房消费模式，对于提高房地产开发建设的综合效益有着重要的意义。

住房不仅是居民最必需的生存资料，同时也是居民的发展资料和享受资料。住房大约占房地产开发建设的房屋总量的70%，从某种程度上说，住房建设模式和住房消费模式决定

着房地产业发展的规模和房地产市场的性质。

房地关系，实际上就是人地关系。住房是建立在土地上的，建设住房必须占用土地。所以，住房建设和住房消费，必须从人地关系的基本情况出发。我国的基本国情就是人多地少，这就决定了住房建设不能够占用过多土地。我国有13亿人口，现在耕地只有18.27亿亩，人均耕地只有1.39亩。北京、天津、上海、广东等大城市的人均占有耕地已经低于联合国粮农组织确定的人均0.8亩的警戒线。为了满足国民经济各方面发展的需要和可持续发展的要求，除了必须保持18亿亩耕地外，可用于建设住房土地的数量是十分有限的。

从人地关系的基本国情出发，我国住宅建设模式及其政策只能是：第一，必须贯彻执行建设节地节能环保型的住宅建设政策。节地体现了正确处理人多地少的原则；节能坚持了国家实行的节能减排的政策，同时也是建设环保型住房的要求。第二，必须坚持以中小套型为主的住宅供应结构政策。增加中小套型住房供给结构政策，不仅贯彻了节地原则和适度消费政策，而且是与市场经济体制下居民家庭收入构成结构相适应的。第三，在人多地少的情况下，提高住房消费水平的重点不是住房面积，而是住房的工程质量、完善的住房功能和合理的住房空间布局、住房设施设备的科技含量、住房的环境质量以及高质量的物业管理水平等。通过提高住宅的质量、品质和完善住房功能，力求满足居民对住房消费各方面的需要，同时也有利于把城市建设成为宜居城市。

同时，从我国的国情出发，通过正确处理人地关系，建立节地节能环保的住房建设模式；通过正确处理政府与市场的关系，建立与社会主义市场经济体制相适应的住房制度，即市场调节与住房保障制度相结合的住房体制模式；通过优化住房资源配置，遵循住房梯度消费规律，建立住房适度消费模式。

为了建立住房适度消费模式，必须抑制不合理需求，规范高收入者占有的住房资源数量，完善住房保障制度。

1) 完善住房市场调控和管理，抑制不合理需求。住房市场是消费市场，不是投资市场。或者说，住房市场主要是消费品市场，而不是投资品市场。把住房作为投资品，把住房市场作为投资投机的领域，不仅扭曲了住房市场的性质，推高了住房价格，而且把广大住房消费者排挤出了住房市场，造成居民住房的困难。所以，国家对住房市场调控或规范住房市场行为的重要任务，就是维护住房消费市场的性质，抑制住房市场上的投资特别是投机行为。

2) 规范高收入者占有住房资源的数量，引导居民适度消费。在市场经济体制条件下，高收入群体的住房消费是通过住房市场实现的。为了建立科学、合理的住房建设和消费模式，以及引导居民适度消费，应当坚持一户一房的原则，所以必须对高收入者的住房消费市场加强调控和管理。当然，对这部分市场调控和管理的重点，不是住房的价格，而是每个家庭占有的住房数量。不能因为一部分人有钱，就可大量地占有城市稀缺的土地资源和住房资源，否则就会造成居民占有城市土地资源与住房资源的不公平。这是由土地的性质和我国人多地少的国情决定的。在农村，农民的宅基地都是有一定的限度。在城市，只有规定每个家庭占有土地与房地产资源的数量，才能实现居民在土地资源占有和住房资源占有上的公平和平等。

3) 充分利用住房市场机制，完善住房保障制度，实现居民住房梯度消费。随着经济社会的发展，居民收入水平也会发生相应的变动。当居民收入超过一定水平时，他们就不再属于住房保障对象,这部分居民必须退出住房保障领域,进入并通过商品住房市场解决住房需求。这就是说,住房市场为住房保障制度提供了退出机制和条件。同时,随着经济社会发展、收入水平提高,居民还可以通过"卖小买大,卖旧买新"的住房市场,实现住房梯度消费。

(4)坚持生态保护和生态建设相统一的开发建设方式

在房地产开发建设中,必须坚持保护、开发和治理相统一的原则,协调人与土地、人与资源环境之间的关系,才能实现房地产开发建设中经济效益、社会效益和环境效益共同提高的目的。

保护、开发和治理相统一,一方面要尽量保护原有的生态和环境不受和少受破坏;另一方面是要在开发中培植和建设新环境。

1)坚持生态评估的原则。在进行土地或房地产开发之前,首先要对资源、环境的容量进行可行性研究和技术论证,对开发取得的效益与开发造成的环境污染和生态破坏进行准确的评估。在评估基础上,根据现有人口分布、产业布局、城市财政、居民就业、住宅状况、交通道路、自然条件等情况,科学地确立房地产开发规模、房地产空间布局以及房地产开发建设方式等。

2)坚持对土地等生态环境资源实行综合利用的原则,并力求做到利用、再生和保护相结合,经济发展与生态需求相统一。首先,根据城市生产与消费性质与类型,建立生态工业和生态农业,实现物质的最佳循环;其次,对原料、燃料和副产品与"三废"利用关系密切的企业,实行企业组群布局,提高资源和"废物"重复利用;再次,建立高人口密度和低建筑群的现代住宅群,将住宅在水平和垂直两个方面集中起来,以提高资源、能源的利用率和废物处理的能力,减轻城市交通压力;最后,杜绝生产资料、消费资料和个人劳务等浪费性消费,把土地等环境资源的"线式新陈代谢利用"发展为"循环式新陈代谢利用",减少环保资源损耗,达到永续利用的目的。

3)加强环境建设。在房地产开发时,首先要对环境产生有利影响的项目和设施进行建设。这主要是加强城市基础设施和市政设施的建设,如集中供暖、给排水网络、污水处理、园林绿化等的建设。这些建设可以减少污染,提高环境质量。

4)加强城市园林绿化,提高城市对污染的自净能力。在这方面主要是培植人工植物群落,大面积地进行绿化工作。不仅要把绿化工程纳入房地产开发建设的规划之中,使绿化与建筑的比率达到一定程度,而且积极发展立体绿化。同时要发展生态园林,综合发展各类树木、花卉。使城市有足够的绿色空间,全方位地增强城市自净能力。

总的来说,在城市房地产开发建设中对环境资源的保护、开发(建设)和治理,绝对不是消极地保持和恢复自然的天然状态,而是在城市房地产开发建设中对土地等自然资源进行合理的开发,在提高城市土地等的价值和使用价值的同时,通过人为的保护、建设和治理,建立一种更为合理的人工生态环境。

(5)建立科学的房地产开发建设与环境保护协调发展的管理体制

要使城市房地产开发实现经济效益、社会效益和环境效益的统一,必须加强对城市房地产开发建设的管理。因为作为城市房地产开发主体的房地产企业,主要是为了追求经济效益,如果经济效益与社会效益和环境效益发生矛盾时,就会牺牲社会效益和环境效益。也就是说,在这方面存在着"市场失灵"的问题,即房地产市场解决不了社会效益和环境效益的问题，所以必须加强国家或城市政府对房地产开发建设的干预。

在城市与房地产开发建设中，要加强规划和设计的管理，加强土地利用规划，合理利用土地，提高土地综合利用效益；要建立健全城市土地等自然资源资产化管理制度，把城市自然资源和环境纳入市场经济运行的轨道；要加快建立与社会主义市场经济体制相适应，符合城市生态发展规律的房地产开发建设法律法规体系，确保房地产开发建设综合效益的实现。

总之，在城市与房地产开发建设中，必须坚持走经济、社会、资源、环境协调发展的道路，防止重复"先污染后治理"的老路。建立适合现代城市的生态、经济和社会协调发展的开发建设模式，从而实现经济效益、社会效益和环境效益最优化的统一。

20.3 房地产经济效益与房地产收益

20.3.1 房地产经济效益是房地产宏观与微观经济效益的统一

房地产经济效益包括宏观经济效益和微观经济效益。房地产宏观经济效益与微观经济效益是对立的统一。房地产宏观经济效益包括房地产直接经济效益和间接经济效益。房地产微观经济效益是房地产开发经营单位通过投资取得的直接经济效益。房地产微观经济效益是房地产宏观经济效益的基础。

房地产开发经营单位的开发经营如果是按照城市规划和主管部门审查通过的方案进行的，不仅房地产微观经济效益与房地产宏观经济效益是一致的，而且与房地产社会效益、环境效益也是一致的。如果房地产开发经营单位违背城市规划，不顾主管部门审查通过的投资方案，一味追求企业投资经济效益，不仅损害房地产宏观经济效益，而且也会损害房地产社会效益和环境效益。在这种情况下，房地产宏观经济效益与微观经济效益就是矛盾的。

20.3.2 房地产收益形成与房地产收益构成的形式

房地产收益是在房地产生产与再生产过程中形成的。房地产不仅是社会生产和再生产的重要条件，即生产要素，同时也是重要的生活资料。但是，要把土地变成城市建设用地，要在城市土地上建筑各类房屋和各类城市基础设施，是通过房地产开发建设完成的，这就是房地产生产。房地产开发建设企业生产的房地产商品还必须通过市场，即通过房地产商品的买卖、租赁以及为房地产买卖提供各种中介活动，才能实现房地产商品的价值和使用价值，这就是房地产流通。房地产是一种特殊的商品，在其消费过程中，房地产企业还要为消费者，或者说为房地产所有者和使用者提供各种服务，即进行物业管理等。在房地产的这些生产、经营和管理活动中，不仅要耗费物化劳动，还耗费活劳动。劳动是价值的源泉。在房地产开发建设、经营和管理活动中，投入了大量的活劳动，创造出了新价值，这些新价值就构成了房地产收益。

房地产是由房产和地产构成的，因此房地产收益也可以分为房产收益和地产收益。房产虽然不能脱离土地，但是单纯从房产的经济活动和房产的价值上看，房产价值形成和房产价值分配与一般商品的价值形成和价值分配基本上是相同的或差不多的。构成房地产收益特殊性的，是土地的收益。土地由于其物质和经济特性，决定了它的收益性质和来源要复杂得多。从经济学上说，土地是自然生成物，不是劳动的产品，所以土地没有由劳动形成的价值，但是土地有价格。土地价格是土地地租的资本化。土地地租是由土地经营性垄断和土地所有权垄断决定的、超过房地产平均利润的超额利润。也就是从房地产企业产品价格中或经营收入中，扣除产品的成本价格和平均利润之后的余额或余额的一部分。

社会生产总是在一定的生产关系下进行的。在不同的生产关系下，土地收益的形式是不完全一样的。在土地所有权与土地使用权统一的情况下，土地收益是作为土地总收入的构成部分存在的。在土地所有权和土地使用权分离的情况下，土地使用者为了从土地所有者手中取得土地使用权，必须向土地所有者支付一定的报酬，这种报酬就是地租。地租是土地所有权在经济上的实现形式，也是土地所有权收入的形式。

资本投向土地也要取得平均利润，如果得不到平均利润，资本就不会投入土地。土地投资者取得平均利润以后，能够作为地租交给土地所有者的只能是超过平均利润的余额。根据这个余额或超额利润形成的原因不同，马克思把地租区分为级差地租、绝对地租和垄断地租。级差地租是由土地经营权垄断决定的；绝对地租是由土地所有权的垄断决定的；垄断地租是由特殊地段具有特殊的使用价值决定的。

级差地租是由土地的级差生产力形成的。根据形成土地级差生产力的条件的不同，级差地租可以分为两种形式：即级差地租Ⅰ与级差地租Ⅱ。级差地租Ⅰ是由土地位置的差别形成的；级差地租Ⅱ是由土地投资的差别形成的。

级差地租、绝对地租和垄断地租，是经济学上所说的真正地租或本来意义上的地租。但是在房地产经济现实经济运行中，或者广义地说，土地收益不仅包括真正的地租，还包括土地资本的补偿和土地资本的利息以及土地投资经营的平均利润。土地收益的构成如图20-1所示。

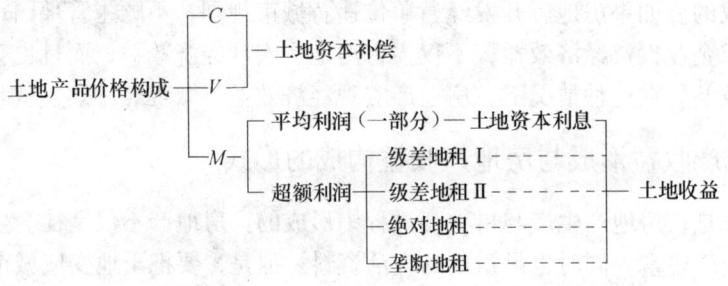

图20-1 土地收益构成示意图

由图20-1可以看出：土地产品价值或价格是由$(C+V)+M$构成的。$(C+V)$是对投入土地的资本的补偿，不能成为土地收益；只有M才可以作为土地投资的收益。但是，土地产品价格中的M，又分解为平均利润和超额利润，平均利润是因为资本投资在土地上取得的收益，严格地说，也不是土地的收益，可以叫做土地资本的收益。所以，只有级差地租、绝对地租和垄断地租，才构成严格意义上的土地收益。

总之，构成房地产收益的，主要是房地产开发经营管理投资利润和土地地租。

20.3.3 房地产收益分配原则和收益分配的形式

经济学理论认为，价值生产决定着价值分配。但是由于价值生产和价值分配是在生产的两个不同的领域，所以，遵循着不同的经济规律和运行原则。房地产价值是在房地产生产过程和流通过程中形成的，是按照生产产品时耗费的社会必要劳动时间（量）决定的；房地产收益的分配是在分配领域进行的，按照生产要素产权关系决定的。决定房地产收益分配的主要是社会主义经济制度、经济体制、房地产制度和房地产产权结构。

我国城市土地属于国家所有，在土地所有权与使用权分离的情况下，形成了城市土地产权结构，决定了参与城市房地产收益分配的主体主要是国家、城市政府、房地产投资开发者和经营者。国家和城市政府是以国有土地所有者、占有者和管理者的资格参与土地收益分配的，房地产企业是以房地产开发投资者和经营者参与房地产收益分配的，所以城市土地收益分配是在中央政府、地方政府以及土地使用者之间进行的。

根据社会主义经济性质、房地产所有制和房地产产权结构以及社会主义市场经济运行的规律，房地产收益分配必须坚持以下原则。

1. 维护城市土地国家所有制，保证土地所有权在经济上实现的原则

中国是社会主义国家，城市土地是属于国家所有的。社会主义城市土地国家所有制是城市房地产全部经济活动的基础，它决定着房地产产权结构的基本内容和房地产收益分配的基本格局。所以，房地产收益分配，首先要体现城市土地所有者收益的权利。保证城市土地所有者的收益，也就是要保证城市土地所有者获得地租。地租是土地所有权在经济上实现的形式。马克思明确地指出：废除土地的地租就等于废除土地所有权。所以，保证土地所有者取得地租，是房地产收益分配的首要原则。

2. 巩固和发展房地产产权制度，正确处理中央政府、地方政府和房地产投资经营者之间关系的原则

在中国城市房地产产权结构中，产权的主体主要是由房地产的所有者和房地产的使用者（主要是投资者和经营者）构成的。房地产的所有者，特别是城市土地的所有者可以分为两个层次，即城市所有者——国家和城市土地的实际占有者——城市政府。因此房地产收益（主要是土地的收益）的分配首先应当正确处理中央与地方的关系，以及中央、地方与房地产使用者（主要是投资者和经营者）之间的关系。根据市场经济运行规律如房地产经济运行规律，包括在房地产收益中的土地所有权的地租以及为房地产运行服务的各种费用和各种税收，应当归国家和地方政府所有；房地产投资补偿和房地产投资利润，应当归房地产投资者和经营者所有。只有这样，才能巩固和发展房地产的产权制度，促进房地产经济的发展。

3. 坚持权利与义务相对称原则

在房地产收益分配中，坚持权利与义务相对称的原则，就是根据在房地产经济运行中发生的关系性质和分配关系，确定收益分配的原则。在中国目前房地产产权结构和房地产经济运行中，如果房地产投资者是以出让方式取得城市土地使用权的，它就不仅取得了城市土地使用权，而且还取得了城市土地经营权，可以对土地进行转让、出租和抵押。如果房地产投资者或使用者是以无偿或划拨方式取得的城市土地使用权，则只有城市土地使用权利，而没有转让和经营土地的权利。国家和各级政府为房地产企业在开发经营活动中，提供了各种服务，从而获得了取得各种收费的权利。国家作为政权机构，有权取得税收和其他收入。在这些方面，权利与义务都是对称的。

4. 调节收入差别，实现社会公平的原则

房地产收益由于受房地产地理位置、房地产供求状况和房地产投资多少等因素的影响，因而具有级差性和变动性等特点。房地产收益的级差性主要是由房地产处于不同的地理位置和不同的经济条件以及不同的环境条件决定的。房地产收益的变动性主要由经济发展水平、

房地产供求矛盾和房地产投资状况，特别是由房地产运行的周期性决定的。但是，如果从经济发展的总体趋势上看，房地产价格由于土地的原因，具有不断上升的趋势。因此在房地产收益分配时，一方面要坚持在空间上调节房地产收益的区间差别，为投资者和人民生活创造一个公平的、良好的环境；另一方面要坚持在时间上调整房地产收益的自然增值，防止和制止利用房地产增值进行过度投机。力争做到在房地产收益分配中，既要保持一定的差别，也要尽量实现社会的公平，把保持房地产收益的一定差别和坚持社会公平的原则有机地统一起来。

5. 有利于促进房地产资源合理配置和集约化利用原则

房地产收益的分配不仅要体现房地产收入合理分配，而且要有利于促进房地产资源的合理配置和房地产资源的集约利用。在市场经济条件下，租税费不仅是房地产收益分配的形式，而且也是房地产市场经济运行的调节机制。应当充分利用房地产租税费的经济杠杆，调节房地产资源的优化配置，引导房地产资源和资产的合理利用，实现房地产和其他资源的最佳组合，提高房地产的利用效益。

在市场经济条件下，房地产收益是以房地产开发经营服务企业的利润形式，以及国家以租、税、费参与对房地产收益分配的形式表现出来的。房地产开发经营者与其他投资经营者一样，都是为了通过投资经营取得利润；所不同的是，房地产开发经营者把资本投向了房地产领域。房地产租、税、费，是国家作为城市土地所有者和国家管理者参与对房地产收益的分配和再分配。房地产利润以及房地产租、税、费收益与分配形式，体现的经济关系不同，在经济运行中起的作用不同，或实现的功能不同。但是，不管房地产这些收入分配或收益的形式如何不同，这些形式所代表的始终是对一个总收益的分配关系，从而也构成了一个有机的分配体系或收益体系。

---------------------------- 本章小结 ----------------------------

房地产是一个巨大的体系，涉及面很广。所以，房地产效益是一种综合效益。房地产综合效益包括房地产经济效益、房地产社会效益和房地产环境效益。

房地产经济效益的集中表现，就是房地产经济活动的收益。房地产社会效益的集中表现，就是正确处理房地产经济活动中的各种社会关系，实现社会和谐，促进建筑文化的发展。房地产环境效益，就是正确处理房地产经济活动与自然之间的关系，建立资源节约型和环境友好型社会。房地产经济效益与房地产社会效益、环境效益在一定条件下是矛盾的，只有正确处理三个效益之间的关系，才能实现房地产科学发展。

房地产收益是在房地产生产再生产过程中形成的。房地产收益根据其收益形成方式的不同，大体上可以分为房屋开发建设的收益，即房屋开发建设利润；土地开发即土地资本利润和土地地租。根据房地产投资、房地产权属关系以及国家有关规定，房地产收益形成了房地产投资经营管理利润、土地所有权地租、国家收取的房地产税费等收益形式。

复习思考题

（一）名词解释

房地产综合效益　房地产经济效益　房地产社会效益　房地产环境效益　房地产收益

分配

(二) 简答题

1. 什么是房地产综合效益?
2. 如何判断房地产社会效益和环境效益?
3. 房地产效益与房地产收益是什么关系?
4. 房地产收益如何形成的?
5. 什么是房地产收益分配原则和分配方式?

(三) 论述题

6. 试述如何提高房地产综合效益。

第21章 房地产企业财务管理与成本和利润

【学习提要】 学习本章，要重点了解房地产企业资本运行过程，房地产企业资本金制度及其内容，房地产企业资产构成及管理，房地产企业成本、费用和利润的构成，以及房地产企业收入和利润分配等经济内容及法律规定；熟悉房地产企业各类财务报表；懂得房地产企业财务管理在房地产经济活动中的重要性。

【关 键 词】 资本金制度 资产管理 房地产开发企业成本、费用、利润 利润分配 企业财务报表

21.1 房地产企业收益及资本运行过程

房地产各类企业的收益是以利润形式出现的。各类房地产企业利润是通过对房地产开发经营管理的投资，向房地产市场提供各种产品、各种信息和各种服务取得的各种收益形式。

房地产企业作为产业运行的整体，是生产和再生产过程的有机统一。房地产资本的运行过程，也是用货币资本购买各种生产要素，经过生产过程生产出房地产商品，然后把房地产商品和服务卖出去，投入的资本带着其增值的价值，即利润，重新回到资本的货币形态。

用公式表示就是：

$$G—W\cdots P\cdots W'—G'$$

（1）$G—W$：投入货币资本，购买各种生产要素；
（2）$\cdots P\cdots$：房地产生产过程；
（3）$W'—G'$：把房地产商品卖出去，重新取得货币资本和利润。

从投入货币资本，经过生产和流通，到资本重新以货币形式带着利润返回来，就是房地产经营管理资本运行过程，或价值运行过程。对房地产资本或价值运行的管理，就是房地产经营管理企业的财务管理。

21.2 资本金制度与房地产企业资本构成及其来源

21.2.1 资本金制度与房地产企业资本及其构成

资本金制度，就是国家围绕资本金的筹集、管理和核算及其所有者的责、权、利等所作的法律规定。资本金制度的建立，同时也就确立了企业的负债制度。建立企业资本金制度，是建立现代企业制度的重要构成部分。

房地产企业要从事房地产开发经营管理活动，必须拥有一定量的资本或资金。马克思提出：货币形式的资本或货币资本，是"每一个新开办的企业的第一推动力和持续动力"[①]。

---

① 《马克思恩格斯全集》第22卷，第393页。

房地产开发经营管理企业的资金或资本，通常是由自有资金和借入资金两个部分构成的，即企业资金分为资本金和负债两个部分。

21.2.2 资本金及其筹集方式

资本金就是开办企业时在工商管理部门登记注册的资金。开办企业的资本金，根据其筹集或来源方式的不同，有三种确定的方法：①实收资本制，也叫法定资本制。就是设立企业时，投资者必须注入按照国家规定的资本总额，即法定资本总额，否则企业就不能注册成立。②授权资本制。设立企业时，虽然确定了注册资本总额，但并不是一次注入足额的资本，只要投资者承诺以后认缴，企业即可批准成立，资本金以后分期筹集。③折衷资本制。类似授权资本制。企业设立时确定资本总额，投资者在缴纳第一笔资本后，即可批准成立。与授权资本制的区别是，对第一次注入的资本有较严格的规定。

根据《企业法人登记管理条件》规定，企业设立时填报的与工商行政管理机关核定的资本金，即注册资本与实际注入的资本必须相符。股份有限公司注册资本，应当是在工商管理机关登记的实收股本总额；有限责任公司注册资本，为股东缴纳的股本总额；外资投资企业的注册资本，是外商投资企业在登记主管机关登记注册的资本总额，即投资者实际注入的资本总额。

房地产企业资本金筹集的方式，主要是直接投资、社会集资以及内部积累。

1. 直接投资

直接投资，是指企业直接接受国家、法人、个人及外商以货币、实物资产、无形资产等形式的投资形成企业资本金的一种筹资方式。采用直接投资方式筹集资本金的房地产开发企业，包括国有企业、集体企业、合资企业、有限责任公司等。吸收的资本金按照来源，可划分为国家资本金、法人资本金、个人资本金和外商资本金等。

资本金可以一次或者分期筹集。一次性筹集的，要求从营业执照签发之日起 6 个月内筹足；分期筹集的，要求最后一期出资应当在营业执照签发之日起 3 年内缴清（即最长期限为 3 年），但是第一次投资者出资不得低于 15%，并且在营业执照签发之日起 3 个月内缴清。

企业筹集的资本金必须聘请有资格的注册会计师进行验资并出具验资报告。企业根据注册会计师出具的验资报告发给投资者出资证明书。

2. 社会集资

社会集资方式是主要通过发行股票进行的。股票是股份有限公司为筹集资金而发行的投资凭证，股票持有人以所持股份对公司享有权利和承担责任。这是房地产企业筹集资本的重要方式。

3. 资本公积金

资本公积金实际上是资本储备，也叫准资本。资本公积金可以按法定程序转化为资本金。

21.2.3 企业负债

企业负债是企业所承担的能以货币计量、以资产或劳务偿付的经济责任。房地产企业负债基本分为两类，即流动负债和非流动负债。

1. 房地产企业流动性负债及种类

在房地产企业资本运行中,只要符合下列条件中的一种情况,就构成流动负债:①预计在一个正常营业周期中清偿的;②主要为交易目的而持有的;③自资产负债表日起一年内到期应予以清偿的;④企业无权自主地将清偿推迟至资产负债表日后一年以上的。

房地产开发经营企业流动负债,主要包括以下几种类型:①短期借款。是企业向银行或非银行金融机构借入的期限在一年以内的各种借款。②交易性金融负债。是企业承担的以公允价值计量且其变动计入当期损益的为交易目的所持有的金融负债。③应付款项。包括:应付票据;应付账款;应付职工薪酬;应交税金;应付利息;应付股利;其他应付款,即企业除以上应付款项以外的其他各种应付、暂收单位或个人的款项,如应付固定资产和包装物的租金、存入保证金等。④预收款项。是企业在销售产品或提供劳务以前,向客户预先收取的款项,一般要在一年或一个营业周期内交付的产品或提供劳务。其中主要是预收购房定金和预收代建工程款。

2. 房地产企业非流动负债

房地产企业流动性负债以外的其他负债,都属于非流动负债。房地产企业非流动性负债包括长期借款、应付债券、长期应付款项、递延所得税负债等。

3. 房地产企业负债偿还

房地产企业对债权人的负债必须到期连本带息一并偿还。如果由于各种特殊原因无法支付应付款项,按照规定应当计入营业外收入。

21.3 房地产企业资产管理

21.3.1 房地产企业资产

房地产资产是企业在过去的交易或者事项中形成的,由企业拥有或者控制的,预期会给企业带来经济利益的资源。企业过去的交易或者事项包括购买、生产、建造行为或其他交易或者事项;由企业拥有或者控制,是企业享有某项资源的所有权,或者虽然不享有某项资源的所有权,但该资源能被企业所控制;预期会给企业带来经济利益,是直接或者间接导致现金和现金等价物流入企业的潜力。当资源同时满足以下条件时,确认为资产:与该资源有关的经济利益很可能流入企业;该资源的成本或者价值能够可靠地计量。

21.3.2 房地产企业流动资产

资产满足下列条件之一的,应当归类为流动资产:①预计在一个正常营业周期中变现、出售或耗用;②主要为交易目的而持有;③预计在资产负债表日起一年内(含一年,下同)变现;④自资产负债表日起一年内,交换其他资产或清偿负债的能力不受限制的现金或现金等价物。流动资产主要包括货币资金、应收及预付款项、交易性投资和存货等资产。

(1)货币资金。包括现金、各种存款和其他货币资金。现金是企业库存的各类币种的现金,如人民币现金、美元现钞、港元现钞等。各种存款,是企业在本埠银行和其他金融机构的各类存款,如人民币存款、外币存款、活期存款、定期存款等。其他货币资金,是除现金、存款以外的其他货币资金,如企业在外埠的存款、企业尚未收到的在途资金等。

（2）交易性金融资产。是企业持有的准备近期内出售的，有客观证据表明企业近期采用短期获利方式对其进行管理的衍生金融工具。包括企业为交易目的所持有的债券投资、股票投资、基金投资等金融资产。

（3）应收及预付款项。应收款项是企业在生产经营过程中，由于销售或购买产品、劳务，应收或者预付其他单位或个人的各种款项。包括应收账款、应收票据、预付账款、应收利息、应收股利、其他应收款等。预付款项是房地产企业在经营活动中需要预先支付的款项，其中主要是预付工程款；预付备料款；预付购货贷款等。

（4）企业存货。房地产企业存货是房地产企业在生产经营过程中，为销售或者为耗用而储存的各种货物，包括库存的、处于加工和施工中的以及在运输途中的材料、设备、低值易耗品、机械配件、在建工程、在产品、产成品、半成品、结构件、商品等。

21.3.3 房地产企业非流动资产

流动资产以外的资产，应当归类为非流动资产，包括可供出售金融资产、持有至到期投资、长期股权投资、投资性房地产、固定资产、无形资产、递延所得税资产等。

（1）可供出售金融资产。是指初始确认时即被指定为可供出售的非衍生金融资产，而且没有划分为贷款和应收款项、持有至到期投资以及以公允价值计量且其变动计入当期损益的金融资产。

（2）持有至到期投资。是指到期日固定、回收金额固定或可确定，且企业有明确意图和能力持有至到期的非衍生金融资产。

（3）长期股权投资。是指企业持有的能够对被投资单位实施控制的权益性投资，即对子公司投资；企业持有的能够与其他合营方一同对被投资单位实施共同控制的权益性投资，即对合营企业投资；企业持有的能够对被投资单位施加重大影响的权益性投资，即对联营企业投资；企业对被投资单位不具有控制、共同控制或重大影响，且在活跃市场中没有报价、公允价值不能可靠计量的权益性投资。

（4）投资性房地产。是指为赚取租金或资本增值，或两者兼有而持有的房地产。主要包括：已出租的建筑物、已出租的土地使用权、持有并准备增值后转让的土地使用权。

（5）固定资产。企业固定资产是指同时具有下列特征的有形资产：为生产商品、提供劳务、出租或经营管理而持有的；使用寿命超过一个会计年度资产。房地产企业的固定资产是由以下各部分构成的：①生产用固定资产。主要包括房屋；建筑物；运输设备；生产设备；仪器及试验设备；其他生产使用的固定资产等；②非生产用固定资产。如学校、幼儿园、托儿所、俱乐部、食堂、浴室等单位所使用的房屋、设备、器具等；③尚未使用的新增固定资产；④不需用固定资产，即本企业目前和今后都不需用，准备处理的固定资产；⑤融资租入固定资产，即以融资租赁方式租入的各种固定资产。

（6）无形资产。无形资产是企业拥有或者控制的没有实物形态的可辨认非货币资产。无形资产是企业拥有的一种特别权力，能够使企业在未来较长时期内获得高于一般赢利水平的经济利益。房地产企业的无形资产，主要是由专利权、商标权、土地使用权、非专利技术等构成的。①专利权。是企业对发明创造在一定期限内享有的专有权力；②商标权。是企业对注册的商标在一定期限内享有的专有权力；③土地使用权。是企业对国有土地，在一定期限内依法拥有的使用权力；④非专利技术。是企业在一定期限内拥有的除专利权外的其他专有技术。

（7）其他非流动资产。房地产企业的其他非流动资产，主要包括长期应收款、在建工程、长期待摊费用、递延所得税资产等。

21.4 房地产企业成本、费用与利润

21.4.1 成本及其构成

房地产企业成本是房地产企业在生产和经营过程中，以货币形态表现的物化劳动和活劳动的耗费。

房地产开发企业开发产品的成本，是由土地征用及拆迁补偿费、前期工程费、建筑安装工程费、基础设施建设费、公共配套设施费、开发间接费用组成的。

（1）土地征用及拆迁补偿费。包括土地征用费、耕地占用税、劳动力安置费及有关地上、地下附着物拆迁补偿的净支出、安置动迁用房支出等。

（2）前期工程费。包括规划、设计、项目可行性确定、水文、地质、勘察、测绘、"三通一平"等支出。

（3）建筑安装工程费。包括企业以出包方式支付给承包单位的建筑安装工程费和以自营方式发生的建筑安装工程费。

（4）基础设施建设费。包括开发小区内道路、供水、供电、供气、排污、排洪、通讯、照明、环卫、绿化等工程发生的支出。

（5）公共配套设施费。包括不能有偿转让的开发小区内公共配套设施发生的支出。

（6）开发间接费用。是企业所属直接组织、管理开发项目发生的费用，包括工资、职工福利费、折旧费、修理费、办公费、水电费、劳动保护费、周转房摊销等。

21.4.2 管理费用、销售费用和财务费用

根据房地产企业管理费用、销售费用和财务费用的性质，由于其与企业生产没有直接联系，所以直接计入当期损益。

（1）管理费用。管理费用是企业为组织和管理企业生产经营所发生的费用，包括企业在筹建期间内发生的开办费、董事会和行政管理部门在企业的经营管理中发生的或者应由企业统一负担的公司经费（包括行政管理部门职工工资及福利费、物料消耗、低值易耗品摊销、办公费和差旅费等）、工会经费、董事会费（包括董事会成员津贴、会议费和差旅费等）、聘请中介机构费、咨询费（含顾问费）、诉讼费、业务招待费、房产税、车船使用税、土地使用税、印花税、技术转让费、矿产资源补偿费、研究费用、排污费等。

（2）销售费用。销售费用是企业销售商品和材料、提供劳务的过程中发生的各种费用，包括保险费、包装费、展览费和广告费、商品维修费、预计产品质量保证损失、运输费、装卸费等以及为销售本企业商品而专设的销售机构（含销售网点、售后服务网点等）的职工薪酬、业务费、折旧费等经营费用。

（3）财务费用。财务费用是企业为筹集生产经营所需资金等而发生的筹资费用，包括利息支出（减利息收入）、汇兑损益以及相关的手续费、企业发生的现金折扣或收到的现金折扣等。

21.4.3 企业营业收入、利润及利润分配

房地产企业通过销售房地产产品等所得到的收入，就构成了企业的营业收入。企业营业收入减去营业成本、税金及附加及相关费用，就成为企业利润。企业利润应根据国家有关规定进行分配。正确分配企业利润，是企业经营管理的一项重要内容。

1. 营业收入的构成

房地产开发企业的营业收入包括：土地转让收入、商品房销售收入、配套设施销售收入、代建工程结算收入、出租房租金收入以及其他业务收入。

2. 利润总额的构成

企业利润是企业在一定时期内经营活动所取得的财务成果。房地产企业的利润总额由营业利润和营业外收支净额组成。

利润总额＝营业利润＋营业外收支净额。

营业利润为营业收入减去营业成本、营业税金及附加（包括营业税、城市维护建设税、教育费附加），再减期间费用（管理费用、销售费用、财务费用）及投资净收益。投资净收益为对外投资收益减去投资损失后的余额。

营业外收支净额为营业外投入减营业外支出的差额。

3. 利润分配

我国的利润分配体制先后经过了企业基金、利润留成、两步利改税、承包经营和税利分流试点等阶段，对促进经济发展、提高企业留利水平等起到了积极作用。按照税利分流的基本思路，房地产企业利润分配基本格局如下：

（1）缴纳所得税

所得税是按应纳税所得额乘以所得税率计算缴纳的。计算公式如下：

$$应缴所得税＝应纳税所得额 \times 企业所得税税率$$

$$应纳税所得额＝企业利润总额 \pm 纳税调整项目$$

（2）企业税后利润分配顺序

企业实现的利润在缴纳所得税后，按下列顺序进行分配：第一，弥补以前年度的亏损。企业以前年度发生的亏损，在延续五年内未弥补完，五年后应以税后利润弥补；第二，提取法定盈余公积。法定盈余公积是在分配投资者利润之前，按规定比例从税后利润中提取的资金，它属于投资者权益部分。房地产企业法定盈余公积达到企业注册资金的50%时，可不再提取；第三，提取任意盈余公积。任意盈余公积是根据企业自身发展需要，按公司章程或股东大会决议提取的盈余公积；第四，向投资者分配利润。企业的税后利润，扣除前面三项以后，其余额应按投资各方的出资比例进行分配。以前年度未分配的利润，可以并入当年分配。在没有提取法定盈余公积以前，不得向投资者分配利润。

股份有限公司在提取法定盈余公积后对投资者分配利润，应按下列顺序进行：第一，支付优先股股利；第二，提取任意盈余公积；第三，支付普通股股利。普通股股利按股东持有普通股股份的比例支付。

21.5 房地产企业财务报告体系

21.5.1 财务报告体系

企业财务状况、经营成果和现金流量情况,是通过财务报告反映出来的。企业财务报告是向投资者、债权人、政府有关部门以及与企业有关的报表使用者提供财务信息的资料。上市股份有限公司,还必须向证券交易机构和证券监管机构等提供财务报告。

为了规范财务报表的列报,保证同一企业不同期间和同一期间不同企业的财务报表相互可比,根据《企业会计准则第30号——财务报表列报》准则,财务报表至少应当包括:资产负债表、利润表、现金流量表、所有者权益(或股东权益)变动表及报表附注等部分。

编制财务报表的基本要求是企业应当以持续经营为基础,根据实际发生的交易和事项,按照《企业会计准则——基本准则》和其他各项会计准则的规定进行确认和计量,在此基础上编制财务报表。

(1) 财务报表项目的列报应当在各个会计期间保持一致,不得随意变更,但下列情况除外:①会计准则要求改变财务报表项目的列报;②企业经营业务的性质发生重大变化后,变更财务报表项目的列报能够提供更可靠、更相关的会计信息。

(2) 性质或功能不同的项目,应当在财务报表中单独列报,但不具有重要性的项目除外。

(3) 财务报表中的资产项目和负债项目的金额、收入项目和费用项目的金额不得相互抵消,会计准则另有规定的除外。

(4) 当期财务报表的列报至少应当提供所有列报项目上一可比会计期间的比较数据,以及与理解当期财务报表相关的说明,会计准则另有规定的除外。

(5) 企业应当在财务报表的显著位置至少披露下列各项:①编报企业的名称;②资产负债表日或财务报表涵盖的会计期间;③人民币金额单位;④财务报表是合并财务报表的,应当予以标明。

21.5.2 资产负债表

1. 资产负债表的性质和作用

资产负债表是反映企业某一特定日期财务状况的一张报表,它根据"资产=负债+所有者权益"这一基本公式,依照一定的分类标准和一定的次序,把企业在一定日期的资产、负债、资本项目予以适当排列编制而成。

资产负债表可以表明企业的资产、负债和所有者权益的情况,表明企业的经济资源,还可以表明企业的偿债能力。资产负债表所提供的资料,是企业管理层进行决策的重要依据,也可以供企业的投资者、债权人从不同方面去利用它。资产负债表是世界各国反映企业财务状况的通用报表。

2. 资产负债表的格式及内容

资产负债表格式,考虑到我国的习惯,采用账户式的格式。资产负债表的左方反映企业资产情况,右方反映企业负债和所有者权益情况。资产及负债按照流动性质排列,其列示的项目一般按照流动资产、非流动资产、流动负债、非流动负债的顺序排列。所有者权益是按照实收资本、资本公积、盈余公积和未分配利润的顺序排列。资产负债表如表 21-1 所示。

表 21-1 资产负债表

会企 01 表

编制单位：　　　　　　　　　　　　___年___月___日　　　　　　　　　　　　单位：元

资　产	行次	期末余额	年初余额	负债和所有者权益（或股东权益）	行次	期末余额	年初余额
流动资产：				流动负债：			
货币资金				短期借款			
交易性金融资产				交易性金融负债			
应收票据				应付票据			
应收账款				应付账款			
预付款项				预收款项			
应收利息				应付职工薪酬			
应收股利				应交税费			
其他应收款				应付利息			
存货				应付股利			
一年内非到期的流动资产				其他应付款			
其他流动资产				一年内到期的非流动负债			
流动资产合计				其他流动负债			
非流动资产：				流动负债合计			
可供出售金融资产				非流动负债：			
持有至到期投资				长期借款			
长期应收款				应付债券			
长期股权投资				长期应付款			
投资性房地产				专项应付款			
固定资产				预计负债			
在建工程				递延所得税负债			
工程物资				其他非流动负债			
固定资产清理				非流动负债合计			
生产性生物资产				负债合计			
油气资产				所有者权益（或股东权益）：			
无形资产				实收资本（或股本）			
开发支出				资本公积			
商誉				减：库存股			
长期待摊费用				盈余公积			
递延所得税资产				未分配利润			
其他非流动资产				所有者权益（或股东权益）合计			
非流动资产合计							
资产总计				负债和所有者权益（或股东权益）总计			

企业资产负债表的主要内容如下：

（1）流动资产。资产满足下列条件之一的，应当归类为流动资产：预计在一个正常营业周期中变现、出售或耗用；主要为交易目的而持有；预计在资产负债表日起一年内（含一年，下同）变现；自资产负债表日起一年内，交换其他资产或清偿负债的能力不受限制的现金或现金等价物。流动资产包括货币资金、交易性金融资产、应收票据、应收账款、预付账款、应收利息、应收股利、其他应收款、存货、一年内非到期的流动资产及其他流动资产等。

（2）非流动资产。流动资产以外的资产应当归类为非流动资产，并应按其性质分类列示。非流动资产包括可供出售金融资产、持有至到期投资、长期应收款、长期股权投资、投资性房地产、固定资产、生物资产、无形资产、递延所得税资产等。

（3）流动负债。负债满足下列条件之一的，应当归类为流动负债：预计在一个正常营业周期中清偿；主要为交易目的而持有；自资产负债表日起一年内到期应予以清偿；企业无权自主地将清偿推迟至资产负债表日后一年以上。流动负债包括短期借款、交易性金融负债、应付票据、应付账款、预收账款、应付职工薪酬、应交税金、应付利息、应付股利、其他应付款、一年内到期的非流动负债及其他流动负债等。

（4）非流动负债。流动负债以外的负债应当归类为非流动负债，并应按其性质分类列示。非流动负债包括：长期借款、应付债券、长期应付款、预计负债、递延所得税负债、其他非流动负债等。

（5）所有者权益。资产负债表中的所有者权益类至少应当单独列示反映的项目，包括：实收资本（或股本）、资本公积、盈余公积、未分配利润。在合并资产负债表中，应当在所有者权益类单独列示少数股东权益。

21.5.3 利润表

1. 利润表的性质和作用

利润表主要反映企业在一定时期内的生产经营成果，为报表使用者提供企业经营成果方面的信息资料。通过损益表反映的财务信息，可以评价一个企业的经济效益，评估投资的价值和报酬，从而衡量一个企业的经营管理水平，同时还可以从企业反映的获利能力状况，预测在未来一定时期内企业的赢利趋势。

2. 利润表的格式及内容

由于不同国家和地区对会计信息要求不完全相同，利润表的结构也不完全相同。目前比较普遍采用的利润表结构有单步式和多步式两种。我国采用的是多步式的利润表格式，如表21-2所示。

表21-2 利润表

会企02表

编制单位： ___年___月 单位：元

项　目	行　次	本期金额	上期金额
一、营业收入			
减：营业成本			
营业税金及附加			
销售费用			
管理费用			

续表

项 目	行 次	本期金额	上期金额
财务费用			
资产减值损失			
加：公允价值变动收益（损失以"－"号填列）			
投资收益（损失以"－"号填列）			
其中：对联营企业和合营企业的投资收益			
二、营业利润（亏损以"－"号填列）			
加：营业外收入			
减：营业外支出			
其中：非流动资产处置损失			
三、利润总额（亏损总额以"－"号填列）			
减：所得税费用			
四、净利润（净亏损以"－"号填列）			
五、每股收益			
（一）基本每股收益			
（二）稀释每股收益			

企业利润表的主要内容如下：

（1）构成营业利润的各项要素。营业利润以营业收入为起点，减去为取得营业收入而发生的营业成本和费用，再加上公允价值变动收益和投资收益而得出。

（2）构成利润总额（或亏损总额）的各项要素。利润总额（或亏损总额）是在营业利润的基础上加减营业外收支后得出。

（3）构成净利润（净亏损）的各项要素。净利润（净亏损）在利润总额（或亏损总额）的基础上，减去本期计入所得税费用后得出。

（4）每股收益。根据净利润（净亏损）和股本的情况计算得出。

21.5.4 现金流量表

现金流量表是指反映企业在一定会计期间现金和现金等价物流入和流出的报表。编制现金流量表的目的，是为会计报表使用者提供企业一定会计期间内现金和现金等价物流入和流出的信息，以便报表使用者了解和评价企业获取现金和现金等价物的能力，并据以预测企业未来现金流量。

现金，是指企业库存现金以及可以随时用于支付的存款。现金等价物，是指企业持有的期限短、流动性强、易于转换为已知金额现金、价值变动风险很小的投资。

1. 现金流量的分类

现金流量应分为以下三类：①经营活动产生的现金流量；②投资活动产生的现金流量；③筹资活动产生的现金流量。

2. 经营活动产生的现金流量

经营活动是指企业投资活动和筹资活动以外的所有交易和事项。经营活动产生的现金流量至少应当单独列示反映下列信息的项目：①销售商品、提供劳务收到的现金；②收到的税费返还;③收到其他与经营活动有关的现金;④购买商品、接受劳务支付的现金;⑤支付给职工以及为职工支付的现金;⑥支付的各项税费;⑦支付其他与经营活动有关的现金。

3. 投资活动产生的现金流量

投资活动是指企业长期资产的购建和不包括在现金等价物范围内的投资及其处置活动。投资活动产生的现金流量至少应当单独列示反映下列信息的项目:①收回投资收到的现金;②取得投资收益收到的现金;③处置固定资产、无形资产和其他长期资产收回的现金净额;④处置子公司及其他营业单位收到的现金净额;⑤收到其他与投资活动有关的现金;⑥购建固定资产、无形资产和其他长期资产支付的现金;⑦投资支付的现金;⑧取得子公司及其他营业单位支付的现金净额;⑨支付其他与投资活动有关的现金。

4. 筹资活动产生的现金流量

筹资活动是指导致企业资本及债务规模和构成发生变化的活动。筹资活动产生的现金流量至少应当单独列示反映下列信息的项目:①吸收投资收到的现金;②取得借款收到的现金;③收到其他与筹资活动有关的现金;④偿还债务支付的现金;⑤分配股利、利润或偿付利息支付的现金;⑥支付其他与筹资活动有关的现金。

5. 现金流量表的格式

现金流量表如表 21-3 所示。

表 21-3 现金流量表

会企03表

编制单位: ___年___月 单位:元

项 目	行 次	本期金额	上期金额
一、经营活动产生的现金流量:			
销售商品、提供劳务收到的现金			
收到的税费返还			
收到其他与经营活动有关的现金			
经营活动现金流入小计			
购买商品、接受劳务支付的现金			
支付给职工以及为职工支付的现金			
支付的各项税费			
支付其他与经营活动有关的现金			
经营活动现金流出小计			
经营活动产生的现金流量净额			
二、投资活动产生的现金流量:			
收回投资收到的现金			
取得投资收益收到的现金			

续表

项　　目	行　次	本期金额	上期金额
处置固定资产、无形资产和其他长期资产收回的现金净额			
处置子公司及其他营业单位收到的现金净额			
收到其他与投资活动有关的现金			
投资活动现金流入小计			
购建固定资产、无形资产和其他长期资产支付的现金			
投资支付的现金			
取得子公司及其他营业单位支付的现金净额			
支付其他与投资活动有关的现金			
投资活动现金流出小计			
投资活动产生的现金流量净额			
三、筹资活动产生的现金流量：			
吸收投资收到的现金			
取得借款收到的现金			
收到其他与筹资活动有关的现金			
筹资活动现金流入小计			
偿还债务支付的现金			
分配股利、利润或偿付利息支付的现金			
支付其他与筹资活动有关的现金			
筹资活动现金流出小计			
筹资活动产生的现金流量净额			
四、汇率变动对现金及现金等价物的影响			
五、现金及现金等价物净增加额			
加：期初现金及现金等价物余额			
六、期末现金及现金等价物余额			

6. 现金流量表附注

（1）现金流量表补充资料披露格式

企业应当采用间接法在现金流量表附注中披露将净利润调节为经营活动现金流量的信息。至少应当单独披露对净利润进行调节的下列项目：①产减值准备；②固定资产折旧；③无形资产摊销；④长期待摊费用摊销；⑤待摊费用；⑥预提费用；⑦处置固定资产、无形资产和其他长期资产的损益；⑧固定资产报废损失；⑨公允价值变动损益；⑩财务费用；⑪投资损益；⑫递延所得税资产和递延所得税负债；⑬存货；⑭经营性应收项目；⑮经营性应付项目。如表21-4所示。

表 21-4　现金流量表补充资料

补充资料	行　次	本期金额	上期金额
1. 将净利润调节为经营活动现金流量：			
净利润			
加：资产减值准备			
固定资产折旧、油气资产折耗、生产性生物资产折旧			
无形资产摊销			
长期待摊费用摊销			
处置固定资产、无形资产和其他长期资产的损失（收益以"－"号填列）			
固定资产报废损失（收益以"－"号填列）			
公允价值变动损失（收益以"－"号填列）			
财务费用（收益以"－"号填列）			
投资损失（收益以"－"号填列）			
递延所得税资产减少（增加以"－"号填列）			
递延所得税负债增加（减少以"－"号填列）			
存货的减少（增加以"－"号填列）			
经营性应收项目的减少（增加以"－"号填列）			
经营性应付项目的增加（减少以"－"号填列）			
其他			
经营活动产生的现金流量净额			
2. 不涉及现金收支的重大投资和筹资活动：			
债务转为资本			
一年内到期的可转换公司债券			
融资租入固定资产			
3. 现金及现金等价物净变动情况：			
现金的期末余额			
减：现金的期初余额			
加：现金等价物的期末余额			
减：现金等价物的期初余额			
现金及现金等价物净增加额			

（2）企业应当在附注中披露不涉及当期现金收支，但影响企业财务状况或在未来可能影响企业现金流量的重大投资和筹资活动。

（3）企业应当在附注中披露当期取得或处置子公司及其他营业单位的有关信息：①取得或处置价格；②取得或处置价格中以现金支付的部分；③取得或处置子公司及其他营业单位收到的现金；④取得或处置子公司及其他营业单位按照主要类别分类的非现金资产和负债。如下表所示。

项　　目	金　额
一、取得子公司及其他营业单位的有关信息：	
1. 取得子公司及其他营业单位的价格	
2. 取得子公司及其他营业单位支付的现金和现金等价物	
减：子公司及其他营业单位持有的现金和现金等价物	
3. 取得子公司及其他营业单位支付的现金净额	
4. 取得子公司的净资产	
流动资产	
非流动资产	
流动负债	
非流动负债	
二、处置子公司及其他营业单位的有关信息：	
1. 处置子公司及其他营业单位的价格	
2. 处置子公司及其他营业单位收到的现金和现金等价物	
减：子公司及其他营业单位持有的现金和现金等价物	
3. 处置子公司及其他营业单位收到的现金净额	
4. 处置子公司的净资产	
流动资产	
非流动资产	
流动负债	
非流动负债	

（4）企业应当在附注中披露与现金和现金等价物有关的下列信息：①现金和现金等价物的构成及其在资产负债表中的相应金额。②企业持有但不能由母公司或集团内其他子公司使用的大额现金和现金等价物金额。如下表所示。

项　　目	本期金额	上期金额
一、现金		
其中：库存现金		
可随时用于支付的银行存款		
可随时用于支付的其他货币资金		
可用于支付的存放中央银行款项		
存放同业款项		
拆放同业款项		
二、现金等价物		
其中：三个月内到期的债券投资		
三、期末现金及现金等价物余额		
其中：母公司或集团内子公司使用受限制的现金 　　　　和现金等价物		

21.5.5 所有者权益（或股东权益）变动表

1. 所有者权益变动表的性质和作用

所有者权益变动表，又称股东权益变动表，是指反映构成所有者权益的各组成部分当期的增减变动情况的报表，包括：当期损益、直接计入所有者权益的利得和损失、以及与所有者（或股东）的资本交易导致的所有者权益的变动。其主要目的是让报表使用者了解所有者权益增减变动的原因。

2. 所有者权益（或股东权益）变动表的格式及内容

所有者权益变动表如表21-5所示。

表21-5 所有者权益变动表

会企04表

编制单位：　　　　　　　　　　　　　　　年度　　　　　　　　　　　　　　　单位：元

项　目	行次	本年金额					上年金额					
		实收资本（或股本）	资本公积	减：库存股	盈余公积	未分配利润	所有者权益合计	实收资本（或股本）	资本公积	减：库存股	盈余公积	未分配利润	所有者权益合计
一、上年年末余额													
加：会计政策变更													
前期差错更正													
二、本年年初余额													
三、本年增减变动金额（减少以"-"号填列）													
（一）净利润													
（二）直接计入所有者权益的利得和损失													
1. 可供出售金融资产公允价值变动净额													
2. 权益法下被投资单位其他所有者权益变动的影响													
3. 与计入所有者权益项目相关的所得税影响													
4. 其他													
上述（一）和（二）小计													
（三）所有者投入和减少资本													
1. 所有者投入资本													

续表

项 目	行次	本年金额					上年金额				
		实收资本（或股本）	资本公积	减：库存股	盈余公积	未分配利润	所有者权益合计	实收资本（或股本）	资本公积	减：库存股	盈余公积	未分配利润	所有者权益合计
2. 股份支付计入所有者权益的金额													
3. 其他													
（四）利润分配													
1. 提取盈余公积													
2. 对所有者（或股东）的分配													
3. 其他													
（五）所有者权益内部结转													
1. 资本公积转增资本（或股本）													
2. 盈余公积转增资本（或股本）													
3. 盈余公积弥补亏损													
4. 其他													
四、本年年末余额													

所有者权益（或股东权益）变动表至少应当单独列示反映下列信息的项目：①净利润；②直接计入所有者权益的利得和损失项目及其总额；③会计政策变更和差错更正的累积影响金额；④所有者投入资本和向所有者分配利润等；⑤按照规定提取的盈余公积；⑥实收资本（或股本）、资本公积、盈余公积、未分配利润的期初和期末余额及其调节情况。

21.5.6 报表附注

附注是对在资产负债表、利润表、现金流量表和所有者权益变动表等报表中列示项目的文字描述或明细资料，以及对未能在这些报表中列示项目的说明等。附注应当披露财务报表的编制基础，相关信息应当与资产负债表、利润表、现金流量表和所有者权益变动表等报表中列示的项目相互参照。

附注一般应当按照下列顺序披露：

（1）财务报表的编制基础；

（2）遵循企业会计准则的声明；

（3）重要会计政策的说明，包括财务报表项目的计量基础和会计政策的确定依据等；

（4）重要会计估计的说明，包括下一会计期间内很可能导致资产、负债账面价值重大

调整的会计估计的确定依据等;

(5) 会计政策和会计估计变更以及差错更正的说明;

(6) 对已在资产负债表、利润表、现金流量表和所有者权益变动表中列示的重要项目的进一步说明,包括终止经营税后利润的金额及其构成情况等;

(7) 有和承诺事项、资产负债表日后非调整事项、关联方关系及其交易等需要说明的事项。

企业还应当在附注中披露在资产负债表日后、财务报告批准报出日前提议或宣布发放的股利总额和每股股利金额(或向投资者分配的利润总额)。

另外,企业注册地、组织形式和总部地址、企业的业务性质和主要经营活动、母公司以及集团最终母公司的名称等信息如未在与财务报表一起公布的其他信息中披露的,企业也应当在附注中披露。

---------------------- 本章小结 ----------------------

资本金制度是国家关于企业资本筹集、管理、核算及其所有者的责、权、利的法律规定。企业运用资本进行的各种经营活动,从价值形式上进行的监督和管理,就构成了企业财务管理。财务管理是企业管理的重要内容,是提高企业经济效益、防范企业风险的重要手段。房地产企业在开发经营管理活动中形成的各种耗费和支出,构成企业成本和费用。企业投资经营活动的全部收益,扣除各项耗费和费用支出,就是企业利润。企业利润必须根据国家有关规定进行分配。企业财务报表是企业全部经营活动的价值表现。企业财务报表是向投资者、债权人、政府有关部门以及与企业有关的报表使用者提供的信息资料。企业财务报表是企业对投资者、国家和社会负责的表现。企业财务报表主要有资产负债表、利润表、现金流量表、所有者权益变动表等。

复习思考题

(一) 名词解释

房地产企业资本 资本金制度 企业资产管理 成本 利润

(二) 简答题

1. 什么是资本金制度?
2. 资本金是如何确定的?
3. 什么是企业负债?企业负债有哪些类型?
4. 房地产利润由什么决定?
5. 房地产企业利润是如何分配的?

(三) 论述题

6. 试述企业财务管理。
7. 试述房地产开发成本、费用和利润。
8. 试解读房地产企业财务报表及其内容。

第 22 章 房地产收益分配再分配与房地产租税费体系

【学习提要】 房地产收益根据收入性质和来源的不同，通过分配与再分配，分为土地所有权地租、国家取得的税收以及国家行政机关提供的服务收取的各种费用。本章概括地介绍了房地产各种税收，指出了目前房地产收益分配与房地产租税费体系中存在的问题，提出房地产租税费改革的根本任务就是开征统一规范的物业税，并就相关改革的原则进行了阐述。

【关 键 词】 房地产分配形式 房地产租税费体系 房地产租税费改革

22.1 房地产收益分配与再分配形式

22.1.1 房地产收益分配形式及其根据

房地产收益是房地产经济全部运行过程中形成的新价值，即房地产经济在一定时期内，比如说一年内新创造的国民收入（$V+M$）。通过房地产国民收入第一次分配即初次分配，房地产劳动者和管理者根据其对劳动成果的贡献或劳动力价值，取得了工资（V）。房地产投资者或开发经营者，根据其投入的资本的多少，取得了投资利润，亦即社会平均利润（M的一部分）。房地产开发建设占用的城市国家所有的土地，国家根据对土地的所有权，取得了地租。地租是超过平均利润的剩余利润（M的另一部分）。

房地产收益经过国民收入初次分配以后，在市场经济条件下，还要进行再分配。房地产收益或房地产国民收入再分配，主要是国家以社会管理的名义，参与国民收入分配的方式进行的。国家参与再分配的主要方式是各种税收和各种收费等。

房地产企业利润，在第 21 章已经作了说明，下面主要研究租、税、费等分配形式。

22.1.2 土地所有权和地租

在市场经济条件下，地租是土地所有权在经济上实现的形式。地租体现的是土地所有者和土地使用者之间的经济关系。没有地租，土地所有权就无法在经济上得到实现。按照马克思的说法，使用土地不缴纳地租，不是土地所有权在法律上、就是土地所有权在事实上的废除。

在社会主义市场经济条件下，城市土地使用权转移采取了批租，即出让制的方式。出让就是土地所有者一次性把土地若干年使用权出让给土地使用者，同时一次性获得若干年的土地使用费。这种若干年的地租总和，即土地使用权出让价格，本质上是由地租演变来的。

在我国，由于国家出让的始终只能是土地使用权，土地使用者之间再转让的也只能是土地使用权。由此就决定了，无论是土地使用权出让价格的各种形式，还是土地使用权转让价格的各种形式，归根到底，它们本质上都只能是地租或地租的转化形式。

22.1.3 房地产税收与房地产收益再分配

房地产税收是国家作为政治统治机构或社会公共事务管理机构，通过有关税法的规定，对房地产所有者和经营者在房地产开发经营管理中所取得的各种收入或收益进行的再分配。国家不仅通过房地产税收取得收入，维持国家机器运转，而且还通过税收调节国民经济和房地产经济的运行。

改革开放以来，随着社会主义市场经济体制的建立，我国国家财政和税收体系也在逐步建立和不断地完善。特别是1994年进行的分税制改革，即按照管辖权和收入的归属，把所有的税收划分为中央税、地方税、中央和地方共享税三种类型；根据征税的对象，把所有的税收划分为流转税、收益税、财产税等，建立了与社会主义市场经济相适应的税收体制。

目前我国税收体系的主要税种构成如表22-1所示：

表22-1 中国税收体系的主要税种

类别	税种名称
一、流转税类	增值税；消费税；营业税
二、所得税类	企业所得税；个人所得税
三、特定目的税类	固定资产投资方向调节税（暂缓征收）；城市维护建设税；土地增值税；车辆购置税；耕地占用税；烟叶税
四、财产和行为税类	房产税；车船税；印花税；契税
五、资源税类	资源税；城镇土地使用税
六、关税类	关税

为了适应社会主义市场经济体制建立和发展的需要，特别是房地产业、房地产经济和房地产市场发展的需要，在财税体制改革过程中，逐步建立和健全了与社会主义市场经济和房地产经济发展状况相适应的房地产税收制度。

22.1.4 国家对房地产经济的管理和服务及房地产收费

房地产是一个巨大的产业体系，在房地产开发经营活动中，涉及多方面的关系，需要办理多种多样的手续。国家作为社会和国民经济的管理者、调控者，对房地产开发经营活动中的各种经济过程或经济活动，如房地产开发项目的审批、项目规划、设计、土地使用权的取得、土地使用权证的发放，建设项目开工、建设项目监督、监理、竣工验收，市场交易中的各种手续和证件办理，产权、产籍管理等，都要提供相应的服务。这些管理工作与所提供的服务（劳务），有的是政府部门的职责，是无偿的；有的是管理人员提供的有偿服务，即是有偿的。即使是无偿的服务，由于要取得各种证件，这些证件的制作也是要支付费用的；有些服务是有偿的，要按照等价交换的原则收取相关费用；有些服务和管理活动，根据国家的规定需要收取各种规费。所有这些费用，就构成了房地产经济活动中的收费。房地产经济活动中的各种费用，体现着政府及其有关部门与房地产所有者和使用者之间的等价交换的关系。中国目前房地产的收费，大体上可以分为以下四种情况：

（1）设施和设备补偿费。国家为了实现城市的功能，促进经济社会的发展，进行了大量的城市基础设施的建设。为了使建设这些设施的投入得到补偿，并维持这些设施的正常运行，必须向使用这些设施和设备的企事业单位和个人收取一定费用。这些费用是对投资建设和维持使用这些设施支出的补偿，因此是补偿型的费用。这些费用，构成了房地产的成本，通过房地产的出让和出租收回。

（2）国家在房地产管理活动中收取的各种管理费和服务费。国家对于房地产开发经营活动要进行一定的管理，在这些管理活动中提供了一定的劳务，因此要收取一定的费用。如土地管理费、权属登记费以及地籍调查费等。

（3）房地产交易中的手续费或服务费等。为了使房地产市场交易能够正常运行、提高房地产交易效益，房地产市场交易中的各种中介组织（如信息咨询机构、房地产经营代理机构、房地产价格评估机构等）机构向房地产交易双方提供各种服务，因此也要收取各种费用。这些费用构成房地产交易的成本，也要得到补偿。

（4）各种工本费。国家为了加强对房地产开发经营管理和房地产产权、产籍的管理，要发给房地产所有者和使用者各种证明和证件，如土地使用权证，房地产产权证等，印制这些证件都需要一定的费用。

房地产租税费体现着房地产所有者和房地产使用者、房地产所有者、使用者和开发经营部门以及房地产经营管理各部门与国家管理和服务之间的经济利益关系、即分割房地产收益的再分配关系。房地产收益再分配关系，构成了房地产收益分配体系。这种分配体系是由房地产产权关系、国家作为社会公共事务管理者以及国家或政府部门在管理和服务活动中形成的各种关系决定的。

22.2 房地产租税费设置和租税费体系

房地产租税费设置和体系结构决定于经济社会发展水平、房地产经济发展程度、房地产产权结构状况、经济体制模式以及税收体制。以下对我国房地产租税费设置和结构，作简要的说明。

（1）土地租金（土地出让金）。城市土地出让金，就是城市土地使用权的价格。它是由地租、土地征用费以及土地开发费等构成的。由于土地的地域性，土地出让金在各地是不相同的。土地出让金是中央和地方政府的重要财政收入。

（2）房产税。房产税在城市、县城、建制镇、工矿区征收，不包括农村。房产税由房产所有人缴纳。产权属于全民所有的，由经营管理单位缴纳。产权出典的，由承典人缴纳。产权所有人、承典人不在房产所在地或者产权未确定，以及承典纠纷未解决的，由产权代管人或使用人缴纳。

（3）契税。契税是在土地、房屋权属转移时，向承受人征收的一次性税收。在我国境内转移土地、房屋权属，承受单位和个人为契税纳税人。上述转移土地、房屋包括国有土地使用权出让，土地使用权转让（包括出售、赠与和交换，不包括农村集体土地承包经营权转移），房屋买卖、赠与和交换。

（4）城镇土地使用税。是国家按照使用的土地的等级、数量，对城镇范围内的土地使用者征收的一种税种，包括生产和生活各类土地的使用者。目前土地使用税征收的对象，只限于城市、县城、建制镇、工矿区范围内的土地使用者。

（5）城镇土地使用费。城镇土地使用费，是城镇土地使用者为了取得某块土地在一定时期的使用权，向土地所有者支付的货币。土地使用费实质上是土地租金。

（6）耕地占用税。占用耕地进行非农业活动者，缴纳的税收，就是耕地占用税。耕地占用税征收的范围包括国家和集体所有的耕地。占用耕地从事非农业活动的单位和个人，是耕地占用税的纳税人。

（7）城市维护建设税。城市维护建设税，是为了筹集城市基础设施和市政设施建设而设立的一个税种。城市维护建设税的纳税人，是缴纳增值税、消费税、营业税的单位和个人，包括国有企业、集体企业、私营企业、股份制企业、其他企业、行政单位、事业单位、军事单位、社会团体、其他单位、个体工商户及其他个人；不包括外商投资企业、外国企业和外籍人员。

（8）固定资产投资方向调节税。固定资产投资方向调节税，是为了运用税收经济手段调节投资方向，使基本建设和技术改造按照国家产业政策和经济发展的方向进行。中华人民共和国境内所有的单位和个人，凡用于固定资产投资的各种资金，都属于固定资产投资方向调节税的征税对象。不包括外商投资企业、外国企业和外籍人员。

（9）企业所得税。企业所得税，是对我国境内的企业和其他取得收入的组织就其生产、经营所得和其他所得征收的一种税收。企业所得税的纳税人，是指在中华人民共和国境内的企业和其他取得收入的组织。征税对象主要是企业的销售货物所得、提供劳务所得、转让财产所得、股息红利等权益性投资所得、利息所得、租金所得、特许权使用费所得、接受捐赠所得和其他所得。

（10）个人所得税。根据《关于个人出售住房所得征收个人所得税有关问题的通知》，规定个人出售自有住房取得的所得应按"财产转让所得"项目征收个人所得税。

（11）土地增值税。土地增值税，是在土地转让中发生的土地价值增值额，即转让土地时的收入减去法定的扣除项目以后的余额。凡是有偿转让中华人民共和国国有土地使用权以及土地上的建筑物和其他附着物，并且取得增值额的，都是征税的对象。土地增值税的纳税义务人，是有偿转让中华人民共和国有土地使用权和地上建筑物以及其他地上附着物产权的单位和个人，包括机关、团体、部队、企事业单位、个体工商业户以及其他单位和个人；外商投资企业、外国企业、外国机构、华侨、港澳台同胞、外国公民等。

（12）建筑企业营业税。建筑企业营业税，是对有偿销售不动产的行为征税。建筑业包括建筑、安装、修缮、装饰以及其他工程作业等项内容。凡是在中华人民共和国境内提供应税劳务、转让无形资产或者销售不动产的单位和个人，都是营业税的纳税义务人。

除上述租税费外，还设有印花税等项目。由于房地产租税费大部分属于地方税种，因此各地根据各自情况和特点设置的税种和税率也各不相同。有的城市房地产收费项目多达几十种。

按照国家的税收体系，房地产税收大体上属于以下几种类别：①流转税：营业税；②所得税：企业所得税、个人所得税；③特定目的税：固定资产投资方向调节税（暂缓征收）、城市维护建设税、土地增值税、耕地占用税；④财产和行为税：房产税、印花税、契税；⑤资源税：城镇土地使用税。

从房地产税收结构方面看，目前12个房地产税项目，大体上可以分为两大类：第一类，以房地产作为征税对象的，有6个税种：土地增值税、城镇土地使用税、耕地占用税、房产税、契税。第二类，以房地产企业作为征税对象的，有6个税种：营业税、企业所得税、个人所得税、印花税、固定资产调节税、城市维护建设税。

22.3 完善房地产收益分配关系，规范房地产租税费行为

我国房地产收益分配关系和房地产租税费体系，虽然有了一定程度的发展，但是无论是房地产收益分配关系，还是房地产租税费体系，与社会主义市场经济发展的要求以及与房地产经济发展和房地产市场发展要求相比，还存在着许多问题，还必须在经济发展和改革中进一步发展和完善。

22.3.1 房地产租税费存在的问题

房地产租税费是房地产收益分配的重要内容。我国房地产租税费体系虽然已经建立，并且在逐步完善中，但是就目前来看，明显地存在着一些不合理的问题。

1. 租税费职能混同，功能界限不清晰

以价值运行为核心的房地产租税费体系，应当是能够体现房地产产权结构收益分配体系，以及调节房地产经济运行的完整、系统的有机体系。但是这个体系还没有形成，主要表现就是它们职能混同，关系不顺。

以土地来说，地租是土地所有权在经济上实现的形式，它是以土地所有权和土地使用权分离为基础的，它所体现的是土地所有者和土地使用者之间的一种经济关系。马克思在《资本论》中明确地指出："不论地租有什么独特的形式，它的一切类型有一个共同点：地租的占有是土地所有权借以实现的经济形式。"① 但是，中国目前往往使用"土地使用费"或"土地使用税"或者是"土地价格"之类的概念，这样就把租税费关系模糊了。在房地产经济关系和房地产经济运行中，租税费所体现的经济关系，以及它们所执行的经济职能是根本不同的。在我国社会主义社会市场经济条件下，由于城市土地是国家所有的，国家作为城市土地的所有者，应当以所有者的资格向土地使用者收取地租，这里体现的是土地所有者和土地使用者的关系；同时，国家作为政府管理机构，为了维持国家职能正常运行，或为了维持国家机关正常运行，必须向房地产经营开发部门征收税收，这是由国家完成国家职能所决定的；国家作为经济活动的管理者，在进行管理活动中，要支出一定的劳务和支付一定的费用，为了支付劳务和补偿费用的支出，国家在管理房地产经济活动时必须收取一定的费用。由于租税费体现的经济关系不同，它们所要完成的经济职能也是根本不同的，所以首先应当明确它们的性质和作用。其次，租税费（费的一部分）都是来源于房地产经济中的总利润，体现着国民收入的再分配，但是在分配中又处于不同的层次，地租属于土地收益的初次分配，税收属于国民收入的再分配或第二次甚至是第三次的分配。再次，它们参与房地产收益的分配也必须有一个适当的比例，才能正确地调节房地产收益分配的关系。只有正确地处理这些关系，才能使房地产的租税费形成一个合理的体系。

另外，不仅租税费关系界限不清，关系不顺，而且房产和地产的租税费中也存在着相互交叉和重叠的现象。同样一种税费，由于主管部门不同，各部门都要收取，给地方职能部门

---

① 《马克思恩格斯全集》第25卷，第714页。

造成了很大的困难。另外，由于租税费界限不清，职能不明，部门之间又不统一，有的形成了重复收取的现象，有的却无人过问，造成了国家资产不必要的流失。

2. 租税费名目繁多，不规范、不统一

在目前中国房地产经济运行中，租税费的名目十分繁多。中央一级规定的租税费就有一二十种之多，地方上则更多，而且名称很不统一。由此形成了房地产租税费征管的不规范和租税费的大量流失，造成了房地产经济运行的不规范和国家资产管理的混乱。

3. 房地产租税费负担的不合理

在1994年税制改革以前，所得税等是按照企业的所有制性质的不同，分别按照不同的税率征收税收的，由此造成了不同所有制、不同经济成分、不同资金来源的不同税负。1994年税制改革以后，虽然统一了企业的所得税，从税率上看，税负似乎实现了公平。但是，国家在资金短缺的情况下，为了吸引外资，加强在国际资金市场上的竞争力，往往在税收上提供各种优惠。因此规定来华投资的房地产企业，免征耕地占用税、城市维护建设税、固定资产投资方向调节税等，这样就形成了中外房地产企业在税收负担上的不同，并且由此造成了中外房地产企业在竞争中处于不平等地位和收益水平上的差异。现在虽然统一了中外房地产企业的税收，但是有些地方政府为了吸引外资，又出台了一些优惠政策。所以税收不公平的问题仍然存在。

除了中外房地产企业存在着税收不公平的问题以外，在内资房地产企业中，也存在着税收负担不一样的情形。根据现行的税费项目，房地产开发企业除了缴纳耕地占用税、城市维护建设税、固定资产投资方向调节税以外，还要增加额外的负担，即大市政配套费（即开发区以外的道路、通信、绿化等费用）以及教育费附加、人防工程费、城市治安费等。房地产流通企业则可以免除这些费用，所以造成了房地产开发建筑企业和房地产代理销售的流通企业不同税负的状况。

不仅在税收方面存在着不公平的问题，而且在房地产经济运行中的收费或费负方面也存在着一些问题，其中主要是房地产收费有的大于房地产的税负。根据现行税收政策的有关规定，房地产税要按照一定的比例在中央和地方之间进行分配。许多为房地产企业服务的部门，如土地、房产、建设、规划、电力、煤气等行政管理机构，依据自己掌管的资源，巧立名目，收取各种费用，然后按照一定的比例从这些收费中为自己捞到一定的好处，由此造成收费项目越来越多，形成了房地产的费负大于房地产税负的可能。

4. 征管不严，调控不力

房地产租税费是调节房地产经济运行的有力经济手段，但是由于房地产租税费设置的不合理，于是在调节房地产收益分配中形成了一系列问题，其中主要是征管不严、调控不力。比如在土地出让收益方面，由于要在中央和地方政府之间进行分配，由此就涉及中央和地方政府的利益关系。由于地方认为分配比例不合理，为了少向中央政府缴纳土地方面的收益，于是一些城市就不开征土地使用税；有的采用明暗两种价格，明价是虚价，暗价是实价，与中央在分成时采用明价，地方多得利益；或者是扩大减免租税的范围，因此造成了征管中的许多问题。另外在目前的税制体系中，耕地占用税和城市土地使用税都是按照土地面积作为征收标准的，并且税额标准也很低，最高的税额不超过30元人民币。由于从量计征、税额又太低，根本发挥不了保护耕地资源、调节收益分配的作用。由于中央和地方在收益分配中的矛盾，房地产租税费往往从量计征、税额很低，加上征管的不严，所以很难发挥房地产租税费对房地产市场和房地产经济运行的调控作用。

这些问题表明，我国房地产经济中的租税费关系还不顺畅，税种、税率的设置还不太合理，形成了税负不公，影响了房地产企业与其他企业以及房地产企业内部之间的公平竞争，再加上中央和地方政府之间的矛盾，形成的征管不严，这一切都造成了房地产租税费对房地产经济和房地产市场运行调控得不力。为了加速建立社会主义市场经济体制、合理分配房地产收益、加强对房地产市场运行的调控，必须建立和健全房地产租税费体系。

目前中央明确规定，土地出让金等收益先全部上缴中央，然后再按比例分成，虽然解决了在土地出让金征收和分配中的一些问题，但是其他方面的问题，还有待进一步解决。

5. 房地产收益流失严重

房地产市场的建立和发展，使房地产的价值得到了显现，房地产所有者和使用者从房地产经营成果中取得的收益也越来越多。但是房地产收益的流失也越来越严重。房地产收益流失主要包括两个方面的含义：狭义的房地产收益流失是指本来应当归房地产所有者的收益，流到了房地产非所有者手里；广义的房地产收益流失，还包括应当归中央政府的房地产收益流到了地方政府手中。

造成房地产收益流失的主要原因是：

第一，由于土地使用税税率过低，减免范围过宽、过于灵活，再加上征管不力，使政府以土地使用税形式取得土地收益十分有限。

第二，城市土地供给双轨制度，即以盈利为目的的用地，采取了有偿出让的供给方式；以非盈利为目的的用地，采取了以无偿或低偿的行政划拨供给方式。由于房地产市场发育迟缓，中国新增的大部分土地仍然采取了行政划拨的方式，再加上原有的土地基本上都是以行政手段划拨使用的，因此划拨使用权的土地占了绝大部分。出让土地使用权和划拨土地使用权同时存在，不仅造成了在土地方面不平等的竞争条件，而且还形成了房地产的"隐形市场"。在房地产的"隐形市场"上，大量的房地产收益落入了部门单位和个人手中。为了调节土地供给双轨制中的矛盾，虽然国家采取了许多措施，如通过企业所得税的形式使划拨土地收益中的一部分收入"物归原主"，但是很难补偿国家应得的房地产收益。

第三，为了吸引外资，各地盲目出台种种超常规的优惠招商措施，在向外商出让土地使用权时地价或土地使用费过低，从而使部分房地产收益转化为外商的超额利润。

第四，房地产开发经营企业，往往通过协议、招标等市场化程度较低的方式，取得土地开发经营权，然后在转让土地使用权或在房地产交易的过程中，截留相当大的一部分房地产收益。

第五，在公有房地产的租赁中，由于房地产的租赁价格过低，这样就使房地产的一部分收益流到了承租人的企业和居民个人手中。

22.3.2 深化改革，理顺房地产租税费关系

房地产租税费体系是房地产经济和房地产市场中的一个极其重要的问题。它不仅是房地产所有权、房地产使用权在经济上的实现，而且是房地产收益权的直接表现，也是国家调节房地产收益分配和调控管理房地产的重要手段。所以，建立健全房地产租税费体系，处理好租税费之间的关系，对于建立社会主义市场经济体制、发展房地产经济、调控和规范房地产市场的运行，都有着极其重要的意义。

1. 深化经济体制改革，为房地产租税费奠定经济和体制基础

房地产租税费是房地产经济关系、房地产所有者和房地产使用者经济利益关系的具体体现，也是国家参与房地产收益分配和管理房地产的重要手段。所以，房地产租税费体系不是一个孤立的体系，而是由各国的经济制度和经济体制决定的。在一定的经济制度和经济体制下，则主要是由房地产所有权制度、房地产使用权制度、房地产运行机制、房地产分配制度、房地产管理制度决定的，也就是说，房地产租税费体系要体现它们的本质、它们的利益和它们的要求。这是建立合理的房地产租税费体系的出发点、归宿点，也是建立房地产租税费体系的基础。为此就必须深化经济体制的改革，把国家的所有者的职能和管理者的职能分开，把政府的职能和企业的职能分开，明确所有者和使用者的权利和义务等，只有这样才能为房地产租税费体系奠定坚固的经济和体制基础。因为只有这样，国家才能作为房地产的所有者，进一步说，作为城市土地的所有者取得地租；作为国家，为了执行国家的职能，收取房地产税；作为国家的管理者，在为房地产经营开发部门提供服务时收取必要的费用。所以建立和健全房地产租税费体制的首要任务，就是要深化经济体制改革、土地使用制度的改革、住房制度的改革，使房地产租税费体系更好地为房地产市场经济服务。

2. 正确认识房地产租税费之间的本质联系和区别，为建立房地产租税费体系提供理论根据

房地产租税费，虽然总的说来都是房地产经济收益的分配和再分配的形式，但是，它们所体现的房地产经济中的经济关系和分配关系是不相同的。

房地产经济中的地租，是土地所有权在经济上实现的形式，是在土地所有权和土地经营权分离的情况下，体现着土地所有者和土地使用者之间的经济关系。这种关系是以土地所有制为基础的，在商品或市场经济条件下，是完全根据价值规律、平均利润和生产价格规律、地租规律进行的，或者说是由这些经济规律决定的。

房地产经济中的税收，是国家参与房地产收益分配的一种形式；房地产税与其他所有的税收一样，也具有强制性、固定性、无偿性；房地产税种、税率的设置，是各国根据本国的具体情况决定的；税收的性质是由国家的阶级性决定的。

房地产经济中的收费，是房地产经济在房地产运行中、房地产市场交易中的支出，或其他部门为房地产经济和房地产市场运行服务的一种补偿，是一种等价交换的行为。

从国民收入的分配和再分配关系来看，地租属于国民收入的第一次分配；房地产税属于国民收入的第二次分配；房地产费用是对投资者的一种补偿，它不属于分配的范畴，是一种等价交换的行为。

如果从房地产租税费的来源来看，地租是来源于土地的经营者或土地使用者的超额利润，或者说平均利润扣除以后的剩余部分；房地产税收是来源于房地产所有者和房地产使用者收益的再分配；房地产费则属于对投资者或劳务支出者的补偿，是来源于投资或劳动所得。因此必须根据房地产中的租税费的经济性质、功能和作用，以及它们自身的经济运行规律，处理它们之间的关系和发挥它们的作用。

3. 根据市场经济规律的要求，科学地确立房地产租税费结构和体系

房地产是一个巨大的、复杂的经济体系，它和其他部门有着千丝万缕的联系。但是，房地产又是一个独立的产业部门。所以，房地产租税费应当贯彻到房地产经济运行和房地产市场的各个阶段和各个环节之中，即贯穿到房地产经济的全部过程中，克服当前房地产租税费

集中在房地产开发建设即生产和流通的环节上，而忽视分配和消费环节的状况。只有这样，才能更好地调控房地产资源分配、房地产经济运行、房地产收益的分配，促进房地产经济的发展，促进房地产经济与国民经济的协调发展。

根据社会主义市场经济运行的规律、房地产经济运行的规律、房地产市场运行的规律，以及房地产产权结构、房地产租税费之间的本质联系，确立房地产租税费体系。

地租是土地所有权在经济上的实现。地租体现着土地所有者和土地使用者的关系。在社会主义条件下，城市土地属于国家所有。城市土地所有权和土地使用权是分离的。根据社会主义城市土地产权结构，在地租项目上，不仅应当设置土地出让金（即若干年期的地租），而且还应当设立年租金。土地出让金和年租金，必须根据市场经济规律来确定，过高和过低都不利于土地资源的配置和城市经济的发展。

根据中国当前房地产税存在的问题，即税种较多和不规范、税负较重而且不公平等，还必须进行进一步改革。改革的方向主要是：简化税种，确定合理的税率，公平税收负担。根据世界各个市场经济国家的经验，在设置房地产税种时，应当把注意力放在房地产权利的保有、取得和收益三个环节上，合理地确定税种和税率。在中国现行的房地产税收体系中，与房地产保有环节有关的税种主要是：城镇土地使用税，房产税和城市房地产税；与房地产取得环节有关的税种主要是：耕地占用税，营业税，印花税，契税等；与房地产收益有关的税种主要是：土地增值税，营业税和所得税等。总的来说，房地产税收改革的方向，就是要统一税法，简化税种，公平税负。

中国房地产方面的收费名目繁多，各地名称和标准又不统一，已经受到了外商的多次批评。香港《房地产报》载文提出，中国房地产市场的法律基础不完善，税费制度有许多问题，如手段冗长、税费繁杂、税项界定不明确、名目多而且各地不统一，这种情况严重地影响了正常商业往来的效率。德国《商报》也指出：中国法制不健全，遏制了外商热情。据不完全统计，与房地产开发、经营和交易有关的费项，广州多达60多种，深圳约15种，上海约30种，北京约30~40种，天津约20种等。这些名目繁多的费用，有些是合理的，有些是明显不合理的。不合理的费用摊入房地产的成本，必然抬高房地产的价格。房地产收费的收取标准也是不统一的，比如房地产中的公证费，在广州是公证金额的0.75%，在深圳则是3%；房地产登记手续费，上海是每件50~500元，天津是房屋销售价格的4‰，深圳则是转让价格的1‰，但是最多不能超过150元。为了规范房地产经济活动中的收费，收费权应当由各级人大及其相应的委员会确定设置项目及其标准，然后再由各行政主管部门实施。

4. 开征统一规范的物业税，是房地产租税费改革的根本任务

2003年党的十六届三中全会通过的《关于完善社会主义市场经济体制若干问题的决定》明确提出："实施城镇建设税费改革，条件具备时对不动产开征统一规范的物业税，相应取消有关税费。"改革开放发展到现在，"对不动产开征统一规范的物业税"，不仅条件逐步具备，而且具有更加迫切的意义。

1992年，党的十四次代表大会确立了我国经济体制改革的目标，就是建立社会主义市场经济体制。根据建立社会主义市场经济体制的要求，1994年进行了税制改革。税制改革的根本要求，就是把计划经济的税收制度改革为与社会主义市场体制相适应的税收制度。但是，这次税收制度改革的重点是流转税和所得税制度，基本没有涉及房地产税收制度。这主要是因为，我国当代房地产经济是随着城市土地使用制度的改革、住房制度的改革以及城市

建设体制的改革逐步发展起来的，发展的时间还不长。由此决定的房地产税收制度，也只是在20世纪80年代开始逐步建立起来的。不成熟的房地产税收制度，是与不成熟的房地产市场经济体制相适应的。由于当时还缺乏建立科学的和规范的房地产税收制度的经济基础和实践经验，所以不可能与其他税收制度一起进行改革。

20世纪80年代初期形成的我国房地产税收制度，或者准确地说形成的房地产租税费体系，必然带有浓厚的计划经济色彩。但是，改革开放发展到今天，不论是社会主义市场经济体制，还是房地产市场经济制度，都逐步发展完善。于是现行的房地产租税费制度与社会主义市场经济体制和房地产市场经济制度，形成了严重不相适应的状况。

现行房地产租税费关系的不合理状况，不仅引起了社会收入分配的不公，模糊了或侵犯了房地产权益人的权益，而且影响了房地产资源甚至国民经济资源的优化配置，影响了国民经济的协调发展。在这次（2004~2008年）宏观经济调控中，中央政府、地方政府、房地产企业、银行等金融机构、居民之间的利益博弈，就清楚地表现出了房地产租税费体系决定的房地产收益分配不合理和不规范的状况。

物权法的出台和实施，党的十七大"高举中国特色社会主义伟大旗帜为夺取全面建设小康社会新胜利而奋斗"报告提出的"创造条件让更多群众拥有财产性收入"，也要求尽快建立统一规范的物业税制度。这不仅是为了保护房地产权利人的财产权利，也是为了明确房地产权利人的义务。

建立统一规范的物业税，必须从我国目前房地产租税费现状和存在的问题出发。目前我国房地产租税费体系中，存在着许多问题。

（1）租税费职能混乱，结构不合理。从理论上说，租税费的性质与职能的区别是非常清楚的。但是在房地产经济实际运行中，往往形成了以税代租、以费代税、以税代费、以费挤税的情况，大大地削弱了租税费在房地产经济运行和发展中的应有的职能和作用。

（2）现行房地产税收重流通，轻保有，流通环节税负较重，保有环节税负较轻，不利于房地产资源的优化配置，造成房地产的闲置和浪费。

（3）税种重复设置，违背了税收中性原则，不利于房地产经济发展和优化房地产资源的配置。如土地使用税和耕地占用税，以及在房地产转让中既要缴纳印花税，又要缴纳契税等，都具有重复收税的性质。

（4）税率设置不合理，不能适应房地产经济的发展。比如，由于城镇土地使用税和耕地占有税偏低，达不到合理用地和保护耕地的目的，无法实现对房地产资源的优化配置。

（5）部分税种以及计税依据不合理，不能反映房地产财产价值和价值的变化。目前我国房地产税收中的房产税和城镇土地使用税的计税依据，都不能准确地反映房地产现有价值、土地级差收益、房地产增值价值等情况，因而起不到调节经济、调节收入的作用。

根据我国目前房地产租税费设置的状况和存在的问题，改革房地产租税费制度、建立统一规范的物业税制度必须坚持以下思路、奠定以下原则：

（1）必须从我国的实际情况出发。我国国情的基本实际就是：我国是社会主义国家；我国土地是公有的；我国目前处于社会主义初级阶段。也就是说，我国房地产税收制度，必须与中国特色社会主义制度相适应。

（2）坚持"明租、正税、少费"的原则，彻底解决房地产经济中租税费混乱的局面。"明租"，就是要明确国家是城市土地的所有者，地租是土地所有权在经济上实现的形式。

或者如列宁所说的，土地国有，就是地租归国家所有。坚持土地公有制、坚持城市土地国家所有制，这是建立与社会主义市场经济体制相适应的房地产租税费制度的根本原则、出发点和基础。"正税"，就是要建立一个适应房地产市场经济体制发展的科学的房地产税收制度，在房地产产权明晰的基础上，既能使房地产税收达到一定的财政收入规模，又能有效地发挥房地产税收对房地产经济的调控作用，促进房地产资源的优化配置和房地产收益的公平分配。"少费"，就是要规范房地产运行中的各种收费行为，严格区分各类收费性质，科学地制定收费标准，规范政府行为，为房地产经济发展和运行提供优质服务。

（3）实行简税制、宽税基、低税率的原则。"简税制"，就是简少税种，简化税率档次，简少税收优惠，简化征缴程序等。"宽税基"，就是一方面要从外延上扩大税收的征收范围；另一方面要从内涵上减少税收优惠，达到扩大税源，增加税收收入的目的。"低税率"，就是做到税率不要过高，以减轻纳税人的负担。

（4）开征统一规范的物业税。由于目前我国房地产税收制度中存在着"重流转，轻保有"的状况，所以科学地设立统一规范的物业税，特别是房地产保有税，是整个房地产税制改革的重点。保有税，是物业税的主要构成部分。建立统一规范的物业税制度，需要解决以下一些问题：把现有房地产保有环节的房产税和城镇土地使用税合并，统一开征物业税；适当扩大税基，坚持属人属地相结合的原则，既要对中国公民在中国境外的财产征税，也要对外国居民在中国境内的财产征税；统一内外税；规范税收减免，清理税收优惠政策，体现税负的公平；坚持以房地产价值为计税的依据；确立纳税人为内外资企业单位、经济组织和个人。

设立和开征统一规范的物业税，是对现行房地产租税费制度进行的全面调整，难度较大，必须谨慎从事。首先，要统一思想，解决房地产租税费改革中涉及的重大的理论问题和实践问题；其次，要设计好改革的总体方案，明晰房地产经济发展与运行中的各类产权关系，调整好各方面的利益关系；再次，要科学地设置物业税制度，严格与规范房地产产权登记制度、房地产价格评估制度和定价制度、有效可行的征管制度。只有这样才能充分发挥物业税在调节房地产经济运行，调节房地产收益分配，促进房地产稳定协调健康发展的作用。

22.3.3 加强对房地产租税费征管

房地产租税费，不仅是国家和地方各级政府的重要的财政收入源泉，而且也是国家调控国民经济和房地产经济的重要的经济手段。为了加强对房地产租税费的征管，必须做好以下几个方面的工作：

（1）建立和健全税收征管机构。

（2）科学地设置房地产的租税费的税种和税率。

（3）进一步做好以下三个方面的工作：第一，把从量计征改为从价计征，这不仅对公平税负有好处，而且有利于增加国家的收入；第二，正确地实行减免和优惠的政策，以促进国民经济和房地产业的发展；第三，严格实行分税制，正确处理中央和地方在房地产租税费收入分配之间的关系。

总的来说，中国目前房地产租税费的体系还存在着许多问题，为了适应社会主义市场经济体制的建设，发展房地产经济和规范房地产市场的运行，必须进一步完善房地产的租税费体制，尽快建立统一规范的物业税制度，使房地产租税费能够真正体现房地产产权结构中的收益分配关系，进一步促进房地产经济的发展。

---------------------------- 本章小结 ----------------------------

房地产国民收入的初次分配,主要包括房地产劳动者和管理者取得的工资,房地产投资者或开发经营者取得的投资利润,国家根据对土地的所有权取得的地租。国家参与房地产业再分配的主要方式,就是税收以及各种名目的收费。

我国目前房地产税费主要是:土地出让金、房产税、契税、城镇土地使用税、城镇土地使用费、耕地占用税、城市维护建设税、固定资产投资方向调节税、企业所得税、个人所得税、土地增值税、建筑企业营业税,以及印花税等。房地产收费,由于各地情况不同,收费的项目和标准也各不相同。

目前房地产租税费体系存在的问题主要是租税费职能混同,功能界限不清晰;租税费名目繁多,不规范、不统一;租税费负担不合理;征管不严,调控不力;收益流失严重等许多问题。迫切要求租税费体系的改革。

规范和完善房地产租税费体系,首先,要深化经济体制的改革,为房地产租税费关系的改革奠定制度基础;其次,要从理论上理清房地产租税费之间的本质联系和区别;再次,要根据市场经济规律的要求,科学地确立租税费的结构和体系;第四,要开征统一规范的物业税;第五,要加强对房地产租税费体系的征收与管理。

复习思考题

(一)名词解释

土地出让金 房产税 土地使用税 土地增值税

(二)简答题

1. 我国房地产收益分配形式有哪些?是由什么构成的?根据是什么?
2. 房地产租税费的本质是什么?
3. 我国房地产租税费体系中存在着哪些问题?

(三)论述题

4. 试述我国目前房地产税收的主要税种及结构。
5. 试述我国房地产税收体制改革及开征物业税的意义。

第6篇

房地产经济发展周期与房地产调控和管理

房地产经济发展的周期性是房地产经济或运行中的一个重要特征。房地产周期波动的原因主要是由国民经济发展的周期性，以及房地产经济发展的特殊性决定的。为了使房地产经济保持持续、健康的发展，必须根据房地产经济与国民经济的发展关系，以及房地产经济发展和运行的特性，加强对房地产经济发展周期性的调控和管理，努力缩小房地产周期波动的振幅，防止房地产"经济泡沫"。

房地产经济可持续发展，不仅对房地产经济本身的发展，而且对国民经济的发展都有着极其重要的意义。可持续发展理论与科学发展观，为房地产经济可持续发展奠定了坚实的理论基础。房地产经济可持续发展，不仅要保持人口、资源、环境和生态的协调发展，而且还要使城市及其所在地区的环境保持协调、保持城市人工生态的动态平衡以及房地产开发与生态保护相协调等内容。

"人类居住区"，是包括居住、工作、教育、卫生、文化、娱乐等，以及为这些活动提供物质实体结构的有机结合体。在《21世纪议程》中确定的人类居住区重点领域包括：为所有人提供适当的住房，促进土地可持续利用，促进环境基础设施的建设管理和不断完善，加强对人类居住区综合规划、建设和管理等。人类居住区可持续发展，是城市与房地产经济持续发展的重要内容。

房地产经济的经营垄断性、房地产位置的不可移动性、住房的社会性等特性，以及市场调节的盲目性、事后性、短期性等，决定了房地产市场存在着"市场失灵"。为了弥补房地产市场失灵，国家必须对房地产市场进行干预（即调控和管理）。国家对房地产市场进行调控和管理的主要内容是：房地产与国民经济协调发展的问题；房地产市场总供给与总需求平衡的问题；房地产供给结构与需求结构平衡的问题；房地产价格；房地产收益分配等问题。房地产调控和管理的方法主要是经济手段、法律手段和行政手段。国家对房地产的管理机构主要是各级行政机构的主管部门，以及相应的行业组织和中介组织。

　　加强国家对房地产经济发展和运行的调控和管理，是完善房地产经济制度和房地产市场、规范房地产经济运行的重要内容。

第 23 章 房地产经济运行周期性与房地产"经济泡沫"

【学习提要】 学习本章，把握房地产发展周期性规律的理论；深刻认识我国房地产发展周期性形成原因、传导机制、国家采取的各项调控的政策；借鉴日本、东南亚和美国房地产泡沫的教训，防止和正确解决房地产泡沫问题。

【关 键 词】 房地产周期　周期调控和管理　房地产经济"泡沫"

23.1 房地产经济发展具有周期性

所谓周期是指一种依次反复发生的循环现象。经济周期最初被定义为，一般的商业活动围绕长期趋势周期性但并不是定期的波动。一个经济周期由四个部分组成："扩张"、"紧缩"、"萧条"和"复苏"。经济周期的最低点被称为"波谷"，最高点被称为"波峰"。这种定义的特点是重复性、持续性、可预测性和上下波动性，即认为未来是过去的重现，过去的运行规律将一直持续下去。

经济发展的周期性，是伴随着经济社会化和工业化出现的经济现象。由于它是周期性地出现的，对经济运行有着重大的影响，所以成为经济学研究的重要理论问题，以及国家对国民经济进行宏观管理和调控迫切需要解决的实践问题。由于经济周期涉及的范围广，产生的原因复杂，表现的方式也因时间、地点、经济环境等情况有所不同，马克思主义以及其他经济学派，对经济周期研究的重点和分析方法也各不相同，从而形成了各种不同经济周期理论。

马克思通过对资本主义经济危机的分析，将相邻两次危机之间的经济运行过程，看作是一个经济周期，或者说，从第一次经济危机开始，到第二次经济危机爆发之间，定义为一个经济危机的周期。每个经济危机周期，都要经历危机、萧条、复苏和高涨四个阶段。

其他经济学派对于经济发展周期性波动的理论概括虽然存在着若干差异，但是在关于经济发展周期的一些基本问题上，无论在认识上、在理论概括上，还是表述上，大体是一致的或相同的。

世界经济史表明，从 1825 年资本主义第一次经济危机以来，已经经历了 20 多次大规模的生产过剩经济危机，其中世界性的经济危机约 15 次，呈现出一种周期性的现象。不管周期经历的时间长短，经济波动总是呈周期性发生。

房地产经济是工业化和城市化的产物，是国民经济的主要构成部分。房地产经济的发展也具有明显的周期性的特征。房地产周期是指，在总体经济运行过程中作为一个相对独立系统的房地产业所自有的扩张、衰退、收缩和复苏的周期性运动规律。

资料表明，美国房地产发展的周期大约是 20 年一次，10 年为上升期，10 年为下降期。日本房地产发展大约是 15 年一个周期。澳大利亚房地产经济发展大约是 6 年一个周期。韩国房地产经济发展大体上是 4 年一个周期。中国香港地区房地产经济大约是 7~8 年一个发展周期。中国台湾地区房地产经济大约是 7~10 年一个发展周期。

23.2 我国房地产经济发展的周期

23.2.1 房地产经济发展周期状况

当代中国房地产经济是改革开放的产物。如果从1984年算起,中国房地产经济发展大体上经历了三个发展期、三个低落期:1984~1988年是第一个发展期,大约经历了5年;1989~1990年是第一个低谷期,大约2年;1991~1995年,是第二个发展期,大约5年;1996~1998年,为第二个低谷期,大约3年;1999~2007年,进入了第三个发展期,2008年开始进入第三个收缩期。房地产周期波动分为上升和下降两个时期,也可以进一步分为四个阶段:复苏与增长阶段;繁荣与高涨阶段,即波峰期;衰退阶段或下降时期;萧条阶段,即波谷期。以第三个发展期来说,1999~2002年是复苏与增长阶段;2003~2007年为繁荣与高涨阶段;2008年进入下降阶段或徘徊期。

能够说明房地产发展周期的主要是四个指标,即房地产投资增长率、产业增长率(施工、竣工面积)、房地产销售额增长、房地产价格涨落。其中最关键的因素是房地产投资增长和商品房销售增长情况。表23-1中的数据,可以说明我国房地产发展周期的情况。

表23-1　国内生产总值、房地产投资和商品房销售额增长率对照表

项目年份(年)	国内生产总值增长率(%)	房地产投资增长率(%)	商品房销售增长率(%)
1992	12.8	117.6	79.3
1993	13.4	165.4	102.5(波峰)
1997	8.8	-3.4	26.1
1998	7.8	13.7	39.7(波峰)
1999	7.1	11	28.1
2000	8	19.1	30.1
2001	7.3	25.3	29.4
2002	8	21.9	23.7
2003	10	29.7	34.1(波峰)
2004	10.1	28.1	30
2005	10.4		
2006	11.6		
2007	11.9		

23.2.2 国民经济发展周期是房地产经济周期波动的根本原因

房地产经济是一个巨大的产业体系,与国民经济各部门有着极其密切的联系。房地产的供给与需求,都是来自国民经济的各个部门。因此,国民经济发展的周期波动性,决定着和制约着房地产经济发展的周期波动性。或者说,国民经济发展的周期波动性,就是房地产经济发展周期波动性的根本原因。当然,由于房地产经济在国民经济发展中的重大作用,房地

产经济周期性的波动，也对国民经济周期性波动产生重大的影响。这完全是由它们之间的内在联系决定的。

房地产经济是第三产业的重要构成部门，而且是既为生产服务，又为消费服务的部门。国民经济的迅速发展，不仅向房地产提出了巨大的需求，而且也为房地产经济的发展提供了各种发展要素；国民经济的衰退，不仅减少了对房地产的需求，而且也减少了形成房地产供给的各种要素。在市场经济条件下，需求是经济发展的动力和源泉。国民经济的迅速发展、亦即第一产业，特别是第二、第三产业的发展，对房地产经济的生产和经营用房提出了巨大的需求；由于经济的迅速发展导致了居民就业数量增加、居民收入水平提高，从而对住房消费提出了巨大的需求。对生产和生活用房需求的增长，促进了房地产经济的发展。

23.2.3　房地产经济周期传导机制

在市场经济条件下，整体房地产经济的运行过程经由复苏与增长、繁荣、危机与衰退、萧条四阶段依次循环，充分说明房地产业的周期波动是房地产市场供求关系运动的结果，也是供求关系运动的方式。国民经济发展周期性波动，可以通过各种传导机制作用于房地产，引起房地产经济扩张和收缩周期性的波动。

1. 国家政策是房地产经济周期波动的直接传导机制

国家政策对我国房地产经济周期波动有着直接的决定性作用，这是由我国的经济性质和经济体制所决定的。20世纪90年代，我国房地产经济发展经历了两起两落的发展过程，都与国家政策有关。1992~1993年，房地产开发投资之所以会连续两年超过100%，主要原因之一，是由于国家在鼓励房地产经济发展的同时，国家宏观调控没有跟上，造成了土地供应的失控，加之政策机制不健全、政府行为的不规范，导致多元化的利益群体将大量资源投向能够在短期内带来高收益的土地和房产形成的。由于利益的驱动，各行各业都跻身于房地产，造成房地产投资过热的局面。

1994~1995年，国家采取了有力的宏观调控政策，整顿了金融秩序，控制了固定资产投资规模，特别是对房地产经济实行了全面的紧缩政策，控制了规模、贷款、项目和预售，使房地产投资增长速度逐步下降，房地产进入了结构调整、消化吸收、平稳和理性发展阶段。

国家宏观决策和经济政策对房地产经济的发展方向和运行变化所引起的直接影响，还可以从下面的情况得到说明。1996年以来，为了扩大内需，满足居民的住房消费，国家提出了把住宅产业作为国民经济的新的增长点；为了加快住房制度的改革，1998年，国家又果断地实行了停止住房实物分配、实行住房分配货币化的政策；针对商品房价格偏高、普通商品房过少的情况，国家调整了房地产投资政策和房地产市场结构，引导房地产开发转向参与旧区改造、开发内销商品住宅和平价房的建设，降低商品房流通领域的税费，建立银行对个人购房的抵押贷款机制，对经济适用住房建设提供了各种优惠；大力开放住房二级市场，实现住房一、二、三级市场联动。这一切政策措施，有力地促进了房地产经济的发展，形成了房地产经济发展的一个新的高涨期。

对于发展中国家而言，特别是整个房地产经济处于上升时期，国家宏观经济政策对房地产经济周期性的波动作用是非常明显的。

2. 投资及其波动是房地产经济周期性波动的决定性传导机制

在市场经济条件下，投资、消费和出口是拉动经济增长的决定性要素。因此，房地产投资也就成为房地产经济波动的决定性的传导机制。

国民经济投资的增长和减少，直接构成对房地产需求的增长和降低，从而决定着房地产市场的扩张和收缩。房地产投资所具有的较强预期性和变动性，决定着投资量的变化，从而使房地产发生波动。房地产投资增长，是房地产市场扩大的主要原因；房地产市场的萎缩、疲软，则是房地产投资量减少的结果。所以说，投资波动是导致房地产周期性波动的直接原因。

3. 房地产信贷是房地产周期性波动的重要传导机制

在经济繁荣时期，建筑费用和银行贷款利率一般相对稳定，甚至银行利率也是最低的时期，房地产开发企业很容易从银行获得抵押贷款，银行等金融机构也愿意向房地产发放贷款，从而促使房地产经济迅速发展。经济衰退时期，由于通货膨胀和高额利率，造成建筑等费用急剧上升，开发企业利润率大幅度下降，开发成本随利率提高而上升，市场需求因经济发展不景气而大幅度下降，无市场的高价房地产成了开发投资者的沉重负担。这时，银行等金融机构也不愿意向房地产发放贷款，由此导致房地产经济发展趋于缓慢停滞，陷入低落或收缩阶段。

23.2.4 房地产经济周期性波动的特点

房地产经济既是一种特殊的产业部门，又是一个巨大的产业体系。由于房地产经济所依赖的土地资源本身具有稀缺性、不可再生性、不可替代性和固定性；房地产投资建设需求的资金量巨大、开发建设周期较长；房地产市场竞争的不充分和垄断性，使市场进入难度大，投机性强；房地产市场流动性慢，产品变现能力差；房地产市场对经济运行短期波动的敏感性弱，对宏观经济周期发展敏感性强等，决定了房地产周期性波动的特殊性。

（1）房地产经济发展的周期性与国民经济发展的周期性存在着时间差，从而决定了房地产对市场需求十分敏感，对市场的供给却十分迟钝或滞后。房地产由于投资规模大，开发建设周期长，所以与国民经济发展的周期存在着时间差。当一国经济迅速发展、经济处于高涨的时期，就会对房地产提出大量的需求，但房地产开发建设需要一定的时期，不可能在短时期提供大量的供给，所以就形成了房地产供给不足的状况。当国民经济发展处于衰退时期，社会对房地产的需求急剧减少，但是一批新建的房地产项目，经过几年的建设才刚刚投向市场，这就形成了供过于求的局面。也就是说，房地产经济发展与国民经济发展的周期，在时间上存在着不一致的状况。

（2）房地产周期对国民经济影响面大，风险性高。房地产价格对市场的需求十分敏感，并且对供给和需求发挥着重要的调节作用。当国民经济发展的周期处于高涨和繁荣时期，社会对房地产的需求量特别大，由于房地产供给滞后，于是在房地产市场上就形成了供不应求的状况，导致房地产价格迅速上涨。房地产价格上涨，一方面缓解了市场对房地产的需求，另一方面刺激了房地产的供给和房地产经济的发展。在经济处于高涨和繁荣时期，由于社会对房地产需求量巨大，房地产企业往往将正在开发建设的房地产预售或预租给客户，这不仅大大降低了房地产开发建设的风险，而且由于房地产企业能够获得较高利润，于是就会进一步扩大房地产开发业务，进而促进了房地产经济的发展。但当经济进入衰退时期，由于人们对房地产的需求减少，房地产预售或预租市场缩小，房地产交易量日趋下降，甚至出现已经签订的租赁合同被中止，从而出现大量房地产品积压、房屋空置率上升，由此对整体国民经济产生的负面影响也是巨大的。

（3）房地产风险带有明显的地方特征。由于各国经济发展进程与经济政策的不同，决定着房地产经济发展的周期性波动具有地方和国别的特征，即各个国家房地产周期性不是完全相同的。世界各国经济和房地产经济的发展进程表明，在美国，房地产经济的发展周期约为20年，10年上升，10年下降，发展比较平衡；在日本，房地产经济的发展周期约为15年；在澳大利亚约为6年；在韩国，从1958年至今，房地产经济周期交替已经9次，周期平均为4年。同时，各国的房地产经济发展周期对国民经济的影响和作用也不是完全相同的。

23.2.5 控制房地产经济周期性波动的波幅政策

房地产经济周期性的波动虽然是一种（超越制度的）普遍现象，但是波动的振幅、波长、频率等，则可能是不完全相同的。国家的调控政策、调控方式、调控手段等，对缩小振幅、缩短周期有着重要的作用。所以，我们必须在借鉴国外经验的基础上，加强对房地产市场波动周期性的研究，找出影响房地产周期性发展的各种因素，针对造成房地产波动的原因和周期性波动发展规律，采用有效的调节手段，引导房地产经济持续、快速、健康地发展，使房地产经济周期性波动的幅度降低到最低限度，避免出现"大起大落"的局面，达到回避风险的目的。

依据我国房地产经济周期性波动的情况，必须加强对房地产经济发展的调控力度，相机采取有效的反周期措施。

1. 房地产经济发展规模必须与国民经济发展要求相协调

世界各国房地产经济发展的经验表明：房地产经济要保持持续、快速、健康发展，避免"大起大落"，力求可持续发展，就必须使房地产经济发展规模与国民经济发展的要求相适应，既不能使房地产投资增长速度高于国家固定资产投资增长速度，超过国民经济资源的承受能力和需求水平，也不能使房地产投资水平过低，造成房地产市场供给不足，形成社会和经济其他资源闲置和浪费。总的来说，就是使房地产经济发展速度既能满足居民消费增长需要，又能满足整个国民经济可持续发展的需要。也就是说，房地产经济发展必须建立在经济效益、社会效益和环境效益的共同基础之上。其次，房地产投资结构必须合理，要与社会经济结构和需求结构，特别是居民的需求结构相一致，即使房地产项目的投资规模、投资结构与市场的有效需求量和需求结构基本相适应。

2. 提高国家宏观调控水平，促进房地产经济发展

房地产周期性波动发展是客观存在的，但是我们可以通过国家宏观调控减缓周期性衰退的震荡和损失。西方发达国家房地产发展的经验表明，国家宏观经济政策的科学性及正确性，将直接影响政府干预房地产市场发展的状况。20世纪80年代，美国房地产经济之所以能够蓬勃发展，是由于里根总统在80年代初提出的《经济振兴法案》中，对房地产投资实行了很多减免税优惠政策。而在20世纪80年代，由于日本中央银行在经济繁荣时期大力推行宽松的货币政策，导致地价飞涨、楼价攀升，以房地产为主的"泡沫经济"发展到了顶峰；中央银行又在1989年提高了利率，使房地产价格进一步上升，市场需求急剧下降，

由于房地产供给的滞后性,房地产上市量仍呈惯性继续上升态势,形成了无市场的高价房产,最终导致房地产金融危机,加速了日本"泡沫经济"的破灭。我国房地产自1992年迅速起步,1993年高速发展,首先也是由于政府对投资方向缺乏引导和宏观管理,在高额利润的引导下,大量资本盲目涌向高回报率的高档项目;其次是由于缺乏对市场需求的认真研究,又忽视资金供给、城市基础设施和市政状况,一些地区为了刺激经济发展,力求以地生财,盲目批租出让土地,大建开发区;再次,许多地方,为了发展地区经济,对发展商提供了过多的优惠政策,但又缺乏政策引导和以法规约束其经济行为,以及价格双轨制等不规范行为,加剧了房地产市场的随意性和投机性。由于国家调控不力,我国房地产仅高涨了一年多时间,就出现了增幅回落,市场从卖方市场迅速转变为买方市场。因此,借鉴经验,总结教训,为了促进房地产经济可持续发展,必须做好以下几方面的工作:

(1) 国家必须根据宏观经济与房地产经济之间的发展关系,以及经济发展周期性的不同阶段,及时推出相应的宏观经济政策,引导和促进房地产经济持续、稳定的发展。当宏观经济发展要求房地产经济迅速发展时,应该制定有利于房地产经济发展的政策,引导和促进房地产经济加快发展。否则就会丧失机会,阻碍发展。当房地产经济发展处于周期的高涨阶段时,就要在保证房地产经济较快发展的同时,使房地产经济发展速度和规模与宏观经济发展的需求相适应,通过调控房地产投资、房地产价格以及资金等方面的运作,防止过度发展,力求保持房地产经济的持续发展时间。

(2) 正确把握宏观经济调控力度,大力减缓房地产经济周期性震荡的幅度。当房地产经济周期性波动不可避免要发生时,国家宏观调控应当慎重决策,根据波动的幅度,正确把握调控的力度,努力化解波动中的各类矛盾,减缓经济震荡波幅;如当房地产经济处于低落阶段,国家应当采取措施,争取保持基本的发展增长率。

(3) 国家应根据各地房地产经济发展程度和阶段,制定有区别的宏观经济政策。针对我国房地产经济目前存在的问题和地区发展不平衡的特点,应当采取不同的政策。当整个国民经济回升出现波峰时,房地产投资项目不宜上得过猛;当国民经济处于下滑、房地产经济表现相对疲软时,投资项目也不宜减得过快;国家确定的一些大型的房地产投资项目,在时间上应当均匀分布。因需要停缓建设项目时,也不要搞"一刀切"。

(4) 加强对房地产价格的调控,力求保持房地产经济平衡发展。房地产价格是由土地价格和房产价格构成的,土地价格是房地产价格的核心。国家尤须对地价进行调控,根据土地的不同用途,在政府的指导下以土地市场为基础形成合理的地价体系,完善地价政策,形成稳中有升的价格趋势,建立起符合市场经济规律的房地产价格体系和价格管理方法;同时建立土地收购、储备和转让机制,有效控制土地供应量,合理调整房地产结构,保持房地产经济和房地产市场稳健运行。

(5) 确立合理的房地产空置率。确立房地产合理的"空置率",是总量调控的重要内容。空置率过大,会造成房地产积压;空置率过小,又难以满足国民经济周期发展的需求。因此,研究和确定房地产空置率的概念和合理空置的区间,依据房地产空置率的量化指标,对房地产经济实施有效的监控,才能够促使和保证房地产经济与国民经济协调地发展。

3. 完善房地产企业的自我调节机制,提高房地产企业防范房地产周期性风险的能力

房地产开发经营企业是房地产市场的主体,也是房地产经济周期性波动风险的直接承担者。因此,房地产企业必须正视风险,以审慎的态度进行投资分析和预测,为投资决策提供

科学依据。另外，国家在规范房地产企业开发经营行为的同时，也必须积极采取各种有效的措施，引导、帮助房地产企业根据市场发展规律，调整企业经营发展目标和策略，提高企业自我调节机制。通过建立房地产信息机构、完善房地产信息交流发布制度、及时向开发经营企业提供各类信息，为企业正确选择开发项目、开展经营战略服务。

23.3 认真总结经验教训，防止房地产"经济泡沫"

《辞海》中的"泡沫经济"词条是这样解释的："虚拟资本过度增长与相关交易持续膨胀日益脱离实物资本的增长和实业部门的成长，金融证券、地产价格飞涨，投机交易极为活跃的经济现象。泡沫经济寓于金融投机，造成社会经济的虚假繁荣，最后必定泡沫破灭，导致社会动荡，甚至经济崩溃。"该词条的定义对泡沫经济的解读较为全面、有力，强调泡沫经济的一个特征是虚假繁荣。由此，泡沫经济将会引发种种社会和经济问题，从世界范围来看，也确有房地产高速发展导致泡沫经济这种现象存在。

23.3.1 经济起飞与房地产经济发展

发展中国家普遍以提高经济效益和高速发展国民经济作为国家最主要的发展方向，房地产业具有强大的拉动经济增长点的作用，其回弹效应是：当房地产投资扩张时，它会像一只领头羊把相关联的产业牵引进扩展之中；当整个国民经济扩张后，它会分享这轮扩张，继而蓄势下一轮的扩张。

世界各国以及世界各个地区经济发展的实践表明，凡是经济发展处于起飞阶段，都会出现一个房地产经济大发展时期。在房地产经济飞速发展时期，如果国家宏观经济政策及时恰当，不仅可以有力地推动房地产经济的发展，而且还可以积极地促进国民经济的全面发展；否则，就会形成房地产"经济泡沫"。我国香港地区和日本以及东南亚地区，在这一方面为我们提供了有益的经验和教训。

23.3.2 中国香港地区的房地产经济发展

第二次世界大战结束以后，由于香港居民纷纷返回香港，同时还有大批移民涌入香港，对香港的房地产提出了大量需求，促进了香港房地产经济的发展。1952年，联合国对中国实施禁运政策，影响到香港经济。香港的转口贸易出现了衰落，房地产经济也开始趋向萧条。1953年，香港经济开始恢复，并迅速走上工业化的道路。在这个时期，南亚的一些国家实行了排华政策，南洋华侨资本大量涌入香港，进一步促进了香港经济的发展。香港经济的快速发展不仅刺激了香港房地产经济的复苏，而且使香港的房地产经济进入了上升时期。进入20世纪60年代，由于工业产值和投资结构转变，特别是1962年香港当局颁布了新的建筑条例，调减了各类用途的地税，有力地促进了香港房地产经济的繁荣，直至1965年由于资金周转危机，房地产经济才转入萧条期。

20世纪60年代后期，香港经济持续发展，海外资本又大量涌入香港，特别是香港国际金融中心地位的逐步确立，使香港房地产经济从1968年起又出现了持续增长与繁荣的局面，直至由于世界石油危机引起了经济衰退，房地产经济才又转入低潮。

20世纪70年代后期，中国大陆改革开放政策的实施为香港经济提供了发展机遇，香港经济迅速进入高速增长时期,房地产经济再次繁荣,在20世纪80年代初达到高峰。后因世界经济危机以及中英政府关于中国收回香港问题的谈判遭受挫折,影响到香港经济的发展,香港的房地产发展也进入了萧条期。到了20世纪80年代中期,楼价开始反弹,特别是海湾战争爆发后,香港房地产经济异常活跃,楼盘价格大幅度上升,交易量成倍增长。香港地方政府为了防止房地产价格过快上升,影响整个经济发展和社会稳定,开始推行平抑楼价的措施,楼价才开始回落。

香港回归以后,在香港特区政府的领导下,有效地抵制了东南亚金融危机对香港经济造成的冲击,形成经济繁荣、社会稳定的局面,促进了房地产经济的发展。特区政府还针对房地产经济中出现的问题,采取了有效的调控政策,保持了房地产经济与宏观经济协调发展的格局。

23.3.3 日本房地产经济发展及房地产"经济泡沫"

第二次世界大战以后,日本的经济发展过程经历了恢复、高速增长和稳定增长三个阶段,先后形成和经历了11次较大规模的景气周期。

在日本11次规模较大的经济周期中,比较重要的是:

(1)第二次世界大战结束不久,由于执行了美国驻日本公使道奇的消灭赤字和抑制恶性通货膨胀措施,导致了"道奇萧条"。

(2)1950年朝鲜战争爆发,为了保证美国朝鲜战争军需的供给,引发了日本"特需繁荣",推动了日本经济的回升。

(3)1954年到1958年6月,日本经济出现了"神武景气"。

(4)1958年7月到1962年10月,日本经济又形成了"岩户景气",在这个时期,日本国民经济年平均增长率达到了11.1%。

(5)1965年11月,日本经济景气循环回升,时间长达57个月,经济增长率高达11.6%,成为日本经济发展历史上景气上升时期最长、经济增长幅度最高的一个时期。这就是"伊装诺景气",也是日本经济现代化的一个重要时期。

(6)1973年初,在日本经济即将回升的时候,遇到了世界石油危机,经济景气开始下降,形成日本战后经济唯一负增长时期,到1983年2月经济景气降到了谷底,下降时期长达36个月,成为战后经济下降持续时间最长的一个时期。

(7)1985年7月出现了"日元升值萧条"。1986年12月,开始了"平成景气"的上升期,这个时期一直持续到20世纪90年代初期,也是日本战后经济景气上升最长的一个时期。

日本经济高速增长时期对土地和房地产提出了大量的需求。由于日本土地资源严重短缺,对房地产需求的高速扩张,必然引起地价大幅度上升,从而形成了"经济泡沫"。1955~1990年的35年间,日本地价不仅始终处于持续上涨的时期,而且还出现了三次地价大幅度上涨的情况。

第一次土地价格上涨,是1961年前后。当时日本政府提出了国民所得倍增计划,有力地促进了工业高速度发展,形成了工业用地价格持续大幅度上涨的局面。工业用地涨价最高的年份达到了53.2%。

第二次土地价格上涨,是1973年前后。1972年,当时的日本首相田中角荣在竞选日本自民党总裁时，提出了"日本列岛改造论"，极大地促进了日本经济的发展，而形成了以住宅用地为特征的地价上涨时期。住宅用地价格上涨最高的年份达到了378%。

第三次土地价格上涨，是从1985年开始，到1990年，前后持续5年。这一次地价上涨主要是由于第三产业快速发展，对房地产提出了大量的需求量，带动了地价的高速上涨。当时以东京为首的各大城市，从商业用地价格上涨开始，然后迅速全面推开，平均最高上涨幅度达到了18%。

日本土地价格上涨，具有以下几个特点：

(1) 土地价格呈持续上涨的态势，形成了土地价格猛涨的周期性。土地价格上涨的周期，大约以10年左右为一个周期。

(2) 土地价格每一次上涨，都是以经济大发展为前提、为基础的。只要经济出现了大发展的局面，必然带动土地价格上涨。1960～1990年的30年时间里，虽然国民生产总值只增加了17.4倍，六大都市的土地价格却上涨了56.1倍。土地价格上涨的幅度大大地超过了国民经济增长的幅度，造成了国民经济发展的极端不协调，形成了房地产"经济泡沫"。

(3) 土地价格迅速上涨，首先是从大城市开始，然后逐步发展到其他城市，最后波及全国。房地产"经济泡沫"的这个特点，在第三次土地价格上涨时表现得特别明显。第三次土地价格上涨，首先是首都东京市中心商业用地价格上涨；接着促使东京整个商业用地价格上涨；然后波及东京市的住宅、工业等非商业用地价格上涨；最后逐步向其他城市推进，带动了大阪、名古屋等城市土地价格相继上涨。

土地是国民经济最重要的生产要素，土地价格不仅是各类产品价格的构成部分，而且是国民经济各类产品的基础价格，特别是居民住房价格的主要构成部分。所以，土地价格上涨，不仅影响着房地产经济的发展，而且对整个国民经济发展的全局都会带来影响。

(1) 日本土地价格上涨的幅度，远远超过了国民生产总值增长的幅度。由于土地开发利润大大高于其他行业的利润，造成了资金投向倾斜，引起了行业结构扭曲，市场商品供求错位，影响了国民经济平衡协调的发展。

(2) 土地价格持续上涨，不仅使土地投资超过房地产开发盈利，而且使一些房地产商热衷于"炒地皮"。土地投机，造成了土地闲置与土地低度利用。

(3) 土地价格不合理的膨胀，使社会财富向土地所有者手中集中，造成土地所有者和非所有者之间在社会财富分配中的不公平格局，富者愈富，穷者愈穷。

(4) 土地价格上涨，必然提高住宅价格。20世纪90年代，日本东京为了增加土地供给，通过填海造地建设的公寓，70平方米一套住宅，月租高达15万日元；84平方米一套住宅，月租高达24万日元。当时日本职工平均月工资是35万日元，根本无力承担高昂的房租，严重地制约了居民的住房消费。

(5) 高昂的土地价格提高了城市基础设施的价格水平。从1991年日本出版的《地价与城市规划——解决土地问题的政策》一书的资料中，可以清楚地看出：东京都进行道路建设的征地费平均占道路建设总造价的43.3%，个别地段甚至高达99%。

(6) 房地产价格上涨，引起了企业固定资产重置价格的增大，决定了企业产品成本构成中折旧费用比重的增大，导致了产品销售价格的提高。产品销售价格提高既影响国内居民消费，也不利于在国际市场上的竞争。

土地价格持续上涨，而且上涨的幅度远远超过了国民生产总值增长的幅度，由此形成了人们所说的"泡沫经济"。为了保持国民经济持续发展，日本政府采取了一系列措施，于1991年和1992年间，才使土地价格逐步下降，回归到合理的空间。

23.3.4 东南亚房地产业发展与金融危机

1997年，在东南亚地区发生了一次与房地产业等发展有关的金融危机。这次危机首先是从泰国的货币贬值开始，以四次"冲击波"的形式，给东南亚经济造成了巨大的损失。

第一次"冲击波"。1997年7月2日，泰国被迫宣布泰国货币与美元脱钩，实行浮动汇率制度，当天泰国货币汇率狂跌20%。与泰国具有相同经济问题的菲律宾、印度尼西亚和马来西亚等国同时受到泰国货币贬值的影响。7月11日，菲律宾宣布允许比索在更大范围内与美元兑换，当天比索贬值11.5%。同一天，马来西亚通过提高银行利率阻止林吉特进一步贬值。印度尼西亚被迫放弃本国货币与美元比价，印尼盾7月2日至7月14日贬值了14%。

第二次"冲击波"。1997年10月17日，台币贬值0.98元，达到1美元兑换29.5元台币，创下近10年来的新低，台湾当天股市下跌165.55点。10月20日，台币贬值至30.45元兑换1美元，台湾股市再跌301.67点。台湾货币贬值和股市大跌，扩大了这次金融危机的范围，不仅将附近的日本、新加坡、韩国、香港牵了进去，更将远在太平洋彼岸的美国也牵了进来。10月27日，美国道琼斯指数暴跌554.26点，迫使纽约交易所9年来首次使用暂停交易制度。10月28日，日本、新加坡、韩国、马来西亚、泰国股市分别下跌4.4%、7.6%、6.6%、6.7%、6.3%。特别是香港股市受到外部冲击，香港恒生指数继而在10月27日分别下跌765.33点和1200点，10月28日，再跌1400点，这三天香港股市累计跌幅超过了25%。

第三次"冲击波"。1997年11月下旬，韩国汇市、股市轮番下跌，11月20日，韩元汇市开市半小时时就狂跌10%，创下1139韩元兑换1美元的新低。到11月底，韩元兑换美元的汇价下跌了30%，韩国股市跌幅也超过了20%。与此同时，日本金融危机也进一步加深。11月，日本先后有数家银行和证券公司破产和倒闭，日元兑换美元也跌破1美元兑换130日元大关，较年初贬值17.03%。

第四次"冲击波"。如果说前三次冲击波是由起点引起后续国家的金融危机，第四次冲击波则属于回波，即后续国家的金融危机的影响重新影响早先金融危机的国家。统计表明，从1998年1月开始，东南亚金融危机的重心又转到印度尼西亚。1998年1月8日，印尼盾对美元的汇价暴跌26%。1月12日，在印度尼西亚从事巨额投资业务的香港百富勤投资公司宣告清盘。同日，香港恒生指数暴跌773.58点，新加坡、台湾、日本股市分别跌102.88点、362点、330.66点。直到1998年2月初，东南亚金融危机恶化的势头才初步被遏制。

此次金融危机虽然只有半年时间，但是席卷国家之多、危害之大、损失之惨却是罕见的。据统计，从1997年7月到1998年1月，东南亚绝大多数国家和地区的货币贬值幅度高达30%～50%，最高的印尼盾贬值达到了70%以上；这些国家和地区的同期股市跌幅达到了30%～60%。据有关部门估计，在这次危机中，仅股市、汇市下跌给东南亚国家和地区造成的经济损失就达1000亿美元以上。受汇市和股市影响，这些国家和地区出现了严重的经济衰退。

东南亚的这次金融危机绝不是偶然的，既有外部原因，也有内部原因。就外部来说，主要是国际投资的巨大冲击以及由此引起的外资撤离。据统计，撤离东南亚国家和地区的外资高达400亿美元。但是危机的最根本原因，还在于这些国家与地区内部的经济矛盾性。东南亚国家和地区是近20年来世界经济增长最快的地区之一。在快速经济增长中，同时暴露出了许多严重的问题，其中主要是经济结构不合理；国际收支赤字太大，外债增多；经济过分依赖外资；银行贷款过分宽松；房地产投资偏大；汇率制度僵化以及过早、过快地放开了金融市场等。

23.3.5 美国"次贷风波"问题

2007年8月，美国爆发了次贷危机。所谓次贷危机，就是房地产次级抵押贷款发生的危机。美国房地产抵押贷款市场，把抵押贷款分为两个层次：优质贷款市场和次级贷款市场。第一类贷款市场，面向信用额度等级较高的、收入稳定可靠的优质客户；另一类贷款市场面向收入证明缺失、负债较重的客户。这类客户由于信用程度要求不高，贷款利率比一般抵押贷款高出2%~3%。虽然次贷在美国房屋贷款市场所占的比例不大，按照官方的说法，次级房贷只占美国整个房贷市场比重的7%~8%，但是次贷的利息最高、风险最大。所以，次级抵押贷款就是相对于优质的抵押贷款而说的。

从2007年8月美国爆发房地产抵押次级贷款危机，到2008年7月，约一年时间，美国已经有7家银行宣告破产。美国抵押贷款银行——加利福尼亚州印地麦克银行，在11天内，13亿美元被储户挤提。2008年7月11日，该银行被美国联邦存款保险公司（FDIC）接管。这是美国历史上第二大银行破产事件，也是这次次贷危机中倒下的第五家银行。到2008年7月25日，另外两家小银行，即内华达州的第一国民银行和加州的第一传统银行宣布破产。美国的这次次贷危机成为人类历史上由金融创新带来的最大一次信贷危机。美国银行业监管部门——联邦储蓄保险公司主席希拉·贝尔在2008年7月22日警告说，更多美国银行可能面临破产危险。美国的大约8500家银行中，2008年一季度约有90家银行出现在"有问题机构"的名单中。即使美国花旗银行、美联等大银行，业绩也是下降的。以美联银行来说，该银行公布的2008年第二季度的亏损额达到了88.6亿美元，而2007年同期的盈利却是23.4亿美元。

2008年，国际货币基金组织（IMF）在华盛顿发布的《全球金融稳定报告》中预计，全球次贷及相关证券损失总额将达到5650亿美元。如果加上与商业地产、消费信贷和企业贷款相关的证券，美国次贷危机引起的金融动荡，给全球造成的潜在损失总额可达到9450亿美元。尤其是次贷危机，削弱了重要金融机构的资本和融资能力，增加了金融领域的系统性风险，全球将在很长的一段时间内，面临严重的资本和信心危机。此外，危机正从次贷领域向优质房贷、消费信贷、公司信贷领域蔓延。

美国银行业的危机与美国房地产市场泡沫破裂有着直接的关系。随着美国房地产价格持续走低，许多家庭进入负资产状况，这种负资产危机直接侵蚀到银行业的优质贷款，导致恶意违约率的不断上升。类似的问题还存在于信用卡领域。美国最大存贷款银行——华盛顿互惠银行在（2008年）第二财度报告就显示，该行信用卡部门出现了1.75亿美元的亏损。这种情况也同样地存在于美国其他银行。这说明，次贷危机引发的金融危机已经超出了次贷领域，向银行信用卡以及整个银行业扩散。在居民恐慌情绪的影响下，许多美国银行的股票被抛售，银行挤兑现象不断增加。虽然印地麦克银行已经被联邦储备保险公司接管，还是有许多储户仍连夜排队准备取走存款。挤兑问题使一些中小银行的风险进一步加大。

面对次贷危机以及由次贷危机引起的银行业风险，美国政府采取了一系列对策和措施。

（1）树立信心或信心安抚。次贷危机发生后，美国总统布什反复强调，美国经济基本面还是好的，美国的银行体系还是安全的，人们应当对此保持信心；即使一些银行倒闭，也不会动摇美国银行业的根本。

（2）政府援助。2008年7月，美国参议院和众议院，通过了一项住房援助法案。该法案提出：首先，帮助40万无力偿还房贷的购房者，以避免他们的住房被收回；其次，向购房者提供总计150亿美元的购房退税；再次，为了帮助美国最大的两家住房抵押贷款融资机构——房利美和房地美摆脱困境，美国政府向这两家机构投资数十亿美元，为他们再融资提供最高3000亿美元的保险，同时还将加强对这两家机构的监管。由此可见，这项援助法案涉及的范围除了借款人、放贷商，还包括投资者、华尔街投资行以及对房利美、房地美等的援助。这项住房援助法案是美国近20年来最重要的房地产市场立法。

（3）加强银行业的并购进程。在美联储的督促下，美国第五大投资银行贝尔斯登被摩根大通银行收购；美国第一国民银行和加州第一传统银行由奥马哈副互惠银行接管；美国抵押贷款银行（印地麦克银行）被美国联邦存款保险公司接管。银行业危机为银行业收购重组提供了契机。

（4）2008年3月31日，美国财政部长保尔森向美国国会提出了金融改革方案，即《金融监管体系现代化蓝图》，提出了加强对金融监管改革的具体方案。外界评论，这一改革蓝图是自美国1929年经济大萧条以来最大规模的金融改革计划，以应对次贷引发的金融危机。

由美国次级抵押贷款市场开始的金融动荡，蔓延到欧洲、日本，造成了发达国家经济周期的下行和金融市场的不稳定。由于中国金融市场相对封闭，所以次级债危机对中国金融体系的影响相对有限。

23.3.6 房地产"经济泡沫"的教训

在经济高速发展时期，由于对房地产经济需求的迅速增长，往往会引起土地价格的上涨，从而带动房地产价格的提高。但是，房地产价格的上涨，并不一定就要形成"泡沫经济"。土地价格持续上涨，而且上涨幅度过高，以及由此造成的房地产价格相应持续上涨的状况，并不是世界各国经济社会发展的普遍现象，或者说不是经济发展的普遍规律。

日本经济发展中形成的"经济泡沫"，应当说与日本土地资源状况有关。有些国家，如加拿大、澳大利亚等国，土地资源很富裕，土地供求矛盾不突出。有些国家，人口虽多，但土地资源相当丰富，例如美国，人口有2亿，但人均占有土地面积和人均占有耕地都比较多，土地供求并不紧张。还有些国家，如英国，土地资源虽然不太丰富，人均拥有的土地面积也不算大，但在英国的产业结构中，农业占的比例很小，农业人口只占全国人口总数的3%，而且农业人口还在逐年下降，所以土地供求也不太紧张。日本则不然。日本人口1.2亿，国土面积只有37.5万平方公里，人均耕地还不到一亩。即使在这样人地矛盾十分尖锐的情况下，日本不仅要求保持较高比例的绿化带，还要做到大米、牛肉等农产品自给，这些原因作用的结果，必然进一步加大了土地供求矛盾。

土地资源是重要的生产要素，经济高速发展必然引起对土地的大量需求，土地资源供给赶不上对土地的需求，必然引起土地价格上涨。而且每一次经济较大规模的发展，都使土地价格的上涨幅度远远高于经济增长的幅度。同时，在土地价格飞速上涨时，日本政府没有及时进行有效的调控，因而在经济高速发展时期，形成"经济泡沫"，也就完全可以理解了。

日本在经济起飞时期，土地价格持续上涨的经验教训，对于像我国这样一些人多地少的国家和地区，有着重要的借鉴意义。

（1）我国人多地少，人地矛盾十分突出。这种状况的存在，本身就潜伏着土地价格持续上涨的客观因素。改革开放前的30多年，土地资源虽然是我国经济社会发展的制约因素，但没有出现土地价格上涨，主要是因为我们实行的是计划经济体制，土地不是商品，没有价值和价格，不能进入市场。所以，虽然土地资源紧缺，但不可能有土地价格上涨的问题。社会主义市场经济体制的建立，土地使用权成了商品，进入了市场，土地使用权价格随着经济社会发展逐步上升的问题，也已经明显地显现了出来。

（2）日本土地价格猛涨，都是以经济高速发展为基础、为前提的。中华人民共和国成立以来，我国经济的几次大发展都造成了固定资产投资规模失控，然后进行调整。虽然土地使用权不是商品，没有价格，但是固定资产投资增加，对土地需求也在不断地增长。改革开放以来，由于经济快速发展，对土地需求增加，土地使用权价格也在上涨，从而导致房地产价格上涨。1992年和1993年，我国南方地区房地产业超常发展，房地产价格增长的幅度远远超过了国民经济增长的幅度。只是由于中央迅速作出宏观调控的决策，及时地调控了房地产投资规模，强行制止"炒卖土地"的行为，才迅速地抑制了土地价格和房地产价格上涨的局面。

（3）日本土地价格上涨，首先是发生在经济发达地区，特别是大城市。这种情况，在我国也得到了验证。1992年、1993年，我国土地和房地产价格迅速上涨，同样是发生在东南沿海经济比较发达的地区，特别是广州、北海、海口等城市。1993年以来，国家大力调控，虽然有力地制止了土地和房地产价格过快增长的局面，但是海南、北海等一些城市在20世纪90年代初遗留下来的土地和房地产问题，仍然制约着这些地区与城市经济社会的发展。

总的来说，由于我国与日本存在着许多相同与相似的状况，所以，日本的"泡沫经济"，对我国有着重要的借鉴意义。加强经济快速发展时期对土地和房地产经济的调控，就成为我国与日本的共同任务。只有认真地总结这方面的经验教训，提高我们对经济发展的调控能力，才能防止"经济泡沫"的发生，做到土地、房地产与国民经济协调、快速和持续发展。

美国次贷危机也表明，美国在房地产抵押贷款中，忽视了基本信用风险防范措施，以为房价不断上涨会提高借款者的偿付能力。因为，资产价格大幅度上涨增强了借款者的还款信心，在房地产价格处于上升通道时，银行可以借此获得高额利息收入，而且也不会担心贷款的风险。但是，如果房地产市场低迷，利率上升，住房抵押贷款人的负担就会加重。一旦这种负担超过贷款人的承受能力，大量客户就会违约，不再支付贷款，由此造成了银行的坏账。危机就可能从此发生。所以，在房地产经济大发展时期，虽然房地产金融产品创新是金融业发展的内在迫切要求，但是，必须把握好时机，同时建立风险防范机制。

------------------------------------ 本章小结 ------------------------------------

经济高涨期或发展期与经济低落期或收缩期，具有周期性与规律性，就构成了经济发展的周期。经济发展周期是市场经济运行的一种经济现象。经济周期理论是马克思经济理论的构成部分。我国房地产经济发展，大约10年左右形成一个周期。

改革开放以来，我国房地产业大体上经历了三个发展周期。我国房地产发展周期的基本原因是由国民经济发展周期性决定的。房地产经济由于土地所决定的稀缺性、位置的不动性；投资大，开发周期长；市场竞争的不充分性和垄断性；进入和退出的困难性；对宏观经济运行的敏感性等，决定了房地产经济发展周期性的特殊性。根据房地产周期的传导机制，国家主要通过出台相关政策，控制房地产投资规模和结构、房地产信贷规模和结构以及房地产价格等手段和经济机制，实现对房地产发展周期进行调控和管理。

认真研究日本、东南亚、中国香港地区、美国的经济泡沫形成和发展的原因，对于防止我国房地产经济泡沫有着重要的意义。

复习思考题

（一）名词解释

经济周期　房地产周期波动　泡沫经济

（二）简答题

1. 房地产周期波动的一般规律是什么？
2. 房地产周期波动的传导机制有哪些？
3. 产生房地产泡沫的成因是什么？
4. 运用房地产业周期波动规律的意义何在？

（三）论述题

5. 试述政府政策调控房地产经济的必要性。

第 24 章　住宅与房地产经济可持续发展

【学习提要】　通过本章的学习，了解可持续发展思想的提出及其发展，以及科学发展观的主要内容；掌握房地产经济可持续发展的原则、目标和内容，房地产经济可持续发展的基本政策；深刻认识人类居住区的成就和存在的问题。

【关 键 词】　可持续发展　科学发展观　房地产经济可持续发展　人类居住区可持续发展

24.1　可持续发展理论与科学发展观为房地产经济可持续发展奠定了理论基础

可持续发展思想或理论，是在当代经济社会发展实践中逐步形成和发展起来的。第二次世界大战以后，各国在恢复和发展经济的过程中，充分利用了当代科学技术的巨大成就，极大地促进了社会生产力的发展。社会生产力的发展，引发了资源环境等一系列问题。实践是认识的来源。面对经济社会发展中的问题，特别是资源和环境问题，人们逐步深刻地认识到，为了人类社会发展的长远利益，必须使人口、资源、环境、经济、社会的发展相协调。可持续发展思想就是在这种背景下逐步形成和发展起来的。

20世纪60年代末期，即1960年底，罗马俱乐部开始重新考虑资源利用的方针和经济发展的方式。1980年，世界自然与自然资源保护联盟在其制定的《世界保护战略》（文献）中，第一次提出了"持续发展"的概念。1987年，世界环境与发展委员会发表了《我们共同的未来》，对持续发展思想作出了经典的说明："持续发展是既满足当代人的需要，又不对后人满足其需要造成妨碍。"

为了贯彻执行可持续发展的思想，中国在1996年召开的八届四次全国人民代表大会上批准了《中华人民共和国国民经济和社会发展'九五'计划和2010年远景目标纲要》。该《纲要》进一步规定了"实施可持续发展战略"的思想和具体政策措施。

进入21世纪，我国特别强调了科学发展的问题。胡锦涛在中国共产党第十七大《高举中国特色社会主义伟大旗帜，为夺取全面建设小康社会新胜利而奋斗》的报告中，对科学发展观作了经典的说明："科学发展观，第一要义是发展，核心是以人为本，基本要求是全面协调可持续，根本方法是统筹兼顾。"

可持续发展理论与科学发展观，为房地产经济可持续发展奠定了坚实的理论基础。

24.2　房地产经济可持续发展

24.2.1　房地产经济可持续发展的根本要求和主要内容

房地产经济可持续发展的根本要求，就是在进行住宅与房地产开发建设时，必须充分考虑人口的因素，树立以人为本的思想；合理利用各种资源，注意环境保护，建立适合现代化城市协调发展的开发模式；实现房地产经济和人口、资源、环境协调发展；力求取得生态效益、经济效益和社会效益的有机统一。

房地产经济可持续发展，主要包括以下几个方面的内容：①资源开发利用的可持续性，如土地资源、空间资源、建材资源开发利用的可持续性；②房地产经济和国民经济其他产业之间、房地产业各类物业之间发展的协调性；③房地产经济发展和生态环境之间必须保持平衡，同时要保障低收入家庭满足住房需求的权利；④建立健全住宅与房地产市场体系，保证资源的有效配置和高效使用；⑤房地产经济调控体系的科学性、系统性和可持续性。

24.2.2 房地产经济可持续发展的主要原则

房地产经济可持续发展必须坚持以下原则：

（1）发展性原则。事物总是处于不断的发展过程中，发展是硬道理。只有房地产经济不断地发展，才能满足经济社会发展的需要。

（2）生态性原则。房地产经济发展是以各种资源和环境为条件、为前提的，特别是土地资源、水资源、空间资源和环境资源。所以，房地产经济在创造人为环境时，必须与自然环境形成一种均衡、和谐的稳定关系，维持生态平衡。

（3）持续性原则。持续性原则要求房地产经济发展的规模、速度与自然资源和生态环境的承载力相适应，减少房地产经济发展对自然环境和人为环境的影响，实现房地产经济长期、稳定和健康发展。

（4）公平性原则。在生态环境可接受的条件下，在满足当代人的生存和发展需求的同时，绝对不能损害后代人满足其需求的自然资源与环境条件，为后代人保持充分利用自然资源的公平权利。

（5）协调性原则。房地产业是一个关联度很大的行业，必须在环境保护、经济发展、社会进步与生态优化之间保持协调，绝对不能出现由于一个方面发展而损害了另一个方面发展的状况。也只有这样，房地产经济才能得到发展。

24.2.3 房地产经济可持续发展的目标

房地产经济可持续发展的总目标包括：房地产经济发展要与人口规模、环境保护、资源利用（主要是土地资源的利用）相协调；房地产经济发展要与整个国民经济整体发展相协调；房地产经济发展既要满足当代社会的需求，又要给后人留有充分发展的余地；房地产经济发展的供给总量和结构要与社会的需求总量和结构相适应；房地产经济发展要使经济、社会、生态协调。

根据我国近几年一些专家学者对房地产经济可持续发展目标体系和指标的研究，房地产经济可持续发展的目标体系和主要指标，大体上可以归结为表24-1的内容。

表 24-1　房地产经济可持续发展目标体系及主要指标

目标体系		指标名称
经济目标	规　模	房地产投资规模、房地产开发建设规模、房地产在建规模、房地产竣工规模、房地产销售量、房地产税收量
	速　度	房地产投资增长率、房地产在建工程增长率、房地产竣工增长率、房地产销售增长率、房地产增加值增长率、房地产就业人数增长率
	水　平	增加值占 GDP 比重、增加值占第三产业比重、人均产值、房地产税收占全部财政收入比重
	结　构	房地产物业结构、房地产投资结构、房地产消费结构、房地产业结构、房地产就业结构
社会目标	居住水平	人均建筑面积、人均使用面积、人均居住面积
	生活方便条件	每万人商业服务网点数量、邮电、通讯、教育、卫生保健、公共活动场所等状况
	增加就业	就业人数占总就业人数的比重、职工收入水平
	市政基础设施	水、电、煤气等设施水平、人均道路面积、停车场面积、图书馆、俱乐部等
	物业管理	市场化、专业化、社会化程度、服务质量、服务水平、服务收费水平
生态目标	绿　化	人均绿化面积、人均公园面积
	城市景观	城市建筑布局、结构合理度、景观美化度
	环境保护	土地资源利用集约度、水、空气、噪声、清洁程度

　　房地产经济可持续发展包括的内容很多，其中主要是关于人口、资源和环境的利用与建设的问题；城市与所在地区或城市环境协调发展问题；城市人工生态动态平衡问题；房地产开发与生态保护等方面的问题。

　　1. 加强资源与环境保护、利用和建设

　　可持续发展，是关系中华民族生存和发展的长远大计；合理使用、节约和保护资源，提高资源利用率；依法保护和开发水、土地、矿产、森林、草原、海洋等国土资源；加强资源勘察，建立健全资源有偿使用制度；完善国家战略资源储备制度；严格执行基本农田保护制度，切实保护耕地；推进资源的深加工和综合利用；建设资源节约型、环境友好型的社会，是房地产经济可持续发展的主要内容。

　　2. 正确处理城市化中人与地的关系

　　房地产经济可持续发展首先涉及的就是城市化过程中人口与土地变动的关系。工业化发展必然引起城市化。城市化就是变农村人口为城市人口的过程。为了满足农村人口进入城市，以及城市发展的要求，必然也有一个农业用地变为城市用地的过程。为了正确处理城市化过程中人口与土地资源的关系，必须坚决执行保护耕地，实现耕地总量动态平衡的政策；同时要严格控制城市用地规模，集约利用土地，提高土地利用效率，优化土地利用结构，力争实现城市化过程中人口与土地资源的协调发展。

　　3. 保持城市生态环境动态平衡

　　现代化城市是一个以人为主体、以空间环境利用为特点、以聚集经济效益为目的，集人口、社会、经济、科学、文化的空间地域大系统。城市生态经济系统是一个自然、经济和社会的复合人工生态系统。这个系统具有以下一些特征：

（1）城市是一个以人为主体的生态系统。人们通过自己的经济活动，创造出适合于自身需要的特殊的经济、社会和人工生态环境，并且根据自己的意图不断地改变城市的面貌，既可以使城市系统维持动态平衡，也可以破坏城市系统的动态平衡。

（2）城市是一个开放式的系统。城市为了保证人的基本生存和生产发展的需要，必须从城市生态经济系统以外输入大量的生产资料和生活资料；从城市生态系统以内输出废弃物，采取各种环保措施对其中的有机体加以分解和排放到城市生态经济系统之外。

（3）城市是一个不完全的系统。城市缺乏第一生产者，即绿色植物，所以是一个不完全的生态系统，由此决定了城市对周围其他生态系统具有很大的依赖性。

（4）城市是一个具有人工环境的生态系统。随着城市经济不断发展，城市规模日益扩大，越来越多的水泥建筑物代替了农作物、青草、树木及其他绿色植物，工厂烟尘和汽车废气代替了新鲜空气，工业废水使洁净的水体受到污染，自然生态系统逐渐被人工环境所替代。其中经济系统具有巨大的能动性，既可以从正面保护城市生态，提高环境质量，增强城市生态系统自然再生能力和保持生态经济平衡，也可以从负面破坏城市生态平衡，干扰城市生态系统的正常运行，最终制约城市经济的可持续发展。为了保护和维持城市自然生态系统，必须搞好园林绿化，增强城市的自净能力。因为，绿化具有净化空气、水体和土壤，降低噪声，改善城市小气候以及安全防护、美化城市等功能。阔叶林、绿地能吸收二氧化碳，放出清新氧气；树木可以减低风速，收集灰尘，涵养水分，调节气候，起到抗风防灾作用。所以，在房地产开发中，要十分重视发展城市的绿化，积极营造环城林带以及在城市周围营造大片森林，积极发展具有一定高度林树覆盖的绿化地带，科学地选择各种树种，建立森林公园，自然保护区等城市公共绿地，努力扩大城市绿化覆盖率。只有在房地产开发建设中做到环境效益、经济效益和社会效益的有机统一，才能促进房地产业的可持续发展。

4. 坚持房地产开发建设生态规划

房地产开发建设必须遵循生态经济发展规律，制定好土地开发利用总体规划。要根据人口密度、资源潜力、环境容量和生态承受能力的限度，确定合理的建筑密度及建筑物的高度。要实行合理的功能分区，使整个城市空间布局，体现城市生态经济系统的合理性。坚持绿地立体化原则，积极培育人工植物群落，大面积地进行立体绿化，力求实现生态保护和经济发展的完满结合。坚持综合利用原则，力争实现土地等自然资源利用、再生与保持相结合；生态供需与经济供需相统一。要根据各地的特点，尽量建造人口高密度和建筑低密度的现代住宅群，将住宅在水平和垂直两个方向、局部和整体，有机结合起来，形成复合式居住小区；提高配套设施的利用效率。同时提倡科学消费，杜绝不合理和浪费性消费，努力节约消费资料、生产资料消耗，大力减少环保资源的耗损，力求城市自然资源永续利用。

24.2.4 房地产经济可持续发展的条件

房地产经济可持续发展是需要条件的。房地产经济可持续发展的条件主要是：资源条件，资金条件，制度条件和政策条件。

研究房地产业可持续发展，必须分析清房地产业可持续发展的有利条件和制约因素。我国房地产业可持续发展面临许多限制因素，关键是改变这些制约因素的性质和作用的方向，才能使房地产业走上可持续发展的道路。

1. 资源条件约束

房地产经济可持续发展的物质条件，主要是土地资源、水资源、环境资源等。其中首要的是土地资源。我国土地资源的基本状况是：从数量上说，绝对量大，相对量小；从土地的地理自然特点来说，山地多，平地少；从土地目前的利用状况来看，土地面积大，耕地比重小；无论是城市，还是农村，土地利用率都比较低。目前，我国的土地利用情况见表24-2：

表24-2 土地资源利用基本状况（20世纪90年代）

类 别	面积（万平方公里）	占土地面积的比重（%）	中国人均耕地面积A（人/亩）	世界人均耕地面积B（人/亩）	A/B（%）
耕地	102.8	10.7	1.28	4.8	26.67
林地	167.1	17.4	1.66	13.6	12.2
草地	285.7	29.8	3.9	10.4	37.5
草地草坡	44.5	4.9			
宜农荒地	33.3	3.5			
宜荒山荒坡	77.9	10.3			
沼泽	11.0	1.1			
沙漠戈壁	114.0	15.5			
石骨裸露山地	46.0	4.8			
永久积雪	5.0	0.5			
内陆水域	27.0	2.8			
沿海滩涂	2.0	0.2			
城市工矿交通用地	67.0	7.0			
合计	约960	100	13.4	44.5	33.3

表24-2清楚地表明，我国人均土地占有量只有13.4亩，仅占世界人均占有量44.5亩的1/3。房地产经济可持续发展要求能源相应地增长，但是我国的能源生产年平均增长率为3.6%，建筑业能耗年平均增长率是5.84%，建筑耗能大大超过了能源增长率。水资源的短缺，目前已成为全球性的问题。我国水资源本来就短缺，大约是世界人均水资源占有量的1/4。所以，我国房地产经济可持续发展要受到资源数量的约束。

2. 资金条件约束

房地产经济是资金密集型经济。房地产经济的突出特点是，投资需求资金数额大，建设周期长，资金周转缓慢，占用资金时间长，这就决定了房地产开发建设必须借入外部资金，即进行融资。我国房地产金融，近几年虽然有了很大的发展，但是总的来说，房地产金融体系还不完善，房地产金融市场还不发达，房地产金融品种还比较少。资金不足和资金短缺，也是制约我国房地产经济可持续发展的一个重要因素。

3. 市场条件约束

房地产市场是房地产经济发展决定性的条件。我国房地产市场虽然有了一定程度的发展，房地产市场体系也逐步形成，运行也逐步规范，但房地产价格构成不合理、不规范，总体价格偏高等问题，在一定程度上也制约着房地产业的可持续发展。

4. 制度和政策条件约束

改革开放以来，一方面由于社会主义市场经济体制的建立、各项改革的深入进行，逐步建立和健全了土地等资源有偿使用制度，明确了土地等资源的产权关系，提高了土地等资源的利用效益，为房地产经济发展提供了体制和产权的基础；金融制度改革和资本市场的建立和发展为房地产经济发展提供了资金的保障；房地产市场体系的建立和发展，把房地产供求纳入了市场经济运行的轨道，特别是房地产市场的扩大，为房地产业发展提供了广阔的场所；有关房地产经济各项政策制度的完善、各类规划的完成，为房地产各类项目在区域和城市的开发建设提供了合理的空间布局。这一切都成为房地产经济可持续发展的经济的、体制的和区位的基础和保证。但是，由于体制和经济以及产业政策等方面还存在着不完善和不合理的地方，又制约了房地产业的可持续发展。

24.2.5 房地产经济可持续发展的基本政策

改革开放以来，经济社会的发展，一方面为房地产经济可持续发展创造了有利的条件，另一方面也还存在着许多不利的因素。要使我国房地产经济走上可持续发展的道路，必须巩固和发展有利因素，同时要创造条件，变不利因素为有利因素。

1. 深化经济体制改革，为房地产经济可持续发展建立经济和体制基础

我国当代的房地产经济是随着经济社会发展逐步建立和发展起来的。所以，要使房地产经济得到持续发展，就必须进一步完善社会主义市场经济体制的建设，深化土地使用制度的改革、住房制度的改革、房地产管理体制的改革，建立和规范与社会主义市场经济体制相适应的房地产经济制度、房地产产权制度以及房地产市场运行机制。

2. 建立房地产经济可持续发展的系统观

可持续发展是由各种因素决定的，影响可持续发展的因素是多方面的。可持续发展的观念和理论也是发展的，发展总是在一定的时间和空间中进行的，为了保持房地产经济持续发展，必须建立房地产经济可持续发展的时间观、空间观、系统观。

（1）房地产经济发展需要经历不同的发展阶段，而且具有明显的周期性。房地产经济处于不同的发展阶段、不同的市场条件下，就要实施不同的发展战略以及相应的调控手段和政策措施，建立符合房地产经济发展规律的可持续发展的时间观，遵循产业发展的客观规律，寻求房地产经济发展的长远利益。

（2）房地产经济可持续发展的空间观，就是要求在宏观层面上，把房地产经济与整个国民经济发展有机地协调起来，分析房地产经济发展的有利因素和不利条件，努力探寻房地产经济的可持续发展道路。在宏观层面上，应当从我国地域空间大、地区经济发展不平衡的国情出发，根据不同地区、不同城市房地产经济发展的特点，科学地确定区域房地产经济发展战略。在微观层面上，着重分析城市内部对房地产经济的需求，确定房地产投资规模、结构、布局以及房地产价格，制定出符合城市发展的房地产经济发展战略和政策措施。

（3）房地产经济可持续发展离不开资源短缺与集约利用、国民经济发展与协调、国民收入与居民消费、环境污染与环境保护、人口增长与住房保障等系统要素，房地产、资源、环境、经济、社会、人口是相互联系和相互制约的有机整体，是一个完整的系统。这就要

求，房地产经济可持续发展必须树立与人口、资源、环境、经济、社会协调发展的系统观，以系统理论、系统方法来分析研究房地产经济及其所处的国民经济系统，使房地产经济和国民经济都能够得到快速、稳定和可持续发展。

3. 加强房地产业国民经济支柱产业的建设

1992年，国务院发布的14号文件，即《关于加快房地产经济发展的决定》，明确提出房地产经济是国民经济的基础性、先导性产业。房地产经济发展的实践，确凿地证明了这个论断是正确的。2003年国务院指出，房地产业已经成为国民经济的支柱产业。为了更好地发挥房地产经济在国民经济中支柱产业地位和作用，国家应当制定房地产经济发展政策，加强对房地产经济发展的政策性指导，保护房地产经济的健康和可持续发展。当然，确认房地产经济的支柱产业地位和作用，把房地产经济作为支柱产业加以培育，并不意味着房地产经济可以脱离农业、工业等其他产业孤立地发展，也不是不顾国家经济承受能力和市场消化能力，脱离实际的大规模和高速度。应当通过调整和优化产业结构的途径，逐步把房地产经济培育成为国民经济的支柱产业。

确立房地产经济支柱产业地位，并不意味着使房地产经济脱离其他产业独立地发展。国内外的实践经验清楚地表明，房地产经济发展的规模和速度，必须与国民经济其他产业发展相协调，与国家的经济承受能力相适应。必须根据社会经济发展和产业结构演进规律，借鉴国际经验，结合我国的经济发展实际，在保证基础产业、重点工程项目投资的前提下，使房地产投资增长适当超前于社会固定资产的投资增长率，不断地提高房地产经济增加值在国民生产总值中所占的比重；同时又要使房地产经济与国民经济发展基本相协调，力求避免因房地产的发展超过国民经济承受能力和市场可消化程度而出现"泡沫经济"的现象。

4. 确立房地产适度消费的模式

房地产消费方式或模式，是由各国经济社会发展水平、传统文化背景、消费习惯和方式决定的。从我国经济社会发展水平和资源具体状况出发，在房地产消费方式方面，只能选择适度消费的模式。

适度消费模式，就是在一定生产力水平和资源的状况下，既与过分节俭消费模式不同，也与过分奢侈浪费消费模式不同的一种消费模式。无论从理论上说，还是从实践经验上说，过分节俭消费与奢侈浪费消费，都是有害的。马克思一再指出：生产决定消费，同时消费又反作用于生产。消费与生产相互作用关系的理论，清楚地说明，消费与生产必须相互适应，协调发展，不可偏废。适度消费是与可持续发展的要求相符合的。可持续发展的核心内容，就是要实现资源和环境的永续利用，既满足当代人的需要，又不损害后代人的利益。1994年召开的世界人口与发展大会呼吁："各国应当减少和消除无法持续的生产和消费方式。"

房地产消费模式大体上也可以分为两种类型，即高消费模式和适度消费模式。一般来说，欧美发达国家选择了高消费模式；但是有些发达国家，如日本等国，由于土地资源的限制，选择了适度消费模式。欧美发达国家在房地产消费水平方面，不仅住房设备、设施质量较高，而且每套单元住宅的面积也比较大，一般都在100平方米以上（表24-3）。发展中国家大都选择了适度消费的模式。

表 24-3　20 世纪 80 年代欧美国家单元住宅每套住房平均面积（单位：平方米）

国　别	年　份				
	1970	1980	1985	1986	1987
美国	116	162	152	139	149
前联邦德国	83.8	102	89.6	93.8	
比利时	150	172	187	192	194
挪威	87	94.8	178	183	187
法国	75.6	95	88	90	
丹麦	112	118	109	104	101

我国人均资源相对不足，人均耕地面积只相当于世界平均水平的 1/3，人均森林面积不足世界平均水平的 1/6，人均矿产资源只有世界平均水平的 1/2。由于经济社会发展，各种资源还都在相对地或绝对地减少。据统计，1978~1985 年，我国平均每年净减少耕地 700 万亩；1990~1993 年，每年净减少耕地 1500 万亩。自然资源本来人均水平就低，而且还在迅速减少。相反，我国虽然实行了计划生育政策，但是由于人口基数大，人口还在迅速地增长。据预测，到 2010 年，我国大陆人口将达到 14 亿，2030 年将达到最高峰 16 亿。我国经济、社会资源发展的这种状况，决定了只能选择适度消费的发展模式，走注重生态环境建设和资源节约型发展道路，才能促进房地产经济的可持续发展。

5. 加大科技创新力度，提高房地产经济科技含量

在高新技术和新经济时代，要使房地产经济持续发展，必须加大技术创新力度，提高房地产科技含量。特别是要在能源、材料、建筑技术方面有所突破。节约能源是我国一项长远发展的方针。建筑节能主要是在保证住宅功能质量的前提下，采取有效的节能技术与管理措施，达到提高居住舒适性、节约能源和改善环境的目的。为了实现建筑节能目标，必须依靠科技进步，积极开发推广经济适用性节能技术和产品；全面推广新型保温墙体材料、防水材料及安全防范等新技术；广泛采用节能保温窗，努力推进供热计量收费制度，减少浪费，提高居民节能意识。

研制和开发新的建筑材料，替代传统的建筑产品，努力实现对木材等自然资源的替代，以及限制城乡使用实心黏土砖等。节约自然资源，延长我国有限的自然资源的使用期限等。

运用新技术，提高建筑业的劳动生产率，加速建筑业工业化和现代化。建筑业工业化，就是运用大工业生产方式，改造传统建筑业的生产经营活动。具体地说，就是要实现建筑标准化，即设计标准化；构件和配件生产工厂化；建筑施工机构化；组织管理科学化。建筑标准化就是通过采用统一的结构体系和标准配件，通过专门的工厂，大批量地生产建筑产品和构配件，从而把建筑产品变成工业产品。建筑工业化的中心是建筑机械化，不论是预制件安装，还是现场浇筑，都采用机械施工的方式，同时从单件运转逐步向综合机械化和自动化方向发展。组织管理科学化，就是用现代科学管理方法和技术手段，把规划、设计、施工、管理综合成为一个系统的体系，实现工业化的生产方法。建筑工业化的生产方式，能够有效地克服建筑产品不能移动、体积大、生产地点不流动性、单件性和生产周期长等特点带来的不

利影响，从而提高劳动生产率，加速建筑业的现代化进程。建筑业现代化，就是用现代的科学技术，先进的生产手段装备建筑业，用先进的科学方法管理建筑业。凡是能够使用机器的地方，全面实现机械化。从勘察设计、构配件生产和运输，一直到建筑安装的各主要过程，力争实现综合机械化和自动化。发展构配件的标准化、系列化、通用化，使构配件在不同功能的建筑之间互换和通用，从而改变建筑产品生产的单件和手工业的生产方式。要通过电子计算机和信息，现代科学方法，实现建筑业组织管理的现代化。通过建筑业的现代化，使建筑业的产品在建造量方面、建筑产品生产周期方面、建筑业的劳动生产率等方面的经济技术指标，达到或超过世界先进水平。

随着信息时代的到来，建设智能房屋，包括智能商厦、写字楼等，已经成为商品房投资者和消费者的迫切愿望和需求。这类建筑，只有通过现代建筑方式和现代建筑材料才有可能实现。

总之，只有引起先进科学技术，进行房地产生产再生产方式的创新，才能实现房地产经济的可持续发展。

6. 完善房地产经济可持续发展的法律体系

法律、法规、政策的稳定性和持续性，是房地产经济可持续发展的重要保证。房地产法律法规是一个有机的体系。《宪法》是国家根本大法，是制定其他法律的依据。在《民法》、《物权法》、《经济法》和《行政法》中的原则性规定和一般法律制度，也是房地产立法的主要依据，在制定房地产买卖、租赁、抵押转让、使用等具体规范时，必须遵循上述法律的基本原则要求。

我国已经颁布的《物权法》、《土地管理法》和《城市房地产管理法》，是目前规范我国土地管理和城市房地产经济管理的主要法律。应当在上述法律的基础上，不断完善和制定各项具体的法律、法规。同时要抓紧时间，在条件成熟时，尽快出台《土地法》和《住宅法》。

由于房地产涉及的领域广泛，必须使房地产法与其他法规实现有机的协调和配合，《城乡规划法》、《工程建筑法》、《市政管理法》、《环境法》等都涉及房地产的内容。同时，房地产还要受《银行法》、《商标法》、《税法》、《公司法》等有关法律规定的制约。因此，一定要注重房地产法与其他法律、法规的协调与配合，在其他相关法规中也应充实有关房地产的内容。只有这样，我国的房地产法律体系才能不断地充实与完善，才能在法律上保证房地产经济的可持续发展。

7. 加强领导，协调各方面的关系

为了使房地产经济实现可持续发展，还必须加强对房地产经济可持续发展工作的领导，协调各方面的关系。

（1）建立协调管理机构，加强协调工作。在我国，协调管理机构主要是由各级政府及其职能部门以及各种社会组织等构成的。这些管理组织机构的统一、高效，并充分发挥其协调职能，才能保证房地产经济与人口、资源和生态环境协调发展。

（2）任何协调，都必须是整体和系统协调，离开了整体和系统，协调就不存在。房地产经济与人口、资源、生态环境构成有机联系的整体，这个大系统的良性运行和协调发展，要靠整体内部各个子系统的支持和协助，一旦破坏了整体，协调就不可能存在。

（3）协调管理职能部门，无论是纵向的，还是横向的，都必须保持一致，这是保持协调和提高效率的基础和前提。房地产中的房和地不可分割，相应的，房地产管理体制的房产管理和地产管理也必须协调和一致。实践证明，房地合一的管理体制比房地分开的管理体制的一致性要强，效率要高，应当建立房地合一的房地产管理体制。

（4）协调能否有效，在很大程度上取决于对协调管理职能部门进行及时有效的监督。实践证明，人大、政协、媒体和群众监督，是确保协调管理职能部门行为合理的有效手段。

24.3　人类居住区可持续发展

"人类住区"（Human Settlement）的概念目前还没有一个统一的认识。在1976年的《温哥华人类住区宣言》中对人类住区有这样的说明："人类居住条件在很大程度上决定了人们的生活质量，改善这种条件是全面满足就业、住房、卫生服务、教育和娱乐等基本需要的先决条件。……人类住区政策必须努力把人口增长和分布、就业、住房、土地利用、基础和服务设施等多种因素有机地结合起来，或者加以协调。……应努力缩小城市与乡村之间的差别，在区域之间和城市本身也需要缩小差别，以实现人类住区的协调发展。……拥有合适的住房及服务设施是一项基本人权。……卫生是个人发展的一个主要因素。……人的基本尊严是人民有权以个人或集体的形式直接参与制定影响他们生活的政策和方案。……土地是开发城市和农村住区的一个必要因素。……为了实现人类住区发展的社会经济以及环境目标，应把重点放在实际的设计和规划工作上。"

1992年6月在里约热内卢召开的联合国环境与发展大会上通过的《21世纪议程》，把人类住区总目标归纳为："改善人类住区的社会、经济和环境质量和所有人，特别是城市和乡村贫民的生活和工作环境。"《21世纪议程》还列出了较为详细的任务，包括：为所有人提供住房；改善人类住区管理；促进可持续的土地利用规划和管理；促进综合提供环境基础设施，水、卫生、排水和固体废弃物管理；促进人类住区可持续的能源和运输系统；促进灾害易发地区的人类住区规划和管理；促进可持续的建筑业活动；促进人力资源开发和能力建设，以促进人类住区发展。

1994年3月25日，我国国务院第16次常务会议通过的《中国21世纪议程——中国21世纪人口、环境与发展白皮书》，对人类住区的概念做了一个比较完整的说明："人类住区发展的目标是通过政府部门和立法机构制定并实施促进人类住区可持续发展的政策法规、发展战略、规划和行动计划，动员所有的社会团体和全体民众积极参与，建设成规划布局合理、配套设施齐全，有利工作，方便生活，住区环境清洁、优美、安静，居住条件舒适的人类住区。"

由此可见，"人类住区"不仅仅是指住房，或一个城市、小镇或乡村的形体，它所指的是人类活动的过程，包括居住、工作、教育、卫生、文化、娱乐等，以及为这些活动提供物质实体结构的有机结合。

在《21世纪议程》中确定的人类住区重点领域是：住房（向所有人提供适当住房）、土地（促进可持续的土地利用规划和管理）、环境基础设施（促进综合提供水、卫生、排水和固体废物设施）、能源和运输、灾害防御（促进灾害易发地区的人类住区规划和管理）、建筑业以及人类住区的综合性规划、管理活动。根据可持续发展的要求,结合中国的实际情况,在《21世纪议程》中确定的中国人类住区可持续发展方案,主要集中在以下几个方面:城市化与人类住区管理;基础设施建设与完善人类住区功能;改善人类住区环境;向所有人提供适当住房;促进建筑业可持续发展等。

根据国家有关主管部门规划,到2010年,全国城镇每户居民都有一处使用功能基本齐全的住宅,人均使用面积达到18平方米,基本实现人均一间住房,并使居住环境有大的改善;农村居民实现住宅的使用功能基本齐全,居住环境有所改善;基本完成贫困地区简易住房的改造;城乡住宅的工程质量和抗灾防灾能力要有较大提高。为了实现上述目标,必须采取以下措施:

(1) 住宅投资和建设必须保持一个合理的规模。根据世界住宅建设实践和专家测算,住宅投资一般应占国内生产总值(GDP)的3%~8%。世界银行对各国住宅投资分析以后得出的结论是:人均GDP在1300美元左右时投资比例较高,低于1300美元时比例较低。2006年,我国人均GDP为2354美元,已经超出这个标准,我国正处于经济起飞时期,投资比例应当适当高些,但是一定要适度,否则就会出现问题。

(2) 重点解决困难户的住房问题,提高住房成套率。根据我国目前城镇居民的居住状况,目前住宅区的可持续发展应当着重解决人均居住面积6平方米以下的住房困难户,重点解决人均居住面积4平方米以下的住房特困户的问题。同时,要重点改造不成套住房,完善住房功能,使城镇住房的成套率到2010年时,达到85%以上。

(3) 继续推进城镇住房制度改革。认真落实住房分配货币化的政策,逐步实现住房商品化和社会化。建立以中低收入家庭为对象、具有社会保障性质的经济适用住房供应体系和以高收入家庭为对象的商品房供应体系。大力推进用于个人购建修的住房公积金制度。发展住房金融和保险,逐步实现住房建设的良性循环。

(4) 建立住宅建设计划保障体系。制定住宅发展的中长期规划和年度建设计划,纳入国家和地方计划,保证住宅建设的合理规模。

(5) 建立国家、地方、企业、个人共同负担的住宅建设投资机制,保证住宅建设的稳定资金来源。中央和地方政府每年在财政预算中列出解决公务员住房的资金;企业每年提取一定比例资金,用于职工住房建设;鼓励和吸收更多的社会资金参与住宅建设投资;国家对房地产企业建设普通住宅在税收等政策上给予优惠,建立住房发展基金。国家一级的住宅发展基金主要用于对住宅持续进行宏观调控,鼓励发展普通住宅,扶持经济不发达地区的住宅发展。通过建立和完善住房公积金制度,逐步扩大个人住房基金的积累。

(6) 加快建立和发展住房金融体系。大力发挥银行金融机构在解决居民住房问题上的作用,积极开展住房抵押贷款业务,不断进行住房金融制度创新,适时推出住房抵押贷款债权证券化住房金融模式。发展与住房有关的保险业务,为住房建设,特别是为经济适用住房建设和个人购买住房提供比较全面的金融服务。

(7) 建立适应社会主义市场经济的住宅价格体系。对于开发商建设的商品住房,实行市场价格,主要由市场供求调节,政府进行监督和指导。享受国家和地方政府优惠政策建设的经济适用住房,实行政府指导价或微利价。个人购买现已居住的公有住房的价格,按国家规定的住房制度改革政策定价。

(8) 国家鼓励建设普通住宅。普通住宅，是按国家或地方政府规定的标准所建设的住宅。国家应当根据住房与经济发展的水平，不断修订普通住宅建设标准。政府对普通住宅建设用地优先保证供应。

(9) 支持集资合作建房，发展住房合作社。对中低收入职工，自建住房或参加集资合作建房，国家在政策上应当给予优惠。

(10) 对不同类型的住房建设实行不同的土地供应政策和方式。对经济适用住房、个人集资合作建房的用地，政府依法以划拨方式供应土地。对以微利价出售的普通商品住房的建设用地，采取协议方式，提供优惠价格土地。对以市场价出售的商品住房建设用地，采取招标、拍卖或协议的方式提供出让土地。

(11) 加快住宅产业现代化的步伐。研究制定住宅产业现代化的发展规划及相关政策，全面提高住宅建设的整体水平。发展住宅工业化体系，促进住宅建筑产品的标准化、系列化、多样化。对建成的住宅区，要加强物业管理，提高良好的社区服务。

(12) 保证城乡住宅工程质量。注重提高住宅设计和施工水平，积极采用新材料和新技术，大力提高住宅建设的劳动生产率和住宅产品的质量。

(13) 积极推进城乡住宅科技产业工程。以科技为先导，按照科技经济一体化的要求，加快住宅科技成果转化，推动住宅产品产业化，提高住宅的科技含量，注重住宅的节水、节能和节约用地，不断改善城乡居民的居住生活质量，逐步达到国际文明住宅的水平。

(14) 加强对农村住房建设的指导和管理。要从规划、设计、施工、维修管理等方面，加强对农村住房建设的指导和管理。

(15) 政府应当制定优惠政策，采取适当扶持、群众互助、个人集资等办法，积极推进贫困地区简易住宅的更新和改造。

------- 本章小结 -------

可持续发展思想或理论，是在当代经济社会发展实践的基础上逐步形成和发展起来的，是正确处理人口、资源、环境、经济、社会各方面关系的理论，是关于科学发展的一种思想或理论。

房地产经济可持续发展是可持续发展理论的重要组成部分。房地产经济可持续发展必须坚持发展性、持续性、生态性、公平性和协调性原则。房地产经济可持续发展包括资源环境的保护、利用和建设；正确处理城市化中人与地的关系；保持城市生态环境的动态平衡；坚持房地产开发建设生态规划等内容。实现房地产经济可持续发展，必须根据房地产经济可持续的客观条件，加强政策建设，完善法律法规，加强国家或城市政府对房地产经济可持续发展工作的调控和管理。

人类居住区可持续发展是房地产可持续发展的重要内容。"人类住区"本质上是人类活动过程，包括居住、工作、教育、卫生、文化、娱乐等，以及为这些活动提供物质实体结构等的有机结合。改革开放以来，我国居住区建设取得了重大的成就。为了实现居住区可持续发展，必须加大住房建设力度，完善住房保障制度建设，加强银行信贷对住房的支持，提高住宅规划、建设和管理的水平。

复习思考题

（一）名词解释

可持续发展　科学发展观

（二）简答题

1. 房地产经济可持续发展的目标是什么？
2. 房地产经济可持续发展的内容是什么？
3. 什么是"人类住区"？

（三）论述题

4. 试述可持续发展思想和科学发展观的形成与主要内容。
5. 试述房地产经济可持续发展的政策。
6. 试述实现我国居住区可持续发展的目标和措施。

第25章 房地产经济宏观调控与管理

【学习提要】 学习本章，应当在理解房地产经济调控和管理必要性的基础上，掌握房地产调控和管理的内容及主要手段；理解现阶段加强我国房地产制度建设与完善我国房地产调控管理体系的重点；了解我国近年来的主要房地产经济调控管理思路和政策；了解房地产经济调控和管理的机构构成及各自职责。

【关 键 词】 房地产经济调控和管理　内容　手段　成就与经验　房地产制度建设　机构

25.1 市场经济与房地产经济调控和管理

国家对房地产经济进行调控，是由市场经济本身的局限性、房地产经济与房地产市场的特殊性、转轨时期房地产经济运行的不规范性、房地产经济在国民经济发展中的重要性决定的。

25.1.1 市场"失灵"

在市场经济条件下，市场虽然是资源配置的最佳方式，但是，市场调节本身存在一定的盲目性、事后性、缺乏预见性、一定的垄断性、外部的不经济等问题，另外市场调节对于某些公共部门，如国防、社会公共设施等是不起作用的。这些都可能导致市场"失灵"。为了克服或解决这些问题，只有通过国家对市场进行干预和调控以弥补市场的不足，这也是当代市场经济的一个重要标志。

25.1.2 房地产本身的特殊性

房地产商品的特殊性决定了国家对房地产市场调控的必要性。主要表现在：土地的有限性和稀缺性决定了土地供求的矛盾性；房地产的固定性决定了房地产市场的地域性；房地产的保值和增值性，使它具有更大的投机性；住房的社会保障性质也要求国家保证居民都有一处符合要求的住房，等等。此外，我国城市土地是属于国家所有的，在土地市场中流通的只是土地的使用权，这不仅为国家提供了对房地产市场调控的基础和可能，而且也要求国家必须对房地产市场进行调控。

25.1.3 转轨时期加强对房地产调控和管理的迫切性

在我国经济转轨过程中，出现了一系列新的特点和问题。作为独立的经济部门，房地产经济正处于快速发展中，房地产市场还处于发展的初期阶段，运行还不太规范。为了促进转轨时期房地产经济的发展，并规范房地产市场的运行，更加需要国家对房地产经济和房地产市场进行调控和管理，力求规范房地产市场运行。

复习思考题

（一）名词解释

可持续发展　科学发展观

（二）简答题

1. 房地产经济可持续发展的目标是什么？
2. 房地产经济可持续发展的内容是什么？
3. 什么是"人类住区"？

（三）论述题

4. 试述可持续发展思想和科学发展观的形成与主要内容。
5. 试述房地产经济可持续发展的政策。
6. 试述实现我国居住区可持续发展的目标和措施。

第25章 房地产经济宏观调控与管理

【学习提要】 学习本章,应当在理解房地产经济调控和管理必要性的基础上,掌握房地产调控和管理的内容及主要手段;理解现阶段加强我国房地产制度建设与完善我国房地产调控管理体系的重点;了解我国近年来的主要房地产经济调控管理思路和政策;了解房地产经济调控和管理的机构构成及各自职责。

【关 键 词】 房地产经济调控和管理　内容　手段　成就与经验　房地产制度建设　机构

25.1 市场经济与房地产经济调控和管理

国家对房地产经济进行调控,是由市场经济本身的局限性、房地产经济与房地产市场的特殊性、转轨时期房地产经济运行的不规范性、房地产经济在国民经济发展中的重要性决定的。

25.1.1 市场"失灵"

在市场经济条件下,市场虽然是资源配置的最佳方式,但是,市场调节本身存在一定的盲目性、事后性、缺乏预见性、一定的垄断性、外部的不经济等问题,另外市场调节对于某些公共部门,如国防、社会公共设施等是不起作用的。这些都可能导致市场"失灵"。为了克服或解决这些问题,只有通过国家对市场进行干预和调控以弥补市场的不足,这也是当代市场经济的一个重要标志。

25.1.2 房地产本身的特殊性

房地产商品的特殊性决定了国家对房地产市场调控的必要性。主要表现在:土地的有限性和稀缺性决定了土地供求的矛盾性;房地产的固定性决定了房地产市场的地域性;房地产的保值和增值性,使它具有更大的投机性;住房的社会保障性质也要求国家保证居民都有一处符合要求的住房,等等。此外,我国城市土地是属于国家所有的,在土地市场中流通的只是土地的使用权,这不仅为国家提供了对房地产市场调控的基础和可能,而且也要求国家必须对房地产市场进行调控。

25.1.3 转轨时期加强对房地产调控和管理的迫切性

在我国经济转轨过程中,出现了一系列新的特点和问题。作为独立的经济部门,房地产经济正处于快速发展中,房地产市场还处于发展的初期阶段,运行还不太规范。为了促进转轨时期房地产经济的发展,并规范房地产市场的运行,更加需要国家对房地产经济和房地产市场进行调控和管理,力求规范房地产市场运行。

25.2 房地产经济调控和管理内容及目标

房地产市场调控的内容和目标是多方面的，主要包括房地产与国民经济协调发展的问题、房地产市场总供给与总需求的平衡问题、房地产供给与需求结构平衡的问题、房地产价格调控的问题、房地产收益分配的调控问题等。

25.2.1 房地产经济与国民经济协调发展调控

房地产经济是国民经济重要的产业部门，在国民经济发展中占有十分重要的地位。如果国家对房地产经济调控得当，则能够更好地满足社会发展对生产、经营及居住等各类房屋的需求，进而促进整体国民经济的发展。同时由于房地产业投资风险性大、市场供给弹性弱，被一些专家称为泡沫经济多发产业。房地产泡沫经济一旦产生，将对国民经济造成重大危害和损失。因此，通过宏观调控促进房地产经济和国民经济的协调发展是极为重要的。这一点在我国房地产经济发展中得到充分体现。

20世纪90年代初，由于房地产经济发展过快，引发了国民经济发展比例失调，严重地影响了宏观经济的发展，国家不得不采取有力的宏观调控政策，降低房地产发展速度和投资规模，使房地产经济的发展与国民经济发展相协调。20世纪90年代后期，由于经济运行状况发生了根本性的转变，国家为了扩大内需，把住宅与房地产业作为国民经济新的增长点，房地产经济逐步走上了规范化发展的道路，在满足居民住房需要、扩大内需以推动国民经济增长等方面做出了重要的贡献。所以，国家对房地产经济调控的一项重要内容，就是对房地产经济与国民经济协调发展的调控。

25.2.2 房地产总供给和总需求调控

在市场经济条件下，房地产总供给和总需求必须相符合、相一致或相平衡。房地产总供给主要决定于房地产投资规模和投资速度；房地产总需求则主要决定于国民经济发展的规模和速度，以及居民收入水平和收入水平提高的速度等情况。

国内外统计资料表明，房地产投资一般应当占国家固定资产投资总额的10%~15%，占GDP的5%。其中住房投资大约占房地产投资总量的65%。联合国曾经提出，住宅投资应当占GNP的3%~6%。超过或低于这些标准，就会使房地产市场总供给和总需求出现问题。

在过去较长的历史时期内，我国房地产供给始终赶不上房地产的需求。当然，在传统体制下，有些需求并不完全是有支付能力的需求。改革开放以来，房地产经济逐步纳入市场经济运行的轨道，房地产供给和房地产需求趋于合理。但是，为了取得更多的高额利润，利用国民经济迅速发展的大好局面，特别是利用加入WTO、举办奥运会和世博会等大好形势，一些房地产企业过高地估计了房地产市场的需求，不适当地扩大投资规模，使一些城市出现了房地产过热的现象，造成了房地产总需求和总供给失衡等问题。所以，房地产总供给与总需求，是国家对房地产经济调控的重要内容。

25.2.3 房地产经济结构调控

房地产经济结构平衡主要包括两个方面的内容：一方面是房地产经济内部经营性房地产、办公类房地产、住宅类房地产等各类房屋的供求平衡；另一方面是房地产经济发展的地区平衡。

房地产的产品种类供给结构必须与需求结构相适应，否则就会引起发展的不平衡。房地产市场具有地方性，因而地区之间发展不平衡在一定条件下是正常的。但是就一个国家来说，各地区之间发展的差距不能太大，否则也会引起不良的后果。所以，房地产经济调控的一个重要任务就是调控房地产发展的结构，使各类房屋的发展与社会对它的需求相适应，使地区之间房地产发展差距保持在一个合理的界限内。

20世纪90年代以来，中国房地产经济发展内部结构不平衡，主要表现在高档别墅、写字楼等发展过多、过快，普通住宅发展太慢。另外，东南部沿海地区房地产发展的速度太快，中西部地区发展得太慢。

进入21世纪，国家对房地产投资规模和房地产投资结构均进行了调控，并在一定程度上控制了高档别墅和楼堂馆所的建设规模，扩大了城市居民住宅的建设；同时西部大开发、中部崛起、改造东北老工业基地等方针的实施，也促进了中西部地区房地产的发展。

25.2.4 房地产价格调控

市场经济条件下，房地产价格的高低，直接影响着企业利润的大小，从而作用于资源的配置。按照价值规律和房地产市场运行的状况，有效地调节市场的价格，进而调节房地产企业投资方向和房地产供求，不仅是房地产调控的重要内容，也是使房地产市场运行规范化的重要手段。

当前我国房地产经济发展中的一个重要问题，就是一些大城市的住房价格偏高，远远大于居民收入与住房价格1:(3~6)的比例。住房价格偏高，不仅影响了居民住房问题的解决，而且把大量社会资本吸引到了房地产领域，引起了资源的不恰当配置。国家已经并仍将继续采取措施，力争把房地产价格调控到一个合理的区间。

25.2.5 房地产收益分配调节

房地产收益分配涉及土地所有者、房地产开发建设者、房地产使用者的利益。只有调节好它们之间的利益，才能使房地产经济得到迅速的发展。调节房地产收益分配，实际上就是正确处理房地产经济运行中的租税费关系的问题。因此，建立合理的租税费体系，就成为调控房地产市场的一项重要内容。

目前我国房地产收益分配中主要存在国家土地收益流失严重、房地产价格偏高、税费设置不合理等问题。国家通过加强土地一级市场的垄断，建立土地有形市场和土地整理储备中心，规范土地市场的运行；取消许多不合理的收费项目；调整房地产税收；引进竞争机制，加强对房地产价格的调控和管理等手段，力求规范房地产收益分配。

25.3 房地产经济调控和管理手段

国家对房地产经济调控和管理的手段，主要包括行政手段、经济手段、法律手段。

25.3.1 房地产经济宏观调控和管理的行政手段

市场经济并不排斥行政手段。调控和管理房地产市场的行政手段主要是由经济计划手段、城市土地供应手段、城市规划手段等构成的。

城市经济发展计划，就是城市国民经济发展计划或城市经济社会发展的总体规划。这是对城市房地产经济发展规模、发展速度进行调控和管理的依据及前提条件，即房地产经济发展的宏观经济条件。

在社会主义条件下，城市土地属于国家所有，城市政府有必要也有可能根据城市经济发展战略、城市发展规划等确定每年土地供给的总量。控制城市土地的供给总量是国家对房地产经济调控的重要手段，也是在实物上控制房地产发展的一个总的闸门，因此在房地产经济调控手段中占有十分重要的地位。

城市规划是城市房地产开发建设和管理调控的主要依据。城市规划中的城市布局本质上就是城市土地利用的问题。城市土地的供给、开发和利用方式，都是城市规划方案在不同地段的具体体现。长期从事城市建设和管理领导工作的万里同志，根据多年工作的经验，一再强调："进行新城市建设，或者管理重点工程，无论如何得按照规划进行建设。凡是重点建设必须按城市规划程序来干，不能再犯错误了。"

为了适应社会主义市场经济体制的要求，必须改革传统体制下城市规划的观念、内容和方法。在规划观念上，应当认识到，市场经济条件下城市土地不仅是城市活动的载体和活动的空间，而且还是一种经济资源，有着重要的生财和聚财的经济职能。因此，与土地有关的各类规划的制定必须遵循价值规律的要求，并且注意分析不同地块的最佳利用方式和开发程度，提高城市土地利用的效益。在规划的内容和方法上，应当完善城市规划体系，改变传统城市规划的确定模式。在研究城市发展战略、城市产业结构、城市发展规模、城市建设资金的来源等问题的基础上，科学地确定未来不同时期城市土地的供给、城市土地开发强度以及城市土地价格水平等，并以此为根据，指导城市总体规划、分区规划和详细规划的编制工作。在实施管理方面，要加强城市规划可行性的论证，合理确定用地指标，促进城市土地合理利用，充分发挥其宏观调控作用。

25.3.2 房地产经济宏观调控和管理的经济手段

在市场经济条件下，经济手段是国家调节房地产经济的主要形式。对于房地产经济来说，最重要的经济调控手段包括信贷和利率、税收、地租、地价以及房产价格。

国家运用银行信贷、资本利率等手段，调控房地产投资总量和房地产投资结构、房地产的供求总量和供求结构等，使房地产投资总量和投资结构与房地产市场需求的总量和结构相适应。

国家运用房地产税收的手段，调节房地产投资总量、房地产投资结构、房地产市场交易、房地产利益分配等，达到鼓励或限制房地产投资和开发规模、房地产市场交易数量、房地产住房消费等目标。

房地产价格手段几乎参与所有房地产经济调控手段的运用,并直接或间接地影响其作用的发挥。所以,房地产价格就成为房地产经济调控手段的核心,特别是土地价格。首先,灵活合理的土地价格,可以引导和控制各类经济活动,落实国家的产业政策,吸引外资,优化配置土地资源,发挥土地的最大效益。其次,土地价格可以合理地调节土地收入的分配,把由于社会原因引起的房地产增值的价值,通过价格等方式转到国家手中,实现社会公平分配的目的。再次,土地价格也是国家征收土地税和制定土地金融政策的客观依据。

城市土地价格的调节作用,主要是通过城市土地合理的价格体系实现的。城市土地价格体系,主要是由城市土地基准地价、标定地价、土地交易价格构成的。城市土地基准地价是在城市土地分等定级的基础上,对不同等级的土地定期确定的土地平均价格。城市土地标定地价,是以城市土地基准地价为基础制定出来的价格,是城市土地出让的底价,也是协议出让土地的参考价格。城市土地的交易价格,是城市某块具体土地在市场上成交的交易价格,也就是人们所说的宗地价格。

城市土地价格通常都是由土地价格评估机构采用科学的估价方法评估确定的。所以,要发挥城市土地价格的调控作用,必须建立完善的土地价格评估体系。

25.3.3 房地产经济宏观调控和管理的法律手段

房地产法律、法规是国家调控房地产经济和房地产市场运行的重要手段。要充分发挥房地产法律、法规的调控作用,必须做好以下三个方面工作:建立健全房地产经济法律法规体系;加强执法工作;严格司法。

房地产法律法规体系,是由有关房地产法律、法规和规章组成的,是调整人们关于房地产的权利和义务关系的各种法律、法规及规章制度的总和。根据法律效力的不同,我国目前的房地产法律法规大体上包括:①由全国人民代表大会或全国人民代表大会常务委员会通过和颁布的法律;②由国务院颁布的行政法规;③由国务院各部门颁布的部门规章;④由各省、自治区、直辖市以及全国人民代表大会授予立法权的城市地方人民代表大会或地方人民代表大会常务委员会通过和颁布的法规;⑤由各省、自治区、直辖市以及有立法权的城市人民政府颁布的规章。从完整覆盖房地产业各环节的角度看,房地产法律体系应包括:规范土地市场资源配置和宏观调控的立法、加强房地产市场监督管理的法律法规、规范房地产市场中介服务行为的法律法规、促进对外开放的法律法规等。

就我国具体情况来讲,完备的房地产法律体系应当以《宪法》、《民法》和以《宪法》、《民法》为依据制定的《土地法》、《住宅法》、《房地产法》、《物权法》为主要法律,然后再根据这些主要法律制定相应的法规、规章和制度。

改革开放以来,我国虽然已在房地产立法方面作出了显著的成绩,但是,房地产立法工作尚未完全适应房地产经济发展和房地产市场体制建设的要求。为了解决房地产发展中出现的问题,应尽快完善房地产法律法规体系,并加强执法和严格司法。

25.4 我国房地产宏观调控的成就与经验

改革开放以来,我国房地产业得到了迅速的发展。进入21世纪,我国GDP增长幅度平均每年都在10%以上,城市化水平每年大约都以1%左右的速度在增长,城市经济体制改革在深入发展,市场经济体制逐步完善,这一切都为房地产业发展提供了更加广阔坚实的经济与体制基础。房地产业逐渐成为国民经济的支柱产业。但是,我国房地产业还是不完全成熟的支柱产业,必须通过宏观调控保障其健康、可持续发展。

2003年下半年以来,房地产投资规模过大,投资结构不合理,部分地区房地产价格涨幅过快,拉动了钢铁、水泥、电解铝等产业的迅速发展,造成了油、运、煤、电的紧张。在这种情况下,国家开始对房地产业进行宏观调控。通过控制土地的供应量和收紧银行房地产信贷,很快就使房地产投资规模得到了有效的控制,房地产投资结构有了很大调整,但是房地产价格不仅没有回落到合理的区间,反而形成了不断上涨的局面。在这种情况下,国家不得不把房地产价格作为调控的重心。2005年,国务院出台了《关于稳定住房价格的通知》,即"国八条";2006年,国务院出台了《关于调整住房供应结构,稳定住房价格的意见》,即"国六条",并配套出台了《关于调整住房供应结构稳定住房价格的意见》和《关于加强住房营业税征收管理有关问题的通知》。但是,调控的结果与调控的愿望相反:虽然增加了房地产供给,但没有稳定住房地产价格;高昂的房地产价格不仅没有抑制住对房地产的需求,反而刺激了房地产投资与投机的需求;投资与投机需求的扩大,进一步推高了房地产价格;高房价在满足投资投机需求的同时,却把广大中低收入居民家庭排挤出了住房市场,中低收入家庭住房困难问题无法得到解决,成为社会各界关注的社会问题和民生问题。2007年,国务院出台了《国务院关于解决城市低收入家庭住房困难的若干意见》(国发〔2007〕24号),中国人民银行和中国银监会发布了《关于加强商业性房地产信贷管理的通知》(银发〔2007〕395号)与《关于加强商业性房地产信贷管理的补充通知》(银发〔2007〕425号)等文件,建立了以廉租房、经济适用住房和限价商品房为主的住房保障制度,并在严格区分自住性购房和投资性购房的基础上,对其实行不同的贷款政策。这一系列政策的出台,不仅使城市低收入家庭的住房问题开始得到解决,也使房地产价格出现了松动的状况。

从近年来房地产调控的实践中,我们得到的经验和教训主要有:

1. 房地产市场不是完全竞争市场,而是垄断竞争市场

房地产市场的垄断性,主要是由于土地数量的有限性决定着房地产经营的垄断性;房地产位置的不动性决定着不同地区房地产市场的供求是不可调剂的;房地产市场信息的不完全性与不对称性决定了自由竞争的困难性等。房地产经营的垄断性,又决定了房地产价格不可能简单地由供求决定,房地产价格是一种垄断价格。房地产经营垄断与价格垄断,决定了在住房市场上存在着市场失灵。所以,企图通过增加供给实现房地产供求平衡,进而降低房地产价格,甚至企图通过房地产市场完全解决居民的住房问题,都是不符合房地产市场经济和住房市场发展规律的。市场失灵只能通过国家对房地产经济的调控和管理进行弥补。

2. 建立健全住房保障制度,是政府解决居民住房问题的重要方式

住房不仅是一种特殊消费品,同时也是一种准公共产品,是市场经济体制下国家进行社会管理与向社会提供公共产品的重要构成部分。1981年联合国通过的《住房人权宣言》就明确地指出,每一个国家政府都有义务为本国居民提供一套与当时经济发展水平相适应的住房。满足居民对住房消费的需求,是居民人权和生存权的基本要求,是社会主义和谐社会建

设的重要内容。胡锦涛同志在党的十七大报告中提出:"必须在经济发展的基础上,更加注重社会建设,着力保障和改善民生,推进社会保障体制改革,扩大公共服务,完善社会管理,促进社会公平正义,努力使全体人民学有所教、劳有所得、病有所医、老有所养、住有所居,推动建设和谐社会。"

改革开放后,我们在解决居民住房问题上,曾经过于依赖市场。《国务院关于解决城市低收入家庭住房困难的若干意见》等关于保障性住房建设的调控政策出台后,各地逐步建立和完善了住房社会保障制度。住房社会保障制度的建立,不仅有助于解决城市中低收入家庭的住房困难,而且完善了房地产市场调控的体系。但是我国城市住房保障制度仍然很不完善,还需要进一步明确保障范围、保障对象,规范保障资金来源,保证保障性住房的供给,确立保障对象的进入和退出机制,以及完善管理制度和管理机构等方面的工作。另外,应特别注意以下几个问题:一是扩大保障范围,实现应保尽保的目标。应当把中等收入群体中的低收入群体,纳入保障的范围,否则就会形成另一个"夹生层",即既不属于保障对象,也买不起商品房的群体;二是在保障程度上,应当根据不同保障对象的收入水平,确定不同的保障程度;三是保障方式多元化。比如在经济适用住房供应时,应当扩大租赁的比例,缩小买卖的比例;四是应当采取多种方式扩大廉租房和经济适用住房的来源。廉租房和经济适用住房,不一定都要新建,可以购买存量房加以整修,这样不仅增加了保障性住房供给的数量,而且为中高收入家庭的"卖旧买新"、改善住房创造条件,同时也可以优化住房资源的配置,充分发挥现有住房的作用,避免了住房资源的闲置和浪费。

3. 通过对住房消费的调控,特别是通过对二套房贷的界定和限制,把住房消费和住房投资投机区分开来,从而确立和规范了我国房地产业发展的模式

长期以来,我国房地产市场实际上是以投资为主的市场。由于看中了我国正处于城市化加速进行和房地产业大发展的时期,以及银行的低利息形成的有利于投资的大好时机,房地产投资者大规模地进入了房地产市场,加大了对房地产的需求。受"买涨不买跌"观念的支配,房地产价格不断地被推高。根据住房经济社会属性,住房市场本质上应当是一个以满足居民住房消费为主的消费品市场。所以改变我国房地产市场以投资为主的发展模式,确立以消费为主的发展模式,才能使我国房地产业步入正确的发展轨道,才能体现以人为本的科学发展观,才能在建设小康社会与社会主义和谐社会中发挥应有的作用。

4. 加强对商品住房市场的调控和管理

对于以解决中高收入家庭住房为主的商品住房市场,特别是高档住房市场,政府必须加强管理和调控。当然对这部分市场进行调控时,主要不应调控房地产价格,而应对需求的数量及占有房地产资源所获得的房地产收益进行管理和调控。首先,必须根据城市规划、城市产业结构和布局,以及城市经济社会发展的水平,确定商品房土地供应的数量。其次,规定消费者购买住房的数量。绝不能因为有些人有钱,就可以大量占有城市稀缺的土地资源和住房资源。比如目前出台的限制大户型和限制购买第二套住房,应当说就是这种政策的体现。再次,通过收取超额累进税等税收政策对超标住房加以调控,这样不仅可以调节收入分配的差距,而且还可以用这部分税收收入作为住房保障基金的一个来源。

25.5 加强房地产制度建设与完善房地产调控管理体系

25.5.1 加强房地产制度建设，规范房地产市场运行

为了加强国家对房地产经济的调控和管理，必须进一步深化房地产体制改革，加强房地产制度建设，认真解决房地产业发展中一些深层次的问题，即房地产经济发展中的体制与制度问题。

1. 加强城市土地开发利用管理，完善土地出让制度与出让方式

"房地"问题，实质上是"人地"问题。土地是房地产开发经营的第一要素。城市土地使用制度改革，使城市土地使用权成为商品，发展了城市土地使用权市场。这对于优化土地资源配置起了一定作用，但也存在一些问题。这些问题，只有通过深化城市土地使用制度改革，完善土地使用权出让制度和出让方式，才能得到解决。

2. 拓宽房地产融资渠道，探索房地产开发模式

房地产业是资本密集型的产业。目前我国房地产业循环周转的资本基本上都来自银行，所以房地产金融风险大部分集中在银行。为了有效化解房地产金融风险，除加强金融机构的房地产开发贷款与居民住房消费抵押贷款的管理外，应努力拓宽房地产融资渠道，探索房地产开发模式。

3. 建立健全住房社会保障制度

如前述，社会主义市场经济条件下住房的商品化并不意味着把住房完全交给市场。各发达国家都建立了不同形式的住房社会保障制度，以保障居民对住房的基本需求。社会主义市场经济体制同样要求把住房市场供求机制与住房保障制度的建设有机地结合起来。

4. 完善房地产租税费体系

房地产租税费不仅是国家、地方政府重要的财政收入来源，而且也是调节房地产收益分配和国家对房地产进行宏观调控的工具。我国房地产租税费非常庞杂，虽然不断地进行改革，但是至今尚未完全理顺。改革的总思路应当是"明租、正税、清费"，建立与社会主义市场经济体制相适应的房地产租税费体系。这一体系的核心是地价、地租和土地增值问题。这个问题甚至可以说是全部房地产经济运行中的核心问题，它不仅涉及城市化中的土地问题，而且涉及国有土地在经济上如何实现的问题，以及国有土地收益流失进而造成房地产投资暴利等问题。

5. 转变政府职能，规范政府行为

宏观调控的实践暴露出中央政府与地方政府之间以及中央主管部门之间，在对中央调控政策的态度和执行上存在着一定的差距，这极大地影响和削弱了中央政策的贯彻执行力度。要解决这一问题必须转变政府职能，规范中央与地方财政收入关系，完善政府官员考核指标体系，规范政府职责行为。

25.5.2 正确认识房地产市场与投资性质，完善房地产管理和调控体系

只有正确认识房地产经济发展规律，才能完善房地产调控体系，把房地产业发展纳入稳定、健康、可持续发展的轨道。

1. 正确认识房地产市场的性质

如前述，房地产垄断市场和垄断价格决定了房地产"市场失灵"的存在，而国家可以有效弥补市场的缺陷。就房地产市场来说，国家除了对房地产价格进行调控外，还要建立健全住房保障制度等房地产制度，才能弥补"市场失灵"带来的问题。

2. 正确认识房地产投资的性质

住房投资有两种情况：一种是居民为了满足自己的居住需求而购买住房，属于消费范畴；另一种是为了实现价值的增值而投资购房，属于投资行为。

造成近年来我国房地产投资规模过大的主要原因在于许多人把土地私有制条件下的房地产所具有的保值增值的功能，简单套用于我国房地产经济领域。依据经济学的理论原理和房地产经济特性，在我国的具体经济条件下，严格地讲，房地产不具有增值和保值的功能。

严格意义上或本来意义上的房地产增值保值功能，是指在房地产持有期内，房地产价值不仅不会丧失，而且还会不断地增加。当房地产所有者把持有的房地产出售时，这种增值了的价值就可以转化为货币，从而实现价值的增值。这种增值保值产生的根本原因在于城市的现代化发展、城市基础设施和市政设施的完善提高了城市土地本身的价值。由于房地产所有者既是房屋的所有者，又是土地的所有者，所以土地增值的价值自然就归房地产所有者了。但在我国的土地制度下，并不能实现这种增值保值，这是因为：

（1）对于住房消费者，房屋在使用过程中会发生磨损，根据磨损程度的大小，房屋还相应地发生价值减少的情况，即贬值。

（2）对于房地产投资者，房屋也不会出现严格意义上的增值。在不考虑市场供求的情况下，购房投资者出售房屋只能一次性收回投资，并取得社会平均利润。经营租赁的房屋，是多次逐步地收回投资并取得投资利润。他们可以取得投资利润，但不是严格意义上房地产保值增值的价值。

（3）房地产增值保值的根本原因在于土地，但是在我国的土地制度下，房地产投资者取得的是土地的使用权，不是土地的所有权。土地使用权价值会随着土地使用年限增长而逐年减少。

总之，只有在土地私有制的条件下，房地产投资取得了土地的所有权，投资房地产才能实现本来意义上的房地产增值保值的目的。

3. 稳定住房价格，抑制房地产投机行为

在市场经济条件下，任何投资的目的，都为了尽可能地获取收益。我国房地产垄断性高价以及由此形成的高额利润，给经济社会发展造成了严重的后果，主要表现在：①吸引和占用了大量的社会资源，特别是稀缺的土地资源和资本，造成了有限资源的大量闲置和浪费。②垄断性高价使房地产价格远高于房地产价值，一方面大大增加了购房者的购房成本；另一方面，把中低收入群体排挤出房地产市场，形成严重的社会问题。③形成了一批"暴发户"，不仅加剧了社会分配不公，而且影响了小康社会和社会主义和谐社会的建设。

为此，必须采取以下措施，稳定房地产价格：

（1）抑制投机和投资的需求。住房投资和投机，是维持和推动房地产价格上涨的重要社会力量。为了限制他们对房地产的"炒作"行为，必须严格控制他们对房地产转让（销售）的时间；加强房地产销售税费的管理；通过有区别的信贷政策，实现对投资、投机购房行为的控制与管理，从而达到遏制投资需求，控制房地产价格的目的。

（2）通过加大对普通住房和经济适用住房用地的供应，即调整土地供应结构，以及规定住房的套型面积等措施，实现对住房供应结构和住房价格的调整，即降低每套住房的总价格。

（3）发展存量房市场，不仅可以增加住房供应数量，而且也可以调整住房供应结构。

（4）加强房地产价格管理或管制。就短期来说，主要是稳定住房价格。从长期看，一方面必须让房地产价格回归到合理的区间，另一方面要完善对房地产价格调控和管理的制度。

4. 完善房地产投资方式，防范房地产投资风险

在我国目前的条件下，房地产的真正投资者（即把房地产作为经营对象的），是房地产开发企业和投资投机购房者。但是，他们的资本或资金，主要来自银行。因而从房地产投资资金的最终来源看，我国目前的房地产投资者是银行。进一步说，如果从房地产供求的全过程来看，银行既支持着房地产供给，又支持着房地产需求，是房地产投资和需求资金供给的中心。这一方面说明我国房地产经济运行存在着巨大的金融风险；另一方面说明我国房地产投资主体实力不强，房地产投资渠道单一。

针对这种状况，一方面要不断地提高房地产投资主体的实力（企业和个人），另一方面要拓宽房地产投资渠道，重点发展房地产股票、债券等直接投融资方式，加快房地产业基金、房地产证券化等房地产金融创新的理论和实践探讨。同时改变我国房地产投资模式，使房地产各类投资主体成为房地产真正的投资者，房地产开发企业成为各类房地产投资基金的管理公司，实现我国房地产投资货币化、证券化，经营管理现代化。

5. 规范房地产收益分配制度

在这次宏观调控中，房地产调控政策在落实上遇到的阻力主要来自既得利益集团。他们不仅不断地与中央宏观调控政策进行博弈，并且还力图影响中央对房地产业发展和调控的决策。这些利益集团主要是房地产开发企业、房地产投资者以及银行等金融机构，甚至包括某些地方政府。为此必须规范房地产收益分配制度。其中主要是规范土地收益分配关系，特别是地租和土地增值收益必须收归国家所有。其次是完善税收制度，特别是尽快推出房地产持有期间的物业税。最后是规范政府的行为，彻底改变地方政府以地生财的行为，规范城市土地出让制度。

25.6　房地产经济调控和管理机构及其职责

房地产调控管理机构是房地产调控管理体系的重要构成部分。我国房地产行业管理采取的是"双轨"制，即以房地产行政主管部门为主、民间的房地产业协会给予协助的体制，所以我国房地产调控管理机构是由中央和地方各级房地产行政主管部门，以及各种房地产行业协会和学会构成的一个有机的整体，如图25-1所示。

由图25-1可知，各级房地产行政管理部门是我国房地产经济调控的核心，由国务院级—省级—地（市）级—县（市）等多个层级的多个部门组成。

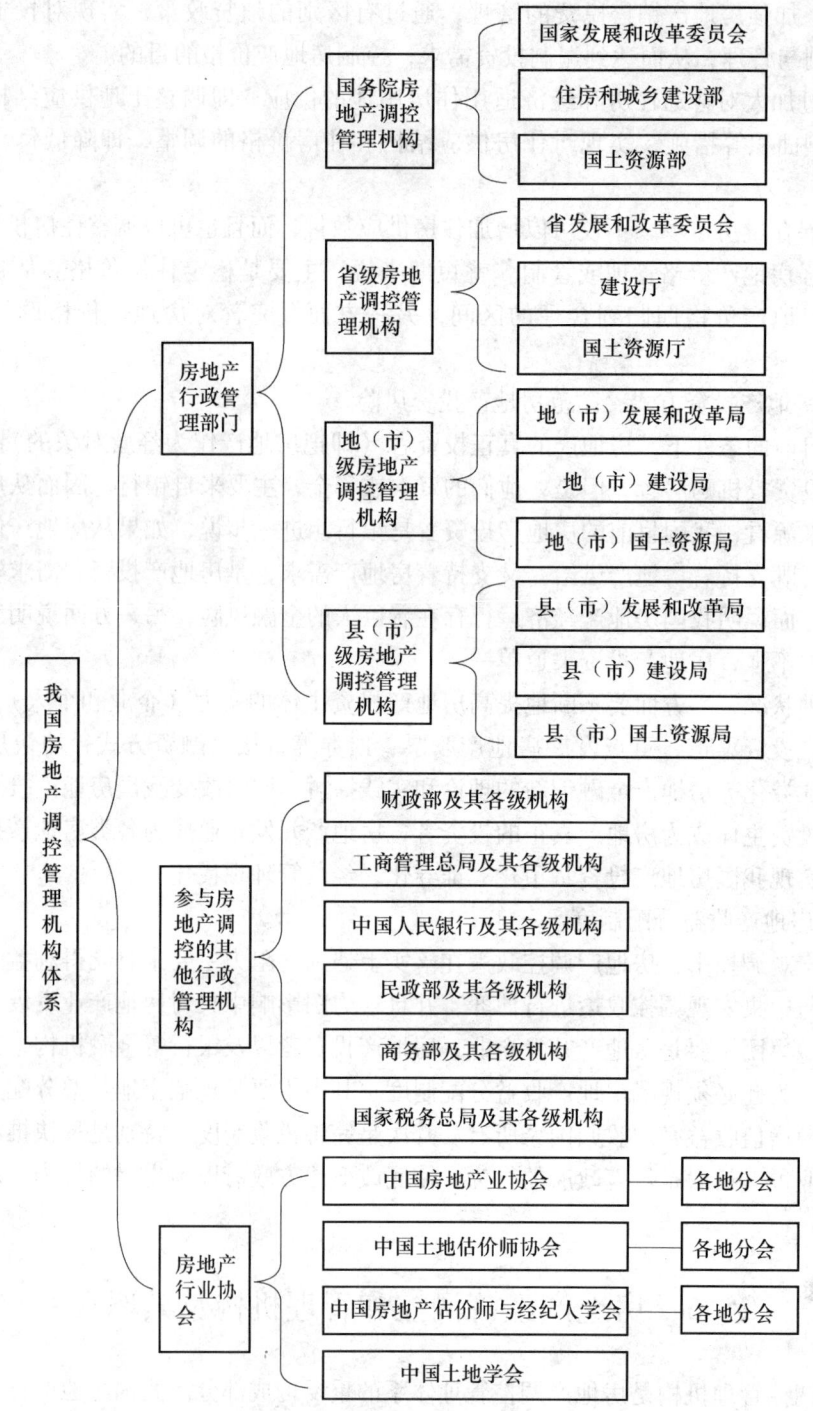

图 25-1 我国房地产调控管理机构体系

国务院一级的房地产调控管理机构主要是由国家发展和改革委员会、住房和城乡建设部、国土资源部等部门和机构组成。省、自治区及直辖市房地产管理机构，主要由各省发展和改革委员会、建设厅、国土资源厅组成。大部分地（市）在省级房地产管理机构基础上，一般由地（市）级发展和改革局、建设局、国土资源局组成。县（市）房地产管理机构一般在地（市）房地产管理机构基础上对口设立，通常由县（市）级发展和改革局、建设局、国土资源局组成。

除主要行业管理部门外，国家工商行政管理局、财政部、中国人民银行、民政部、监察部、国家税务总局、商务部等国务院相关部门都先后参与房地产宏观调控。

25.6.1 国家发展和改革委员会及其各级机构

原国家计划委员会成立于1952年，于1998年更名为国家发展计划委员会，又于2003年将原国务院体改办和国家经贸委部分职能并入，改组为国家发展和改革委员会（以下简称"国家发改委"）。

在大部制机构改革中，国家发改委将进一步集中精力抓好宏观调控，减少微观干预，提升管理效率。与之相适应，国家发改委的各级机构对房地产经济的调控职能也将主要集中在：指导推进和综合协调本行政区划内房地产经济体制改革；协调解决本行政区划内房地产经济运行中的重大问题；加强本行政区划内房地产投资宏观管理，调控本行政区划内房地产投资总规模；完善本行政区划内房地产价格管理，做好价格总水平调控；加强本行政区划内房地产经济预测预警和信息引导；促进区域协调发展等宏观调控管理。而行业的准入制定、运行情况分析、节能等中观行业管理职责将主要由地方政府、住房和城乡建设部等行业管理部门承担。

25.6.2 国土资源部及其各级机构

1998年，地质矿产部、国家土地管理局、国家海洋局和国家测绘局共同组建了国土资源部。当时国土资源部的主要职能是：土地资源、矿产资源、海洋资源等自然资源的规划、管理、保护与合理利用。

大部制改革中，国土资源部是调整最小的机构之一。2008年7月，其"三定"方案获国务院批准。参与国家宏观经济运行、区域协调、城乡统筹的研究并拟订涉及国土资源的调控政策和措施等宏观调控职能，被列在国土资源部各种职能中的首位。另一方面，取消了相关的职业技能鉴定、颁证职责，将科技成果转化具体实施职责交给事业单位和社会中介组织，并将土地评估、矿业权评估、矿产资源储量评审机构和人员资质认定职责交给行业协会。同时，国家土地总督察被明确写入新"三定"规定中。经过新一轮机构改革，国土资源部将在房地产乃至整个国民经济宏观调控、土地资源优化配置及资源性资产管理等方面发挥更大的作用。

各级国土资源管理部门承担的主要房地产经济调控职责包括：拟定本地区土地资源地方性法规草案、规章和政策；组织编制和实施本地国土规划、土地利用总体规划和其他专项规划，参与审核报上级政府审批的城市总体规划，指导、审核下一级土地利用总体规划；监督检查本行政区划内各级国土资源主管部门行政执法和土地资源规划执行情况；拟定并实施本行政区划内耕地保护政策；管理本行政区划内城乡地籍工作；组织土地资源调查和动态监测；组织管理土地使用权市场，指导本行政区划内农村集体非农土地使用权流转管理等。

25.6.3 住房和城乡建设部及其各级机构

我国房地产管理机构设置有一个变化和发展的过程。1950年，在政务院的内务部下设民政司和地政司，分管全国的房产和地产。1953年，全国各大中城市先后成立了房地产管理局负责城市房地产的管理、维修和服务的工作。1957年，国务院成立了城市服务部，管理全国房地产。1958年，城市服务部并入国家第二商业局，组成了第二商业部房地产管理局。1963年，国家房地产管理局正式成立。1966年以后的文化大革命，使房地产管理机构陷入了混乱和瘫痪状态，房地产管理工作遭到了极大的削弱。1978年党的十一届三中全会以后，城市房地产管理机构逐步得到恢复和发展。1979年成立了国家建设总局，下设房产住宅局，负责全国城镇住宅建设和房地产管理工作。1982年成立了国家城乡建设环境保护部，下设城市住宅局，分管城市住宅建设和房地产管理工作。在这期间，各省、市、自治区的建委和建设厅局也相继成立，恢复了房地产管理机构和管理工作。1987年，成立建设部。1988年七届人大以后房地产正式划归建设部管理。2008年，建设部改为住房和城乡建设部。

在大部制机构改革中，住房和城乡建设部转变为提供居民必需住房、保障居住和谐的服务型主体。其主要的房地产经济调控职责包括：保障城镇低收入家庭住房；推进住房制度改革；规范住房和城乡建设管理秩序及房地产市场秩序；建立科学规范的工程建设标准体系；研究拟订城市建设的政策、规划并指导实施；规范并指导全国村镇建设；建筑工程质量安全监管；推进建筑节能、城镇减排；负责住房公积金监督管理；开展相关国际交流与合作等。

为此，住房和城乡建设部直接履行房地产行业管理职能的机构也由一个发展到四个，即房地产市场监管司、住房保障司、住房公积金监管司、住房改革与发展司，显示了国家进行房地产宏观调控的决心和调控思路向专业化、精细化的发展方向。

各级建设管理部门承担的主要房地产经济调控职责包括：指导规范本地区房地产市场；指导本地区城镇土地使用权有偿转让和开发利用工作；研究提出本地区住宅建设与房地产业中长期规划、产业政策和规章；拟定住宅建设等房地产领域的地方性法规草案、政策及规章制度并监督执行；管理本地区房地产开发、物业管理、相关中介服务企业的资质；监督本地区房地产估价师执业；拟订并指导实施本地区住房制度改革中长期规划、年度计划；审核下一级房改方案；指导本地区住房货币化分配政策的贯彻落实；研究拟定并监督执行本地城镇住房保障相关政策、措施和发展规划等。

值得注意的是，目前我国地方各级房地产管理机构的名称、职能及内部机构设置有所不同。出现这一情况的主要原因在于：我国行政机构改革处于不断深化阶段，各级房地产管理机构的职能在长达30年的改革历程中数度调整；在行政机构改革中，中央对地方政府机构的数量，只作出原则性规定，要求机构设置体现本级政府的功能特点，而不严格要求上下对口，允许一个部门对口上级几个部门。随着政治体制和经济体制改革的推进，房地产管理机构的设置和职能划分还将不断地发生变化。总的发展趋向是根据政企分开的原则，精简机构、明确管理职能。

25.6.4 房地产行业协会

房地产行业协会是指各类房地产企业、事业单位及从业人员为了实现共同的目标，自愿组成、自我服务的非营利性的社会经济团体。房地产行业协会不是行政管理机构，不具有行政指令权，只能通过民主协商的方式组织和推动行业的发展。

房地产行业协会的产生和发展，既是生产社会化和市场经济发展的要求，也是出于国家对房地产经济活动干预的需要。一方面，通过行业内的协调行动，有助于实现房地产行业内有效的组织和协作，并统一行业技术、产品质量标准，促进房地产行业的健康发展；另一方面，作为政府、企业、市场之间的纽带和桥梁，它既是企业走向市场的向导，也是企业权益和社会经济秩序的维护者，在贯彻传达政府的产业政策和发展战略、参与制定并实施相关经济发展计划或规划、解决企业间争端、加强政企沟通等方面，都发挥了重要的作用。

我国目前的房地产行业协会主要包括中国房地产业协会、中国房地产估价师与经纪人学会、中国土地估价师协会、中国土地学会等。其中，中国房地产业协会成立于1985年9月20日，是从事房地产开发经营、市场交易、经纪中介、修建装饰、物业管理等企事业单位、地方房地产业协会及有关个人自愿参加组成的全国性行业非营利性社会组织；中国房地产估价师与房地产经纪人学会成立于1994年8月，是由从事房地产估价或房地产经纪活动的专业人士、机构及有关单位自愿组成的全国性行业组织；中国土地估价师协会成立于1994年5月，是由具有土地估价资格和从事土地估价工作的组织和个人自愿结成，依法登记成立的、非营利性的全国行业自律性社会团体法人；中国土地学会是土地科技工作者自愿组成并依法登记的，具有社会公益性质的全国性、学术性、非营利性的法人社会团体。

总的来看，与成熟的市场经济国家的行业协会有所不同，我国的房地产行业协会多数"脱胎"于政府部门，一方面受政府委托，承担了一部分行政管理的职能；另一方面，作为民间团体，又具有行业协会组织的职能，它不属于政府机构，但也不是纯粹的民间社团组织，实际上具有半官半民的性质。近年来的机构改革中，政府把培育和发展行业协会摆上了议事日程，房地产行业协会的发展面临着重大的机遇。

---------------- 本章小结 ----------------

市场失灵决定了市场干预的必要性。房地产市场，由于具有经营垄断性、不可移动性以及住房的社会保障性等，加重了对房地产市场调控的重要性。

房地产经济调控的目标和内容主要是使房地产与国民经济发展相协调；房地产市场供给与需求相平衡；房地产价格与居民的支付能力相适应；房地产收益分配与房地产产权以及开发经营管理投资和贡献相符合。国家地房地产调控的主要是通过行政手段、经济手段和法律手段进行的。为了发挥宏观调控的作用，必须进一步完善房地产制度建设。

为了提高国家对房地产经济管理和调控水平，必须加强调控和管理机构的建设。国家对房地产经济管理和调控的主要机构是国务院及其主管部门，地方政府及其主管部门，以及房地产各类行业组织等。

复习思考题

（一）名词解释

房地产行业协会　房地产经济结构平衡

（二）简答题

1. 为什么要对房地产经济进行调控和管理？
2. 房地产调控管理的主要内容是什么？
3. 我国现有房地产调控管理机构的构成及其各自职能是什么？

（三）论述题

4. 结合近年来我国房地产宏观调控现状，分析房地产调控管理中的常用手段及其调控效果。

参考文献

[1] 马克思. 资本论:第1,2,3卷[M]. 北京:人民出版社,1972.
[2] 马克思,恩格斯. 马克思恩格斯选集:第1,2,3,4卷[M]. 北京:人民出版社,1972.
[3] 列宁. 列宁选集:第1,2,3,4卷[M]. 北京:人民出版社,1960.
[4] 毛泽东. 毛泽东选集:第1,2,3,4卷[M]. 北京:人民出版社.
[5] 邓小平. 邓小平文选:第1,2,3卷[M]. 北京:人民出版社.
[6] 毕宝德. 土地经济学[M]. 北京:中国人民大学出版社,2006.
[7] 何芳. 城市土地经济与利用[M]. 上海:同济大学出版社,2005.
[8] 陈友华,赵民. 城市规划概论[M]. 上海:科学技术文献出版社,2000.
[9] Peter Calthorpe,William Fulton. 区域城市——终结蔓延的规划[M]. 叶齐茂,倪晓晖,译. 北京:中国建筑工业出版社,2007.
[10] 沃尔德·克里斯塔勒. 德国南部中心地原理[M]. 常正文,王兴中,等译. 北京:商务印书馆,1998.
[11] 约翰·冯·屠能. 孤立国同农业和国民经济的关系[M]. 吴衡康,译. 北京:商务印书馆,1997.
[12] 宋家泰,等. 城市总体规划[M]. 北京:商务印书馆,1985.
[13] 石海均. 房地产综合开发[M]. 大连:大连理工大学出版社,1994.
[14] 姚君泽. 房地产开发与经营[M]. 北京:中国科学技术出版社,1994.
[15] 杨永康. 房地产开发[M]. 北京:中国物价出版社,2003.
[16] 包亚钧,等. 房地产经济论[M]. 上海:同济大学出版社,1998.
[17] 张红. 房地产经济学讲义[M]. 北京:清华大学出版社,2005.
[18] 林增杰,等. 房地产经济学[M]. 2版. 北京:中国建筑工业出版社,2003.
[19] 谢经荣,等. 房地产经济学[M]. 2版. 北京:中国人民大学出版社,2008.
[20] 曹振良. 房地产经济学通论[M]. 北京:北京大学出版社,2003.
[21] Dennis J. Mckenzie,Richard M. Betts. 房地产经济学[M]. 张友仁,译. 北京:经济科学出版社,2003.
[22] 华伟. 房地产经济学[M]. 上海:复旦大学出版社,2008.
[23] 张洪力. 房地产经济学[M]. 北京:机械工业出版社,2005.
[24] 张永岳,陈伯庚,孙斌艺. 房地产经济学[M]. 北京:高等教育出版社,2005.
[25] 王希迎. 房地产企业融资新解[M]. 北京:中国经济出版社,2005.
[26] 张红,殷红. 房地产金融学[M]. 北京:清华大学出版社,2007.
[27] 邓宏乾. 房地产金融[M]. 上海:复旦大学出版社,2006.
[28] 王明国. 当代房地产金融创新[M]. 北京:经济管理出版社,2007.
[29] 谭术魁. 房地产管理学[M]. 上海:复旦大学出版社,2006.
[30] 首都经济贸易大学城市经济系,等. 房地产销售代表培训教程[M]. 北京:中信出版社,2002.

[31] 刘亚臣. 房地产经营管理 [M]. 大连：大连理工大学出版社，2005.

[32] 王宝发. 物权法实用问答 [M]. 北京：法律出版社，2007.

[33] 刘易斯·芒福德. 城市发展史——起源、演变和前景 [M]. 宋俊岭，倪文彦，译. 北京：中国建筑工业出版社，2005.

[34] 高毅存. 城市规划与城市化 [M]. 北京：机械工业出版社，2004.

[35] 藤田昌久，保罗·克鲁格曼，安东尼·J. 维纳布尔斯. 空间经济学：城市、区域与国际贸易 [M]. 梁琦，译. 北京：中国人民大学出版社，2005.

[36] NORTH D. C. Location theory and regional economic growth [J]. JOURNAL OF POLITICAL ECONOMY, 1955, 63 (3): 243-258.

[37] charles M. Tiebout Exports and regional economic growth [J]. JOURNAL OF POLITICAL ECONOMY, 1956, 64 (2): 160-164.

[38] 2003 年至 2006 年房地产宏观调控政策大事记 [N/OL]. 青岛新闻. http://www.qingdaonews.com/content/2006-06/19/content_7092951.htm.

[39] 2007 年房地产政策大盘点 [N/OL]. 中国房商. http://news.winfang.com/special/zh-cpd.

[40] 回顾房地产宏观调控四年 [N/OL]. 荆州视线. http://www.jztv.com.cn/article/jztv_jiaju_zhencezixun/186475.html.

[41] 中国土地矿产法律事务中心. 房地产宏观调控政策回放 [N]. 土地市场快报，2005-12-30 (21).

[42] 历年房地产宏观调控政策. 上海晟地集团网站，http://www.sundeegroup.com/news/shownews.asp?/B13E36F951660CB8EB23C0D5B13E36F999C6F8B8.html.

[43] 整顿闲置土地将成为 2008 年房地产政策调控重头戏 [N/OL]. 搜房网. http://www.soufun.com/news/2007-12-29/1427733.htm.

后 记

本次教材修改，由张跃庆、王德起、丁芸担任主编，由谭善勇、邢亚平、张晓峰担任副主编。为了提高教材修改的质量，实现预期修改的目标，先由张跃庆、张晓峰提供了修改的第一稿。然后又分别由张跃庆对第1章，张晓峰对第2、21章，刘水杏对第3、4、7、14章，周勇对第5、6章，赵文对第8、23章，谭善勇对第9、13章，邢亚平对第10章，张昕对第11、12、20章，马洪波对第15章，魏福琴对第16章，吴庆玲对第17、18章，贺慨对第19、24章，丁芸对第22章，周霞对第25章作了进一步修改。在分别修改的基础上，由谭善勇进行了汇总和修改，王德起对全书进行了审读和修改，丁芸、邢亚平和张晓峰对部分稿件进行了修改并组织修改工作。最后，由张跃庆进一步修改定稿。

在修改过程中，我们参考了有关论著和论文，在教材最后列出了文献目录，特此向有关作者表示深深的谢意。

本教材修改和出版过程中，还得到了中国建材工业出版社各位领导和马学春、杨薇编辑给予的大力支持，特此表示谢意。

虽然我们长期从事房地产经济教学和研究，并不同程度地参与了房地产开发建设和经营管理工作的实践，但是由于我们理论水平和参与实践的局限性，在教材中肯定还存在着许多缺点甚至错误，恳切希望得到各界专家、学者和广大读者的批评、指正。

张跃庆
2009年1月19日于首都经济贸易大学